U0003544

World as a Perspective

世界作為一種視野

ADAM HOCHSCHILD

KING LEOPOLD'S GHOST

A STORY OF GREED, TERROR, AND HEROISM IN COLONIAL AFRICA

利奧波德國王的鬼魂

比利時恐怖殖民與剛果血色地獄

亞當・霍克希爾德 著

黃煜文 譯

獻給大衛·杭特

（David Hunt, 1916-2000）

目次

第一部 人間煉獄

第二部　困獸之鬥

一九〇〇年的剛果
0
200 英里
0
200
400 公里
雨林
法屬赤道非系
喀麥隆
英埃蘇丹
白尼羅河
烏班吉河
韋萊河
戈巴多萊
布塔
莫托
恩格維特拉
蒙加拉河
阿庫拉
烏波托
班加拉
巴索科
阿爾伯特湖
烏干達
伊圖利河
邦岡丹加
曼波科
巴林加
馬林達
史坦利城
史坦利瀑布
蒙博約河
通巴湖
比科羅
伊博科
愛德華湖
利奧波德二世湖
伊農戈
基伏湖
剛果自由邦
剛果河
剛果河（盧阿拉巴河）
維多利亞湖
尼昂維
卡松戈
史坦利潭
卡西
利奧波德維爾
開賽河
德屬東非
伊桑吉拉
穆基姆邦古
魯耶波
卡巴姆巴勒
博馬
薩爾瓦多（姆班扎剛果）
坦干伊喀湖
馬塔迪
盧盧阿布爾格
安哥拉
姆韋魯湖
辛科洛布維
羅德西亞
剛果河
姆班扎剛果
一五〇〇年左右的剛果王國
尚比西河
莫三比克
貝專納

專文推薦

幽靈能不能對歷史說謊？當《利奧波德國王的鬼魂》戳中了「文明」的痛點

張鎮宏（《報導者》國際新聞主編）

來自美國的亞當．霍克希爾德（Adam Hochschild），或許從沒想過著作《利奧波德國王的鬼魂》（*King Leopold's Ghost*），竟會成為衝擊比利時國家記憶的轉折。

二〇二〇年六月，比利時布魯塞爾王宮的大門外，一群黑衣年輕人們，在記者、警察之間吶喊抗議。示威者的憤怒起自於大西洋彼岸，美國明尼蘇達州的非裔市民喬治．佛洛依德（George Floyd）之死。這名高大的黑人男子，因為臨檢誤會而遭到白人警察以膝蓋壓制頸部八分鐘、最終當街窒息而亡，當時不僅引爆全美民權運動抗爭，以「黑人的命也是命」（Black Lives Matter, BLM）為號召的示威，更在地球彼端、與明尼蘇達事件毫無關連的比利時，點燃一場關於一百多年前、殘忍迫害至少一千萬人致死的歷史怒火。

示威者聚集在宮殿門外高喊「國家認錯」，更包圍王宮斜對角的一尊騎馬青銅像——那是利奧波德二世國王，比利時史上在位時間最久的君主——他們徒手爬上數米高的雕像，給青銅國王的眼睛、雙手抹上了血紅色的油漆，最後還在他身上潦草寫下「道歉」、「種族屠夫」等標語。

這尊歷史將近百年的銅像基座，原本刻有一段說明字句：「**鑄造國王銅像的錫與銅，都來自於非洲的剛果**」，但示威者卻在一旁以噴漆塗鴉追加了補述：「**此人屠殺了一千五百萬名剛果人民。**」

而此一歷史傷痕的控訴與現代辯論，卻正好都與這本經典之作《利奧波德國王的鬼魂》有關。

你的「建設之王」，我的殖民暴君

一八六五至一九〇九年間在位的利奧波德二世，是比利時最具爭議的歷史人物之一。在他四十四年的統治期間，比利時不僅從國土有限的西歐小國，一舉躍升為富饒發達的經濟強權，利奧波德二世更積極從事國土建設，除了興建車站、公園、宮殿、博物館，他也非常樂於贊助新穎豪奢的建築設計，繁榮的比利時更在他治下主辦了兩次世界博覽會。因此直到今日，比利時人仍不吝褒美地尊稱他為「建設之王」（King-Builders）。

但利奧波德國王的另一面，卻是貪婪且不擇手段的野心家，他汲汲營營地追求海外殖民地，希望以此趕上帝國主義「開化世界」的掠奪商機。利奧波德曾想進入巴西、菲律賓、甚至一度打算向清帝國取得臺灣的租借權。

最後他卻動上了非洲大陸的歪腦筋，以私人資助的方式，委任英國探險家史坦利（Sir Henry Morton Stanley）組織了一支武裝探險隊，他們在一八七九年從剛果河口出發往上游探索，一路以誘騙詐欺和武力征服的方式與當地部落簽署不平等條約，並向國際宣稱自己「發現」了剛果河盆地。最後，利奧波德國王再藉由國際政治的外交漏洞與慈善開發的道德宣傳，心滿意足地於一八八五年擁有了被國際社會承認、只專屬於國王的私人殖民地：剛果自由邦（Congo Free State）。

剛果自由邦的象牙、橡膠與礦產，成為利奧波德國王私人金庫源源不絕的補給來源，但為了加速殖民地的財富輸出，利奧波德更積極招募傭兵組成「公安軍」（Force Publique）作爲統治剛果自由邦的軍警武力。然而這支殖民軍隊不僅軍紀敗壞且貪腐殘虐，以徵稅、生產為由的屠村暴行更成為殖民地的「殘酷日常」，這讓剛果在短短十幾年間人口驟減至少一千萬人。

剛果自由邦裡的公安軍與比利時軍官，經常裝備一種以河馬皮製成的重型皮鞭「席科特」（chicotte）——據說在全力揮舞的情況下，席科特的威力甚至足以將受刑人劈成兩半——但無論是礦場、運輸人力隊、處刑囚犯、對社區殺雞儆猴、甚至只是單純的逞威或暴力發洩，席科特鞭刑下的哭嚎，都已成為利奧波德國王在剛果的統治象徵。

當剛果自由邦發生的反人類暴行，開始藉由外國商人、傳教士、學者與外交官員傳向世界。但利奧波德國王從殖民地暴斂掠奪而來的鉅富，卻足以讓他買通媒體製造「假新聞」、「大外宣」，用盡烏賊戰來詆毀、否認各界對他的屠殺指控。

但利奧波德國王的詐術，卻沒有能騙過歷史之眼的審判。一九〇四年五月，深入剛果宣教的英國浸信會傳教哈里斯夫婦（John, and Alice Harris），在剛果北部的村落巴林加（Baringa）拍下了一組震撼全球的照片，其中一張名為「來自松戈區瓦拉村的恩薩拉」（Nsala of Wala in the Nsongo distric）的照片，更是將殖民統治的恐怖與殘虐，永遠收進了歷史的證詞裡。

「早餐才剛吃完，一名非洲父親便衝到我們的泥土屋的走廊臺階上，把他小女兒的手與腳放在地上，」哈里斯夫婦的田野日記，如此寫下悲傷男子恩薩拉的故事，由於來不及向殖民政府繳納足夠的橡膠生產量，公安軍遂採取連坐法，在殺死男子的妻子、兒子以示懲戒後，還按照「缺額比例」把他唯一還活著的小女兒斬斷手腳，而對於利奧波德統治之殘酷感到不可置信的哈里斯夫婦，看著恩薩拉帶來的手腳尺寸，繼續寫下：「他的小女兒頂多只有五歲」。

無論利奧波德國王如何封鎖消息，他在剛果自由邦的殘酷統治仍不脛而走，並藉由各國記者、傳教士、人權同情者而傳遍世界，甚至連著名的美國作家馬克・吐溫（Mark Twain）、英國偵探小說《福爾摩斯》作者柯南．道爾（Conan Doyle）都挺身而出，為阻止利奧波德的私人殖民而積極奔走。

最終在國內外沉重的政治壓力之下，利奧波德二世被迫在一九〇八年將剛果自由邦的主權，移交給比利時政府。至於交出殖民地後的利奧波德國王，則於隔年逝世，直到他嚥下最後一口氣為止，他都不曾踏上過剛果的土地。

但剛果依舊是殖民地，只是從國王私產成為比利時政府統治的「比屬剛果」。利奧波德國王曾找來國際資本，於一九〇六年成立了專營剛果開礦的「聯合礦業」（Union Minière du Haut-Katanga）。聯合礦業大舉開採剛果的鑽石、銅礦、甚至鈾和鈷，藉此成為全世界影響力最大的財團之一。直到一九六〇年剛果獨立之前，聯合礦業主宰了比屬剛果七〇%的出口與超過五〇%的政府收入，這讓剛果名符其實地成為「財團殖民地」。出於利益龐大，不願輕易放棄剛果資源的比利時政府，遂在剛果獨立之後煽動地方叛亂引爆「剛果危機」，最後才在五年血戰與國際譴責的多重壓力下，於一九六五年黯然撤出剛果。

然而比利時在結束統治後，從未正視自己的殖民暴行與歷史責任。利奧波德二世在轉移剛果所有權之際，大舉銷毀統治文件，而比利時在剛果危機之後，不僅做了與利奧波德二世一樣的滅證行為，直到二〇〇〇年為止，比利時的教科書、博物館、學術研究仍會刻意迴避對「剛果殖民」的負面敘述，甚至刻意遺忘利奧波德二世在非洲土地上的殘酷暴行。

一九九八年，美國作家霍克希爾德，在大量整理歷史文件與報導資料後，將利奧波德二世在剛果的殖民故事，出版為本書《利奧波德國王的鬼魂》——儘管這本書在出版前夕，曾因為題材冷門而多次遭到出版社拒絕提案，但霍克希爾德筆下的歷史，卻以極完整的敘事還原出最駭人的史實，這不僅吸引了各國讀者對於這段「遺忘歷史」的興趣，更在國際上引發了令人意想不到的激烈政治爭辯。

那些不承認有鬼魂的辯論

對曾受過歷史學訓練、也曾當過記者的霍克希爾德而言，利奧波德二世對剛果的殖民歷史不僅極具衝擊力與戲劇性，更視之為「二十世紀第一起重大國際醜聞」和「二十世紀第一場大規模國際人權運動」。但利奧波德二世逝世之後，史學界對於這段故事的紀錄和討論卻異常消失——就像是那些因為利奧波德殖民暴政而慘死的一千萬名剛果人命從未存在似的——因此見證過美國黑人民權運動的霍克希爾德，起心重述這段歷史。

然而比利時對《利奧波德國王的鬼魂》的問世，卻出現極為強烈的抵制情緒。無論比利時學界、政治人物、甚至是收藏剛果掠奪文物的歷史博物館，都主張「沒有完整證據能證明利奧波德國王的統治，真的造成了上千萬剛果人民的死亡」，並批評霍克希爾德「扭曲歷史」，企圖以「不精準的歷史考證」惡意抹黑比利時國家形象與記憶。

在《利奧波德國王的鬼魂》中，霍克希爾德以殖民政府的人口普查數字，指出利奧波德國王治下的剛果自由邦，在二十年內竟出現了超過一千萬人的人口負成長，考慮到公安軍屠殺平民、殖民產業對勞動人口的壓榨奴役，以及剛果自由邦總督對於瘟疫控制的失能無力，應足以證明剛果當時正遭遇極為嚴重且前所未見的人道危機。

霍克希爾德認為，剛果自由邦發生的血腥歷史，在暴力規模與殘酷級別上，都讓人聯想到希特勒與史達林所發動的大屠殺。但利奧波德國王與比利時政府對於暴政執行文件與紀錄的銷毀滅證，卻又遠遠超過於納粹與蘇聯政權，「即使是極權主義國家，也很少會對自身運作的紀錄做出如此徹底的破壞。」霍克希爾德在書中如此感嘆。

但比利時卻憤怒指責《利奧波德國王的鬼魂》的死亡估計數字「不可信」，但理由卻是殖民官員過少、甚至「剛果部落都在叢林裡生活」，因此當年的人口普查有極大誤差。他們同時嚴厲批評霍克希爾德把比利時國王拿來與希特勒、史達林相比，特別是那些曾統治過剛果的殖民政府官員，更毫不客氣地責罵霍克希爾德和經典小說《黑暗之心》（*Heart of Darkness*）作者康拉德（Joseph Conrad）是同路人，質疑他們的作品都是「盎格魯—薩克遜人的傲慢」，「在抹黑比利時之前，他們何不反省美國的黑奴歷史，或者是英國征服全球的帝國主義。」

像是前比利時外交部長路易・米歇爾（Louis Michel），就是為利奧波德國王開脫最力的政治人物之一，「利奧波德二世的遠見充滿雄心壯志——在我眼裡利奧波德國王就是我們的民族英雄，是他的野心才讓比利時能從蕞爾小國蛻變成充滿夢想。」在一次二〇一〇年的專訪裡，❶路易．米歇爾毫不掩飾地表示。

「有人指責比利時對剛果『種族滅絕』，這完全是錯誤的指控，至少利奧波德二世不應該受到這樣的質疑，比利時人給剛果帶來了鐵路、學校和醫院，還振興了剛果的經濟成長。有人說比利時在剛果的殖民經濟等同於勞動集中營？但那就是適合當時時空背景的『工作方式』之一，」路易．米歇爾強調，「或許在某些時刻政策出了錯……但不可否認的是，利奧波德二世確實給剛果**帶來了文明**。」

路易．米歇爾的發言顯示比利時對於殖民歷史的缺乏反思，更彰顯出《利奧波德國王的鬼魂》所點出的癥結，也就是比利時故意遺忘、甚至抹滅此一歷史痛點——在二〇〇八年的教育調查裡，❷超過四分之一的比利時中學畢業生「不知道比利時曾經殖民剛果」；根據安特衛普大學在二〇二〇年進行的國民調查，超過三分之二的比利時國民不瞭解比利時殖民史，但過半民意仍認為「比利時統治對剛果利大於弊」；甚至當現任比利時國王菲利浦（Philippe de Belgique）於二〇二〇年就殖民歷史間接道歉，❸首度對剛果「過去的創傷」表示「遺憾」之際，他的王族胞弟勞倫特王子（Prince Laurent）卻對外公開表示：「利奧波德國王根本沒去過剛果，所以我不明白他能怎樣傷害那裡的人民。」

在比利時BLM運動高峰的一個月內，這座利奧波德國王銅像曾被潑漆、塗鴉、甚至遭民眾襲擊十多次，但比利時政府每一次都會以維持市容整潔為由出手清除國王身上標語，雙方就這麼繞著銅像往來攻防，最後不耐煩的示威者乾脆留下了回應標語：「政府該做的是反省檢討，不是為殺人魔的銅像打理門面粉飾太平。」

直到二〇二四年為止，布魯塞爾王宮面前的利奧波德國王騎馬像依舊聳立，它的存在就像是真實的「利奧波德國王的鬼魂」，在時代角落裡虎視眈眈卻又諷刺性地告訴世人：記載在本書上的駭人字句其實並不遙遠，因為霍克希爾德筆下的剛果殖民慘劇不僅是過去的故事，更是給後世你我的警世寓言，告誡著人們對於歷史的傲慢與遺忘，只會讓不義和貪婪的悲劇以更殘酷與荒謬的方式再次重演。

---

❶ 請參見：https://www.vrt.be/vrtnws/en/2010/06/22/_king_leopold_iiwasavisionaryhero-1-808003/。

❷ 請參見：https://pci.cfwb.be/fileadmin/sites/PCI/uploads/images/Projets_label_2019/Magma/201906-Magma-MagazineBalanceTonHistoireColoniale.pdf。

❸ 請參見：https://www.lemonde.fr/afrique/article/2020/06/30/philippe-le-roi-des-belges-presente-ses-regrets-pour-les-blessures-du-passe-au-congo_6044740_3212.html。

前言

這則故事的起點發生在遙遠的過去，然而它的反響卻一直迴盪至今。但是對我來說，這則故事最核心且熾熱的時刻，在於一名年輕人的大聲疾呼獲得了道德認可，照亮了此前此後數十年的漫長歲月。

那一年是一八九七或一八九八年。我們可以試著想像一下這個年輕人，他步履輕快地走下橫渡英吉利海峽的輪船，體格魁梧健壯，年紀大約二十五歲左右，留著翹八字鬍。他充滿自信且談吐不俗，但他的英語卻沒有伊頓（Eton）或牛津特有的優雅口音。他穿著體面，但身上的衣服卻不是在龐德街（Bond Street）買的。他上有多病的老母，下有妻兒，全家需要他賺錢維持，因此他不像是那種容易投身於理想主義運動的人。他的想法相當傳統，而且看起來——實際上也是如此——是個腦袋清楚、名聲良好的生意人。

莫雷爾（Edmund Dene Morel）是利物浦海運公司的員工，深受大家信賴。利物浦海運公司的子公司壟斷了剛果自由邦（Congo Free State）所有的貨物運輸，剛果自由邦位於中非，這片廣大的殖民地完全掌握在一人手中，這在全世界是絕無僅有的。這塊土地的主人就是比利時國王利奧波德二世（Leopold II），他在歐洲素有「慈善」君主的美稱。利奧波德歡迎基督教傳教士前往他的新殖民地傳教；據說他的軍隊與在當地掠奪人口的奴隸販子交戰，並且打敗了他們；有十多年的時間，歐洲報紙不斷讚揚他將個人財富投資於地方公共工程，造福了廣大的非洲人。

莫雷爾能說流利的法語，公司每隔幾個星期就會派他到比利時監督剛果航線船隻的貨物裝卸作業。與莫雷爾共事的官員處理運輸業務已經很多年，對於貨物的裝卸早已習以為常，但莫雷爾卻從中注意到令他不安的景象。在比利時大港安特衛普（Antwerp）的碼頭上，莫雷爾看到公司船隻進港時貨艙滿溢，裡面都是橡膠與象牙等珍貴貨物。[1]然而，當船員解開泊船用的纜索準備返回剛果，軍樂隊在碼頭上演奏，身穿軍服、熱切期盼的年輕人排成一列站在船舷的欄杆旁，返航船隻所載運的卻主要是軍官、武器與彈藥輜重。這不是貿易關係。用橡膠與象牙換來的東西少之又少或者根本沒有。當莫雷爾看到這些珍貴物資源源不絕湧入歐洲，卻幾乎沒有任何商品運回非洲時，他瞭解這種單方面貨物流入的現象只有一個原因可以解釋：奴工。

莫雷爾直接目睹了邪惡，而他並未別過頭去。他看到的景象反而使他確立了人生的方向，以及一場非凡運動的目標，這是二十世紀第一場偉大的國際人權運動。很少有人能像莫雷爾一樣——熱情、善於言詞、擁有絕佳的組織力與超越常人的精力——幾乎僅憑一己之力，持續十多年將某個主題推上世界各大報的頭版。莫雷爾在安特衛普碼頭目睹一切後沒過幾年，他就前往白宮極力勸說老羅斯福總統（Theodore Roosevelt），主張美國必須採取行動，因為美國對剛果負有特殊責任。莫雷爾組織代表團拜會英國外交部，他還號召各方人士，從華盛頓（Booker T. Washington）、佛朗士（Anatole France）到坎特伯里大主教（Archbishop of Canterbury），一同加入他的行列。美國各地出現了超過兩百場群眾集會，抗議剛果使用奴工。英國也出現大量集會遊行，顛峰時期，一年甚至有將近三百場集會，最多曾經吸引五千名群眾參與。[2]在倫敦，一封針對剛果的抗議信寄到《泰晤士報》（the *Times*），簽署支持的人士包括十一名貴族、十九名主教、七十六名國會議員、七名商會主席、十三名大報主編與英國所有市長大人（lord mayor）。[3]許多人發表演說批評利奧波德國王在剛果進行的恐怖統治，甚至遠在澳洲都有人對此大肆抨擊。在義大利，兩名男子為了這個議題而決鬥。一向措詞謹慎的英國外交大臣格雷爵士（Sir Edward Grey）表示，「三十年來，從來沒有任何國外問題像剛果奴工一樣對英國造成如此巨大而猛烈的震撼。」[4]

本書講述的就是這場運動、這場運動抗議的野蠻罪行、此前很長一段時間的探險與征服，以及近代史上最大規模的一場殺戮是如何被世界所遺忘。

***

我是幾年前才知道這段剛果歷史，當時我正好在讀某本書，然後從這本書的注釋發現了這段歷史。通常，當你無意間撞見某件令你大吃一驚的事，你會記得你是在何時何地讀到它的。當時已是深夜，我坐在美東飛美西一架航班上，位子很後面，身體僵硬，整個人十分疲倦。

這個注釋是在說明書中所引用馬克．吐溫（Mark Twain）的一段話，裡面寫道：全世界掀起了反對奴役剛果勞工的運動，馬克．吐溫也參與了抗爭，還說奴役剛果勞工奪走了八百萬到一千萬人的性命。全球性的運動？八百萬到一千萬人死亡？我大為震驚。

大規模殺戮的數字通常難以證實。然而，就算真實數字只有宣稱的一半，我想剛果仍曾經是現代世界的大型殺戮場之一。那為何當我們逐一列舉眾所公認的二十世紀恐怖屠殺事件時，從未提到這些死亡人口？而且為什麼我從未聽過這件事？我從事人權方面的寫作多年，前後去過非洲六次，其中還有一次是去剛果，但我卻對此事一無所知。

我是一九六一年去剛果的。當時，我在利奧波德維爾（Leopoldville）一間公寓裡，聽到一名喝醉的美國中情局人員得意洋洋地描述，幾個月前這個剛獨立國家的首任總理盧蒙巴（Patrice Lumamba）是在哪裡被殺與如何被殺，說得清清楚楚。他以為所有的美國人，包括像我這樣的訪問學生，聽到美國政府眼中危險的左派麻煩製造者遇刺身亡，都會跟他一樣感到欣慰。一兩天後的清晨，我搭乘渡輪渡過剛果河離開這個國家，當太陽從河面上冉冉升起，漆黑、平靜的河水輕輕拍打著船身，那段對話仍在我腦中揮之不去。

幾十年後，我才看到這個注釋，也才看見自己對剛果早期歷史的無知。接著我突然想到，我跟其他數百萬人一樣，都曾讀過關於那個時代與那個地方的作品：康拉德（Joseph Conrad）的《黑暗之心》（*Heart of Darkness*）。然而，我的大學課堂筆記草草記下的都是這本小說的佛洛伊德式弦外之音、神話借用與內心想像，當時我心裡只把這本小說當成虛構作品，而非真實經歷。

我開始閱讀更多資料。我愈深入探討，愈能肯定一百年前的剛果確實出現足以與猶太人大屠殺相提並論的死亡慘劇。與此同時，我意外發現自己深受這段破碎歷史中幾位出類拔萃的人物吸引。雖然莫雷爾是引領這場人權運動的先鋒，但他卻不是最早揭開利奧波德國王治下剛果黑幕、並且竭力引起世人關注的人。最早發現問題的是非裔美國記者與歷史學家威廉斯（George Washington Williams），與先前訪問非洲的人不同，威廉斯直接詢問非洲人對白人征服者的感受。另一名非裔美國人謝波德（William Sheppard）記錄了他在剛果雨林偶然看到的一幕，這一幕成為殖民地暴行的象徵，烙印於世人腦海。還有一些其他英雄，其中最勇敢的一位鬥士最後在倫敦絞刑臺上失去生命。然後，當然，年輕的康拉德船長也會在本書故事的中段出現，他小時候夢想前往充滿異國風情的非洲，結果目睹的卻是「邪惡至極的強取豪奪，人類良知的空前敗壞」。[5]而這一切的幕後操縱者是利奧波德二世，他是個利欲薰心且聰明狡猾的人物，表裡不一卻又充滿魅力，就像莎士比亞筆下那些無法被輕易看穿的惡棍。

當我追索這些人物彼此交錯的人生時，我也對剛果的恐怖屠殺與圍繞著這場屠殺產生的種種爭議有了新的認識。這是人類進入電報與相機時代的第一起重大國際暴行。這樁醜聞混合了工業規模的殺戮、王室、性與名人的力量，以及敵對遊說團體與媒體分別在大西洋兩岸的六個國家大打宣傳戰，整體的運作竟與今日世界有著驚人的相似。此外，利奧波德二世與歷史上從成吉思汗到西班牙征服者這些大掠奪者不同，他從未見過流血的場面，他也從未到過剛果。而這也是相當現代的經驗，就像轟炸機飛行員身處平流層中，隔著雲層，他永遠聽不見地面的哀嚎，也看不見斷垣殘壁與血肉橫飛。

雖然歐洲早已忘了那群利奧波德的剛果受害者，但我依然找到了大量原始資料來重建他們的過去：探險家、汽船船長、軍人的回憶錄；傳教站的紀錄；政府調查報告；以及維多利亞時代的獨特現象：紳士（有時還有淑女）「旅行者」的敘述。維多利亞時代是書信與日記的黃金時代；似乎每個訪問剛果的人和派駐剛果的每位官員，都留有大量日記，他們彷彿每天晚上都坐在河邊寫信給家人。

當然，當中的問題在於這龐大的文字洪流幾乎全出自歐洲人或美國人之手。歐洲人初次抵達剛果時，當地並沒有書寫文字，這不免會對歷史紀錄造成扭曲。我們有數十本當地白人官員的回憶錄；我們知道英國外交部重要人物不斷改變他們的看法，有時甚至每天都在變化。但在這個極其恐怖的年代裡，我們卻找不到一本完全由剛果人所寫的回憶錄，就連完整的口述歷史也付之闕如。我們聽不到非洲人在這段時期的聲音，我們聽到的幾乎只有一片死寂。

儘管如此，當我埋首於這些資料時，仍能從中挖掘不少真相。掠奪剛果的人經常在書籍與報章雜誌宣揚與吹噓他們殺了多少人。有些人保留了誠實得驚人的日記，透露給我們的訊息遠遠超過作者的本意。同樣的，過去殖民地官員使用的指導手冊有很多留存下來，裡面清楚記載了各種官方指示。此外，在占領剛果的私人武裝軍隊中，有幾名軍官對於自己犯下的暴行感到愧疚。他們的證詞與他們偷偷攜出的文件，對整起抗議運動有很大的推波助瀾效果。連受到殘酷鎮壓的非洲人，也不能說是一片死寂。雖然征服者的紀錄刻意排除，但非洲人的行動與聲音，我們還是能看見與聽見。

一八九〇到一九一〇年是剛果屠殺最慘烈的時期，但這起事件的起源其實在更早之前，也就是歐洲人與非洲人初次相遇的時候。為了追溯故事的起源，我們必須回到五百多年前，彼時，一名船長看見海水變了顏色，彼時，一位國王接到消息，說有鬼魂從地底下鑽了出來。

序言：「這些商人正在綁架我們的人民」

當歐洲人開始想像撒哈拉以南的非洲時，他們腦海中浮現的是宛如夢境般的大陸，一個充滿恐懼與超自然幻想的地方。一三五〇年左右，本篤會修士希格登（Ranulf Higden）繪製了世界地圖，他宣稱非洲住著一群獨眼人，會用腳遮擋自己的頭。十五世紀，一位地理學家表示，非洲大陸住著只有一條腿、卻擁有三張臉與獅頭的人。一四五九年，義大利修士毛羅（Fra Mauro）宣稱非洲是洛克鳥（roc）的棲息地，洛克鳥是一種大鳥，據說可以抓著大象飛往空中。

在中世紀，歐洲幾乎沒有人可以確定，非洲究竟是不是住著大鳥、獨眼人或其他奇怪的生物。與歐洲人敵對的摩爾人（Moors）住在非洲的地中海沿岸，歐洲人不敢前往當地，更不用說繼續往南穿過撒哈拉沙漠。至於沿著西非海岸往南航行，每個人都知道，只要過了加那利群島（Canary Islands），就會駛進「黑暗之海」（Mare Tenebroso）。[1]福巴斯（Peter Forbath）寫道：

> 在中世紀的想像中，這是最令人恐懼的地區……從天上降下大片火海，海水為之沸騰……岩石縫裡的蟒蛇與小島上的食人妖埋伏著，等待水手們自投羅網，撒旦從無底深淵伸出巨

> 手抓住他們，水手們的臉孔與身體全變成了黑色，他們因為妄自尊大企圖窺探這塊禁地的神祕，上帝的報復在他們身上留下了印記。就算航海者成功渡過險阻，穿越各種難關，順利來到朦朧之海（Sea of Obscurity），他們最終也會迷失在世界邊緣的水汽與泥漿裡。[2]

直到十五世紀，大航海時代來臨，歐洲人這才開始有系統地往南探險，其中拔得頭籌的是葡萄牙人。一四四〇年代，里斯本造船廠研發出卡拉維爾帆船（caravel），這種小型帆船能充分運用風力航行。卡拉維爾帆船雖然長度很少超過一百英尺，但船身堅固耐用，可以載著探險者沿非洲西岸一路南下，當時還沒有人知道那裡蘊藏著哪些黃金、香料與寶石。探險者背後的驅動力並非只是對財富的渴求。他們知道，尼羅河的源頭就在非洲的某個地方，自古以來，這一直是歐洲人想解開的謎團。此外，探險者也受到流傳已久的中世紀神話吸引，亦即祭司王約翰（Prester John）的傳說，據說這名基督教國王在非洲內陸統治著一個廣大的帝國，居住於用透明水晶與寶石建造的宮殿裡，在此號令超過四十二個小國的君主，還有各式各樣的半人馬怪物與巨人。國王從不拒絕任何旅人坐上他那張堅固的綠寶石餐桌，這張桌子能同時容納數千人。祭司王約翰想必一定很樂意與他的基督徒同胞分享財富，並且協助他們繼續航行，前往傳說中富有的印度。

葡萄牙探險隊接二連三地往更南的領域探索。一四八二年，經驗豐富的海軍船長康（Diogo

Cão）進行了有史以來最具野心的航行。他緊靠著非洲西岸探索，當他的卡拉維爾帆船越過赤道時，他看到北極星從天上消失了，他知道自己已突破以往歐洲人向南航行的極限。

有一天，康看到一個令他驚訝的景象。船周圍的海水變成偏暗、略灰的黃色，而黃褐色的海浪正拍打著附近的沙灘。當航行到一處寬約數英里的海灣時，他的卡拉維爾帆船不得不與一股八、九節速度的海流較勁。此外，從船身周圍水的味道判斷，這些水應該是淡水，而非海水。康意外地來到一處滿布泥沙的大河河口，這條大河遠比歐洲人見過的所有河流都來得寬闊。當時的一段記述顯示河流寬廣的河面讓康與他的船員留下深刻印象：

> 寬達二十里格（leagues）的河面，保留了大量淡水，充滿鹹味的海水雖然從四面八方將它團團圍住，卻無法滲進這些淡水之中；彷彿這條宏偉的大河決心展示自己的力量，與大海激烈戰鬥，只有它不願像世界其他河川一樣毫不抵抗就向海洋臣服。[3]

現代海洋學家發現了更多有關這條大河「與大海激烈戰鬥」的證據：這條河流在海床上挖出了一道長達一百英里、某幾處深達四千英尺的峽谷。

康在河口上岸，然後在那裡豎立起石灰石柱，頂端插著一個鐵十字架，柱身刻上王室紋章，並且留下了這段文字：「創世後第六六八一年與主耶穌基督誕生後第一四八二年，奉至和、至高、至尊葡萄牙國王若昂二世（João II）之命發現這塊土地，由王室從騎士迪亞哥・康豎立這根石柱。」[4]

康登陸的河川，在往後五百年大多數時間裡被歐洲人稱為剛果河。剛果河在一個繁榮的非洲王國北端入海，這個帝國聯邦擁有二、三百萬人民。從那時起，地理學家在指稱剛果河與後來在剛果河岸建立的歐洲殖民地時，使用的是Congo，而在指稱居住於河口的原住民與他們建立的原住民王國時，使用的則是Kongo。

剛果王國（Kingdom of the Kongo）面積大約三百平方英里，領土分布在今日數個國家境內。剛果王國的首都是姆班扎剛果（Mbanza Kongo），姆班扎的意思為「宮廷」。姆班扎剛果位於山丘頂端，可以俯瞰四周，離海岸大約要步行十天，以今日國界來說它是在安哥拉（Angola）與剛果邊境附近的安哥拉一側。[5]康登陸之後，葡萄牙又進行了幾次航行，九年後，一四九一年，由葡萄牙教士與使者組成的一支大型探險隊再次順利登陸，他們步行十天抵達剛果王國首都，並且以葡萄牙永久代表的身分，集體在剛果國王的宮廷裡定居下來。他們的到來標誌著歐洲人與一個非洲黑人國家首次長期接觸的開始。

在葡萄牙人到達之前，剛果王國已經存在至少一百年。剛果國王（ManiKongo）由各氏族的族長推舉產生。[6]與歐洲各國國王一樣，剛果國王也坐在王座上，王座是木製的，鑲有象牙。剛果國王手持用斑馬尾巴做的鞭子，腰帶上繫著幼獸的毛皮與頭顱，頭上戴著小帽，這些都是王室的象徵。

在都城裡，剛果國王主持司法，接受臣民敬拜，在大型公共廣場的無花果樹下檢閱軍隊。每個上前謁見國王的人都必須趴在地上。人民不可以觀看國王飲食，違反者將被判死刑。在國王飲食之前，隨從會拿出兩根鐵棒相互敲擊，視線內的所有人都必須匍匐在地。

剛果國王坐在王座上接見葡萄牙人，態度十分親切。國王的熱情與其說來自於這群突然造訪的客人稱他為救世主，不如說是因為這些人帶來的神奇噴火武器可以協助他鎮壓令他頭疼的地方叛亂。而葡萄牙人也樂意遵從國王的要求。

葡萄牙人興建教堂與設立教會學校。跟日後前來的許多白人傳教士一樣，葡萄牙人也對當地的一夫多妻制感到吃驚；他們懷疑可能是非洲食物裡的香料導致這種可怕的行為。儘管葡萄牙人輕視剛果文化，但他們卻不得不承認剛果王國是個成熟且發展完善的國家，為中非西岸首屈一指的大國。[7]王國大約有六個省，國王在每個省設置一名總督，而國王的統治也建立在一套複雜精細的文官體系上，其中包括mani vangu vangu這種專門的職位，為負責審判通姦罪的一審法官。雖然剛果沒有文字或輪子，但這裡的居民卻能將銅鑄造成珠寶，將鐵鍛造成武器，而且懂得利用酒椰棕櫚葉的纖維來紡織衣物。根據古代神話，剛果王國的開國君主是一名鐵匠，因此鐵匠就成為貴族的職業。人們栽種山藥、香蕉、水果與蔬菜，飼養牛、羊、豬。他們以步行日數計算距離，使用陰曆，一個星期四天，每個星期的第一天是假日。國王向人民收稅，並且跟許多統治者一樣控制貨幣供給：他們以沿海島嶼盛產的黃寶螺貝殼作為貨幣，而這些沿海島嶼直屬於國王。

與非洲大部分地區一樣，剛果王國也有奴隸制度。非洲奴隸制度的性質因地因時而異，但一般而言奴隸主要來自於戰俘。有些奴隸的來源則是罪犯或欠債者，或是被家人當成嫁妝或聘禮贈送。當制度賦予某些人完全支配其他人的權力，就可能非常邪惡，非洲的奴隸制度也是如此。有些剛果盆地民族會在特殊場合以奴隸為祭品，例如酋長之間締結條約時：藉由一個生命緩緩流失的棄子奴隸，骨頭還被打斷，藉此象徵凡是違反條約的人都會遭遇相同的命運。當酋長死亡，也要獻祭奴隸，陪伴死者前往彼世。

不過，相較於歐洲人即將在新世界建立的奴隸制度，非洲的奴隸制度比較有彈性、也比較仁慈。非洲的奴隸經過一兩代可以爭取或被恩准重獲自由，而且自由人與奴隸有的時候可以通婚。儘管如此，事實證明任何形式的人口買賣的存在，對非洲來說結果都是一場災難；因為後來當歐洲人抵達非洲，迫不及待想要買走一船又一船奴隸時，他們發現非洲的酋長很樂意做這門生意。

不久，奴隸買家來了。起初人數不多，但之後隨著大西洋另一岸發生重大事件，他們開始如洪水般湧來。一五〇〇年，也就是第一批歐洲人抵達姆班扎剛果的九年後，一支葡萄牙探險隊被吹離了航道，無意間抵達巴西。往後數十年間，西半球成為一個巨大、利潤豐厚、無止盡吸收非洲奴隸的市場。數百萬名非洲奴隸在巴西的礦場與咖啡種植園工作，很快的，其他歐洲國家為了開闢加勒比島嶼的肥沃土地以種植甘蔗，也大量引進非洲奴隸。

在剛果王國，葡萄牙人已經把尋找祭司王約翰的事拋諸腦後，變成一心一意尋找奴隸。從里斯本派去姆班扎剛果擔任泥水匠或老師的葡萄牙人，他們在當地很快就開始幹起驅趕成群上了枷鎖的奴隸到岸邊，賣給奴隸船長的勾當，並且因此發了大財。

就連一些葡萄牙教士也抵擋不了販奴賺取暴利的誘惑，他們放棄傳教，納黑人女子為妾，豢養奴隸，把自己的學生與改信者當成奴隸賣掉。不過，這些販奴的教士始終以某種方式堅守自己的信仰；在宗教改革之後，他們努力確保他們販賣的人口不會落入新教徒手中。一名教士說道：「在天主教會受洗的人被賣給與天主教信仰敵對的人」，這顯然是不對的。[8]

到了一五三〇年代，剛果河口南岸、康所立石柱附近的一個村落成了奴隸港，每年有超過五千名奴隸從這裡運送到大西洋另一岸。到了下個世紀，剛果全國每年出口一萬五千名奴隸。[9]商人詳細記錄他們的戰利品。這個地區留下的一份存貨清單列出了「六十八頭」奴隸，包括他們的名字、身體缺陷與現金價值，男性列在最前面，因為他們最值錢，最後面則是：「小孩子，姓名不詳，因為她快死了，又沒辦法說話；不值錢的男性；一個叫卡倫波（Callenbo）的小女孩，不值錢，因為快死了；一個叫康騰比（Cantunbe）的小女孩，不值錢，因為快死了。」[10]

許多從剛果河口運送到美洲的奴隸就是剛果王國當地的人民；也有許多是非洲奴隸販子從別處抓來的，這些商人深入非洲內陸七百多英里，向地方酋長與首領購買奴隸。這些奴隸被迫一路步行到海岸，脖子上套著木頭枷鎖，沒有足夠的食物可吃，加上商隊通常是在乾季來回跋涉，因此他們只能喝到混濁發臭的水。通往奴隸港的小路，很快就遍布森森白骨。

等到適當完成受洗、穿上以包裹貨物剩下的粗麻布製成的衣物、用鏈條拴在一起關進船上的貨艙後，剛果河口的大部分奴隸就會被立刻運往巴西，這是距離剛果最近的新世界地區。然而從十七世紀開始，日益增長的需求吸引許多船長將奴隸運往更遠的英屬北美殖民地。在美國南方棉花與菸草種植園工作的奴隸，大約每四名就有一名來自赤道非洲，包括剛果王國。今日居住在南卡羅來納州（South Carolina）與喬治亞州（Georgia）沿海島嶼的非裔美國人，他們說的古拉方言（Gullah dialect），語言學家發現其中留存的非洲語言來源之一，即是剛果河口地區說的剛果語（KiKongo）。

***

當大西洋奴隸貿易開始摧殘剛果時，剛果王國的統治者是阿方索（Nzinga Mbemba Affonso）。[11]他在一五〇六年即位，以阿方索一世的名號統治了將近四十年。阿方索的一生是剛果王國的關鍵時期。他出生時，王國中無人知道有歐洲人存在。他去世時，他的王國已受到歐洲人引發的販奴熱潮威脅。阿方索是個有自知之明的悲劇人物，而他也在歷史上留下了自己的印記。三百年後，一名傳教士說道，「剛果當地人知道三個國王的名字：現任國王，前任國王，還有阿方索。」[12]

一四九一年，當葡萄牙人首次抵達姆班扎剛果時，三十出頭的阿方索還只是省長。他改信基督教，改名阿方索，聘請了幾名葡萄牙顧問，並且在姆班扎剛果向葡萄牙教士學習了十年。一名教士在給葡萄牙國王的信上寫道，阿方索「比我們更瞭解先知、我們的救主耶穌基督的福音、所有聖人的生平，以及一切與我們的神聖教會有關的事。如果陛下看到他，想必也會感到驚訝。他能言善道，充滿自信，讓我覺得是聖靈透過他的嘴在說話。我的主上，他一直埋首學習；許多次他趴在書本上睡著，許多次他專注於談論救主而忘了吃喝」。[13]我們不知道這段生動的描述有多少是出於教士為了打動葡萄牙國王，又有多少是出於阿方索為了打動教士而刻意表現。

從後世的角度來看，阿方索國王是個推動現代化的人物。他迫切取得歐洲的知識、武器與商品來鞏固自己的統治與對抗白人抵達所帶來的不穩定力量。舉例來說，他發現葡萄牙人對銅很有興趣，於是他用銅與葡萄牙人交換歐洲商品，然後用歐洲商品來換取偏遠省分的臣服。阿方索顯然極其聰明，他在當時想做的事即使放到現在也一樣困難：選擇性地進行現代化。[14]他對教會、文字、歐洲的醫藥，以及木工、石砌建築與一切可以從葡萄牙工匠學到的技術，都很感興趣。然而當葡萄牙國王派遣使節說服他採用葡萄牙的法律與宮廷禮儀時，他卻顯得興趣缺缺。阿方索也極力阻止葡萄牙人進行探勘，他擔心一旦歐洲人發現他們垂涎的黃金白銀，他的國家將完全被占領。

由於我們對非洲這個地區往後數百年歷史的認識，幾乎全都來自白人征服者的記載，因此阿方索一世提供的訊息顯得格外罕見而珍貴：這是非洲自身發出的聲音。事實上，在二十世紀之前，我們幾乎很難聽見來自中非的聲音，阿方索就是碩果僅存的一個。他以流利的葡萄牙語口授了難能可貴的一系列書信給葡萄牙前後兩任國王，這是目前所知最早由非洲黑人以歐洲語言完成的文件。[15]有數十封信件留存下來，在他的親筆簽名上面，還可見王室風格的拉花重疊線條。書信採用的是一位君主對另一位君主的正式語氣，通常一開始是「至高至尊的君王，我的兄弟……」但是從信中我們不只聽見國王的聲音，我們也聽見人的聲音，這個人因為看到愈來愈多自己的人民被送上奴隸船而驚駭不已。

阿方索不是廢奴主義者。與當時大多數非洲統治者一樣，阿方索也擁有奴隸，他至少曾有一次把奴隸當成禮物贈送給在里斯本的國王「兄弟」，其他的禮物還包括豹皮、鸚鵡與銅製腳鐲。但這只是國王之間傳統的相互饋贈，對阿方索來說，這與剛果成千上萬的自由子民被當成奴隸套上枷鎖運送到大海的另一端不可相提並論。他在一五二六年寫給葡萄牙國王若昂三世（João III）的信裡是這樣說的：

這些商人每天都在綁架我的人民，包括這個國家的孩童、王公大臣的子弟，甚至還有王室自家的成員……墮落與邪惡橫行，導致我的國家人口減少……這個王國只需要教士與老師，不需要商品，除了做彌撒用的葡萄酒與麵粉……我們希望，這個王國不會成為買賣或運輸奴隸的地方。[16]

同年稍晚：

我有許多臣民渴望得到你的臣民帶入境內的葡萄牙商品。然而你的臣民為了滿足無止盡的欲望，竟抓走許多黑人自由民……他們趁著夜晚偷偷把這些囚犯帶到海邊……然後賣了他們……這些黑人一落到白人手裡，馬上就被燒得火紅的鐵塊烙印。[17]

阿方索一再提到這兩個形影不離的主題：奴隸貿易與各種誘惑人的商品。葡萄牙商人帶來了布料、工具、珠寶與其他小飾品，用來換取人類：

這些商品對單純無知的民眾產生極大的吸引力，使民眾轉而相信商品而忘記對上帝的信仰……敬愛的國王，可怕的貪欲驅使我們的臣民——連基督徒也不例外——拐賣自己的家人，還有我們的家人，把他們當成奴隸賣掉。[18]

除了懇求葡萄牙國王送來老師、藥師與醫師，而不要派商人過來，阿方索也坦承大量的物質商品湧入，已威脅到他的權威。他的人民「現在可以取得的物品已遠多於我們能給予的物品，而原本我們是靠著賞賜物品來維持人民的服從，使他們心滿意足」。[19]阿方索的抱怨有先見之明，這種因為嚮往大量歐洲商品而造成傳統生活方式遭到破壞的現象，往後將在別的地區繼續上演。

葡萄牙國王毫無憐憫之心。若昂三世回道：「你說你不願意看到你的國家出現奴隸貿易，因為奴隸貿易使你的國家人口減少……但在當地的葡萄牙人告訴我，剛果何其遼闊，人口何其稠密，根本看不出有奴隸被賣走。」[20]

阿方索以基督徒的身分，懇求同為基督徒的葡萄牙國王，並且提到當時充斥的各種偏見。在談到一些葡萄牙教士成了奴隸販子時，阿方索寫道：

在這個王國，信仰就跟玻璃一樣脆弱，因為來這裡傳教的人做了最壞的示範，因為世間

> 的欲望與財富的誘惑使他們背棄了真理。就像猶太人因為貪婪而將上帝之子釘十字架，我的兄弟，今日上帝之子又再次被釘上了十字架。[21]

阿方索幾次向羅馬教宗請求終止奴隸貿易，但他派往梵蒂岡（Vatican）的使者在里斯本一下船就被葡萄牙人拘禁起來。

一五三九年，生命已近盡頭的阿方索深感絕望，因為他得知自己年輕的姪子、孫子與其他親戚一共十人，在前往葡萄牙接受宗教教育途中失蹤。他絕望地寫道，「他們生死未卜，我們不知道他們是不是死了，也不知道該怎麼向他們的父母交代。」[22]我們可以想像國王的驚恐，因為他連自己的家人也保護不了。從剛果到里斯本的航程極為漫長，葡萄牙商人與船長在途中會將許多貨物轉往別的航線；結果，這些年輕人最後被賣到巴西為奴。

阿方索痛恨海外奴隸貿易，認為奴隸貿易削弱了他的權威，阿方索的態度引發剛果首都裡葡萄牙商人的不滿。一五四〇年，當阿方索參加復活節彌撒時，有一夥八個人企圖行刺他失敗。子彈射中他的王袍邊緣，但隨行貴族有一人身亡、兩人受傷。

阿方索死後，剛果王國國勢日漸衰弱，各省與地方酋長透過販奴取得大量財富，漸漸不再向姆班扎剛果效忠。到了十六世紀末，其他歐洲國家也加入奴隸貿易的行列；英格蘭、法國與荷蘭船隻紛紛來到非洲海岸，尋找人類貨物。一六六五年，剛果王國弱小的軍隊與葡萄牙人爆發戰爭。剛果王國被擊敗，剛果國王被砍頭。接連內亂又讓王國更加衰弱，到了十九世紀末，其領土終於完全淪為歐洲的殖民地。

＊＊＊

除了阿方索的書信，其他記載這個時代的書面紀錄反映的仍是白人的觀點。從康與他率領的三艘風帆上繪有褪色紅十字架的船隻在剛果河口出現開始，那裡的居民是如何看待歐洲人的呢？想一窺他們所見，我們必須求助已流傳好幾個世紀的神話與傳說。起初，非洲人顯然沒有把白人水手當成人類，而是當成vumbi，也就是祖宗的鬼魂，因為剛果人相信人死後會進入死者的國度，皮膚會變成白堊的顏色。毫無疑問，這群看起來不懷好意的白色vumbi就是來自死者的國度，因為岸上的人首先看到的是船的桅杆，接著看到船的上層結構，最後才看到船身。這艘載著vumbi的船隻顯然是從地底升上地面。[23]二十世紀，彭德族（Pende people）口述歷史學家奇歐可（Mukunzo Kioko）對葡萄牙人的到來做了以下描述：

我們的祖先過著舒適的日子……他們養牛而且種植農作物；他們擁有鹽沼與香蕉樹。

突然間，他們看到一艘大船從大海中冉冉升起。這艘船有著全白的翅膀，像刀子一樣閃

> 閃發亮。
> 白人從水中出現，說著沒人聽得懂的語言。
> 我們的祖先感到驚恐；他們說，這些是vumbi，他們是死而復活的鬼魂。
> 他們朝vumbi射箭，想將他們逼入海中。
> 但vumbi噴出火焰，發出打雷般的巨響。許多人被殺死。我們的祖先落荒而逃。
> 酋長與智者說，這些vumbi過去擁有這片土地……
> 從那時起，直到現在，白人只為我們帶來戰爭與不幸。[24]

跨大西洋奴隸貿易使非洲人更加確認歐洲人來自死者的國度，因為他們把一船又一船的奴隸帶出海，而這些人再也沒回來。就像歐洲人長久以來一直認為非洲人會吃人，非洲人也想像歐洲人會做同樣的事。非洲人認為白人把奴隸的肉做成鹹肉，把腦子做成起司，把血做成歐洲人喝的紅酒。非洲人的骨頭被燒掉，骨灰就成了火藥。非洲人認為，在歐洲人帆船上經常可以見到的冒煙巨大銅鍋，就是上述那些可怕轉化發生的地方。[25]從剛果海岸往西航行的擁擠奴隸船，有些奴隸拒絕食用船上提供的食物，因為他們相信自己吃的是先前搭乘這艘船的奴隸的肉，這使得原本就居高不下的死亡人數變得更高。

幾年過後，為了解釋這些異邦人從死者的國度所帶來的神祕物品，於是又出現新的神話。舉例來說，根據一名十九世紀傳教士的記載，非洲人是這樣解釋當船長走下貨艙、出來時手裡卻拿著布料這樣的商品：非洲人相信，這些商品不是來自船本身，而是來自一個通往海洋的洞穴。海中的精靈在一座「海洋工廠織布，只要我們需要布料，船長……就會走進洞裡，然後搖鈴」。海中的精靈把布料交給船長，船長「則丟給他們幾具黑人屍體作為報酬。這些黑人是船長向可惡的當地奴隸販子買來的，這些奴隸販子蠱惑自己的同胞，將他們賣給白人」。[26]這則神話與現實其實差距不遠。因為美國南方的奴隸制度，不就是一種黑人在棉花種植園裡用自己的身體進行勞動，最後再將棉花變成布料的過程？

* * *

由於非洲的中間人會把俘虜直接送到船上，所以葡萄牙商人很少冒險深入內陸。事實上，從康發現剛果河之後的將近四個世紀，歐洲人一直不知道剛果河的源頭在哪裡。剛果河注入海洋的水量每秒高達一百四十萬立方英尺，僅次於亞馬遜河。除了巨大的水量與未知的水路，剛果河還存在另一個謎團。水手們發現，相較於其他熱帶河川，剛果河全年的流量幾乎毫無波動。像亞馬遜河與恆河這類河川，都因為流經的地區有雨季或乾季的差異而出現豐水期或枯水期。但剛果河卻與它們不同，為何會如此？

在長達好幾個世紀的時間裡，人們之所以未能探查到剛果河的源頭，是因為他們無法往上游航行。所有曾嘗試的人都發現，河水會流入一個峽谷，而峽谷的前端則是船隻無法通過的急流。

我們現在知道，剛果河盆地大部分地區位於非洲內陸高原上。剛果河從將近一千英尺高的高原西緣，在流經短短二百二十英里後就降到海平面的高度。在這段劇烈下降的過程中，剛果河穿過狹窄的河谷，激起四十英尺高的波浪，顛簸穿越三十二道各自獨立的瀑布。懸殊的高低落差與龐大的水量，使剛果河這段二百二十英里長的河道蘊含著龐大的潛在水力，其發電量幾乎等同於美國全國湖泊與河流水力發電的總和。

想要溯源的船員如果大膽決定棄船改走陸路，他們將發現雖然步行可以繞過急流，卻要沿著蜿蜒的山路穿過崎嶇嶙峋的野地，攀登危險的山崖與深谷，還要面對瘧疾與歐洲人毫無免疫力的各種疾病。一些嘉布遣會（Capuchin）傳教士克服艱辛，兩度短暫成功深入內陸，抵達急流的頂端。有一支葡萄牙探險隊試圖循著這些傳教士的路線前往，卻一去不回。到了十九世紀初，歐洲人依然對中非內陸的情況或剛果河的源頭一無所知。

一八一六年，一支英國探險隊在英國海軍上校塔基（Captain James K. Tuckey）的帶領下，前去尋找剛果河的源頭。他率領的兩艘船載著各色各樣的人物：英國皇家海軍陸戰隊、木匠、鐵匠、外科醫生、皇家植物園邱園（Kew）的園藝家、植物學家與解剖學家。解剖學家奉命對河馬進行詳細研究，而且「要將河馬的聽覺器官保存在烈酒中，盡可能保存三份」。[27]人員名冊上有一位克蘭奇先生（Mr. Cranch），他是「自然歷史文物收藏家」；另一位探險隊員則被登記為「志願者與善於觀察的男士」。

當塔基抵達剛果河口時，他發現有八艘來自不同國家的奴隸船下錨停泊，等待「貨物」前來。塔基的船往剛果河上游航行，直到無法前進為止，之後探險隊下船，從陸路繞過發出雷鳴巨響的急流。然而，在無止盡地「攀爬近乎垂直的山嶺，與橫越成堆的石英岩」後，塔基與疲憊不堪的隊員們開始感到沮喪。[28]他們經過的地區後來被稱為水晶山脈（Crystal Mountains）。剛果河到處都是冒著泡沫的急流與巨大的漩渦。好不容易來到一處平靜的河段，塔基卻偏狹地評論道，「這裡的風景很美，與泰晤士河畔相比毫不遜色。」[29]英國人陸續染上未知的疾病，很可能是黃熱病，而在辛苦跋涉一百五十英里之後，塔基喪失信心。探險隊決定掉頭，塔基回到船上沒多久就死了。當驚魂未定的探險隊生還者啟程返國時，最初出發的五十四名成員已有二十一名死亡。剛果河的源頭與流量穩定的祕密依然不得而知。對歐洲人而言，非洲一直是珍貴原料的供應地，包括人體與象牙。但除此之外，歐洲人眼中的非洲，面目空洞、空曠、空蕩，是一個在地圖上有待探索的地方，一個益加頻繁地被形容為「黑暗大陸」的地方：「黑暗大陸」一詞所反映的主要是觀看者意見，而非被觀看者。

第一部
人間煉獄

第一章「我不會停止尋找」

塔基上校追溯剛果河源頭失敗的二十五年後，一八四一年一月二十八日，威爾斯的市集小鎮登比（Denbigh）誕生了一個男嬰，他將實現塔基上校未竟的事業。聖希拉里教堂（St. Hilary's Church）出生登記簿上為這名男嬰登記的姓名是「約翰．羅蘭斯（John Rowlands），私生子」——私生子成為男孩一輩子無法甩開的印記，往後，洗刷這個恥辱的念頭一直在他的腦海縈繞。[1]小約翰是女傭貝琪．佩瑞（Betsy Parry）的孩子，貝琪一共生了五個私生子，約翰是頭一胎。約翰的父親可能是羅蘭斯，當地的酒鬼，最後死於酒毒性譫妄；也有可能是一位有名望的已婚律師，名叫霍恩（James Vaughan Horne）；另一個可能是貝琪以前在倫敦工作時的男友。

生下約翰之後，貝琪沒有臉繼續待在登比，她離開小鎮，把孩子交給自己的父親與兩個兄弟照顧，貝琪的父親是個勤教嚴管的人，只要男孩行為不對，他便「痛加打罵」。[2]約翰五歲時，外公去世，兩個舅舅不願再收留外甥，於是以每星期半個克朗的代價把約翰交給當地一戶人家照顧。當這戶人家提高價碼，兩個舅舅拒絕多給。某天，寄養家庭對小約翰說，他們的兒子迪克（Dick）會帶他到另一個村子去找他的「瑪麗阿姨」：

> 這條路似乎沒有盡頭，漫長地令人難耐……終於，我們走到一棟巨大的石砌建築前，迪克把我從他的肩上放了下來，我們穿過高聳的鐵門，迪克拉了拉門鈴，我可以聽見屋子深處傳來吵雜的金屬撞擊聲。一個表情嚴肅的陌生人出現在門邊，儘管我大喊不要，那名男子依然抓著我的手，把我拖進屋內，迪克試圖安撫我的恐懼，他哄騙我，他只是去找瑪麗阿姨，等一下就會過來。門當著迪克的面關上，關門的聲音在屋內迴盪著，我第一次體會到極度孤立無援的感覺有多難受。[3]

六歲的約翰就這樣進入聖艾薩夫聯合濟貧院（St. Asaph Union Workhouse）。

聖艾薩夫的生活紀錄充斥著維多利亞時代的委婉用語，像一層面紗般遮蔽了真實的狀況，然而當地一份報紙曾控訴濟貧院院長是個酒鬼，對底下的女性職員常有「逾矩的舉動」。一八四七年，大約就在約翰抵達之時，調查委員會來到濟貧院進行訪查，他們在報告中提到，這些男性成年人「幹盡了所有可能的壞事」，孩子們每兩人睡一張床，一個年紀大的，一個年紀小的，導致他們開始「做他們不該做的事與理解他們不該理解的事」。[4]約翰往後的人生，將對任何形式的性親密關係感到恐懼。

無論約翰在濟貧院宿舍裡忍受了什麼或看到了什麼，在濟貧院學校裡，他一直表現得相當傑出。他的優秀成績使他獲得當地主教給的獎品：一本《聖經》。約翰對地理學特別感興趣。他還有個不尋常的能力，他只需要幾分鐘的時間，就能將別人的筆跡模仿得維妙維肖。約翰自己的字跡則是十分優雅；他年輕時的簽名不僅時髦而且前衛，他會讓字母的豎筆與撇捺瀟灑地飛越基線的上方與下方。約翰彷彿想藉由自己的字跡除去恥辱，將自己的人生劇本從貧困轉向高雅。

約翰說在他十二歲時，某天晚上，他的監督人「在晚餐時間過來找我，這也是收容人集合起來的時候，他指著一名橢圓臉、深色頭髮全盤在腦後的高個子女人，問我認不認得她」。

「『不認得，先生，』我回道。」

「『什麼，你不認得自己的母親？』」

「我滿臉通紅，羞怯地看著她，我發現她正看著我，臉上帶著冷漠、挑剔的表情。我原本以為母親的到來會讓自己感受到一絲溫柔，然而看見她冷淡的神情，內心的澎湃也在那一瞬間戛然而止。」[5]

令約翰更吃驚的是，母親又帶了兩個私生子過來聖艾薩夫，一個男孩，一個女孩。幾個星期之後，她離開濟貧院。對於約翰來說，這是他連串被遺棄經驗的最後一次。

約翰十五歲時離開濟貧院，先後暫住在幾個親戚家，但親戚們並不是很想收容這個從濟貧院出來的男孩。十七歲時，約翰住在利物浦一個舅舅家裡，並且在肉鋪打工，幫忙送貨；他很擔心自己接下來又會被掃地出門。某天，他送貨到停靠在碼頭邊的美國商船溫德米爾號

（Windermere）。船長看中了這名個頭矮小但身材看起來十分健壯的年輕小伙子，他問道，「要不要來我們船上工作？」[6]

一八五九年二月，在經過七個星期的航行後，溫德米爾號抵達紐奧良（New Orleans），這位才當海員沒多久的年輕人便跳船逃跑了。約翰一直記得這座城市充滿了各種奇妙的味道：焦油、滷水、綠咖啡、蘭姆酒與糖蜜。他在街上四處尋找工作，發現某間倉庫的門廊上站著一個頭戴大禮帽的中年男子，這個人其實是一名棉花經紀商，約翰上前問道：「先生，您需要人嗎？」[7]

這位棉花經紀商對於約翰手中僅有的推薦信印象深刻——所謂的推薦信其實是主教送他的那本《聖經》，上面還有主教寫給約翰的題詞——於是僱用了這名威爾斯少年。不久，在新世界展開生活的年輕約翰決定為自己取一個新名字。改名的過程是漸進的。根據一八六〇年紐奧良的人口普查，約翰登記的姓名是「J. Rolling」。在這個時期結識約翰的一名女性表示，她記得約翰的姓名是John Rollins：「他聰明絕頂，喜歡自吹自擂、說大話與講故事。」[8]然而，過了幾年，約翰開始使用僱用他幹活的那位商人的姓名。同時，他也不斷地更換中間名，他用過Morley、Morelake與Moreland，最後決定固定用Morton。於是，當初以約翰·羅蘭斯這個名字進入聖艾薩夫聯合濟貧院的男孩，最後變成了名叫亨利·莫頓·史坦利（Henry Morton Stanley）的男人，而這個名字很快將傳遍全世界。

史坦利不僅為自己取了新名字，他在後來的人生也努力為自己編造新的生平。史坦利日後成為當代最知名的探險家，以精確觀察非洲野生動物與地形著稱，但在談到自己早年生涯時，他卻成了世界級的編故事大師。舉例來說，在他的自傳裡，史坦利以戲劇性的方式講述他離開威爾斯濟貧院的過程：濟貧院裡有個殘酷的監督人名叫法蘭西斯（James Francis），他粗暴地對待整班高年級生，史坦利表示自己在領導全班反抗這名監督人之後，便翻過花園圍牆逃走。「『不要再這麼做，』我一邊喊叫，一邊對自己的大膽感到吃驚。我話剛出口，就發現自己的外套領子被揪住，整個人被用力甩了出去，無力地癱倒在長凳上。然後，這頭暴怒的猛獸又狠狠地捶打我的肚子，直到我踉蹌往後倒下，幾乎喘不過氣來。接著，我又被抓了起來，再次被扔在長凳上，撞擊的力道之大，差點折斷了我的背脊。」[9]史坦利當時是個精力旺盛、身體健康的十五歲男孩，法蘭西斯過去曾是礦工，他在一場礦災中失去了一隻手，因此就算法蘭西斯真想教訓史坦利，恐怕也不是件容易的事。其他學生日後回憶時表示，當時並沒有發生學生抗議事件，更別提是由史坦利率領大家抗爭；他們說法蘭西斯是個溫和有禮的人，史坦利則是老師疼愛的學生，常常得到老師的獎賞與鼓勵，甚至還在法蘭西斯不在時負責管理整個班級。濟貧院的紀錄顯示，史坦利從濟貧院離開並非是逃走，而是為了上學所以住到舅舅家。

史坦利描述自己在紐奧良的生活時也同樣充滿幻想。史坦利說，他住進那位好心的棉花經紀商及其聖潔而虛弱的妻子家中。當黃熱病襲擊紐奧良時，經紀商的妻子不幸染疫去世，死在周圍掛著白紗布幔的床上，臨終之際，「她睜開溫柔的雙眼，氣若游絲地說：『要當個好孩子。願上帝保佑你！』」[10]

遭受喪妻之痛的經紀商隨即將這名年輕房客兼雇員擁入懷中，宣布「以後我的姓名將由你繼承」。[11]史坦利說，往後他與這位他稱呼為「我的父親」的男人到處旅行做生意，度過兩年恬靜的時光。他們搭乘內河船來往於密西西比河上下游，他們一起在船上的甲板散步，大聲閱讀書籍給對方聽，也一起討論《聖經》。然而遺憾的是，一八六一年，一直善待史坦利的養父也追隨愛妻的腳步撒手人寰。「當親人將雙手交疊在胸前，冰冷地睡去，永遠不再醒來時，我第一次體會到靈魂遭到刺穿的痛苦。我凝視著遺體，禁不住問自己，我的一言一行是否符合自己的期許？我是否一事無成？我是否給予他應有的尊敬？」[12]

這是個令人心痛的故事，但紀錄顯示，這對夫婦是在十七年後，也就是一八七八年才過世。雖然他們確實收養了兩個孩子，但兩個孩子都是女的。根據紐奧良的人口登記與普查報告，史坦利並未與這對夫婦同住，而且前前後後換了幾間寄宿公寓。棉花經紀商曾與史坦利有過一次激烈爭吵，後來就與史坦利斷絕往來，此後，他要求其他人絕對不許在他面前提起史坦利的名字。

史坦利對於自己年輕時期的片面描述，顯然受到與他同時代的狄更斯（Charles Dickens）的影響，同樣喜歡安排臨終場景、聖潔的女性與對主角施予援手的貴人。史坦利的描述也深受個人身世感懷的影響，他的現實人生充滿恥辱，使他必須虛構另一個自我呈現在世人面前。史坦利不僅在自傳裡捏造不存在的事物，他甚至在日記裡寫下從未發生過的船難與其他冒險故事。他在非洲旅行時，有時明明是同一起事件，但他在日記、書信、向國內報紙投稿的文章中，乃至每次旅途結束後撰寫的書籍裡，所寫下的記述卻大不相同。這對心理歷史學家來說宛如一頓豐盛大餐。

史坦利描述或編造的經歷，有些不免暴露他的內心，其中一則是他在抵達紐奧良之後不久發生的，當時他在寄宿房屋與一個名叫希頓（Dick Heaton）的男子同睡一張床，這名年輕男子是利物浦人，他是一名水手。「這個人很羞怯，一定要等到燭光滅了才就寢……而且他都睡在床的邊緣，刻意與我保持一段距離。早上起床時，我發現他並沒有把外衣脫掉。」某天，史坦利醒來，看到身旁的希頓還在睡，「我驚訝地看著他胸前我原本以為是兩顆腫瘤的東西……我坐了起來……然後大聲叫道……『我知道了！迪克，你是女的。』」當天晚上，迪克向他坦承自己其實名叫愛麗絲之後，便離開寄宿公寓。「我再也沒見過她，也從未聽說有關她的消息；但我希望命運之神能跟過去一樣眷顧她，我認為那是神明的睿智之處，將兩個年輕而單純的生物分隔開來，否則的話，兩個人很可能因為過度的激情而做出蠢事。」[13]

與狄更斯風格的臨終場景一樣，這則故事也有某種傳奇故事的影子——女孩假扮成男孩，好讓自己入伍成為士兵或逃離到海上。無論這則故事是真是假，它傳遞的情感訊息是一樣的：史坦利害怕與女性近距離接觸。

美國南北戰爭爆發時，史坦利加入了邦聯陸軍（南軍），一八六二年四月，他隸屬的阿肯色州志願步兵團（Arkansas Volunteers）在田納西州的夏羅（Shiloh）進行戰鬥。戰鬥的第二天，史坦利被六名北軍士兵包圍，不久就被關進芝加哥郊外擁擠、傷寒橫行的戰俘營裡。史坦利發現，想逃離這個悲慘的地方，唯一的辦法就是加入聯邦陸軍（北軍），而他也毫不猶豫地加入了，只是沒多久就染上痢疾，因病退伍。史坦利接下來成了船員，來往於大西洋兩岸，一八六四年，他加入聯邦海軍。他那一手好字，讓他在「明尼蘇達號」（*Minnesota*）巡防艦謀得一個文書職位。這艘軍艦炮轟了北卡羅來納州的一處南軍要塞，史坦利於是成為南北戰爭中極少數曾分從兩方視角目睹戰鬥的人。

一八六五年初，明尼蘇達號返回港口，靜極思動的史坦利再次當了逃兵。他行動的腳步開始加快，彷彿對濟貧院、商船或軍隊這些充滿限制、要求紀律的機構已經感到不耐。他首先到了聖路易（St. Louis），受一間地方報社僱用成為自由撰稿人，他深入美國西部，抵達丹佛（Denver）、鹽湖城（Salt Lake City）與舊金山，把在當地的見聞寫成詞藻堆砌的報導，寄回報社。他語帶不滿地提到西部邊疆城鎮「奢靡成風」與「犯罪橫行」。[14]

為了尋求冒險刺激，史坦利去了一趟土耳其，之後又回到美國西部，從此他的新聞事業開始起飛。一八六七年有大半時間，史坦利都在報導印第安戰爭（Indian Wars），他的新聞稿不僅寄到聖路易，也寄到東岸各大報社。即使南方平原印第安人（Plains Indians）與掠奪其土地的入侵者所展開的漫長、無望鬥爭已將走到盡頭；即使史坦利跟隨的遠征軍，幾乎沒打過一場仗；即使一八六七年的大多數時間裡，是在進行一連串的和平協商；但報社編輯就是想看到描寫激烈戰鬥的戰事報導，史坦利讓他們如願以償：「印第安戰爭終於登場……印第安人說到做到，他們遵循嗜血的天性，懷抱著對白人的強烈怨恨，胸中時刻不忘祖先灌輸的教訓，執意走上戰爭的道路。」[15]

《紐約先驅報》（*New York Herald*）的發行人小班奈特（James Gordon Bennett, Jr），他行事張揚、野心勃勃，史坦利的報導吸引了他的注意。小班奈特決定僱用史坦利報導一場發生在異國的小戰爭，他相信這可以增加報紙的銷路：也就是英國政府為了懲罰阿比西尼亞（Abyssinia）國王而發起的遠征。史坦利前往採訪戰爭途中，先在蘇伊士買通了電報局長官，當前線通訊記者紛紛把報導傳到電報局時，這名長官會優先將史坦利的報導傳回國內。史坦利確實棋高一著，他精采描述英國如何在這場戰爭的最重要戰役中獲勝，而他的報導也率先傳遍全世界。史坦利的運氣奇佳，他的報導才剛傳出去，跨地中海的電報電纜就斷了。恨史坦利恨得牙癢癢的對手所做的報導，甚至包括英國陸軍的官方報告，最後只能仰賴船隻運往歐洲。一八六八年六月，在開羅一家飯店裡，史坦利細細品味自己的獨家報導與自己成為《紐約先驅報》

常設海外通訊記者的消息。此時他二十七歲。

＊＊＊

現在，史坦利身處倫敦，耳畔不時傳來人們針對不久後被稱作「瓜分非洲」（Scramble for Africa）的相關事件，所發出的最初不平之鳴。歐洲此時正自信滿滿地朝工業時代邁進，鐵路與遠洋輪船使歐洲得以將力量往外投送，新的英雄類型於焉誕生：非洲探險家。如日後一名非洲政治家所言，對於數千年來一直在非洲生活的人來說，可想而知，「非洲沒有什麼可發現的，我們一直都在這裡。」[16]然而對十九世紀的歐洲人來說，讚揚某個探險家「發現」非洲某個新角落，是一種在心理上準備將這塊大陸收作自己囊中之物的前奏。

電報、巡迴演講與廣泛流通的日報，使歐洲結合得更緊密，也讓非洲探險家成為最早的國際知名人物，他們就像今日的冠軍運動員與電影明星一樣，名聲完全突破國界的限制。英國人波頓（Richard Burton）與斯皮克（John Speke）從非洲東岸出發，向內陸進行一次大膽的旅行，他們發現了坦干依喀湖（Lake Tanganyika）與維多利亞湖（Lake Victoria），前者是世界最狹長的淡水湖，後者是非洲大陸最大的湖泊，除了探險之外，兩人還提供了大眾向來津津樂道的浩大場面：一場名人之間的公開決裂。法裔美國人夏尤（Paul Belloni Du Chaillu）從非洲西岸出發，帶回了大猩猩的毛皮與骨骼，他向興致勃勃的聽眾描述，這些全身長毛的巨大野獸是如何將婦女抓到牠們位於叢林的巢穴，做出令人難以啟齒的下流行徑。[17]

歐洲人之所以如此興奮，最主要的還是希望在非洲找到一些原料來源以滿足工業革命的需求，就像歐洲人先前為活絡殖民地種植園經濟尋找原料——也就是奴隸——而促成了歐洲與非洲最初的商業交易一樣。一八六七年，探勘者在南非發現鑽石，二十年後，又在南非找到金礦，這些成果使得歐洲人更加殷殷企盼。但歐洲人總是喜歡替自己的行為添加高尚的動機。特別是英國人，他們熱中相信自己是為了將「文明」與基督教帶給非洲人而前往當地；他們對於非洲大陸深處未知的事物感到好奇，他們也義正詞嚴地反對奴隸制度。

當然，英國在奴隸問題上是否有資格高舉道德大旗，要打個大大的問號。英國船隻長期主宰奴隸貿易，而且直到一八三八年，大英帝國才真正完全禁絕奴隸制度。但英國人很快就忘了這些事實，正如他們忘了主要是因為英屬西印度群島爆發大規模奴隸叛亂，他們才加快了終結奴隸制度的腳步。針對這場叛亂，英國費了九牛二虎之力，殘酷地出兵鎮壓才予以平息。在英國人眼中，奴隸制度之所以在世界大部分地區絕跡，原因只有一個：英國的美德。一八七二年，倫敦的阿爾伯特紀念亭（Albert Memorial）落成，其中一座雕像是刻畫一個年輕非洲黑人，他渾身赤裸，僅有幾片樹葉遮掩著下體。紀念亭揭幕介紹手冊解釋道，這個黑人是「未開化種族的代表」，他正在聆聽一名歐洲女性的教導，「腳上斷掉的鎖鏈暗示大英帝國是解放奴隸的重要推手」。[18]

重要的是，一八六〇年代英法的反奴熱潮，針對的主要不是在殖民地推行奴隸制度的西班牙與葡萄牙，也不是豢養了數百萬名奴隸的巴西種植園。英法對於奴隸制度的責難，完全傾瀉在一個遙遠、弱小、非白人的安全目標上：從東方前來對非洲進行掠奪的阿拉伯奴隸販子。在尚吉巴（Zanzibar）的奴隸市場上，奴隸販子把擄獲的人口賣給當地的阿拉伯人種植園主，以及其他來自波斯、馬達加斯加、阿拉伯半島蘇丹國與大公國的買家。對歐洲人來說，這裡是反對奴隸制度的理想目標：一個「未開化」的種族，奴役另一個「未開化」的種族。

阿拉伯人其實是個誤稱；非洲阿拉伯人才是比較精確的說法。雖然被他們俘獲的人口最終都送往阿拉伯世界，但非洲大陸上的這些奴隸販子其實大多數是說斯瓦希里語（Swahili）的非洲人，他們的故鄉位於今日肯亞（Kenya）與坦尚尼亞（Tanzania）。這些人大部分身上穿著阿拉伯服飾與信仰伊斯蘭教，但只有少數人有阿拉伯血統。儘管如此，從愛丁堡到羅馬，許多人撰寫書籍、發表演說與傳道，憤怒地抨擊這些邪惡的「阿拉伯」奴隸販子——而且他們的言下之意似乎也暗示再這樣下去，非洲將被非歐洲人殖民。

歐洲人對非洲所抱持的各種強烈欲望，包括反奴的熱忱、尋找原料、傳播基督教福音與純粹的好奇，全體現在一名男子身上，這個人就是李文斯頓（David Livingstone）。李文斯頓是醫生、探勘者、傳教士與探險家，甚至曾經擔任英國領事，他從一八四〇年代初便在非洲各地遊歷，時間長達三十年。李文斯頓追溯尼羅河的源頭、抨擊奴隸制度、發現維多利亞瀑布、探勘礦脈與傳播福音。他是第一位橫貫非洲大陸的白人，❶因此成為英國的國家英雄。

一八六六年，李文斯頓展開另一次漫長的探險，他要尋找奴隸販子、潛在的基督徒、尼羅河，或是其他任何值得發現的事物。幾年過去了，李文斯頓音信全無。正當人們開始懷疑李文斯頓是否遭遇不測時，《紐約先驅報》發行人班奈特認為這是個大好良機。根據史坦利自己的描述，一八六九年，他收到老闆班奈特發來的緊急電報：「來巴黎，有要事相商。」史坦利以此時已成為他公眾形象一部分的自傲姿態寫道，記者「就像競技場上的劍鬥士……只要顯露出任何的退縮與膽怯，他就輸了。劍鬥士要昂然面對朝他胸膛刺來的鋒利寶劍……巡迴各地的通訊記者則要遵從長官的指示，哪怕長官命令他前往的地點可能讓他丟了性命」。史坦利迅速趕往巴黎洲際大飯店與班奈特見面。兩人在談到李文斯頓時出現了一段極具戲劇張力的對話，高潮為班奈特以下所言：「我的意思是，你要去尋找李文斯頓，打聽他的消息，一知道他在哪裡，馬上就去找他……那個老頭可能已經窮途末路：準備好充足的物資，到時候就能派上用場……所有的事由你全權決定，但你必須找到李文斯頓！」[19]

這個場景成為史坦利第一本著作《我如何找到李文斯頓》（*How I Found Livingstone*）的精采開場，也讓班奈特——史坦利將這本書獻給他——成為眾人眼中一場偉大探險深具遠見的發起人。但實際上班奈特與史坦利很可能從未有過類似的對話。史坦利聲稱曾與班奈特見面討論，然而那幾天的日記卻都撕掉了，何況事實上，史坦利在那所謂的會面之後足足過了一年才開始尋找李文斯頓。

儘管史坦利對班奈特緊急將他召回巴黎的過程極盡誇大之能事，但他的作品卻因此大為暢銷，而這個結果對史坦利來說至關重要。史坦利不僅想當個探險家，他還想追求其他名聲，一位歷史學家表示，史坦利聳動的寫作技巧使他成為「後世職業旅行作家的鼻祖」。[20]他的文章、書籍、巡迴演說為他賺進的財富遠超過當時其他的旅行作家，甚至可能連下個世紀的旅行作家也望塵莫及。在非洲，史坦利不管採取什麼行動，心裡都計劃著回國之後要怎麼講述這段故事。史坦利就像一個活在二十世紀的人，無時無刻不在塑造自己的名望，每個細節都不放過。

史坦利為了不讓其他可能的競爭者知道他要尋找李文斯頓，於是在前往非洲時故意放出消息，讓人以為他正計劃探索魯菲吉河（Rufiji River）。史坦利先前往尚吉巴僱用挑夫運送補

---

❶ 對於歐洲文明倡導者來說很遺憾的是，紀錄上最早橫貫中非的人，是兩名穆拉托（mulatto）奴隸販子巴普蒂斯塔（Pedro Baptista）與何塞（Anastasio José），他們比李文斯頓足足早了半個世紀，但史坦利與幾乎其他所有白人探險家都不承認這件事。而且巴普蒂斯塔與何塞的那趟旅程也是首次有人完成往返非洲東西兩岸。

給物資，並且在當地持續寫信給故鄉登比的一名年輕女性凱蒂・高夫－羅伯茲（Katie Gough-Roberts）。史坦利與凱蒂相處的時間很短暫，兩個人的戀情既拘謹又緊張，而且不時因為史坦利出國從事記者工作而分隔兩地，但從信件可以看出，史坦利對凱蒂掏心掏肺，甚至向她坦承自己是私生子的痛苦祕密。史坦利計劃在找到李文斯頓之後便回國娶她。

終於，在一八七一年春，史坦利率領一隊武裝衛兵、一名口譯、幾個廚子、一位攜帶美國國旗的嚮導、兩名英國船員、一條叫作歐瑪（Omar）的狗與幾名挑夫，總共約一百九十人，這是當時規模最大的非洲探險隊，他們一行人浩浩蕩蕩從非洲東岸出發，往內陸挺進，準備尋找已經五年沒有音訊的李文斯頓。史坦利向紐約的報紙讀者表示，「無論他在哪裡，我都不會停止尋找。如果他還活著，你們將會聽見他說的話；如果他死了，我會找到他的屍體，將他的遺骨帶到大家面前。」[21]

史坦利花了八個月以上的時間才找到失蹤的探險家，在見到本人時，史坦利說出那句名言——至少他自己的說法是如此——「我想您就是李文斯頓博士吧？」透過史坦利發回的一系列報導，加上班納特意識到他的報紙掌握了本世紀最動人心弦的一則獨家報導，這段漫長的搜尋旅程逐漸被形塑成傳奇故事。由於史坦利是這場尋人探險中唯一的消息來源（另外兩名白人同伴在探險途中去世，而且沒有人費力氣去訪問倖存的挑夫），這段傳奇故事也因此沾染上英雄色彩。連續幾個月辛苦的跋涉、可怕的沼澤、邪惡的「阿拉伯」奴隸販子、神祕的致命怪病、鱷魚的凶惡攻擊，最終，史坦利以勝利者的姿態找到了和善的李文斯頓博士。

在史坦利的描述中，李文斯頓具有神聖的光環，因為他是年輕的史坦利長久以來苦苦追尋的高尚父親形象，而且某種程度上，史坦利也是真的找到了他。根據史坦利的說法，經驗豐富的賢者與英勇的年輕英雄成了好友，兩人一起探險了幾個月。（他們搭船繞經坦干依喀湖的北端，希望看到尼羅河從湖泊流出，但令他們失望的是，他們只發現另一條河川注入湖泊。）年長的李文斯頓將他的智慧傳授給年輕的史坦利，之後兩人依依不捨地道別，從此再也沒見面。之後，李文斯頓繼續留在非洲，不久便離開人世，他沒能回國分享鎂光燈與講述不同的故事，讓史坦利鬆了一口氣。史坦利巧妙地在故事中穿插形象生動的酋長、異國的蘇丹與忠實的僕人，他在描述陌生世界時也用高度以偏概全的手法讓讀者感覺自在：「阿拉伯人本性難改」；「印度人是天生的商人」；「對於混血兒，我只有蔑視」。[22]

李文斯頓不喜歡打打殺殺，他總是像家長一樣關心與指導身旁的人，他在非洲旅行時，也從未帶領全副武裝的隨從，史坦利完全相反，他是個嚴厲而殘暴的工頭。史坦利在旅行時寫道，「這些黑人帶給我很大的麻煩，他們太不知好歹，我很不滿意。」[23]雖然史坦利的書寫經過多次修飾，但從中還是可以看出他的滔天怒火。他逼迫手下翻山越嶺穿過沼澤，不讓他們有片刻喘息的機會。「當泥巴與溼氣讓那些喜歡偷懶的人精疲力盡的時候，一條打狗鞭就會落在他們的後背上，恢復他們的精神，甚至有時候還比之前更加精神奕奕。」[24]六年前，史坦利自己從美國海軍私逃，但此時的他卻大言不慚地說，「那些無可救藥的脫逃者……已經被毒打了一頓，戴上鐐銬。」[25]探險隊每經過一個村落，村民都誤以為他們是奴隸商隊。

與日後許多追隨他前往非洲的白人一樣，史坦利認為非洲基本上為無主之地。「無人占據的國度，」他如此說道。「有什麼地方比這片谷地更適合墾殖！看啊，這裡的土地遼闊，足以養活大量的人口。想像羅望子樹的深色樹冠上聳立起教堂的尖塔，再想想那些長滿荊棘的灌木叢與桉樹消失不見，被二十或是四十間漂亮農舍給取代，這畫面該有多美好！」[26]此外，「有許多……前往美洲的清教徒先驅（Pilgrim Fathers）是盎格魯撒克遜人，他們的子孫在美洲欣欣向榮，誰敢說非洲……不會是盎格魯撒克遜人下一個安身立命的地方？」[27]

對史坦利與他的讀者來說，史坦利的人生已經與非洲緊緊綁在一起。當他返回歐洲時，法國報章雜誌把他發現李文斯頓的事蹟，拿來與漢尼拔和拿破崙率軍翻越阿爾卑斯山相提並論。有一個更貼切的類比，史坦利曾吹噓他在非洲時，膽敢擋他路者一律開槍殺無赦，薛曼將軍（General William Tecumseh Sherman）在巴黎與史坦利共進早餐時說，史坦利的非洲之旅就像他在南北戰爭那場「向大海進軍」的戰役一樣，所到之處無不淪為焦土。[28]

相較之下，英國人卻對史坦利相當敵視。英國皇家地理學會（Royal Geographical Society）也組織探險隊前去尋找李文斯頓，但他們晚了一步，當他們在非洲與史坦利相遇時，他們驚訝地發現，史坦利早已找到李文斯頓，而且正準備搭船凱旋而歸。從學會官員的陳述可以看出，他們對於英國人李文斯頓居然被一個既非正牌探險家又非正統英國人的傢伙搶先找到，內心感到忿忿不平，尤其這個人還是一名為美國八卦報紙撰文的「三流作家」。此外，一些英國人也發現，史坦利在心情亢奮時，他的美國口音會變成威爾斯口音。有關史坦利是威爾斯人而且是私生子的傳言讓史坦利感到憂心，畢竟他是為一家極端愛國主義與反英的紐約報社工作，何況過去他一直表示自己是在美國出生長大。（他有時暗示自己是紐約人，有時又說自己來自聖路易。史坦利找到李文斯頓時，馬克·吐溫還發電文向這位「密蘇里州同鄉」祝賀。）[29]

史坦利很快就發現自己遭到排斥，特別是受到英國上流社會的排擠，之後又慘遭未婚妻拒絕。旅行期間，史坦利得知凱蒂已嫁給一個名叫布萊德肖（Bradshaw）的建築師。史坦利想拿回他寄給凱蒂的信，特別是那封他曾吐露自己出身的信。然而，當史坦利寫信要求凱蒂把那些信件還給他時，凱蒂卻表示，除非史坦利親自來取，否則她不會把信還給他。史坦利在曼徹斯特演講時，凱蒂與她的丈夫也在底下聆聽。之後，凱蒂前往史坦利暫住的房子，她請管家轉告史坦利她帶了信過來。史坦利要管家到門口幫他拿信，但凱蒂再次拒絕，她要求親手交給史坦利。但史坦利不願見她，凱蒂於是帶著信離去。史坦利受傷的自尊就像一道難以癒合的傷口。不久，他再度動身前往非洲，尋求心靈的慰藉。

第二章 狐狸渡過小溪

一八七二年春天，當史坦利找到李文斯頓的消息經由電報線傳遍各地時，有個人正熱切注意整件事的發展。這名高大威嚴的三十七歲男子，留著鏟子般的落腮鬍，住在位於布魯塞爾郊區一處低矮山丘上、格局略顯凌亂的拉肯城堡（château of Laeken）裡。

七年前，利奧波德二世在父親去世後，繼承了國家的君主頭銜，成為比利時人的國王（King of the Belgians）。比利時王國的歷史其實只比這位年輕國王的歲數大一點。[1] 比利時先後被西班牙、奧地利、法國與荷蘭統治，最後奮起反抗荷蘭成功，一八三〇年才獲得獨立。任何一個體面的國家都需要國王，比利時這個新成立的國家於是開始尋找王國的主人，最終他們選擇了一名德意志貴族，他與當時的英國王室有血緣關係。這名貴族登基之後，成為比利時國王利奧波德一世。

比利時這個小國通行兩種語言，法語與佛拉蒙語（Flemish），其中佛拉蒙語指的是比利時北部民眾說的荷蘭語。說法語的民眾與說佛拉蒙語的民眾彼此關係並不融洽。利奧波德二世從小在父親宮廷裡說的是法語與德語，而且很快就能說流利的英語。儘管比利時有超過半數的民眾說佛拉蒙語，利奧波德二世卻從未想過要學佛拉蒙語，他頂多只在演說時穿插個幾句。這種瞧不起佛拉蒙語的態度並非利奧波德所獨有，在當時的比利時，語言的隔閡不僅顯示出地區之間的不和，也反映了階級的對立。即使在比利時北部，商人與專業人士也傾向於說法語，他們對說佛拉蒙語的貧困農場雇工與工廠工人嗤之以鼻。

利奧波德的父母並非基於愛情而結婚，兩人的結合完全是政治聯姻的結果。利奧波德身材瘦高、動作笨拙，他在眾人面前似乎總是局促不安，他的父母顯然比較疼愛他的弟弟與妹妹。利奧波德十四歲時，母親在給他的信上寫道，「我看了上校的報告，上面提到你又開始懶散了，而且在學習上一直表現差勁且漫不經心，這讓我感到煩惱。你沒有做到你答應的事，我希望你可以再努力一點，做好你的功課。你的父親跟我一樣，也對最近這份報告感到煩惱。」[2]這名年輕繼承人對讀書興趣缺缺，唯一的例外是地理。利奧波德十歲開始接受軍事訓練；到了十五歲，他晉升為比利時陸軍中尉，十六歲成為上尉，十八歲成為少校，十九歲成為上校，到了二十歲時已是少將。在一幅繪於十八、九歲的正式肖像畫裡，他身披寶劍、緋紅色飾帶與勳章。畫像上，利奧波德拘謹、年輕的身軀，看起來如鉛筆一樣細長，他的黃金肩章比他的肩膀寬得多，他的頭相較於他的軀幹則顯得太大。

如果利奧波德想見自己的父親，他必須先提出覲見的請求。當父親有事要告訴兒子時，他必須透過底下的祕書轉達。就是在這種冰冷的氣氛下，身為一個生活在父親宮廷裡的青少年，利奧波德開始學習組織自己的人脈，把那些想贏得他歡心的人物延攬到身邊。宮廷官員都想與這名未來的君主親善，他們向利奧波德展示各種文件，教導他政府運作的方式，滿足他對地圖的熱情，提供他世界遙遠角落的資訊。

雖然父子間的感情淡薄，但年老的國王卻很瞭解自己的兒子。「利奧波德精明而且狡猾，」國王對一名大臣說道。「他絕不會冒險行事。前幾天……我看到一隻狐狸想趁著沒人注意的時候渡過小溪：一開始，牠小心翼翼地將一隻腳掌伸進溪裡，想試試水有多深，然後，牠謹慎提防地、緩慢地涉水而過。利奧波德就跟這隻狐狸一樣！」[3]但利奧波德也有魯莽的時候，他有時會做出力有未逮的事，或者過於張揚地追求自己想要的東西。然而，他從一個日趨民主化小國裡的立憲君主，到後來成為另一塊大陸上龐大帝國的極權統治者，他在施展的手段確實有如狐狸般狡詐的成分。隱藏與掩蓋是利奧波德信奉仰賴的伎倆，一如狐狸也是靠著這類特長而得以在遍布獵人與大型野獸的世界中生存。

＊＊＊

一八五三年，利奧波德十八歲，他的父親帶他前往維也納，打算讓他迎娶哈布斯堡家族年輕的瑪麗—亨莉埃特女大公（Hapsburg, Archduchess Marie-Henriette），迫切希望能藉此與奧匈帝國拉近關係。

這樁親事無疑是一場天大的災難。這位十六歲新娘以熱愛馬匹著稱，而且喜歡放聲大笑，完全無視王室的禮節。利奧波德卻是特別容易從馬背上摔落，此外他也沒什麼幽默感。利奧波德是個舉止笨拙、性格高傲的年輕人，他的表姊維多利亞女王說他「非常古怪」，而且總是「對人說出很不好聽的話」。[4]當時還是布拉邦特公爵（Duke of Brabant）的利奧波德，對於貿易事務有著學究式的癡迷，讓身旁的人極為困擾。在維也納，某個貴族夫人認為兩人的婚約實在令人費解，「一個是馬夫，另一個是修女，我說的修女指的是布拉邦特公爵。」[5]

利奧波德與瑪麗—亨莉埃特初次見面就互看不順眼，而且這種感覺日後並未有任何改變。兩人的婚禮幾乎所有能出的差錯都碰上了。利奧波德感染了猩紅熱。運送王室隨行人員的火車，原本應該準時抵達比利時邊境盛大迎接瑪麗—亨莉埃特，卻因為一名十幾歲的鐵路局電報員為了聆聽慶祝王室婚禮的樂團演奏而擅離職守，使得火車遲到了半小時。瑪麗—亨莉埃特粗俗的笑聲嚇傻了前來迎接的比利時各界名流。夫婦倆到威尼斯度蜜月時，明明已經僱好了船夫與樂手，但利奧波德卻不讓瑪麗—亨莉埃特坐上貢多拉船（Gondola），瑪麗—亨莉埃特因此在眾目睽睽下落淚。利奧波德連續好幾天一句話也沒跟她說。「如果上帝聽得見我的禱告，」瑪麗—亨莉埃特在婚後一個月寫信給朋友時說，「我希望自己不要活太久。」[6]

與當時許多年輕夫婦一樣，這對新婚夫妻也覺得性是個可怕的謎團。然而與其他夫婦不同的是，這對夫妻得到一位以自己的名字命名那個時代的女性指點。當利奧波德偕妻子到英國拜會表姊維多利亞女王時，女王曾在給利奧波德父親的信中委婉地懷疑這對夫妻是否還沒圓房。女王把瑪麗—亨莉埃特帶到一旁，單獨向她解釋她該做什麼，另一頭，女王的丈夫阿爾伯特親王（Prince Albert）則負責指點十八歲的儲君。這或許是頭一次有人費心教導他們這檔子事，因為幾年後，當瑪麗—亨莉埃特懷孕，利奧波德寫信給阿爾伯特，「你給予的睿智而實用的建議……如今得到了成果。」[7]但這依然無法改變這樁婚姻是一場悲劇的事實。瑪麗—亨莉埃特每天大部分時間都在外面騎馬，不想留在拉肯城堡裡。利奧波德則藉由尋找更廣大的舞臺，以逃避婚姻帶來的挫折感。

當利奧波德想到自己未來將繼承王位時，他隱藏不住憤怒的情緒。他曾用「小國寡民」一詞來形容比利時。比利時的國土面積不到美國西維吉尼亞州的一半，又夾在拿破崙三世統治下的強大法國與快速崛起的德意志帝國之間。這名年輕繼承人表現出惱怒與不耐。他未來要繼承的國家實在太小，無法滿足他的野心。

利奧波德的目光轉而注視著國外。早在二十歲之前，利奧波德就隨身帶著筆與筆記本，派頭十足地搭乘英國與土耳其軍艦，造訪巴爾幹、君士坦丁堡、愛琴海與埃及，返國後，他針對比利時發展世界貿易的潛力發表了冗長而枯燥的演說。他每到一個地方，都會努力尋找建立帝國的良機。利奧波德獲得埃及赫迪夫區（Khedive of Egypt）的承諾，由埃及與比利時共組汽船公司，建立亞歷山卓（Alexandria）與安特衛普之間的航線。他試圖購買尼羅河三角洲的幾座湖泊，為的是排乾湖水，在露出的土地上建立殖民地。利奧波德寫道，「我們可以用三萬法郎的代價買下阿比西尼亞的一個小王國……如果國會能致力於追求貿易，而非一味地空談中立，比利時將可成為全世界最富有的國家。」[8]

***

與今日一樣，十九世紀的塞維亞（Seville）到處可見華麗的噴泉與圍牆環繞的花園，房屋的屋頂鋪著紅瓦，牆壁以白色灰泥粉刷，窗戶則裝設了鍛鐵格架，此外還能看到橙樹、檸檬樹與棕櫚樹。狹窄的鵝卵石街道在這座西班牙城市裡縱橫交錯，上頭擠滿遊客，全是來觀看歐洲數一數二宏偉的哥德式大教堂。

一八六二年三月，二十六歲的利奧波德抵達塞維亞，他的目的不是觀看大教堂或著名的鑲嵌畫，也不是參觀鋪滿明亮磁磚的阿爾卡薩宮（Alcázar palace）。相反的，他足足花了一個月的時間，每天前往大教堂對面的巨大方型建築物，那裡是塞維亞昔日的商會大樓（Casa Lonja）。

塞維亞曾是西班牙殖民地貨物的集散港，長達兩百年時間，殖民地的黃金、白銀與其他財寶持續不斷地經由塞維亞進入西班牙；約莫在利奧波德造訪塞維亞的八十年前，西班牙國王卡洛斯三世（Carlos III）下令，將全國各地所有與西班牙征服美洲有關的法令、政府文書、法院紀錄、書信、地圖與建築圖紙全部集中到這棟大樓裡。總共有八千六百萬頁手稿收藏於大樓內的西印度群島綜合檔案館（General Archive of the Indies），包括哥倫布遠航的補給清單，這座檔案館因此名列世界上最重要的文物保存地之一。利奧波德從小就不是個願意溫習功課的孩子，無論是藝術、音樂或文學，他都毫無興趣，只有一門科目能讓他孜孜不倦地鑽研，也就是賺錢獲利。停留在塞維亞的一個月期間，利奧波德曾寫信給國內的一個朋友，「我在這裡每天都忙著查閱西印度群島的檔案，並且一再計算西班牙過去與現在從殖民地取得的利潤究竟有多少。」[9]利奧波德日後建立的帝國將與二十世紀跨國公司有著密不可分的關係，而這一切可說是發軔於他深入研究了西班牙征服者的紀錄。

這次研究刺激了利奧波德的胃口，使他成為難以饜足的人。利奧波德宣稱，他的醫生建議他去氣候炎熱的地區做長途航行，而為了逃避悲慘的家庭生活，利奧波德愈走愈遠。一八六四年，二十九歲的利奧波德對殖民地的渴望更加殷切，他決定造訪英國的屬地錫蘭、印度與緬甸。利奧波德也訪問了東印度群島，令他憤怒的是，東印度群島的擁有者正是比利時的鄰邦荷蘭，荷蘭也是小國，卻能取得利潤可觀的殖民地。

這位未來的比利時國王之所以對荷屬東印度群島產生興趣，主要是受到《爪哇島；或者，如何管理殖民地》（*Java; or, How to Manage a Colony*）這本分成上下兩冊的有趣書籍影響。利奧波德深受這本書的吸引，便開始與該書作者通信，他是一名英國律師，名字恰巧叫作J. W. B. Money（曼尼）。曼尼發現，爪哇島的咖啡、蔗糖、靛藍與菸草種植園產生的利潤，居然足以資助荷蘭興建鐵路與開鑿運河，這令他大為驚嘆。從利奧波德日後採取的行動來判斷，我們可以大致推測出這本書有哪些看法可能攫住了他的目光。舉例來說，曼尼提到讓私人公司取得專賣權，而這家私人公司的大股東之一就是荷蘭國王。為了刺激生產，荷蘭人種植園主承諾，只要爪哇島種植園的管理人能讓產量提升，他們就會給予管理人紅利。最後，曼尼提到，荷蘭能從爪哇島獲取鉅額利潤，主要仰賴強制勞動。利奧波德同意曼尼的見解，他認為強制勞動是「讓懶惰且腐敗的遠東民眾獲得開化與提升的唯一辦法」。[10]

但比利時人對於利奧波德的殖民地美夢興趣缺缺。他們不認同是基於務實的考量，例如比利時缺乏商船隊與海軍，但利奧波德認為這些只是枝微末節。有一次，利奧波德結束旅行返國，他送了一件禮物給極力反對殖民主義的財政大臣：那是從雅典衛城廢墟帶回來的一小塊大理石，大理石上繫了一個盒式吊墜，裡面放著利奧波德的肖像，環繞肖像刻著一排文字：比利時必須擁有殖民地（Il faut à la Belgique une colonie.）。

哪裡才能找到殖民地？利奧波德二十幾歲時一直努力在世界上搜尋。他在給一名侍從官的信上寫道：

我對阿根廷的恩特雷里奧斯省（Entre Rios），以及烏拉圭河與巴拉那河（Parana）匯流處的小島馬丁加西亞（Martin Garcia）特別感興趣。誰擁有這座島嶼呢？我能不能買下這座島，在那裡建立一個自由港，由比利時人的國王給予道義上的保護？……阿根廷有幾個省分的土地面積是比利時的三到四倍大，要成為這些土地的主人真是易於反掌。[11]

利奧波德投資蘇伊士運河公司。他要求一名侍從官嘗試去取得斐濟（Fiji），因為任何人都不應該「放過這麼好的獵物」。[12]他調查了巴西的鐵路，也曾考慮租下福爾摩沙島。

利奧波德的書信與備忘錄，總是在對某人糾纏不休，要對方為他取得殖民地，說話的語氣像是個小時候缺乏關愛的孩子，現在極度渴望一種情感上的替代品，表現出來的樣子彷彿他捲入了一場與兄弟姊妹的漫長家產爭奪戰，或是與鄰居因為土地界線問題沒完沒了地爭論。他克制不了地想要更多，欲望愈來愈難以饜足，就算表面上得到滿足，似乎也只是加劇小時候遭到剝奪的感受，從而刺激他索求更多。

十九世紀，歐洲人瘋狂搶占非洲與亞洲殖民地，歐洲人用各種理由來合理化殖民主義，他們主張自己是為了讓異教徒改信基督教，或是為了教化那些野蠻的種族，抑或是為了讓每個人都能透過自由貿易獲得巨大的利益。現在，對非洲殖民又冒出新的理由：消滅「阿拉伯」奴隸貿易。然而，在利奧波德將眼光望向非洲之初，他卻從不用這類言詞來掩飾他的野心。

對他而言，殖民地的存在目的只有一個：讓他與他的國家富有。「比利時沒有剝削這個世界，」利奧波德對他的一名顧問抱怨道。「我們一定要讓它嘗嘗這個滋味。」[13]

利奧波德不在乎他想取得的殖民地財富源自何處，是西班牙人在南美洲取得的貴金屬也好，是農業也罷，或者是人們完全沒想到會如此有價值的某種原料——結果實際情況就是找到有價值的原料。他真正關心的只有利潤的高低。然而，利奧波德對殖民地的渴望不只是為了獲得金錢，也為了取得權力。畢竟，在西歐，時代的變遷極為快速，國王不再像過去一樣大權在握。最令利奧波德惱火的是，比利時與鄰近國家一樣，王室的權威正逐漸退居民選國會之下。曾經有人恭維利奧波德，說他可以成為「一位傑出的共和國總統」。利奧波德轉頭望向忠誠的御醫蒂里亞爾（Jules Thiriar），語帶輕蔑地問道，「醫生，如果有人稱呼你『優秀的獸醫』，你會有什麼感受?」[14]成為殖民地的統治者就不用擔心受到國會的掣肘。

一八六五年，利奧波德繼位成為比利時國王，此後他更加蠢蠢欲動。一八六七年，一名法國元帥在巴黎一場宴會中見到利奧波德，「他高大的體格、巨大的鼻子與茂密的大鬍子」，使他格外引人注目，「他的佩劍不斷敲擊著他的大腿，使他看起來像是一個不知道怎麼樣把制服穿好的公務員。」[15]每個人都對利奧波德的鼻子留下深刻印象。迪斯雷利（Disraeli）寫道，「看到他的鼻子，讓我想到童話故事裡被壞仙女施了魔咒的年輕王子。」[16]

在國內，利奧波德的生活每況愈下。一八六九年，他九歲的兒子跌入池塘，染上肺炎去世。在兒子的葬禮上，利奧波德這輩子唯一一次在眾人面前崩潰，他跪倒在棺材旁，控制不住地痛哭失聲。不過，他仍有足夠的理性要求國會通過法律，由國家來負擔王室的葬禮費用。

喪失獨子對利奧波德的打擊之所以如此巨大，主要是因為他堅信王位與王室財產只能由男人繼承。然而，瑪麗—亨莉埃特王后為利奧波德生下三個女兒，分別是露易絲（Louise）、史蒂芬妮（Stephanie）與克蕾門汀（Clementine），但只生下這名獨子。當最後一個女兒克蕾門汀出生時，根據她姊姊露易絲的說法，「國王很生氣，從此不再理會他那令人敬佩的妻子。」[17]露易絲寫道，「國王從一開始就完全不在意我和妹妹。」[18]比利時的法律規定遺產必須由子女繼承，利奧波德曾經試圖讓自己成為例外，但未能成功。

瑪麗—亨莉埃特會親自訓練馬匹，而她也從熱愛的馬匹得到慰藉。露易絲公主曾經目睹，在王后命令下，一匹馬走進拉肯城堡，然後走上臺階進入王后的房間，接著又走下臺階離開城堡。瑪麗—亨莉埃特與戰爭部長交好，在軍事操練場合，外國派駐比利時的武官驚訝地發現，戰爭部長有時會邀請王后率領騎兵進行衝鋒。

由於沒有殖民地可以統治，利奧波德只好將目光轉向國內，開始推動一連串建設計畫。他喜愛紀念碑、大型公園、寬闊的大道與宏偉的宮殿。利奧波德登基後不久，決定翻修拉肯城堡，結果這項工程成為他一輩子都在進行的漫長計畫。透過購買與強制徵收，利奧波德將王室地產擴大了數倍。當地一名居民拒絕搬遷，利奧波德下令築起土堤，將這名不願配合的地主的房產團團圍住。拉肯城堡的新建築包括一大片彼此相連的溫室。這些溫室終於落成後，人們毋須走出室外，便能在溫室、城堡與連通步道之間穿行，長度大約一公里多。[19]幾年後，國王向他的姪子阿爾貝王子（Prince Albert）展示正在進行的幾項修建工程時，阿爾貝說道，「伯伯，這會是一座小凡爾賽宮！」利奧波德回道，「小？」[20]

＊＊＊

如果利奧波德是個小說人物，他的創作者很可能會在故事的這個節骨眼，引入一名襯托性質的次要人物，用他的命運來預示不祥的前兆，暗示帝國美夢可能的結局。但利奧波德的真實人生已經有這樣一名人物，很適合扮演這個角色，勝過任何小說家的虛構杜撰，那就是他的妹妹。

比利時王室一直希望與哈布斯堡王朝建立同盟，利奧波德的妹妹夏洛特（Charlotte）因此嫁給了奧匈帝國皇帝的弟弟馬克西米連大公（Archduke Maximilian）。一八六四年，馬克西米連與夏洛特（此時已適切地改名為卡洛塔〔Carlota〕）在法國皇帝拿破崙三世支持下成為墨西哥皇帝與皇后，不過他們只是名義上的領袖，拿破崙想藉此在墨西哥建立一個親法政權。利奧波德熱心鼓勵妹妹參與這場建立帝國的行動。當馬克西米連與卡洛塔準備出發前往他們的新領地時，歐洲民眾紛紛給予這對相貌出眾的年輕夫妻歡呼祝福，他們也被描繪成跟隨西班牙征服者腳步前往統治墨西哥的人物。但可想而知，大多數墨西哥人不想要這種強加在他們頭上的統治者，於是墨西哥人群起叛亂。剛成立的帝國很快面臨崩潰的命運，一八六七年六月，叛軍捕獲並處決了馬克西米連。馬克西米連死得雖不光采，卻不失優雅：他與每個行刑隊員握手，將身上的金飾分給他們，然後指著自己的心臟說：「小伙子，對準了！」[21]

在馬克西米連被處決的前一年，卡洛塔返回歐洲，懇求挽救她丈夫搖搖欲墜的政權。拿破崙三世雖然對墨西哥存有野心，卻不願為此採取必要的軍事手段，卡洛塔只好前往羅馬乞求教宗協助。途中，卡洛塔開始出現奇怪的舉動。現代的精神科醫師無疑能做出更精確的診斷，但當時的說法似乎更加貼切：卡洛塔瘋了。她覺得在街頭演奏手風琴的藝人是墨西哥上校假扮的，而且有形形色色的間諜打算要毒死她。為了謹慎起見，卡洛塔只吃柳橙與堅果，在吃之前還會仔細檢查外皮與外殼是否遭到破壞。她要求馬車夫在羅馬特雷維噴泉（Trevi fountain）前面停車，好讓她可以裝水到她的水晶壺裡，因為水池裡的水一定沒有毒。在飯店套房裡，她自己準備了一個小型木炭火爐，在桌腳綁了幾隻雞，她必須親眼看到這些雞被宰殺做成菜才肯吃。忠誠的僕役感到絕望，因為時間一久，她的房間到處都是雞毛與雞屎。

某天早晨，哭得滿臉通紅的卡洛塔未經通報就擅自闖入要見教宗，教宗當時剛吃完早飯，卡洛塔把手指浸到教宗的熱巧克力裡，像餓了很久一樣舔著自己的手指頭，哭著說，「至少這沒有毒。他們在給我吃的東西裡全下了藥，我快餓死了，我真的快餓死了！」[22]樞機主教與教宗衛隊指揮官巧妙地引導卡洛塔離開教宗的房間，卡洛塔連忙遞給指揮官一份自己的隨從名單，她要求指揮官逮捕這些人，因為他們都犯了叛國罪。

卡洛塔的侍從官發了緊急電報給身在布魯塞爾的利奧波德。利奧波德不希望他的妹妹在這種狀態下於歐洲各地遊蕩哭訴，於是將她安置在比利時一座又一座城堡內，並且派人看管她，讓她遠離公眾視線。卡洛塔從此再也沒有公開露面。為了避免卡洛塔再度精神錯亂，馬克西米連被處決後的好幾個月，始終沒有人敢把這件事告訴她，而當他們終於將這件事告訴她時，卡洛塔卻拒絕相信。卡洛塔仍持續寫信與寄禮物給馬克西米連，她相信馬克西米連不久將成為法國、西班牙與葡萄牙皇帝。

妹妹與妹夫的帝國在很短的時間內瓦解，但這並未減損利奧波德建立帝國的熱情。相反的，利奧波德發現他周遭正充斥著殖民主義新時代的騷動；後來的南非政治人物與鑽石大亨羅茲（Cecil Rhodes）曾如此描述那個時代，「如果可以的話，我會併吞所有星球。」一八七五年，利奧波德試圖向西班牙購買菲律賓，但再度受挫。同年，利奧波德在給一名官員的信中提到，「目前，西班牙、葡萄牙與荷蘭都沒有賣土地的意思，」接著又說，「我要仔細留意非洲有沒有機會。」[23]

***

一八七〇年代中期，熱切的殖民主義者很自然地將目光投向撒哈拉以南非洲。此時英國人與波耳人（Boers）控制了南非，衰落的葡萄牙人主張他們擁有過去剛果王國的大部分土地與非洲東岸的莫三比克（Mozambique）。葡萄牙、西班牙、英國與法國沿著非洲西部巨大的突出部位，占據了幾座島嶼與小片土地。除此之外，非洲大約有八成的土地仍在原住民統治者的控制之下。征服非洲的時機已成熟，或者，套用利奧波德在這個時期學到的說法，保護非洲的時機已到來。

利奧波德仔細閱讀《英國皇家地理學會學報》（*Proceedings of the Royal Geographical Society*）上有關非洲大陸的資訊，密切注意白人探險家的行蹤。他做了大量筆記，但他的筆跡幾乎難以辨識。在蘇格蘭探險家卡梅隆（Verney Lovett Cameron）即將成為第一位由東向西穿越非洲的歐洲人之際，一八七五年卻傳出卡梅隆的旅費快要告罄的消息，利奧波德聞訊立刻表示他將資助十萬法郎。[24]雖然這筆錢最終沒有派上用場，但國王的這一舉動如同宣示他願意做非洲探險的贊助者。

史坦利此時正在非洲進行另一場探險。一八七四年，他依照慣例率領由衛兵與挑夫組成的大隊人馬從東岸出發前往內陸，他的目標是地圖上的一大片空白地帶，也就是非洲大陸的赤道心臟地區，到目前為止還沒有歐洲人到過這個地方。史坦利計劃在沿途繪製幾座非洲大湖的地圖，然後往這些湖泊西部的大河推進，這條大河有可能是尼羅河或剛果河的源頭。當史坦利離海岸不遠時，信差還能帶回他寫的新聞稿，但之後就完全沒有他的消息。

利奧波德發現，李文斯頓、史坦利與其他探險家所描述的「阿拉伯」奴隸販子將成群套上枷鎖的奴隸押往非洲東岸的悲慘景象，成功打動了歐洲人。利奧波德身為小國君主，他的人民對於建立殖民地毫無興趣，利奧波德因此認為，必須以人道主義作為幌子，這樣他的殖民地美夢才有實現的可能。利奧波德於是絕口不提利潤，轉而高喊消滅奴隸貿易、提升道德與促進科學發展。一八七六年，利奧波德開始計劃為自己建立慈善形象，藉此實現他的非洲野心：他將舉辦一場探險家與地理學家會議。

利奧波德派了親信前往柏林招募德國人參與，他自己則搭船前往倫敦，下榻克拉里奇飯店（Claridge's）的一間套房。這個時候的他，早已不是二十多年前在蜜月期間造訪維多利亞女王的那個局促不安、少不更事年輕人。觀察利奧波德在倫敦的活動，會發現如今他的打扮時髦優雅，談吐見多識廣，表面上悠哉，暗地裡別有所圖。利奧波德活躍於男人的世界，但他卻記得對方的妻子與子女的名字，而且總是致上親切的問候。他將自己的挫折感隱藏起來，不再毫無顧忌地表現出自己對殖民地的渴望，因為他知道自己必須靠著各種託詞與場面話才能達成目的。他到蘇格蘭巴摩拉城堡（Balmoral Castle）拜訪親愛的表姊維多利亞女王，兩度與她的兒子威爾斯親王（Prince of Wales）共進晚餐，並且與幾名傑出的地理學家與軍方人士見面。利奧波德在仔細考慮之後，也與著名的海外傳道資助者安潔拉．伯戴特—庫茲女爵（Baroness Angela Burdett-Coutts）共進午餐。最重要的是，他見到了剛結束橫貫非洲之旅返國的探險家卡梅隆，並且追問他旅行的經過。令利奧波德高興的是，他發現英國人對於卡梅隆最近探索的廣大地區並無興趣。當時的人認為卡梅隆探索的地區大致屬於剛果河盆地，但實際上卡梅隆通過的地區在剛果河以南，距離剛果河仍有一段很長的距離，卡梅隆跟其他歐洲人一樣，搞不清楚剛果河的流經路線。現在，這個地區成為利奧波德渴望擁有的目標。

一八七六年九月，利奧波德的地理會議在布魯塞爾召開。從利奧波德給屬下的命令可以看出，各項禮儀細節，無論多麼瑣碎，他一個都不放過：「所有的人名必須完全依照我的指示來拼寫。G. C. B.指巴斯大十字勳章（Grand Cross of Bath）。F. R. G. S.指皇家地理學會會員。K. C. B.指巴斯爵級司令勳章（Knight Commander of the Bath）……這些字母必須寫在人名後面。」[25]利奧波德派了一艘比利時輪船到多佛（Dover）接送英國貴賓，然後用特快列車將他們載到布魯塞爾。利奧波德下令，每一位參加會議的貴賓抵達比利時邊境時，都可以直接通關，不需要查驗。來自歐洲各主要國家的代表，利奧波德還分別以英語、法語或德語給予恰如其分的問候。

有十三名比利時人與二十四名國外貴賓出席這場會議，其中包括著名的探險家，如法國的康比涅侯爵（Marquis de Compiègne），他曾在加彭（Gabon）追溯奧果韋河（Ogowe River）源頭；德國的羅爾夫斯（Gerhard Rohlfs），他曾為了進入撒哈拉偏遠地區，不惜接受割禮以假扮成穆斯林；地理學家，如柏林地理學會主席李希霍芬男爵（Baron Ferdinand von Richthofen）；人道主義者，如英國反奴隸制協會（Anti-Slavery Society）主席巴克斯頓爵士（Sir Thomas Fowell Buxton）與英國海外傳道會（Church Missionary Society）主席肯納維爵士（Sir John Kennaway）；商業高層，如英印海運公司（British India Line）的麥金能（William Mackinnon）；以及軍方人士，如英國海軍少將希斯爵士（Rear Admiral Sir Leopold Heath），他曾率領英國海軍在印度洋進行反奴巡邏，另一位是法國海軍中將洪席耶—勒—努里男爵（Vice Admiral Baron de la Roncière-le-Noury），他是巴黎地理學會主席。在此之前十九世紀從來不曾有這麼多探險界的傑出歐洲名流齊聚一堂，與會者也對於有幸在富麗堂皇的王宮認識彼此感到欣喜。跟非洲相關的知名歐洲人士中，幾乎只有史坦利沒有到場，其成就在此次會議的正式決議中獲得認可。每個人都希望他仍活在非洲中部的某個地區。已經好幾個月沒有他的消息了。

利奧波德知道，就算是生活富裕、出身高貴的人，能夠入住王宮也會感到高興。唯一的問題是位於布魯塞爾鬧區的比利時王宮，其實是國王辦公的地方；王室成員真正的住處是位於市郊的拉肯城堡。王宮的員工宿舍與辦公室於是被匆促改裝成賓客居住的房間。為了騰出空間讓訪客入住，有些僕役必須睡在置放日用織品的壁櫥裡，而辦公桌、書籍與檔案櫃也都搬到地下室或馬廄。會議第一天，目眩神迷的與會者沿著新巴洛克風格的白色大理石階梯魚貫而上，在七千根蠟燭照得滿室生輝的王座廳裡獲得利奧波德的接見。國王頒贈利奧波德十字勳章給受邀前來的每一位嘉賓。第一晚，皇家地理學會陸軍少將羅林森爵士（Major General Sir Henry Rawlinson）在給妻子的信上寫道，「我自己一人住在豪宅裡的一間套房裡——滿眼盡是緋紅色的錦緞與黃金。所有東西都是紅的，就連墨水與『彈藥』〔廁紙〕也是紅的！」[26]

利奧波德的歡迎演說是個傑作。這場演說用高尚的言詞包裝整個事業，闡述他未來的角色，並確保他的計畫能夠得到這群受邀嘉賓的認可。

> 讓世界僅存的一處尚未開化的地區成為文明的一部分，讓當地人民脫離蒙昧，我敢說，在一個進步的世紀裡，這是應有的義舉……我認為，地處歐洲中央，與各國毫無利益糾葛的比利時，是舉辦這場會議的理想地點……不用我多做解釋，我邀請各位來這裡開會，絕不是為了私利。不，當然不是，各位嘉賓，比利時也許是個小國，但比利時欣然接受且滿足於自己的命運；我唯一的願望就是為自己的國家效勞。[27]

最後，利奧波德提出他希望這場會議能夠達成的幾項特定任務，包括確立「能持續朝內陸推進的路線，建立適合居住、從事科學研究與安全無虞的基地，藉由這些基地消除奴隸貿易、維護部族間的和平、公平而無私地解決部族間的紛爭」。

幾場盛宴之後，與會者開始拿出地圖，在中非的空白地區標出地點以建立「適合居住、從事科學研究與安全無虞的基地」。這群想法高尚的人士認為，每個基地可以派駐六名左右的非武裝歐洲人，由科學家、語言學家與工匠組成，負責教導當地人實際技術。每個哨站都會設置實驗室，研究當地土壤、天氣與動植物，而且會儲存補給物資供探險家使用，如地圖、貿易物品、備用衣物、修理科學儀器所需的工具與備齊所有最新藥物的醫務室。

會議主席由俄國地理學家謝苗諾夫（Pyotr Semenov）擔任，利奧波德則是低調地坐在後頭。為了表彰謝苗諾夫大膽探索位於中亞的天山山脈（Tyan Shans Mountains），沙皇特別允許他在自己的名字後頭加上「天山斯基」（Tyan-Shansky）。然而，謝苗諾夫對非洲幾乎一無所知——這正中利奧波德下懷。這樣他就能輕易地操縱謝苗諾夫，促使會議決定將各個基地都設在利奧波德最感興趣的無主地區：剛果河盆地。英國人本來希望其中一些哨站能設在距離英國屬地較近的位置。

與會嘉賓在鳥獸散各自返國前，投票通過設立國際非洲協會（International African Association）。利奧波德主動且慷慨地表示，他願意在布魯塞爾提供場地，作為國際非洲協會總部辦公之用。參與協會的國家將分別在國內設立國家委員會，以及共同成立一個國際委員會。在眾人鼓掌歡呼下，利奧波德獲選為國際委員會第一任主席。利奧波德謙遜地表示，他只會擔任主席一年，之後主席的位子將由各國推舉代表輪流擔任。利奧波德送給每個出席者一幅自己的肖像，畫框鍍金，畫中的他穿著軍禮服，隨後心懷敬畏的各國要人與探險家就啟程返國了。

新組織獲得歐洲各界的歡迎。民間一些重要人士，從羅斯柴爾德家族（Rothschilds）到興建蘇伊士運河的雷賽布子爵（Viscount Ferdinand de Lesseps），都競相貢獻一己之力。被寄予厚望的國家委員會，由各國大公、親王與其他王室成員擔任主席，但大多數從來沒有正式運轉。而隔年，國際委員會確實開了一次會，儘管利奧波德之前曾表示不願連任，但大家還是選舉他擔任主席，之後，這個委員會同樣無疾而終。

但無論如何，利奧波德仍向前邁進了一步，走得如狐狸般狡猾。他從多次嘗試後得知，即使他有心想買殖民地，但目前並沒有任何地方待售，想取得殖民地，只有征服一途。然而，如果公然採取武力，不僅會惹惱比利時民眾，也會觸怒歐洲各個大國。如果要在非洲取得殖民地，就必須讓人們相信，他不是基於私利，而是為了公益。借助國際非洲協會，他漂亮地成功達到目的。例如雷賽布子爵就認為，利奧波德的計畫「是我們這個時代最偉大的人道主義工作」。[28]

如果我們退後一步審視這個時期的利奧波德，可以將他看作是一名活躍於政壇、深具野心的戲劇製作人。他有組織長才，又獲得公眾支持，這些可以從地理會議的成功得到明證。

他掌握一種特殊的資本：國王寶座帶來的強大公關優勢。他的內心有一套劇本：從青少年開始，他的腦子就不斷編織著領有一塊殖民地的美夢。但他一直找不到舞臺，也缺乏演員。然而，一八七七年九月的某個早上，當這名國王兼製作人正在思考下一步該怎麼走時，倫敦《每日電訊報》（*Daily Telegraph*）刊登了來自非洲西岸某個小鎮一則引人注目的消息。利奧波德等待已久的首演終於到來。舞臺與明星都已具備，就等好戲上場。

第三章 巨大蛋糕

博馬（Boma）這座小鎮位於剛果河北岸，距離大西洋約有五十英里。除了非洲居民，這裡也住著十六名白人，大部分是葡萄牙人，經營幾個小貿易站；他們粗魯、強悍，經常揮舞鞭子與槍枝。[1]與過去幾百年來的歐洲人一樣，這些商人從未試圖沿著剛果河進入內陸，這條大河兩旁遍布嶙峋的岩石，從內陸通往大海這二百二十英里長的河道，中間橫亙無數急流，水勢極為凶猛。

一八七七年八月五日，日落之後過了一小時，四名全身溼漉漉的黑人走出樹叢來到博馬。他們是從內陸某個村落過來的，離博馬大約有兩天路程，他們身上帶了一封信，上面的收信人寫著，「此致博馬任何一位會說英語的先生」。

敬啟者：

我從尚吉巴抵達此地，總共帶了一一五個人，其中有男有女還有小孩。我們現在有瀕臨餓死之虞……如果你的補給可以及時送到，我也許能在四天之內趕到博馬……最好是十到十五人可以負荷的白米或穀物分量……補給物資必須在兩天內送到，否則我們恐怕會有人餓死……英美非洲探險隊指揮官史坦利敬上。[2]

第二天破曉，博馬的商人派遣挑夫給史坦利送去了馬鈴薯、魚、白米與罐頭食物。他們看到信時馬上就明白發生了什麼事，史坦利已經成功由東到西橫貫了非洲大陸。但是，與率先橫貫非洲大陸的卡梅隆不同，史坦利是在剛果河口現身。這表示史坦利一定是沿著剛果河探險，史坦利因此成為第一個成功測繪剛果河地圖的白人，同時也解開了剛果河源頭的祕密。

補給來得及時，史坦利與形容枯槁的倖存探險隊員，緩慢走完餘下路程抵達博馬。史坦利的探險隊從離東海岸不遠的尚吉巴島出發，行進的路線曲折迂迴，總長度超過七千英里，前後歷經兩年半以上的時間。

史坦利是威爾斯人，卻冒充土生土長的美國人，在英美探險隊裡，他既是英國人，也是美國人。這趟探險遠比尋找李文斯頓之旅來得昂貴，野心也更大，而從探險隊的名稱也可以看出探險經費獲得了來自兩方資助者的支持，分別是班奈特的《紐約先驅報》與利維—勞森（Edward Levy-Lawson）的倫敦《每日電訊報》。史坦利的新聞稿同時刊登在兩份報紙上，而他在橫貫非洲時，也用兩家報社老闆的姓名為沿途所見的山川命名，如班奈特山、班奈特河、利維山與勞森山。史坦利自己則是將位於非洲大陸中央的一片瀑布命名為史坦利瀑布（Stanley

Falls），而在距離上游約一千英里處，急流區的上方，剛果河匯聚成一座湖泊，史坦利再度以自己的名字為這座湖泊命名。史坦利宣稱，用他的名字為湖泊命名是副手弗蘭克·波考克（Frank Pocock）的主意，波考克當時「叫道，『天哪……這麼大的湖泊，我們應該叫它史坦利潭（Stanley Pool）！』」[3]然而我們無法向波考克證實是否真有此事，因為就在他用史坦利的名字為這座屬於剛果河一部分的湖泊命名後不久（也或許根本沒有這件事），便不幸溺斃於河中。

在這趟艱鉅的橫貫非洲大陸之旅即將展開前夕，史坦利再次墜入愛河，這一次他的對象是愛麗絲·派克（Alice Pike），一名繼承了大筆遺產的十七歲美國女性。就在準備動身開始為期三年的探險之旅前，愛上歲數只有他的一半的輕狂少女，旁人怎麼看都不認為兩人最終能步入美滿婚姻，但這或許正是吸引史坦利的地方，因為此時的他依然對女性感到懼怕。他與愛麗絲約定，等他結束旅程後就結婚，兩人還訂下婚約與結婚日期。

史坦利用新歡的名字為探險隊的重要運輸工具命名。「愛麗絲小姐號」（*Lady Alice*）長四十英尺，是一艘由西班牙柏木製成的船隻，可以拆解成五個部分。當五個部分組合在一起時，船隻可以划過非洲的湖泊與河流；當各部分拆開時，可以掛在木杆上，由挑夫挑著在陸上運送數百英里。

史坦利面對才智可能勝過自己的人，心裡總是不太舒服。當初有一千二百人應徵加入探險隊，其中不乏經驗豐富的旅行家，但史坦利卻選了三名不適任的夥伴：弗蘭克與愛德華·

波考克（Edward Pocock）兄弟，他們是船員兼漁夫，還有一個名叫巴爾克（Frederick Barker）的年輕旅館職員。愛德華的主要技能是吹奏軍號，這三個人都沒有探險經驗。

當這四名白人率領英美探險隊往西朝內陸前進時，他們的隊伍人數將近為史坦利尋找李文斯頓所組探險隊的兩倍，總計達三五六人。其中四十六人是婦女與孩子，這是因為一些有經驗的非洲人獲准帶著家人一同前往。整個探險隊形同一支小規模軍隊，他們攜帶的武器、裝備與沿途用來交易糧食的貨物，總重量超過一萬六千磅。行進時，隊伍延伸長達半英里，由於隊伍前後拖得很長，因此要讓隊伍停止行進，必須靠愛德華吹響軍號來知會大家。

軍號的聲音恰如其分。對史坦利來說，持續戰鬥一直是探險的一部分。他從不在意探險隊造就多少屍體，但這個數字肯定有數百人。史坦利的隊伍裝備了最新式的步槍與一把使用爆破彈的獵象槍；他們戰鬥的對象不幸只擁有長矛與弓箭，最好的武器也只是向奴隸販子購買的老舊滑膛火槍（musket）。史坦利在日記裡寫道，「我們攻擊與摧毀了二十八座大型城鎮與六十到八十個村落」。[4]大多數的戰鬥發生在湖泊與河流，史坦利與他的屬下揮舞著英國與美國國旗，從愛麗絲小姐號與獨木舟上開槍。易怒的史坦利毫不諱言，只要對方顯示出任何敵意，他就會視為莫大的侮辱，彷彿報復是驅策他橫貫非洲大陸的巨大力量。例如，當史坦利下令愛麗絲小姐號朝坦干依喀湖的一處地點前進時，「岸邊聚集著一群人，不斷地鼓譟嘲弄……我們發現有幾艘獨木舟在我們後方，舟上的人對著我們揮舞長矛……我用溫徹斯特連發步槍朝他們射擊。射了六發，四人中彈死亡，我想這足夠讓他們閉嘴。」[5]

旅行的最初幾個月，史坦利還能把描述這類小衝突的新聞稿交給信差，讓他們送往非洲東岸，再透過海路與電報轉傳回英國。在英國，史坦利的報導激起了人道主義團體如原住民保護協會（Aborigines Protection Society）與反奴隸制協會的激烈抗議。探險家兼作家波頓評論說，史坦利「把黑人當成猴子，隨意地加以射殺」。[6]然而，英國外交大臣似乎真正生氣的是，這位在暢銷報紙上夸夸其談的作家宣稱自己是美國人，卻揮舞著英國國旗。他發了一封傲慢的訊息給史坦利，說英國並未授權他揮舞英國國旗。

對於極其反英的《紐約先驅報》發行人小班奈特來說，這場爭議反而使他更加支持史坦利。他嚴詞抨擊史坦利的批評者，說他們是「在文明世界裡聲嘶力竭喊叫的托缽僧……躲在安全的倫敦……」，[7]「這些慈善人士……提出不切實際的觀點，照他們的意思，一個領導者……應該允許自己的屬下被原住民屠殺，連自己也應該死在原住民手上，任由發現的成果被野狗啃食，而不應該扣下扳機，打死這些人類的害蟲。」[8]

史坦利提到他在旅行之初有幾項重要成就，其中包括讓烏干達（Uganda）皇帝知曉十誡與讓他改信基督教。然而，當時剛好有一名法國軍官也在烏干達訪問，他日後表示，史坦利之所以能說服皇帝改信基督教，是因為他告訴皇帝基督教有十一誡。第十一誡是：「榮耀與尊敬國王，因為國王是上帝的使者。」[9]

探險隊的挑夫在連續數月搬運沉重物資之後，許多人群起譁變，或是偷些補給品然後逃走。這種事一再發生，史坦利決定嚴懲，他在日記裡寫道：「殺死蒙貝（Membé）的凶手，鞭打二百下……兩名喝得爛醉的人，各鞭打一百下，戴鐐銬六個月。」[10]日後，他提到隊上的挑夫時表示，「他們是一群毫無忠誠可言、說謊成性、喜歡順手牽羊、好吃懶做的無賴漢，這些人只教會了我一件事，那就是我居然會蠢到想將這麼重要的工作交給這群可悲的奴隸。」[11]

寫信給未婚妻時，史坦利完全變了一個人，在啟程後的第一個聖誕節，他寫信給愛麗絲：「妳那慈悲的女人心一定會同情我與我的隊員……探險隊完全籠罩在愁雲慘霧之中，每個隊員看起來都像是已有赴死決心，或者索性呆坐著，等著死神奪去他們的性命。」[12]史坦利小心翼翼地將愛麗絲的照片用油布裹住，並且在地圖上標記出愛麗絲島與愛麗絲小姐急流。

「我真的很喜歡跳舞……」愛麗絲在給史坦利的信上寫道。「我寧願去看歌劇，不太想去參加社交聚會……幾乎每晚都有一些男人過來——這些人讓我煩死了……我因為彈奏豎琴，最酸痛的那隻手指起了一大堆水泡。我的手指現在復原得很不錯，只是我再也沒有練琴了。」愛麗絲顯然完全不知道史坦利在哪裡，而且也不知道他寫的那些信，就算寄得出去，穿過叢林也需要好幾個月時間。「你再也沒寫信給我，」愛麗絲抱怨，「我想知道為什麼???我真的很討厭中非。」[13]

* * *

史坦利在日後撰寫的《穿越黑暗大陸》（*Through the Dark Continent*）中描述了這次探險的經過，他也在這本書裡建立了幾項原則，以供未來幾本著作遵循：首先，要將內容擴大成兩冊（以《穿越黑暗大陸》來說，整部作品厚達九百六十頁）；其次，書名要使用「黑」這個字，例如之後的《在最黑暗的非洲》（*In Darkest Africa*）與《我的黑人夥伴與他們的古怪經歷》（*My Dark Companions and Their Strange Stories*）；第三，要運用一切可能的媒介來講述故事。史坦利貼出探險前與探險後的照片，顯示他因為探險而頭髮斑白；史坦利表示，這些故事「全摘錄自我的日記」（然而比對史坦利的日記，會發現完全不是這麼一回事）；精美的地圖摺頁標記出史坦利探險隊的行進路線；超過一百張插圖，包括戰爭、戲劇性的會面與獨木舟被捲入漩渦之中；非洲房屋的平面圖；村落的街道圖；補給物資清單。書中使用豐富的圖表說明大大小小的事物，從非洲國王的世系到各種獨木舟划槳的外觀，無所不包。史坦利知道他的讀者對非洲一無所知，他相信即使是平凡無奇的細節也會引起讀者強烈的興趣，例如各種商品的價目表，在阿巴迪（Abaddi），一隻雞的價格相當於一串珠子項鍊，但在烏戈戈（Ugogo），六隻雞則可以換十二碼的布。讀者覺得購買史坦利的作品相當值得。史坦利的著作雖然是電子時代之前的作品，但卻有多媒體的效果。

今日，我們閱讀史坦利的作品，可以清楚看出他的探險之旅其實是一次奪占他人土地的行動。他不斷測量與繪製事物：溫度、旅行里程、湖泊深度、經度、緯度與海拔高度（他藉由測量水的沸點溫度來估算）。他把精密儀器交給他特別信賴的挑夫搬運，包括溫度計、氣壓表、手表、羅盤與計步器。史坦利彷彿是一名測量員，沿路為這片土地的未來主人繪製地圖。

史坦利這次探險締造的史詩成就，完全集中在旅行的後半段。從坦干伊喀湖開始，幾年前他就是在這裡找到李文斯頓，他帶領人數日漸減少的挑夫，其中一些挑夫因為個性桀驁不馴而從旅程一開始就被套上鎖鏈。他們一路向西深入內陸幾星期的時間，直到抵達一條當地人稱為盧阿拉巴（Lualaba）的大河。許多歐洲探險家至此便止步不前，沒有人知道盧阿拉巴河流向何方。李文斯頓曾認為這就是大家努力尋找的尼羅河源頭，因為盧阿拉巴河在這裡轉而北流，朝埃及而去。

但是，史坦利認為盧阿拉巴河是一條大河，不太可能是尼羅河的源頭；他一度認為這條河可能是尼日河（Niger），因為尼日河的出海口與尼羅河一樣，都位於比較偏北的位置。不過，當史坦利順流而下，他愈來愈覺得這條河就是剛果河。但也不敢肯定，因為剛果河注入大西洋的地方，遠在半個非洲大陸之外，天體方向顯示，那是在他當時位置的南方，他人卻是站在往北方流的盧阿拉巴河岸邊。而且從歐洲人繪製的地圖來看，從剛果河出海口到史坦利所在之處，中間完全是一片空白。

根據史坦利的說法，他站在這條神祕河流的岸邊，向探險隊的成員宣示：「無論這條河通往哪片海洋，我們都要順著這條河走下去……我能不能存活，全要仰仗各位；如果我讓你們的生命陷入危險，我就是拿自己的性命冒險。我會像父親照顧孩子一樣，照顧好各位……因此，我的孩子們，我已下定決心，你們也要下定決心，我們現正處於非洲很中間的位置，往前的路很艱難，但返回的路也一樣，我們必須繼續我們的旅程，我們必須努力前行，我們要沿著這條河，只管沿著這條河，一路走向大海。」

史坦利忠實的副手弗蘭克問道，「閣下，在我們出發之前，我想問一句，在你的內心深處，你真的相信我們會成功嗎？」

史坦利回道：「相信？是的，我確實相信，我們終有一天會重見光明。確實，我們的前景就像今晚夜色一樣黯淡……我相信這條河就是剛果河；如果真是剛果河，那麼我們將遭遇許多瀑布……無論是剛果河、尼日河還是尼羅河，我都已經做好準備……相信？我們一路走來經過一座又一座堡壘與城鎮，我的內心不允許有絲毫懷疑。晚安，我的孩子！晚安！願你入睡後能有一個充滿大海、船隻、快樂、舒適與功成名就的美夢！」[14]

史坦利是否真的站在河岸邊，說出這番冠冕堂皇的話？我們永遠無法證實，因為探險隊裡其他三個白人都未能倖存下來。早在弗蘭克溺死之前，巴爾克就因為染上嚴重的「瘧疾」，「血管裡的血開始堵住」，最後「全身的血液不再流動……這名可憐的年輕人就這樣死了」。[15]

愛德華則是變得神智不清。史坦利說，「我趕到他身邊，卻只剛好來得及看見他嚥下最後一口氣。」[16]

史坦利知道，如果盧阿拉巴河真的就是剛果河，那麼這條河必將在某處拐個一百八十度大彎。當他與探險隊員乘船沿河而下，或者是一開始偶而沿著河邊步行前進時，他都會頻繁地測量自己所在位置的經緯度。就這樣持續了數百英里，這條河依然神祕地往北流。但最後這條河終於在某處逆時針轉往西流，最終折向西南，朝著它所形成的駭人瀑布與大西洋而去。

史坦利的探險解開了另一個地理謎團。剛果河的起源與終點都在赤道以南，但剛果河大轉彎的地方卻在赤道以北。在中非，赤道是乾季與雨季的大致分界線：當赤道北方處於乾季時，南方就處於雨季，反之亦然。因此，一年三百六十五天，剛果河的一部分總是有大雨澆灌，另一部分則是流經乾旱地區。這就是為什麼與其他熱帶河川相比，剛果河一整年的流量變動相對小得多的緣故。

史坦利發現，這條河面持續變寬的大河，是附近民眾豐富的食物來源。從史坦利的時代至今，科學家已在剛果河中發現超過五百種魚類。這些魚類以昆蟲為食，或彼此相食，或食用掉入水中的果實與樹葉，特別是在洪水季節，剛果河水氾濫到岸邊的森林與草地時，往往能讓水中魚群大飽口福。

遺憾的是，我們唯一能聽到的非洲人自己的聲音，也是出自史坦利的親筆紀錄。每隔一段時間，史坦利都會記錄或想像這樣的聲音，彷彿他曾經突然間停下腳步，略帶罪惡感地迅速看著鏡中的自己，然後又別過頭去。在一八七六年九月十二日的日記中，我們可以看到史坦利做了類似的檢視，巧合的是，這一天剛好是比利時國王利奧波德二世的地理會議在布魯塞爾開幕的日子，許多重要人物身穿晚禮服，沿著王宮的大理石階梯魚貫而上：

> 瓦古哈人（Waguhha）眼中的白人：
>
> 「這個人來到此地，並不是為了貿易，你永遠看不到他的雙足，他身上總是穿著衣服，與其他人完全不同，這樣的人會是好人嗎？不，這個人非常神祕，或許他很邪惡，或許他是個巫師，無論如何，最好還是離他遠點，不要跟他扯上關係。」[17]

史坦利沿著剛果河前進，他一路上血腥殺戮的行徑，成為各地口述歷史的一部分，有時甚至融入傳奇元素，因為他的步槍的射程與精確度，看在從未見識過這類武器的人眼裡，完全是一種超自然事物。幾年後，一名旅行者聽聞這樣的描述：

> 這群外地人的酋長身上包滿了布料，他的臉是白的，在河邊發出像太陽一樣的亮光……外地人的酋長只有一隻眼睛……他的眼睛長在他的額頭中央……當巴索科人（Basoko）在河

上划著作戰獨木舟，準備展開搏鬥並俘虜這群外地人時，口中喊著：「肉！肉！」他們打算吃這些外地人的肉，但他們卻無法抓到這群外地人，相反的，這群外地人用木棍殺死了許多巴索科人，這種木棍不僅發出巨大的聲響，還冒出火光。他們說著奇怪的語言。他們……繼續順流而下，視強大的巴索科人如無物。[18]

巴索科人記憶中的史坦利形象，很可能是不斷轉述下形成的，最初他們看見的史坦利，也許是瞇著一隻眼，另一隻眼對著單筒望遠鏡，或者是正拿起步槍進行瞄準。奇妙的是，中世紀歐洲地理學家也曾經想像非洲人是獨眼生物。我們從一份非洲人的口述片段得知，非洲人經常認為歐洲人腳上長蹄子；由於他們從未看過鞋子，因此河畔上有一些非洲人，遠遠看還以為那就是白人身體的一部分。[19]

往下游航行了數百英里之後，史坦利不得不改走陸路以繞過急流區，也就是他命名為史坦利瀑布的地方。繞過急流區之後，直到史坦利潭為止，其間將近一千英里的距離都不存在任何自然障礙。對愛麗絲小姐號與大約二十四艘獨木舟而言——這些獨木舟不是探險隊向河邊居民買來的，就是他們偷來的——這段航程可說是暢通無阻。

史坦利和由他帶領的尚吉巴挑夫與士兵懷著敬畏之心看著剛果河變得愈來愈寬闊，寬闊到他們有時候甚至無法看清楚河的兩岸。剛果河廣大的河面散布著大約四千座島嶼，其中許多座是有人居住的。在兩岸居民的語言中，這條河不叫剛果河，由於剛果河支流眾多，他們稱之為Nzadi或Nzere，❶意思是「吞噬所有河流的河流」。史坦利並未一一探索這些支流，但當他經過這些支流時，發現每條支流的河面都寬達數百碼，他不得不感到吃驚。例如剛果河其中一條支流開賽河（Kasai），它的水量與窩瓦河（Volga）不相上下，長度則是萊茵河的一．五倍。另一條支流烏班吉河（Ubangi）甚至更長。史坦利立刻觀察到，汽船可以在這片水道網航行很長一段距離。這對他來說彷彿是發現了相當於數千英里的鐵路網。「誰控制了剛果河……」史坦利寫道，「誰就能把背後龐大的盆地貿易利益納為己有。這條河將成為中非西部商業活動的大動脈。」[20]

結果史坦利探險之旅的最後一段路程，反而是整趟旅程中最艱辛的。在最後那一段長達二百二十英里急流區的開始處，剛果河凸出去形成史坦利潭，探險家輕鬆省力的優雅漂移至此畫上句點。史坦利已做好準備要通過急流與瀑布，但他沒有料到的是，剛果河最後這段奔向海洋的過程，途中會經過這麼多岩石峽谷，峽谷將河道壓縮成水流湍急、充斥白色泡沫的滑梯，根本無法航行。

史坦利愈來愈心灰意冷。透過計算水面樹幹漂過所需的時間，他發現許多地方的水流速度高達每小時三十英里。

把河水想成是遭受颶風吹襲的一片狹長海域……這裡的波濤該有多洶湧想必你就有個清楚的概念了……河水先是急速湧入一處廣大槽谷的底部，接著這股巨大的水流，全憑一己之力，將自身陡地舉起，形成一道如山脊般的波浪，而後河水猛地又向上飛濺二十到三十英尺，接著繼續翻騰往下一個槽谷而去……河岸兩側成堆排列著一塊塊巨大的圓石，不久就被狂暴的巨浪淹沒。洶湧的水聲震耳欲聾，我唯一能想到的形容就是特快列車通過岩石隧道時產生的轟隆巨響。[21]

史坦利徒勞地期盼能在急流與急流之間找到平靜的河段航行，他無視非洲當地人的勸告，久久不願放棄搬運愛麗絲小姐號與那些獨木舟，險些喪命。在陸地上搬運獨木舟尤其辛苦，因為獨木舟無法像愛麗絲小姐號那樣拆卸成零件進行搬運。最大的獨木舟有五十四英尺長，重達三噸。探險隊必須砍伐灌木叢，將其堆放在崎嶇的小路旁，如此才能拉動獨木舟前進。有時他們必須用木頭鋪設道路，然後在上面以交叉角度另外放置一批木頭作為滾軸，以此來

❶ 有趣的是，葡萄牙人錯誤地將Nzadi或Nzere拼寫成Zaire（薩伊），剛果獨裁者蒙博托（Mobutu Sese Seko）反而在一九七一年採用這個字為他的國家命名。

推動獨木舟。一段長三十四英里的路程，他們花了三十七天才通過。崎嶇的水晶山脈構成了重重險阻，疲憊消瘦的探險隊員必須將船拖到一千二百英尺高的山區，然後是長約三英里相對平坦的地形，接著又是一段下坡路。雨季降臨之後，每天會有五到六小時的時間持續下著傾盆大雨。

晝夜不歇的急流水聲讓探險隊愈來愈心神不寧。有些人因為饑餓而昏倒。史坦利最後一雙靴子也破到不能穿了。史坦利一名得力的助手餓昏了頭，不顧一切地衝進灌木叢裡，卻只抓到一隻鸚鵡。在耗費幾個月搬運這些無用的船隻之後，探險隊終於決定棄船。史坦利的日記中記錄下一次又一次人員的死亡、大舉脫逃、譁變之後，他原本優雅的筆跡逐漸變得潦草難以辨認，他的敘述也變得不連貫。史坦利與饑餓染病的隊員總共花了四個半月，才走完從史坦利潭到博馬港這段長二百五十英里的路程。

史坦利對於數字的記載模糊不清且充滿矛盾，但無論如何，探險隊員的死亡數量令人震驚。許多人死於傷口潰爛、痢疾、天花或斑疹傷寒，而饑餓又讓這些情況雪上加霜。史坦利不許染上天花的挑夫留在原地休養，甚至也不讓他們到森林裡等死，他要求這些挑夫繼續搬運重物，直到他們再也搬不動為止。史坦利對自己就跟對屬下一樣嚴厲；這趟旅程使他瘦了超過六十磅。探險隊途中數度面臨缺水危機；他們歷經被蛇與河馬攻擊，被如長矛般鋒利的芒草割傷，還有蟲子鑽進挑夫的腳底，有些小路布滿了像刀子一樣銳利的岩石。這些倖存者剛抵達博馬時，許多人因為體力透支而無法言語，甚至有人罹患了我們今日所說的創傷後壓力症候群。有幾個人在等待搭船返鄉時猝死，但看不出明顯死因。

深處於非洲大陸中心時，史坦利在給愛麗絲的信中寫道，「我要怎麼告訴妳我有多愛妳？但無論如何這封信勢必要越過上千英里的蠻荒之地，冒著遭遇洪水、大火與戰爭的危險，才能抵達海洋……我對妳的愛永遠不變，妳總是在我夢中，與我為伴，妳是我的希望，我的明燈，在前方光明的引領下，請相信我會一直珍惜妳，直到與妳相見的那天。」[22]

當史坦利帶著殘餘的挑夫與士兵經由海路返回他們最初的出發點尚吉巴時，他卻收到令他震驚的消息。等待他的是已經累積兩年的信件與一份十八個月前的剪報，上頭刊登著愛麗絲嫁給俄亥俄州鐵路公司繼承人巴爾尼（Albert Barney）的新聞。史坦利大受打擊，從此再也沒與愛麗絲見面。❷

❷ 史坦利不知道的是，成為巴爾尼新婚太太的愛麗絲眼見史坦利的聲名鵲起，在接下來的大半人生裡一直後悔自己當初沒能當成史坦利太太。史坦利去世很久以後，在一部未出版且內容高度渲染的小說體回憶錄中，愛麗絲表示，史坦利能夠完成偉大的剛果之旅，有她的一份功勞：「因為她，史坦利才能完成這趟旅程。沒有她的精神在後面驅策，史坦利不可能堅持到底，甚至打從一開始就不會想再度涉足那些黑暗的深淵……『愛麗絲小姐』征服了非洲！」（引自Bierman, p. 214）

史坦利完成旅行之後，他在對外發言中不斷譴責「阿拉伯」奴隸貿易，呼籲傳教士前來非洲，嚴詞批評非洲人「赤身裸體的不莊重行為」，[23]並且宣稱他旅行的目的就是為了「點燃火炬，照亮黑暗大陸的西半部」。[24]然而這些都只是場面話，史坦利真正惦記的還是他的生意。在探險途中，史坦利曾經因為大量挑夫逃跑與遭遇洪水而不得不離開某地，當時他在日記裡寫道，「再會了……等到哪個慷慨而富有的慈善家願意資助我或某人帶領一支部隊來平定這片麻煩之地，中非的貿易才能順利進行。」[25]

此時，已有一名富有的慈善家正等待著史坦利。

* * *

事實上，這名慈善家早已按捺不住興奮的情緒。早在史坦利抵達博馬之前的幾個月，利奧波德每天都急切地翻開倫敦《泰晤士報》尋找與史坦利有關的消息。他曾寫信告訴親信，「對我來說，每天第一件要做的事……就是再次檢視史坦利是否已經抵達盧阿拉巴河。」[26]史坦利抵達博馬的消息一見報，利奧波德馬上拍發賀電給他。

利奧波德現在終於可以從《每日電訊報》上讀到史坦利所寫的長篇旅行報導，以及大量關於史坦利返回英國途中，在開普頓、開羅與其他城市獲得表揚與款待的新聞。美國參眾兩院共同通過決議向史坦利祝賀，其他探險家也讚揚史坦利的剛果河探源之旅是十九世紀最偉大的探險成就。利奧波德此時深信，這片位於非洲中部的廣大領土奇蹟似地尚未被任何歐洲國家占有，有可能成為他渴求的殖民地。終於，他長久以來夢想的大作即將搬上舞臺，而史坦利就是主角。

利奧波德囑咐駐倫敦公使，任何關於史坦利的消息，事無大小，都要向他稟報。打著國際非洲協會的高尚旗號，利奧波德開始暗中操作。他指示公使要小心謹慎：「如果我公開委託史坦利以我的名義在非洲取得屬地，我相信英國人一定會出面阻止。如果我尋求英國人的建議，他們還是會阻止我。所以我決定，我只委託史坦利進行探索，這樣的任務既不會冒犯任何國家，又能讓我們取得基地與總部以供日後發展。」利奧波德對駐倫敦公使說道，最重要的是，「我不想冒險……這可是我們在非洲這塊巨大蛋糕爭取分到一片的大好良機。」27

拍發了幾封言詞激昂的電報後，利奧波德勾勒出一個計畫：在史坦利返國途中攔住他，並且引誘他前往布魯塞爾。在亞歷山卓，史坦利以貴賓身分於當地一艘遊艇上停留了幾天，同一艘船上還有另一個名人，美國前總統格蘭特（Ulysses S. Grant），利奧波德利用這個機會派人到船上，把他的想法傳達給史坦利。利奧波德的第二步是向布魯塞爾的一名美國友人桑福德將軍（General Henry Shelton Sanford）求助。這是個明智的選擇：史坦利一直想假冒美國人，此時找一名出身上流社會的美國同鄉前去交涉，史坦利應該沒有拒絕的道理。

桑福德將軍非常樂意接下利奧波德委託的任務。桑福德出身於康乃狄克州一個富有家族，曾被美國總統林肯任命為駐比利時公使，在結束公使八年任期後，桑福德繼續留在比利時。桑福德的妻子年紀比他小很多，是個有名的大美人，夫妻倆在布魯塞爾郊外一棟建有角塔的三層樓鄉間別墅裡過著奢華的生活。桑福德經常頭戴大禮帽，手持金柄手杖，臉上掛著夾鼻眼鏡，嘴邊留著漂亮的栗色八字鬍與山羊鬚，是布魯塞爾上流社會的知名人物。桑福德從未當過兵，卻擁有「將軍」頭銜，而且有幾年的時間身上總是攜帶佩劍並穿著藍金色軍服，這是因為在美國南北戰爭期間，桑福德捐贈了一門大炮給步兵團，因此獲得上述特權。

桑福德先前曾投資美國鐵路與西部房地產，而且在佛羅里達州擁有大片柑橘園與其他產業，他的果園工人聚居的地方形成了一座城鎮，他為這座城鎮取名為桑福德。❸然而，與他名不符實的將軍頭銜一樣，桑福德徒具金融家的表面作風，而沒有金融家的真材實料。他的舉止中有富家子弟的優雅氣息，但缺乏賺取財富所需的精明腦袋，他接觸過的生意，沒有一樣不賠錢。他投資大筆金錢在一連串古怪的專利權上，包括羊毛織布機、新型威士忌蒸餾器與一種只需要用水不需要用油就能潤滑火車軸的小箱子，最後這些投資完全泡湯。內華達州的銀礦與阿肯色州的鋅礦開採，其結果也都是災難。他投資的明尼蘇達州的鐵路公司，最後破產收場。他投資的南卡羅來納州的棉花種植園，收成全被毛毛蟲吞噬一空。[28]

對桑福德來說，隨著他繼承的財產逐漸枯竭，他與比利時宮廷的關係就變得愈來愈重要。

他甚至用國王的名字來為自己的兒子命名。利奧波德善於判斷人，他瞭解王室的庇蔭對桑福德有多重要，因此他持續地奉承桑福德，他知道總有一天會有用得上他的地方。桑福德已經多次向美國政府爭取他要的外交職位，但最後一次的努力又告失敗，此時利奧波德的侍從官格蘭德爾男爵（Baron Jules Greindl）寫信給他，「國王很高興您將繼續待在我們身邊，這裡所有的人都喜愛與欣賞您。」[29]跟許多美國人一樣，桑福德也對王室情有所鍾，而且他覺得利奧波德比他自己的國家更重視他。

一八七八年一月，利奧波德祕密派遣桑福德與格蘭德爾前去法國攔住史坦利，他當時還在前往倫敦的路上，準備先在法國參加又一輪的授勳儀式與歡迎宴會。在馬賽火車站，兩名使者找到了史坦利，他看起來瘦弱、身體不適且憔悴，他們跟著史坦利到了巴黎，在那裡以國際非洲協會的名義正式向他提出工作邀約。史坦利婉拒了他們的邀請，但明顯喜不自禁。史坦利一直尋求上流社會對他的肯定與接納，因此他絕不會忘記比利時國王的兩名大臣——一個是男爵，另一個則是將軍——在他回到歐洲時前來找他。

---

❸ 七十五年後，位於佛羅里達州的桑福德市曾短暫臭名遠播，當時桑福德市的警察首長援引法條禁止在市有財產上舉行跨種族的運動競賽，下令正在參加一場春訓熱身賽的傑基・羅賓森（Jackie Robinson）中途退場。

史坦利終於從法國返回倫敦，並且獲得英雄式歡迎。儘管史坦利宣稱自己是美國人，但他的心還是比較向著英國。他一次又一次在宴席或正式晚宴中表示，英國國旗最應該飄揚在剛果河流經的土地上。威爾斯親王前來聆聽演說，使史坦利一度燃起希望，以為英國可能對剛果盆地產生興趣，然而在演講結束後，威爾斯親王唯一對史坦利說的話，竟只是提醒他動章戴的順序不對。此時，世界地圖上已經有許多地區成為英國的自治領、殖民地與保護國；隨著國內經濟衰退，與國外層出不窮的殖民地危機與海外叛亂，英國人似乎對取得新領土失去了興趣，特別是這塊新領土的主要運輸通道還受到急流與瀑布的阻隔。

「我搞不懂英國人，」史坦利寫道。「他們要不是懷疑我是為了利己才提出這樣的主張，就是根本不相信我……我解救了李文斯頓，卻被汙衊是冒名頂替；我橫貫非洲，卻被稱為劫掠者。」[30]美國也對殖民剛果毫無熱情。《紐約先驅報》的小班奈特接下來想派史坦利去北極探險。

利奧波德則持續再接再厲。他要求駐倫敦公使邀請史坦利共進午餐。他派桑福德再度到英國與史坦利商談。同時，利奧波德也確保史坦利有聽到一些風聲，亦即國王有可能用其他探險家取而代之。利奧波德太瞭解史坦利的性格。回到歐洲的五個月後，史坦利接受邀請，前往比利時。

第四章 「條約必須確保我們取得一切」

一八七八年六月十日，史坦利搭乘汽船前往比利時，這是史坦利首次與比利時國王見面。我們不知道當利奧波德在王宮辦公室裡等待這位探險家、等待長達幾個月的耐心遊說即將開花結果之際，他正在做什麼。但我們可以合理想像這位地理學家國王可能又在辦公室裡專心看他的地圖。

然而無論怎麼看地圖，都只能證明一件事，那就是唯有在非洲，利奧波德才有可能實現取得殖民地的美夢，特別是一塊土地面積遠大於比利時的殖民地。美洲已經沒有無主之地，馬克西米連與卡洛塔在墨西哥的冒險悲劇提醒世人，試圖奪占一個獨立國家只會招致災禍。亞洲也沒有空白地帶：俄羅斯帝國一路延伸到太平洋，法國控制了印度支那，荷蘭控制了東印度群島，而餘下的南亞大部分地區，從亞丁（Aden）到新加坡，在地圖上已被代表大英帝國的粉紅色給染指。只剩非洲還有機會。

史坦利沿剛果河行經的距離大約為一千五百英里。不過史坦利顯然沒有看到剛果河的全貌，因為當他第一次接觸到剛果河時，是在很偏上游的地帶，河面已寬達近一英里。全面探索剛果河尚需多年時間才能達成，但利奧波德在熱切地讀完史坦利所有的報導之後，已對史坦利發現的地區有了大致認識。

我們現在已知道這條河所有的統計數據。剛果河流域約有一百三十萬平方英里，超過印度國土的面積；水力發電潛力估計占全世界的六分之一。對於一位十九世紀的帝國建立者來說最重要的是，剛果河及其扇形支流網構成了總長度超過七千英里的水道網，這個內建的運輸網絡在世界其他各地幾乎找不到類似的例子。只要將汽船拆卸成零件，就能先走陸路繞過急流，再將汽船運到這片水道網，人們很容易可以在碼頭附近找到木材作為汽船鍋爐所需的燃料；剛果河大多數的適航支流兩旁都是生長快速的雨林，整座剛果河盆地有一半為雨林所覆蓋。

歐洲人對於剛果河盆地的住民，所知十分有限。在沒有拿槍瞄準當地人的時候，史坦利對這些人的興趣也僅止於把他們當成補給來源，用廉價的飾品或布料跟他們交換糧食。儘管如此，史坦利對於剛果河盆地的居民還是有兩個重大發現。首先是他們不構成軍事威脅：史坦利與這些人發生過三十幾次戰爭，他發現他們的長矛、弓箭與老舊滑膛火槍，完全不是他的新式後膛史奈德步槍（Snider rifle）的對手。其次，整條剛果河大動脈沿線完全不存在任何需要派兵壓制的單一強大國家。進一步沿著剛果河支流探索，有發現幾個大型王國，但這些王國數百年來一直遭受來自非洲東岸與西岸奴隸獵人的掠奪，大多數都已陷入衰微。居住在剛果河盆地的民族看似眾多，其實每個民族的人口都很少。史坦利之後再次前往探索時發現，剛果河盆地有超過兩百個不同的種族，語言與方言的數量則是四百多種。由此可見，當地民眾的反抗力量很容易四分五裂，要征服這個地區相對容易。

一八七八年這天，當利奧波德端坐等待史坦利到來實現期待已久的會面時，他四十三歲。利奧波德的身上早就看不見年輕時古怪的拘謹氣息，經過數年磨練，他已能駕輕就熟地扮演國王的角色。三十七歲的史坦利雖然比國王矮一個頭，而且對於自己拙劣的法語感到不安，但他依然表現出探險家的自信。原本一事無成的史坦利從美國海軍開小差還只是十三年前的事，然而此時的他搖身一變成為暢銷作家，而且被公認為當時最偉大的存世探險家之一。各地雜誌上史坦利留著八字鬍、表情嚴峻的臉，總是壓在他自己發明的史坦利帽下。史坦利帽有著高聳的頂部，周圍留有通風的氣孔，帽緣延伸到眼睛上方，帽子兩側與後方有遮陽布，可以防止耳朵與脖子曬傷。看在我們眼裡，這頂帽子就像外籍兵團軍帽與大門警衛所戴帽子的綜合體，某方面來說，這也反映了史坦利的人格：一方面像巨人一樣，有著粗獷的力量與移山倒海的自信；另一面又像工人階級私生子一樣脆弱，渴望獲得當權者的認可。在照片中，我們似乎可以看到史坦利結合了兩者：他的眼睛一方面顯示出強烈的決心，一方面也蘊含著受傷的情緒。

第一次見面時，利奧波德流利的英語讓史坦利很快放鬆下來。一八七八年六月，在王宮見面的兩人，他們各自代表的階級，之後將變得親近。在非洲土地搶奪大戰中負責調度地面部隊的指揮官——率領士兵深入灌木叢、命令部下發射步槍與機槍、手持土地測繪儀器、冒著染上瘧疾乃至痢疾與斑疹傷寒危險的一群白人——他們往往跟史坦利一樣，在自己的國家屬於下層階級或中下階級。對他們來說，非洲是一個讓他們向上流動獲取錢財與榮耀的機會。然而，從瓜分非洲中取得最多財富的人，往往是那些原本就坐擁財富的人，如利奧波德。

雖然利奧波德從小在遊艇與王宮中過著養尊處優的生活，但與史坦利相比，利奧波德更通曉人情世故。他早已摸清楚史坦利這個人，包括他的野心、吃苦的能耐、渴望獲得認可與需要贊助者。英國對剛果缺乏興趣，這讓史坦利感到很難受，相較之下，比利時國王卻讚揚他在非洲的表現，並期盼他做出更多貢獻，史坦利的精神因此為之一振。

與利奧波德見面後，在一八七八年剩下的日子裡，史坦利繼續遊歷歐洲，宣傳他的《穿越黑暗大陸》，與巴黎新成立的史坦利俱樂部成員見面，到各地接受頒獎。利奧波德持續傳遞訊息與派特使傳話給史坦利，維繫與他的關係。最後在一八七八年行將結束前，雙方針對史坦利重返剛果的條件達成協議，這一次史坦利是為國王工作。史坦利的契約為期五年；他在歐洲時的年薪是二萬五千法郎，在非洲時的年薪則是五萬法郎（相當於今日的二十五萬美元）。[1]還有，當然，利奧波德會出資組建探險隊隨同史坦利前往。

雙方商定史坦利將先在剛果河口附近設立一個基地，然後開闢道路繞過急流與穿越崎嶇的水晶山脈——此即某條鐵路的前身。挑夫就可以走這條路運送已經拆卸成零件的汽船，之後由史坦利重新組裝，繼續往上游航行，並且在這長達一千英里的可航行主河道沿路設置貿易站。事後，史坦利可以寫書描述這段經歷，但利奧波德有權進行刪改。

利奧波德希望在剛果找到的各式各樣財富中，他最嚮往的東西是象牙。在此之前，歐美商人已經在尚吉巴市場大肆收購非洲象牙。因為容易雕刻切割，十九世紀象牙可說是今日塑膠的稀有、昂貴版本，又因帶有異國風情而更添尊貴感——隨著民眾將非洲探險家奉為偶像，象牙的尊貴感也與日俱增。象牙可以雕刻成刀柄、撞球、梳子、扇子、餐巾環、鋼琴與風琴的琴鍵、棋子、十字架、鼻煙盒、胸針與小雕像。也有人稍稍回歸原本的用途，用象牙來製作假牙。儘管要將象牙從位居內陸深處的大象獵場運送出來，路途十分遙遠，但象牙買賣對商人來說依然是頗具吸引力的生意，因為象牙就像毒品與貴金屬，具有價值高、體積小的特點。非洲象牙平均一對的重量達數百磅，可以製作數百個琴鍵或數千顆假牙。象牙商人喜愛非洲象牙多於印度象牙，而赤道非洲的大象，包括剛果盆地的大象，往往能長出最大的象牙。史坦利發現當地的象牙數量極為豐富，多到家家戶戶都用象牙來製作家中的門柱。

不過，利奧波德要獲得這樣的財富，至少還需要再等幾年，因為史坦利目前首先要做的是開闢道路。史坦利列了一份鉅細靡遺的預算給國王：小船、木造建築零件、繩索、工具、非洲挑夫與歐洲管理人員。歐洲管理人員指的是兩名英國年輕人，史坦利延續他一貫的做法，不希望部屬太有能力，因此這兩名英國人都沒有出國的經驗。僱用新手的好處是，如此一來日後他就能以他們缺乏經驗為由任意地指責抱怨：「每一次的探險，我都沒有朋友可以協助，沒有人能夠成為我的夥伴，我找不到能力、眼界與我相同的人，除了李文斯頓……看到流鼻血就驚慌失措的人，怎麼可能瞭解沙場老將的想法？」[2]

史坦利要求利奧波德預先撥款，實是明智之舉，因為儘管契約已經詳列各項規定，但關於史坦利究竟為誰工作卻語焉不詳：是為國王本人工作，還是為國王的國際非洲協會工作？但這個協會的影響力似乎愈來愈弱；或者是為上剛果研究委員會（Committee for Studies of the Upper Congo）這個新成立又有些神祕的組織工作？上剛果研究委員會的正式股東是由一小群荷蘭與英國商人，再加上一名比利時銀行家組成的，而這名銀行家事實上以利奧波德代理人的身分持有委員會的大量股份。委員會主席則由國王的親信施特勞赫上校（Colonel Maximilien Strauch）擔任。

利奧波德與史坦利擬定了野心勃勃的計畫，但利奧波德刻意讓這些計畫看起來完全是基於慈善目的。在史坦利要求他的歐洲工作人員簽訂的契約裡，明定不許洩漏任何關於工作的真實目標。[3]利奧波德向一名記者保證，「我們純粹只是為了進行科學探索」。[4]對於想進一步追問的人，利奧波德可以指給對方看委員會規章的某個條款，內容明載禁止追求政治目的。國王想避免自己犯眾怒，因為比利時民眾普遍認為對一個小國來說，建立殖民地是一種鋪張浪費、虛擲金錢的行為。利奧波德也不想引起其他潛在對手的注意，以免各國開始爭搶這塊令人垂涎的非洲蛋糕，特別是開始對非洲產生興趣的法國。

一八七九年二月，史坦利化名「M. 亨利」（M. Henry）悄悄搭乘汽船再度前往非洲。他啟程之後，有件事卻在歐洲持續發酵。一家荷蘭公司是上剛果研究委員會的重要股東，宣告破產，據說公司老闆潛逃到紐約，當起了出租馬車司機。利奧波德不慌不忙地利用這家荷蘭公司破產造成的震撼，向委員會其他股東提出收購他們手中持股的要求。所有股東都心懷感激地同意了，因此，到了一八七九年底，從法律層面來說，上剛果研究委員會已經不存在。但拿來作為煙幕，這個委員會依然很好用。利奧波德持續提起這個委員會，彷彿它還在運作，彷彿它的所有前股東（而非只有他一個人）仍在一起資助史坦利、一起做決策。史坦利渾然不知委員會已經廢止，等到他知道時，事情都過去一年多了。

為了進一步混淆視聽，以及為他的非洲行動賦予正當性以利後續的政治行動，戲劇大師利奧波德創造了另一個新的掩人耳目組織：剛果國際協會（International Association of the Congo）。這個組織的名稱刻意取得跟由各國王儲與探險家組成的名存實亡「慈善」組織國際非洲協會很像，藉此魚目混珠。「務必不要讓人一下子就看出剛果協會與非洲協會是兩個不同的組織，」利奧波德囑咐一名侍從官，「民眾是分不清楚有什麼差別的。」[5]更令外界霧裡看花的是，新成立的剛果國際協會與已經廢止的上剛果研究委員會一樣，都使用國際非洲協會的旗幟，這面旗幟在協會第一次與最後一次大會亮出來時都大受好評——旗幟為藍底，上有一顆金星，意圖象徵在非洲這塊眾所周知的黑暗大陸，閃現一道希望之光。

早在與史坦利達成協議之前，利奧波德已經開始嘗試從桌子的另一邊伸手去拿他要的那塊非洲蛋糕，出資贊助了一個從非洲東岸進入剛果盆地的探險計畫。這樣的探險後來又有三次，每一次都對外大肆宣傳，但最終都無功而返。其中一次探險使用了四頭印度象來馱運物資，這四頭大象分別取了充滿異國風味的名字：桑德格蘭德（Sundergrund）、奈德巴克斯（Naderbux）、索桑卡里（Sosankalli）與帕爾瑪拉（Pulmalla）。結果，為了讓大象與輜重順利通過，❶還必須另外僱用五十名工人拿著斧頭與大砍刀在前面清除樹木與灌木叢。[6]在這些大象因為各式各樣病痛轟然倒地而不幸英年早逝前，牠們是新聞記者的夢幻題材。歐洲讀者密切關注這批大象的艱苦旅程，卻不知道非洲另一邊的海岸此時上演著一場真正的探險，史坦利正默不作聲地開闢道路繞過剛果河的急流區。

不知不覺中，「剛果」此時已不再只是河流的名稱，更成為整個地區的代稱。當人們終於注意到這塊正在成形的新殖民地時，利奧波德施展的幻術也達到新的極致。他或他的舞臺助手每次升起布幕，都會依據觀眾需求呈現完全不同的舞臺布景。利奧波德以國際非洲協會作為幌子來推動他的非洲探險事業，桑福德是該協會的理事，在他口中，國際非洲協會彷彿是旅行者援助組織（Travelers Aid）。一八七九年，桑福德前往美國挽救他的投資生意，他在紐約演說時表示，比利時國王的目標是「建立一連串的哨站或者說旅客休憩站，兼具住宿與科學研究據點的功能，而且應當要能提供旅行者各種資訊與協助……最重要的是，透過這些據點展開教化，確保根除奴隸販賣」。[7]利奧波德自己寫了一篇文章，署名「比利時通訊記者」，這篇文章順利刊登在倫敦《泰晤士報》上。他在文章中堅稱，新成立的剛果國際協會類似「紅十字會；目標高尚，希望提供持久且無私的服務以促成進步」。[8]當聽眾換成較為好戰的德國人時，利奧波德巧妙地轉換舞臺布景，把派去剛果的人員比擬成十字軍的騎士。幾乎所有的人都相信他的說法。知名英國傳教活動贊助人安潔拉．伯戴特—庫茲女爵捐了五萬法郎給利奧波德從事人道救援。在美國，有位作家表示，利奧波德的義舉「足以讓美國人永遠相信君主制」。[9]

與此同時，利奧波德也傳話給史坦利，要他在剛果建立好基礎，為將來成立「自由黑人共和國邦聯」做準備。[10]「黑人眾部族的總統將居住在歐洲，在比利時國王的監督下統治自己的

---

❶ 就連要把這些大象運上陸地，也差點釀成災難。當大象從印度運抵非洲東岸時，船隻用吊索將大象從兩側垂降下去，原本希望大象能聽從指示游到沙灘上，孰料大象居然掙扎著想爬回船上。後來動用了數艘小船想將大象拖上岸，但大象卻反而將小船拖進海裡。

國家。這種獨特的幻想呼應了一種邦聯概念，特別迎合美國人的胃口。另一方面，在面對歐洲人時，利奧波德則大談自由市。利奧波德的一名侍從官寫道，「布萊梅（Bremen）、呂北克（Lübeck）、漢堡長期以來一直是自由市，剛果有什麼理由不能成立自由市？」[11]然而，後臺人員心知肚明，無論是自由邦聯還是自由市都只是舞臺道具，一旦布幕降下來，就會馬上被移除。就像利奧波德的一名屬下在信中明目張膽地告訴史坦利：「我們不可能給黑人任何權力。那麼做就太蠢了。所有的權力都將保留在各個哨站的白人站長手中。」[12]史坦利先是表示反對，但後來還是默許了國王的計畫。

＊＊＊

史坦利待在剛果為利奧波德效力了五年。這名探險家的戰鬥精力現在主要不是用來對付當地住民，而是剛果險惡的地貌。他率領工作人員開闢出一條崎嶇步道以繞過飛湍急流，這條步道與其說是道路，不如說是小徑。他們有時利用既有的山路，有時必須砍伐灌木叢與森林，填平溝壑，在峽谷上架設木橋。他們沿著小徑將超過五十噸的補給物資與裝備運送上山。馬、牛這類馱獸無法在剛果的氣候與疾病下存活，所有補給物資只能靠挑夫頂在頭上運送。

經過兩年時間的修路與連拖帶拉，兩艘小型汽船的零件陸續被搬運到急流區的上方，進行組裝之後，開始加足馬力逆流而上，將人運往沿岸去建立更多基地。他們對各個基地的命名明確地反映出這些地方日後將成為誰的殖民地。設在急流區上方的哨站，與急流區距離貼近到可以聽見轟隆的水聲，這裡用厚重的原木搭建了堅固的堡壘，旁邊還開闢了菜園，被命名為利奧波德維爾（Leopoldville）。利奧波德維爾上方還有利奧波德山。不久，地圖上陸續標記了利奧波德二世湖與利奧波德河。後來抵達的汽船中，有一艘則被命名為「比利時國王號」（*Roi des Belges*），剛果河上最著名的船副曾短暫駕駛它。

史坦利是個嚴酷的監工，他在給布魯塞爾的信上解釋道，「最有效的懲罰是上鐐銬，因為它可以在不傷害、毀損或折磨人身體的情況下，就能施加羞辱與不適的感受。」[13]（當然，白人不會被上鐐銬，只有黑人才會。）跟史坦利的怒氣比起來，疾病與其他危險又更加致命。光是頭一年，史坦利底下就有六名歐洲人與二十六名非洲人喪命，其中一個是被鱷魚吃掉。

這是第一次，我們終於能透過別人的眼睛觀察史坦利在非洲的狀況。一個名叫內夫（Paul Nève）的汽船工程師生了病，他寫信回家：

> 在我生病這段期間，史坦利先生很照顧我……他照顧我的方式就像鐵匠努力要修復手中最重要的工具一樣，這件工具因為使用過度而損壞……憤怒的史坦利咬緊牙關，拚命地在鐵砧上敲擊它，心裡想著這件工具究竟是該報廢，還是能夠修復成以前的樣子。[14]

幾個星期後，內夫死了。

史坦利自己可能完全不在意有人將他比擬成鐵匠。史坦利曾經寫道，「我遇到的每個面容和善的原住民，我看待他們……就像農民看待自己四肢強健的子女；他們將成為未來士兵與工人的新血。」[15]在這個時期，史坦利非常嚴厲地督促工人做事，為他工作的非洲人給他取了Bula Matadi或Bula Matari的綽號，意思是「打破石頭」（Breakstones），史坦利本人則偏好用「破岩者」（Breaker of Rocks）這個聽起來更威風的翻譯。[16]他認為原住民之所以這麼稱呼他，是因為他教導這群對他又敬又畏的非洲人如何使用長柄大錘，還有就是看到他在水晶山脈開闢道路時，用炸藥炸開了巨石。

史坦利在描述自己的工作時，除了瞧不起非洲人，認為他們天性懶惰，也鄙視白人，認為他們「軟弱無能」。史坦利宣揚「進取的福音」，他表示，「故鄉在歐洲而心在非洲的歐洲中間商，才是有用的人才……他們是商業的傳教士，來剛果盆地最適合不過了，這裡到處都是無所事事的人。」[17]也沒有任何地方比剛果盆地更能點燃史坦利的熱情，因為在這裡，他愛賺錢的本能與維多利亞式的迂腐性觀念相得益彰。督促「衣不蔽體、全身刺青」的非洲人，擺脫「忝不知恥的赤裸狀態」與穿上歐洲服飾，是他努力不懈的終生目標：[18]

> 我預見非洲有個光明的未來，如果出現奇蹟般的好運，我可以說服內陸數百萬名黑人脫

掉身上的草織衣物，換上……二手服裝……看，這不現成有個廣大的舊衣市場！歐洲的軍人、俱樂部的僕人與現代法老的隨從穿的制服，律師、商人或羅斯柴爾德家族穿的禮服大衣，或許還有我的報社發行人穿的衣物，應該都可以賣到非洲，穿在剛果各部族的酋長身上。[19]

當史坦利在崎嶇而潮溼的鄉野來回步行監督各項工程時，他總是細心維持自己的外表，每天都會刮鬍子還有把自己的八字鬍染成黑色。在這段期間，也包括史坦利在非洲的所有時光，他健壯結實的身軀經受住了疾病的侵襲，這些疾病可是把許多歐洲訪客早早送入墳墓。史坦利曾有幾次因為染上熱病而陷入譫妄，其中兩次甚至差點一命嗚呼。史坦利提到，有一回他得了瘧疾，體重降到只剩一百磅，他虛弱得無法說話，連手也舉不起來。連續兩個星期，他一直躺在帳篷裡，有一天，他覺得自己大限已到，於是找來戴著遮陽盔的歐洲軍官與非洲工人，除了下達指示，也向他們道別，根據史坦利的說法，他在最後還表現出對國王的忠誠：「告訴國王……我很抱歉沒能完成他委託我的任務。」[20]

史坦利順利康復，但沒幾個月又再度病倒，當他被送往下游，抵達接近海岸的利奧波德維爾時，已昏迷不醒。一八八二年，勉強可以起身的史坦利返回歐洲休養，他搭乘的是一艘速度緩慢的葡萄牙汽船。他在船上怒罵「沒教養的」二等艙乘客，因為他們可以進入頭等艙的甲板「隨意吐痰、吸菸，像社會主義者一樣大剌剌地四處遊走」。但最糟糕的莫過於連三等艙的「女人與六個赤裸著上身的白人小孩」也闖了進來。[21]

直到船抵達歐洲，史坦利才得以擺脫這類無禮對待。醫生警告史坦利，他回到非洲可能會有生命危險，但利奧波德卻堅持史坦利必須回去：因為還有很多事沒做完。國王不僅想確保自己的殖民地，他還希望史坦利能遠離歐洲數年的時間，因為史坦利在公眾面前總是不按牌理出牌，而且不只一次公開表示希望建立英屬剛果。利奧波德再次施展王室魅力，他說道，「史坦利先生，現在是我最需要你的時候，你想必不會棄我不顧吧？」[22]史坦利只好一面努力對抗病情復發的痛苦，一面火速訂購需要的新設備與補給物資，短短兩個月後，史坦利又回到剛果。

眼見巨大的戰利品即將到手，利奧波德希望取得盡可能廣大的剛果土地，而且是「現在」就要。史坦利前往剛果的這幾年間，他對史坦利下的指示與寄交的書信，每一次都強烈表現出他對土地的欲望。

> 趁著這個機會，我用拙劣的英文寫信給你……你必須購買土地……你能買多少就買多少，你必須把從剛果河口到史坦利瀑布之間的所有部族酋長一個接一個地置於……宗主權之下……愈快愈好，一刻也不能耽擱……如果你告訴我，你將立即執行我的指示，那麼我

會派更多的人力、物力給你。或許還會包括中國苦力。[23]

雖然利奧波德誠懇地向英國駐布魯塞爾公使保證，他在非洲的探索「毫無商業性質，不會從事任何貿易」，[24]但利奧波德其實早已寫信告訴史坦利，「我希望你把在剛果能夠找到的所有象牙全買下來，告訴施特勞赫上校他必須運送哪些商品給你換取象牙，以及那些商品何時需要運到。我也建議你，在你開闢的道路設立柵欄，收取通行費。每個國家都會收取關稅，這是非常合理的做法。」[25]

利奧波德與史坦利知道，其他歐洲國家也開始在探索剛果盆地。他們主要擔心的對象是法國探險家兼海軍軍官布拉薩伯爵（Count Pierre Savorgnan de Brazza），而此時布拉薩已在剛果河北岸登陸，正朝著內陸前進。某日，當史坦利仍在進行繞過急流的道路工程時，他驚訝地發現一名頭戴白色頭盔、身穿藍色海軍外套，看似謙恭有禮的法國人突然在他的帳篷外出現。更讓他震驚的事情發生在史坦利潭，史坦利發現布拉薩已與一名酋長簽訂條約，酋長將史坦利潭北岸一塊狹長的土地割讓給法國。布拉薩留下一名中士指揮當地哨站，並且升起了法國國旗。

史坦利這個人無法容忍競爭對手存在，於是往後數年，他與布拉薩的衝突愈演愈烈。史坦利宣稱這名法國探險家是用欺騙的手段簽訂了條約；他的對手則稱史坦利是好戰之人，絕不是非洲人的朋友。巴黎的報章雜誌熱烈報導兩人之間的競爭。利奧波德一方面與史坦利共謀擊敗布拉薩的計策，另一方面卻背著史坦利邀請布拉薩到布魯塞爾，除了頒給他利奧波德勳章，還試圖僱用他，但未能成功。

史坦利與布拉薩的來回交鋒開始引起其他國家關注。衰弱的葡萄牙重提它對剛果河口附近土地的舊時權利。英國擔心法國染指剛果，所以也支持葡萄牙的主張。利奧波德覺得自己已經沒有時間可以浪費。

史坦利在沉重的壓力下，只能更嚴厲地逼迫自己屬下。他痛罵酗酒的白人部屬，也指責手下任由岸邊哨站周圍雜草叢生。「這些人給我惹出的麻煩遠多於所有的非洲部族。他們真是令我作嘔，我寧可一輩子幫人擦鞋，也不想為這群不配……說自己是男人的窩囊廢當保姆。」[26]儘管史坦利在美國內戰南北敵對陣營的經歷都很短暫且不太光彩，但他骨子裡依然是個軍人。史坦利喜愛秩序與紀律，他雖然令人懼怕，卻是個有能力的指揮官。此時，史坦利已經集結一支強大的私人軍隊，配備了一千枝速射步槍、十二門克虜伯（Krupp）小型火炮與四枝機槍。在史坦利僱來的尚吉巴士兵間，流傳著一句斯瓦希里諺語：「槍是內陸的蘇丹。」

在此同時，利奧波德也聘請牛津大學學者特維斯爵士（Sir Travers Twiss）提供專業法律意見，支持民間公司可以跟主權國家一樣擁有與當地酋長簽訂條約的權利。史坦利認為非洲酋長應該保留對土地的主權，利奧波德對此感到不悅，立即出手阻止此一顯而易見的寬大措施。

利奧波德下令，「條約必須盡可能簡短，幾個條文就必須確保我們取得一切。」[27]

他們真的做到了。當史坦利與其他為國王工作的人員大功告成之際，史坦利表示，藍底金星的旗幟飄揚在超過四百五十名剛果盆地酋長的村落與領土上。每份條約內容的文字表述不太一樣，但許多條約都給予國王完整的貿易專賣權，而為了緩和歐美各國的質疑，利奧波德堅稱自己是在促進非洲的自由貿易。更重要的是，酋長們簽字將土地轉讓給利奧波德，卻幾乎沒得到任何東西作為補償。根據史坦利的記載，位於大急流區附近的伊桑吉拉（Isangila），他向那裡的幾名酋長買下建立哨站的土地，代價是「數量可觀的上等布料、僕役的外套、金屬亮片穗邊的軍服、各式各樣市場上的商品……當然少不了還有幾瓶琴酒」。[28] 跟美國西部的拓荒者一樣，這些非洲征服者發現酒精跟機槍一樣管用。

所謂的簽訂「條約」是種委婉說法，因為許多酋長根本不知道自己簽了什麼。幾乎沒有幾個酋長以前看過書寫文字，然後就被要求在這些寫滿外國語言與法律用語的文件上畫押。兩個氏族或兩個村落之間締結友好條約，對他們來說並不陌生；但是簽訂條約把土地轉讓給大海彼岸的某人則是從未有過的事。舉例來說，恩戈姆比（Ngombi）與馬費拉（Mafela）的酋長是否真的瞭解他們在一八八四年四月一日同意了什麼？「除了目前已經給予的布料，每個簽字的酋長每月還能多得到一塊布料」，為了換取這些物品，這些酋長承諾「自願讓渡自己、自己的繼承人與所有子孫……對所有土地的主權與一切對土地的最高統治權利給協會……當協會於任何時刻在這些土地的任何部分從事任何工作、改良或探險時，均須提供勞動或其他協助……這塊土地的所有道路與水路，以及在道路與水路上收取通行費、漁獵、採礦與伐木的權利，均為上述協會的絕對財產。」[29]

從「勞動或其他協助」可以看出，史坦利用布料換取的不只是土地，還有人力。這是一筆比印第安人賣掉曼哈頓還糟糕的交易。

* * *

在大多數居民不知情的狀況下，史坦利就這樣東奔西走把他們的土地全納為比利時國王的囊中物，但在這片土地上，究竟存在著什麼樣的社會？這個問題沒有一個簡單的答案，因為這片後來被劃定疆界並定名為剛果的土地如果擺放在歐洲地圖上，其範圍將可從蘇黎世延伸到莫斯科與土耳其中部。剛果的面積就跟密西西比河以東的美國領土一樣大。雖然大部分地區是雨林與大草原，但也有火山丘陵與山脈，上頭覆蓋著白雪與冰河，有些山峰的高度甚至超越阿爾卑斯山。

這片廣大土地上的居民，就跟他們居住的地貌一樣多元。有大型且組織複雜的王國民眾，也有伊圖利（Ituri）雨林的俾格米人（Pygmies），後者以小型遊群的形式生活，沒有酋長，也沒有正式的政府架構。王國以大型城鎮作為都城，通常位於大草原，這種地形比較容易進行長途旅行。在雨林地區，人們必須砍伐林木，穿過濃密、快速生長的枝葉才能前進，這裡的社群通常人數較少。森林地區的居民有時過著半遊牧生活：舉例來說，如果有一群俾格米人獵殺了一頭大象，獵殺的地點就會成為暫時的居住地，他們會在那裡待上一兩個星期把大象吃掉，因為移動整個村落要比移動一頭死掉的大象簡單。

雖然有些剛果民族，例如俾格米人，十分愛好和平，但如果因此認為他們原始無知，那可就錯了。許多民族實行奴隸制，有些民族則有食人儀式，他們也跟世界上其他地方的人群一樣，會向別的氏族或種族發動戰爭。剛果地區的傳統戰爭，與其他地區的戰爭一樣慘烈，他們有時會割下敵人的頭顱或手來證明自己在戰場上殺死多少敵人。[30]在剛果最北部的地區，有些女性會被迫切除陰蒂，這樣的事情今日依然存在，這是當地文化中一種相當殘酷的成人禮。

與許多原住民一樣，剛果盆地的居民早已學會如何與環境保持平衡。有些族群會實行類似節育的手段，例如在男人準備外出進行長期狩獵前，或女人哺育孩子期間，夫婦必須避免性交。他們發現樹葉與樹皮中的一些物質，可以用來引產或具有避孕的效果。在此可附帶一提，這些人口控制的手段，與大西洋彼岸另一個大型雨林亞馬遜盆地發展出來的方法驚人地相似。

剛果傳統社會最令人嘆服的是他們出色的工藝品：簍筐、草蓆、陶器、銅器與鐵器，最特別的是木雕。歐洲人真正注意到剛果的藝術是距離此時的二十年後。發現剛果藝術，深刻影響了布拉克（Braque）、馬諦斯（Matisse）與畢卡索——畢卡索後來在自己的工作室裡收藏非洲藝術品，一直持續到他去世為止。對歐洲人來說很新鮮的立體主義（Cubism），有部分是受到非洲特定藝術作品的啟發，其中一些出自彭德人與桑吉人（Songye）之手，這兩個族群居住在剛果河的主要支流，也就是開賽河盆地。

一九〇七年，當這些非洲藝術品在巴黎展出時，不難看出這些非凡的作品何以能吸引畢卡索與其他畫家的注意。在這些中非雕刻上，人身體的有些部位被放大，有些則縮小；眼睛凸出，臉頰凹陷，嘴巴消失，軀體拉長；眼窩擴張到幾乎覆蓋了整張臉；人的臉孔與身體結構被打破，然後以新的方式和比例結合起來，這完全超乎傳統歐洲寫實主義的想像。

相較於伊斯蘭教或基督教，非洲文化孕育出來的藝術，除了對於此世與彼世之間的疆界在認知上比較寬鬆外，在看待人類世界與野獸世界之間的界線時也是如此。舉例來說，剛果的伯里亞人（Bolia），他們的國王既由長老會議選出，也由祖先託夢決定，最後還要過野獸那一關——他們會把國王候選人留在雨林的某個特定地點，當晚若是聽見野生動物發出吼叫聲即表示牠們同意通過。[31]或許正是因為這些疆界流動易變，而使中非藝術家擁有歐洲藝術家不曾發現的自由。

***

一八八四年六月，史坦利完成了利奧波德交付的工作，他把一綑簽好的條約放入行李，搭船返回歐洲。他對於雇主的貪婪頗有微詞，他抱怨，「國王的喉嚨連一條鯡魚都吞不下，卻極度貪婪地嚥下一百萬平方英里的土地。」[32]但幫助國王把剛果吃下肚子的正是史坦利自己。

當史坦利在英國安頓下來，並且按慣例著手將自己的旅行經歷寫成上千頁、分為上下兩冊的作品時，他發現這時候的歐洲已意識到非洲的存在。瓜分非洲的行動已經開始。布拉薩在史坦利潭簽訂的條約，很快就為法國在剛果河西北岸取得一塊殖民地。德國首相俾斯麥也想染指非洲。英國因為在非洲大陸立足最穩，本來是作壁上觀，此時也開始擔心競爭者的出現。

利奧波德很清楚，這些大國絕對不會承認史坦利為他個人取得的殖民地。然而，外交承認有部分仰賴的是先例。一旦某個大國承認另一個國家存在，其他國家就有可能跟進。如果沒有任何歐洲主要國家願意走這關鍵的第一步，那利奧波德就從別的地方下手。因此，早在歐洲各國注意到此事之前，利奧波德已經開始默默施展一套令人目眩神迷的迂迴進攻戰術，繞過整個歐洲。

第五章 從佛羅里達州到柏林

這年春雪下得異常得晚，白宮草坪上積了厚厚的雪，美國總統亞瑟（Chester A. Arthur）戴著絲質高頂禮帽，登上賓州鐵路公司（Pennsylvania Railroad）出借的私人列車，前往南方度假。高血壓與其他疾病讓他身心俱疲，亞瑟對幕僚說，他想在佛羅里達州好好休息。一八八三年四月五日，與總統一起離開華府的除了海軍部長之外，還有總統的隨扈、私人祕書與法國廚師，隨車採訪的記者形容這名廚師是個「身材中廣的紳士……看起來是個吃貨」。[1]總統的一個朋友也在列車上，而隨著火車一路往南，總統亡妻的幾個親戚也陸續上車參與這場聚會。駛過維吉尼亞州彼得斯堡（Petersburg）之後，私人列車駛入一條新的鐵路線，此時一名灰鬍子列車長的行為惹得眾人大笑——只見他走進車廂，數了數旅客人數，然後想要向大家收取四十七元五角的車錢。通知列車長不需要向總統一行人收費的電報，寄到了下一站。[2]

到了佛州傑克遜維爾（Jacksonville），總統與隨行人員獲得二十一響禮炮的歡迎。他們隨後搭乘明輪汽船，沿著蜿蜒的聖約翰河（St. Johns River）而上，河的兩岸柏樹成排，蒼鷺與鶴成群棲息。一路上，更多的朋友與親戚前來與喜歡交際的亞瑟見面，河的兩岸也放起煙火助興。

第二天，汽船在距離今日迪士尼世界（Disney World）約三十五英里的地方靠岸停泊，總統一行人登上馬車，前往貝萊爾（Belair）柑橘種植園，參觀園內的高雅宅邸。他們也品嘗了園內栽種的各種名貴柑橘，海軍部長還爬到樹上採摘他特別中意的水果。晚間，總統與隨行人員觀賞由當地六名黑人少年所組成的團體演出，在斑鳩琴伴奏下，少年們載歌載舞。

在歷任美國總統中，亞瑟是很容易被遺忘的一位，他是個和藹可親的人，當上總統之前所擔任的最高政府職位是紐約港關稅員，後來被辭退，有人指控他貪汙與管理不善。沒多久，亞瑟因為與勢力強大的紐約州共和黨領導核心過從甚密，而獲得共和黨提名成為副總統候選人。當總統加菲爾（James A. Garfield）遭槍擊身亡時，許多人都對亞瑟即將入主白宮感到沮喪。亞瑟善於說故事，追求時尚，喜愛威士忌、雪茄與昂貴衣物，風度翩翩留著鬢角的他最為人熟知的恐怕是他留下的一句名言，「我雖然是美國總統，但我的私生活與你們無關。」然而，這次前往佛州的旅程，亞瑟的私生活卻恰好與某人的生意扯上關係。貝萊爾柑橘種植園的主人就是協助利奧波德成功僱用史坦利的桑福德將軍。

桑福德並未因此特地離開比利時前往佛州接待總統。帶著富人特有的自信，桑福德相信自己就算不在佛州，也能扮演好東道主的角色。他確定自己的代理人能細心接待總統與隨行人員，也囑咐必須讓總統一行人住進桑福德宅邸（Sanford House）飯店最好的房間。桑福德宅邸坐落在湖邊，整個湖岸種滿了棕櫚樹，桑福德鎮離此不遠。總統與其他賓客不是外出捕捉鱸魚、鱒魚與鯰魚，或射殺鱷魚，或搭乘汽船探索鄰近地區，就是舒舒服服地待在飯店裡，輕鬆度過一整個星期。沒有紀錄顯示住在飯店的費用由誰買單，但從之前搭乘火車一路南下的狀況來看，很可能不是總統自己出錢。

諷刺的是，桑福德的巨大柑橘種植園雖然獲得華府貴客的一致好評，但與桑福德其他的投資一樣，這項事業最後也以災難收場。一些瑞典契約工人覺得種植園的工作條件太苛刻，於是偷偷搭乘汽船離開。桑福德投資的屠宰場，屠宰量超過當地市場消費量的五十倍，最後也只能走上破產一途。桑福德曾下令興建一座長五百四十英尺的碼頭，碼頭末端設有一座倉庫，這些建築物最後全被洪水沖走。桑福德鎮上有一家旅館的經理，因為積欠桑福德債務而連夜潛逃。工頭沒有把籬笆蓋好，結果牛群逃了出去，四處啃食柑橘樹。[3]如果說作為商人的桑福德總是失敗，但作為利奧波德的同謀，他倒是十分成功。

桑福德是亞瑟總統與共和黨的長期支持者。兩年來，桑福德持續寫信給亞瑟與其他美國高級官員，向他們提起利奧波德的剛果計畫。在總統前往佛州旅行之後，桑福德自信地認為亞瑟應該會開始注意此事，於是他繼續寫信給亞瑟。七個月後，利奧波德派桑福德前往美國，想利用他在白宮的人脈進行遊說。桑福德原本是美國駐比利時公使，現在卻成為比利時國王派往華府的個人使節。

桑福德隨身帶著一組特別代碼前往華府，發電報給布魯塞爾時需要用到：「康斯坦斯」

（Constance）指「協商進展順利」；「阿基里斯」（Achille）指史坦利；「歐珍妮」（Eugénie）指法國；「愛麗絲」（Alice）指美國；「約瑟夫」（Joseph）指「主權」；「埃米爾」（Émile）指主要目標，也就是美國總統；「幸福」（Bonheur）指「今日簽訂協議」。[4]利奧波德希望簽訂的協議是美國在外交上完全承認他對剛果的權利。

桑福德也帶了國王的信給美國總統，而在總統過目前，桑福德預先對信件的內容做了仔細的修訂與翻譯。利奧波德宣稱，「由身為最高統治者的酋長們讓渡的所有領土，我們正在將之組建成獨立各邦」，如果史坦利聽到這些話，想必會大吃一驚，然後結束在剛果河流域的工作。利奧波德對亞瑟只有一個請求，希望他「正式宣布美國政府……將藍底金星旗幟視為友善的旗幟……這面旗幟現已懸掛在十七個哨站、多個領地，以及七艘協助協會從事文明開化工作的汽船上，統治超過數百萬人口」。[5]

船一抵達紐約，桑福德立刻轉搭夜車前往華府，僅兩天後，一八八三年十一月二十九日，桑福德在白宮獲得亞瑟接見。桑福德向總統以及每個他在華府見到的人士表示，利奧波德偉大的文明開化工作就像美國過去慷慨協助賴比瑞亞（Liberia）一樣，從一八二〇年開始，獲得解放的美國黑奴移居非洲的賴比瑞亞，不久後賴比瑞亞就成為獨立的非洲國家。這是經過精心挑選的例子，因為實際上把解放的黑奴遷徙到賴比瑞亞的並不是美國政府，而是一個民間協會，就像利奧波德的剛果國際協會。

桑福德如同利奧波德旗下的那些專業演員，善用適合的道具。例如，桑福德表示，利奧波德與剛果酋長簽訂的條約，就跟十七世紀著名清教徒教士羅傑・威廉斯（Roger Williams）在羅德島（Rhode Island）簽訂的那些主張印第安人擁有權利的條約一樣——而桑福德手上剛好有一份利奧波德所簽訂條約的副本。此外，在給亞瑟總統的信上，利奧波德承諾美國民眾將可自由購買剛果土地，美國商品在剛果也可以免徵關稅。為了證明這些承諾確有其事，桑福德也帶了利奧波德與一名剛果酋長簽訂的條約副本，然而這份副本是遭到布魯塞爾當局竄改的版本，以掩蓋利奧波德獨攬剛果貿易專賣權的事實，而這份遭到竄改的副本不僅騙了亞瑟，也騙了桑福德。[6]桑福德身為一名熱切的自由貿易支持者，他希望剛果能向美國商界開放，其中當然也包括他自己。

桑福德在華府表示，利奧波德的文明影響力將能遏止可怕的「阿拉伯」奴隸販子繼續橫行。焉知這些「獨立邦國」在國際非洲協會的慷慨協助下，不能真的組成剛果合眾國？此外，桑福德還寫信給美國國務卿弗里林海森（Frederick Frelinghuysen），表示剛果「是由一名美國人發現的」[7]（這個時期的史坦利依然四處表示自己是在美國出生長大）。桑福德抵達華府才過一個星期，總統便欣然將桑福德為他起草的那篇講述利奧波德在剛果做了哪些高尚工作的稿子，併入（僅稍做改寫）他的年度國情咨文中：

國際非洲協會打開了富庶且人口眾多的剛果河流域，而該協會的主席正是比利時國王……當地酋長把遼闊的土地轉讓給協會，協會開始開闢道路、在河道上行駛汽船、在各邦建立中心……整個剛果河流域全在同一面旗幟的管理之下，人們可以自由進行貿易，但奴隸販賣一律禁止。協會的性質是慈善的。協會的目標不在於建立永久的政治控制，而是要讓整個流域能維持中立。[8]

利奧波德得知他的宣傳話術竟這麼順利地從美國總統口中說了出來，感到十分高興。利奧波德的侍從官施特勞赫上校發電報給桑福德：埃米爾（美國總統）真迷人。[9]

桑福德接下來的目標是國會。他在華府G街一九二五號租了一棟房子，這裡離白宮只有幾個街區。桑福德發電報給在比利時的妻子與廚師，要他們趕來美國，他開始在這棟房子裡宴請美國參議員、眾議員與內閣成員。這是桑福德一生中最輝煌的時刻，他和藹可親的性格，使他成為一個喜愛美食與社交的人，也使他成為一個糟糕的生意人，但最終使他成為一個優秀的遊說者。桑福德有座堪稱完美的酒窖，他因此被稱為「美食外交家」，善於利用「美食宣傳」。[10]一名訪客在給他的信上寫道，「府上的晚宴實在令人難忘，高貴的氣度也讓人流連忘返。」[11]國務卿弗里林海森成了桑福德家的常客；亞瑟總統、國會議員與內閣成員也經常收到桑福德致贈的一箱箱佛州柑橘。

桑福德在努力說服美國國會支持利奧波德擁有剛果的主張時，發現一個意想不到的盟友。阿拉巴馬州（Alabama）參議員摩根（John Tyler Morgan）是前南軍陸軍准將，也是參議院外交關係委員會主席。與當時大多數南方政治人物一樣，摩根擔心數百萬被解放的奴隸及其子孫心懷有害的平等夢想。這名外表凶惡、聲如洪鐘的參議員，在眾人面前高聲疾呼「實施黑人法律」將造成的危險，黑人將「混入……白人家庭之中」，他們會讓「無辜的白人女性面臨比死亡還要糟糕的命運」。[12]多年來，摩根一直擔憂黑人人口成長的「問題」。他的辦法很簡單，而且獲得許多人的支持，那就是把這些黑人都送回非洲！

在摩根漫長的政治生涯中，他一直要求將南方黑人「大舉遷出」，[13]他也支持將黑人送到夏威夷、古巴與菲律賓——或許因為這些島嶼離美國本土很遠，摩根認為上述地方才是「黑鬼的家鄉」。[14]但非洲一直是他的第一選擇。對摩根來說，利奧波德的新國家是天賜良機。這塊領土難道不需要人力去開墾？如果這些剛果人遇到的美國人與他們有相同的膚色，他們難道不會想跟美國做生意？剛果難道不能成為美國南方過剩棉花的市場？摩根日後在參議院表示，❶非洲「是為黑鬼而設的地方，就像伊甸園是為亞當與夏娃而設……在剛果盆地，我們看到最優秀的黑人種族，美國黑鬼可以在那裡找到能回報其努力的園地」。[15]

桑福德完全同意。桑福德雖然出生於康乃狄克州，但在南方投資之後，他很快就沾染了南方白人商界「把黑人送回非洲」的情緒。桑福德曾表示，剛果可以成為「我們的有色人種施展進取心與企圖心的……良機，與其說是政治環境，不如說那裡的土地對他們更為友善」。[16]桑福德持續宣揚這塊「現代以色列人的新迦南（Canaan）」直到去世，[17]他相信剛果「是一個可將蓄積在滿布南方各州上空那些烏雲裡的閃電引落之地」。[18]桑福德與摩根一拍即合，摩根因此也開始收到一箱箱的佛州柑橘。

一八八四年初，摩根向參議院提出一項決議，支持利奧波德對剛果的權利，並且事先寄了一份粗略的草稿給桑福德。與所有遊說者一樣，桑福德獲此良機，不免希望能更進一步。摩根提到「剛果河流經」的土地，桑福德又加上了「及其支流與鄰近河川」，[19]這句話可以解釋成涵蓋整個中非。參議院把這句話加以緩和修飾後，隨即通過修正後的摩根決議。參議院也發行一千份以摩根名義撰寫的關於剛果的長篇報告，這篇報告其實真正的撰寫人是桑福德。報告表示，「我們可以拍胸脯保證，從來沒有任何野蠻民族能像剛果河的部族一樣如此心甘情願地接受善心協會的悉心照顧，而且再也沒有一個更真誠與更實際的做法足以……保障他們的福祉。」[20]

❶ 摩根發表這段演說，是為了支持通過由聯邦出資讓南方黑人遷徙到國外的法案。在芝加哥召開的非裔美國人大會對此做出反制，他們通過決議，敦促聯邦出資讓南方白人遷出到國外，特別是參議員摩根。（Corroll, p. 337）

得知亞瑟總統領導的共和黨政府非常重視企業界的看法後，桑福德開始著手說服紐約商會（New York Chamber of Commerce）通過決議，支持美國承認利奧波德的協會。而在桑福德暗中出資激勵下——這在當時是相當流行的做法——支持比利時國王慈善工作的報導接二連三出現在美國各大報上。十九世紀，在華府進行的各種為外國統治者遊說的活動中，桑福德多管齊下的做法可說是其中最巧妙的。一八八四年四月二十二日，桑福德的努力有了成果，美國國務卿宣布，美國承認比利時國王利奧波德二世在剛果的權利。美國也成為第一個承認利奧波德權利的國家。

利奧波德知道，自己在剛果的權利能獲得美國承認，桑福德當居首功，他也知道，相較於金錢的獎賞，這位「將軍」更想得到他的褒揚。桑福德的妻子葛楚（Gertrude）已經返回比利時，利奧波德邀請她共進早餐。事後，葛楚在給丈夫的信上提到，「我不知道該從何說起，國王說的所有誇讚你的話當中……親愛的，沒有任何一句及得上他說我們跟他們一樣，都是國王與王后，對你而言這是最大的恭維，對我而言也是最大的善意。」[21]

桑福德在華府努力遊說時，他發放的文件上混用了剛果國際協會與國際非洲協會這兩個名稱。剛果國際協會是利奧波德完整控制的協會，國際非洲協會雖然已經廢止，卻仍留給世人一種慈善組織的印象，而且人們還記得國際非洲組織曾有著名的探險家、王儲與大公參與。看到文件上混用了兩個協會的名稱，眾人雖然感到困惑，但還是愉快地接受了。在官方發表的承認聲明中，美國國務卿弗里林海森甚至在同一句話裡同時提到兩個協會的名字：

美國政府宣布支持與認同為在非洲所建立之自由邦主持利益的剛果國際協會及其人道與慈善目的，美國政府將命令美國的陸海軍官認可國際非洲協會的旗幟為友好政府的旗幟。[22]

就跟大多數官方文件一樣，這份聲明很快就淹沒在官僚的檔案櫃裡。然而，這份聲明的內容日後卻出現奇妙的變化，而且居然沒有人注意到這一點。隔年，當這份聲明又一次出現在史坦利的暢銷書，也就是被翻譯成多國文字、風靡全世界的《剛果與自由邦的建立：一則工作與探索的故事》（*The Congo and the Founding of Its Free State: A Story of Work and Exploration*）時，裡面的措詞不太一樣。[23]關鍵的改變是只提到利奧波德完全掌控的剛果國際協會。做此修改的編輯很可能就是國王本人，因為他會逐章仔細修訂史坦利的原稿。日後史達林也會親自編輯作家的原稿，但早在他之前，利奧波德就已經知道重寫歷史的妙用。

＊＊＊

史坦利寫道，「美國的承認是協會新生命的開始。」[24]他說的沒錯。正當桑福德準備凱旋返回比利時之際，利奧波德也成功於法國達成類似的交易。與在華府一樣，利奧波德在巴黎也安插了自己人，是一名交遊廣闊的藝術品商人，名叫史蒂文斯（Arthur Stevens）。史蒂文斯直接與法國總理茹費里（Jules Ferry）協商，利奧波德則支付豐厚的月薪給一個在深具影響力的報紙《時報》（*Le Temps*）工作的記者，以確保該報持續正面報導他在剛果的活動。[25]

法國認為，弱小的比利時或利奧波德取得廣大的中非領土，不至於對法國構成威脅。法國真正擔心的是，利奧波德想鋪設繞過急流的鐵路，一旦這個昂貴計畫耗盡了王室財產——法國相信利奧波德最終會走到這一步——利奧波德很可能會把中非領土賣給法國的主要殖民對手英國，畢竟史坦利過去曾一再要求建立英屬剛果。

利奧波德經過一番考量之後，認為史坦利強烈的親英主張反而可以成為自己的助力。幾個月前，當史坦利再度提出英屬剛果的主張時，利奧波德向施特拉赫上校吐露，「我們不用試圖做出澄清。讓巴黎擔心英國可能在剛果建立保護國，對我們沒有壞處。」[26]為了緩和法國的焦慮，利奧波德提出一個解決方案。如果法國願意尊重他對剛果的權利，他願意給予法國對剛果的「優先權」（droit de préférence），也就是今日不動產律師說的優先承買權。法國人聽到後，鬆了一口氣，立刻答應。法國人相信利奧波德的鐵路計畫最終會害利奧波德破產，屆時利奧波德將不得不把剛果賣給他們，因此法國人認為他們達成一項絕佳的交易。

美國人被桑福德的親切好客迷得團團轉，以致根本懶得弄清楚他們間接承認由利奧波德擁有的那片遙遠領土，其明確疆界到底為何。相反的，法國人則是熱心地在地圖上劃出這些疆界，他們把剛果河盆地大部分地區都劃給了利奧波德。

利奧波德在給美國總統亞瑟的信上，使用的是「獨立各邦」（independent States）一詞。但往後幾個月，利奧波德在各項聲明中使用的卻是單數的「邦」（State）。至於協會的功用，一八八四年，一名比利時記者解釋了國王的想法，說協會「只是一個暫時性的組織，等到工作完成就會解散」。[27]利奧波德藉由上述那些巧妙的手法，在接下來的一年，不僅使剛果作為一個實體陸續獲得許多國家承認，更逐漸從慈善協會善意保護下的聯邦，變成一人統治的單一殖民地。

利奧波德發現，最難對付的人其實是德國首相俾斯麥。起初，這位國王的貪婪讓他惹上了麻煩。利奧波德寫信給俾斯麥時提到，除了剛果盆地，他還想取得「埃及放棄」的一塊疆界不明的區域，「這個地區的奴隸貿易依然橫行。讓這些〔省分〕合併為一個新國家，並且接受這個國家的治理，將是找出病根並予以消除的最好辦法。」[28]然而俾斯麥不是傻子，他看完信之後，在這段話旁邊的空白處潦草地寫下「鬼扯」兩字。而在利奧波德提到協助自由各邦組成聯邦的這段話旁邊，俾斯麥則寫下「幻想」兩字。當利奧波德寫道，新國家或各個新國家的明確疆界可以日後再議時，俾斯麥對他的侍從官說，「國王陛下展現出義大利人的矯揉造作與天真的自私，他以為靠著自己的魅力與好看的外表就能為所欲為。」[29]

不過最終，利奧波德還是技高一籌，他再次透過完美的中間人，智取了這位鐵血宰相。布萊希羅德（Gerson Bleichröder）是支持俾斯麥的銀行家，也是支持興建貫通阿爾卑斯山的聖哥達隧道（St. Gotthard Tunnel）與其他重大建設的金融家，他隱居幕後，但對柏林政界有著極大的影響力。[30]幾年前，利奧波德曾在比利時奧斯坦德（Ostend）時髦的海灘度假勝地見過布萊希羅德，當時利奧波德就認為將來會有用得上他的地方。布萊希羅德私底下為利奧波德建立人脈，負責將利奧波德的四萬法郎捐款轉交給柏林的非洲學會（Africa Society）。布萊希羅德向布魯塞爾回報他在柏林宮廷的最新進展，最後，他成功說服他的首相朋友承認利奧波德擁有剛果。布萊希羅德獲得的回報是，從利奧波德的顧問那裡獲得了一些銀行業務，並且取得私人投資剛果的機會。據說有一名女鋼琴家是布萊希羅德的情人，利奧波德邀請她到比利時宮廷舉辦鋼琴獨奏，還頒了一個獎章給她。

一八八四年夏天，史坦利返回歐洲，之後不久，利奧波德與俾斯麥的協商也來到緊鑼密鼓的高潮階段。連續五天，正在奧斯坦德王家別墅度假的利奧波德，邀請史坦利當他的座上賓，別墅沿著海邊延伸，角樓與高塔錯落其間。利奧波德特別找廚子每天早上為史坦利準備傳統的英式早餐，兩人則是暢談到深夜。就在史坦利要告辭離開時，利奧波德接到俾斯麥的訊息，對方提起新剛果邦的國界問題，史坦利於是多逗留了幾個小時，在國王書房牆上懸掛的巨幅地圖畫下剛果的疆界。俾斯麥終於被說服，他最後認為，把剛果交給國家弱小的比利時國王，而且開放讓德國商人在此自由通商，總比把剛果交給充滿保護主義心態的法國或葡萄牙，乃至於交給強大的英國好。俾斯麥以必須保障剛果實施自由貿易為條件（與其他人一樣，俾斯麥也不知道利奧波德與當地酋長所締結合約的完整內容），同意承認這個新國家。

***

在歐洲，對非洲土地的渴望是顯而易見的。有幾個彼此衝突的主張需要解決，而為了繼續分食非洲大餅，顯然還需要制定基本規則。俾斯麥提議在柏林舉行外交會議以解決爭端。對利奧波德而言，這次會議再度提供一次機會，讓他能牢牢掌握剛果。

一八八四年十一月十五日，歐洲各國代表齊聚於馬蹄形大會議桌前，從這裡可以俯瞰俾斯麥位於威廉大街（Wilhelmstrasse）的黃磚官邸花園。各國大臣與全權大使穿著正式服裝，在房間的拱形天花板與閃閃發亮的枝形吊燈下坐定，會議上冠蓋雲集，有伯爵、男爵與上校，還有一位來自鄂圖曼帝國的維齊爾（vizier）。俾斯麥穿著緋紅色宮廷禮服，用外交場合慣用的法語歡迎各國代表，然後他在一幅巨大的非洲地圖前坐下，代表們開始進行協商。

史坦利是最早點燃搶奪非洲土地熱潮的人，然而即使是他，也對會議中瀰漫的貪婪氣息感到不安。他說當時的情況讓他想起「旅行期間我的黑人部屬經常拿著亮晃晃的刀子衝向獵物，將其大卸八塊」。[31] 柏林會議充分展現了那個時代的氣氛，各國新興的民主熱情顯然不包括非洲在內，因為被宰殺的獵物是沒有投票權的。就連探討人類自由的偉大哲學家彌爾（John Stuart Mill）也在《論自由》（*On Liberty*）中寫道，「如果專制主義最終能改善野蠻人的生活，那麼用專制主義來統治野蠻人就是一種正當合法的模式。」[32] 柏林會議上，沒有任何一個非洲人參與。

利奧波德新成立的剛果邦已經獲得美國與德國承認，而且又釋放善意讓法國取得優先承買權，此時的利奧波德已立於不敗之地。剛果國際協會不是國家政府，事實上，與會代表似乎都對剛果國際協會的性質感到困惑，因此協會並未派出代表前往柏林開會。但利奧波德對於會議的進行仍瞭若指掌。首先，由他的朋友布萊希羅德在德國首都仔細注意會議的動向，布萊希羅德還作東主辦了精緻的晚宴，宴請所有與會代表。此外，國王還與至少三位國家代表關係密切。

首先，比利時代表團是他信任的部屬；其中一人被指派為會議祕書。其次，利奧波德異常熟悉英國外交部的機密，原因是英國外交大臣的私人助理欠了國王的商人朋友一大筆錢，而這名商人朋友是最早與國王合作，一起出錢派遣史坦利到剛果的投資人之一。[33] 另外，英國代表團的法律顧問是特維斯爵士，近期曾擔任利奧波德的顧問，協助國王與剛果酋長締約。

最後，參加會議的美國代表有兩位，其中一位除了桑福德，恐怕找不到其他更適合的人選。桑福德幾乎天天都發電報給利奧波德，告訴他詳細的訊息。不僅如此，美國代表團的「技術顧問」居然領著利奧波德發放的薪水，這個人是誰呢？答案是史坦利。柏林會議休會期間，利奧波德派桑福德到巴黎，派史坦利到倫敦，分別進行外交遊說。

雖然史坦利在柏林的角色主要是扮演利奧波德剛果事業的門面，但每個人都對他趨之若鶩，使他享受了一段愉快的時光。「今晚，我很榮幸與俾斯麥侯爵及他的家人共進晚餐，」史坦利在日記裡寫道。「侯爵是個了不起的人物，一位慈祥的父親，與家人在一起時是個看起來再平常不過的人……侯爵問了許多關於非洲的問題，在我看來，他相當清楚非洲大陸的狀況。」[34] 俾斯麥正準備讓德國在非洲建立龐大帝國，他很高興這位著名的探險家來到德國，希望他能激起德國對殖民非洲的興趣。他為史坦利安排晚宴，而且請他到科隆（Cologne）、法蘭克福（Frankfurt）與威斯巴登（Wiesbaden）各地演說。

在白雪覆蓋的柏林，除了史坦利實際到過非洲，其他與會者對非洲的印象大概僅止於俾斯麥晚宴菜單上繪製的非洲風景。因此，當與會者不瞭解利奧波德的主張有何過人之處時，已經在非洲為國王工作五年的史坦利，他的發言便顯得特別具有說服力。一名外交人員表示，晚宴開始後不久，史坦利就走到非洲大地圖前，「他滔滔不絕地講述剛果盆地的特徵，吸引了所有代表的興趣；最後，他提到剛果盆地以及與剛果盆地接鄰的國家最好交由同一個政權管理，這樣才能確保交通運輸能完全順暢無阻。」[35]

利奧波德透過在柏林與布魯塞爾之間迅速往返的電報訊息，隨時注意著會議的一舉一動。與普遍流傳的說法不同，柏林會議其實並未瓜分非洲；如此龐大的戰利品需要大量的條約才能予以分割。但會議（以及國王單獨與法國協商訂定的條約）確實解決了一些衝突的主張，因此對利奧波德的幫助依然很大：利奧波德、法國與葡萄牙各自取得剛果河口附近一部分土地，但利奧波德取得了他最想要的剛果河下游海港馬塔迪（Matadi），而他取得的土地使他可以從馬塔迪鋪設鐵路繞過急流直達史坦利潭。

對利奧波德而言，更重要的是，他在會議期間與之後跟各國簽訂了許多雙邊協定，這些協定承認了他那塊正在成形的殖民地，並且劃定了疆界。例如，在與英國談判時，利奧波德暗示，如果他無法得到所有他想要的土地，他會完全放棄非洲，但這就表示，根據他與法國的協議，他會將剛果優先賣給法國。利奧波德虛張聲勢的做法成功了，英國決定讓步。

歐洲人在想到非洲的財富時，依然只局限於沿海地區，因此對於將廣大內陸地區讓給利奧波德這件事上，幾乎不存在反對意見。利奧波德之所以能順利得手，主要原因在於其他國家認為它們只是同意成立某種形式的國際殖民地——雖然由比利時國王管理，但是開放歐洲各國商人前往經商。除了敷衍地同意支持航行自由、爭端仲裁、基督教傳教士之類事項，柏林會議最主要的協議是將非洲中部廣大區域，包括利奧波德位於剛果盆地的領土，全劃為自由貿易區。

柏林會議於一八八五年二月閉幕，各國代表簽署協定並發表最後一輪演說。這場會議的最大受益人是並未參加會議的比利時國王利奧波德二世。當簽署儀式提到他的名字時，與會者紛紛起立鼓掌。在閉幕演說中，德國首相俾斯麥說道，「新成立的剛果邦必將成為最重要的執行者，推動我們期盼完成的工作，我衷心祝福剛果邦能迅速發展，早日實現傑出推動者的高貴理想。」[36]兩個月後，就像是為俾斯麥的演說寫下遲來的驚嘆號，一艘美國海軍艦艇「蘭開斯特號」（*Lancaster*）出現在剛果河口，鳴放二十一響禮炮向這面藍底金星旗幟致敬。

＊＊＊

大多數比利時人對於國王為了非洲外交事務四處奔走一無所知，等到一切塵埃落定後，他們才驚訝地發現，國王新獲得的殖民地，面積比英國、法國、德國、西班牙與義大利領土的總和還大。這塊殖民地占了非洲大陸的十三分之一，是比利時領土的七十六倍多。

比利時國王為了明確區分自己扮演的兩種角色，一開始曾考慮自稱為「剛果皇帝」；他也想過要讓忠誠的酋長穿上跟倫敦塔（Tower of London）衛士（Beefeaters）一樣的紅色制服。後來，他決定只稱自己為剛果的「國王暨最高統治者」（King-Sovereign）。到了晚年，利奧波德有好幾次稱自己是剛果的「業主」（proprietor），[37]這種稱呼毋寧更為貼切，因為利奧波德對於剛果的興趣僅止於盡可能從中榨取每一分財富。身為殖民地的國王暨最高統治者，利奧波德毋須與比利時政府分享權力，當內閣大臣翻開報紙發現剛果已經通過一條新法或簽訂新的國際條約時，他們就跟其他人一樣感到驚訝。

儘管獲得柏林會議與各國政府承認的實體是國際非洲協會或剛果國際協會（或是兩個都承認，像是被搞暈的美國國務院），但現在利奧波德卻打算再改一次名字。先前由慈善「協會」管理剛果的託詞，現在用不著了。唯一不變的是藍底金星的旗幟。一八八五年五月二十九日，國王頒布王家敕令，將這個由他私人控制的新國家命名為剛果自由邦（État Indépendant du Congo）。不久，也公布了國歌〈迎向未來〉（Towards the Future）。終於，在五十歲這一年，利奧波德獲得了他夢寐以求的殖民地。

第六章　在遊艇俱樂部的旗幟下

利奧波德的海外權力雖然日漸擴張，但在國內，他的家庭生活卻每況愈下。他愈來愈頻繁地到不同的情婦床上尋求慰藉，不久，比利時人就為其中一名情婦取了「剛果王后」的綽號。一八八五年四月，利奧波德在柏林贏得外交勝利才過了六個星期，這位比利時國王就被英國法庭點名，因為他是一間高級「聲色場所」的常客。[1]該場所在「防制歐洲大陸非法交易英國女孩倫敦委員會」（London Committee for the Suppression of the Continental Traffic in English Girls）大聲疾呼下，被檢方起訴。曾在那裡工作的僕役作證時表示，利奧波德每個月支付八百英鎊，要求持續提供年輕女孩，其中一些女孩的年齡在十到十五歲之間，而且必須保證是處女。一份巴黎報紙披露了相關傳言，說利奧波德曾祕密搭乘遊艇前往英國，他付了一大筆錢給老鴇，確保他的名字不會再被提及。這件案子以異乎尋常的速度結案，原因更可能是因為傳言提到，威爾斯親王也是這家聲色場所的常客。英國內政大臣派了一名特別觀察員到法庭，顯然是在向所有相關人士傳遞一個委婉訊息，要他們話說得愈少愈好。而老鴇在承認罪名之後，也被處以極輕的罰金。

利奧波德的長女露易絲在十七歲時就被安排嫁給年紀比她大很多的奧匈帝國親王。婚禮當天，整座城市結束歡騰後，這對夫妻在拉肯城堡的新婚之夜卻極不順遂，露易絲甚至穿著睡衣逃到城堡花園裡，最後被一名僕役找了回來，她的母親還訓誡她要盡到當妻子的責任。幾年後，露易絲捲入債務糾紛，還與騎兵軍官發生婚外情。這名軍官與露易絲的丈夫決鬥，之後，奧國當局監禁了這名軍官，然後給露易絲兩個選擇，一個是回到丈夫身邊，另一個是進精神病院。露易絲選擇了後者，而利奧波德從此再也不跟她說話。為了避免出現更多令人尷尬的場面，利奧波德要求對她嚴加看管。騎兵軍官後來獲釋，他戲劇性地從精神病院救出露易絲，但不久後就過世了。露易絲的餘生非常不快樂，她對購買衣物的執念就像她的父親想要購買殖民地一樣，最終耗盡她擁有的王室財產，甚至債務纏身。憤怒的債主最後只能奪走並拍賣她衣櫥裡一部分的衣物：六十八件面紗、九十頂帽子、二十七件晚禮服、二十一件絲質或天鵝絨斗篷，以及五十八把雨傘與陽傘。[2]

利奧波德對次女史蒂芬妮也沒好到哪裡去。史蒂芬妮才十六歲，利奧波德就將她許配給滿臉黑色鬍鬚的奧匈帝國皇儲魯道夫（Rudolph），希望她有一天能成為奧國皇后。利奧波德特別羨慕哈布斯堡王朝，與比利時國王不同，哈布斯堡王朝幾乎不受國會與憲法掣肘。然而，魯道夫抵達布魯塞爾與史蒂芬妮首次見面時，身邊居然跟著他的現任情婦，後來的情況證明，這是一個不祥之兆。

利奧波德的家庭生活愁雲慘霧，此時他的主要慰藉就是那塊新殖民地。露易絲日後回憶說，剛果是「我周邊唯一的對話主題」。[3]對利奧波德而言，與煩心的家事相比，剛果的進展順利許多。就在利奧波德發現獲取新領土的天賜政治良機時，他也發現自己躬逢科技良機，有利於他鞏固新領土。利奧波德準備開發他的龐大殖民地時，發現自己擁有不少過去帝國創建者無法取得的工具。這些工具相當關鍵，因為它們很快就讓為國王效力的僅僅數千名白人能夠支配大約二千萬名非洲人。

首先是武器。原始的前膛槍（muzzle-loader）已經是大多數剛果人所能擁有的最好武器，然而這種武器與華盛頓時代軍隊使用的滑膛火槍相比並沒有好上多少。一八六〇年代晚期，歐洲人已經開始使用後膛步槍，其致命的威力已在美國南北戰爭的戰場上獲得展現。後膛步槍可以射擊得更遠更精準，此外，後膛步槍不用下雨時容易因潮溼而無法擊發的散裝火藥，改用能夠快速裝填的防水黃銅子彈。

很快的，武器又出現更具決定性的進展：連發步槍：毋須重新裝填，可以連續發射十幾發子彈。之後不久又出現了機槍。詩人貝洛克（Hilaire Belloc）寫道：

> 無論如何，我們有
> 馬克沁機槍（Maxim Gun），而他們沒有。[4]

柏林會議之後的二十年間，歐洲人因為取得又一項工具而得以實質控制整個熱帶非洲，這項工具就是醫療知識。十九世紀中葉的探險家認為瘧疾有著多重的來源，可能來自於「沼氣」，也可能起因於在月光下睡覺，然而無論原因是什麼，探險家至少知道奎寧是抵禦瘧疾的有效藥物。到了十九、二十世紀之交，人們對於瘧疾與血尿已有更清楚的認識；研究人員也徹底瞭解了黃熱病與其他疾病，歐洲人在熱帶非洲的高死亡率因此急速下降。

最後，基於剛果特殊的地理環境，利奧波德相較其他帝國主義者更為看重一項工具，我們前面也已看到它的運用了，那就是汽船。剛果的非洲人把汽船稱為「在水上行走的房屋」，或者是根據汽船的聲音將其稱為「庫圖—庫圖」（kutu-kutu）。汽船是十九世紀的殖民工具，英國人曾利用汽船在恆河上航行，俄國人也曾利用汽船沿著鄂畢河（Ob）與額爾濟斯河（Irtysh）深入西伯利亞。剛果汽船包括兩種，舷側明輪船與船尾明輪船；船上設有遮陽篷來遮擋熱帶陽光。這些船隻通常呈長條形，而且吃水淺，便於通過遍布沙洲的剛果河及其支流。有時船上的遮陽篷也會懸吊鐵絲網，用來保護船長與舵手，使其免於遭受弓箭攻擊。

在這個時期，在公海航行的船隻已經從帆船轉變為汽船，汽船使從歐洲到非洲海岸的漫長航程便捷許多，也更能依照排定的時間抵達。這些汽船將第二波為利奧波德效力的工作人員運往非洲。到了一八八九年底，已經有四百三十名白人在剛果工作：商人、士兵、傳教士，以及國王派來治理這個新生國家的行政人員。[5] 其中比利時人不到一半，因為比利時國內依然對國王的新屬地興趣缺缺。值得注意的是，在剛果為利奧波德效力的工作人員，幾乎全是請了長假的比利時或其他國家軍隊的軍官。

工作人員就位，工具也已經齊備，利奧波德於是著手興建剝削殖民地必需的基礎設施。在他的待辦事項中，首先要做的就是在剛果建立基礎的運輸系統；沒有運輸系統，剛果蘊藏的豐富資源——無論最後可以化作何種財富——都只能藉由步行的方式運送到海邊。一八八七年，測量人員開始測繪鐵路路線，以繞過長達二百二十英里惡名昭彰的急流區。蚊子、高溫、熱病，還有遍布峽谷的岩石地形，這些都造成人員的嚴重傷亡，等到工人可以真正開始鋪設鐵軌，已經是三年後的事。

隨著基礎建設工作啟動，剛果自由邦的官僚體系也分別在比利時與殖民地兩邊發展起來。桑福德試圖在布魯塞爾謀得一個高階殖民地行政長官的職位，他滿懷期待地寫信給妻子，「這正是我想得到的工作，既能賺取名聲與金錢，又能從事業中獲得成就感……我想我會……擬定一份營運計畫，貢獻我的力量。」[6]他的希望最後落空，因為利奧波德知道桑福德有能力在華府舉辦奢華的宴會，但沒有擔任行政長官的天分，也缺乏國王需要的無情。利奧波德允許桑福德在剛果搜刮象牙與其他產品，並且承諾給予他各項協助，包括挑夫、建築物與汽船運輸，但國王最後並沒有完全實現他的諾言。桑福德為自己在非洲的逐利事業取了一個委婉的名字：桑福德探險隊（Sanford Exploring Expedition），但這項事業依然很快重蹈他過去的覆轍。[7]一如既往，桑福德試圖在比利時管理所有事務，結果不斷累積的債務迫使他賣掉手中的藝術收藏，並且搬到一座比較小的城堡居住。與此同時，他派到剛果的負責人開始酗酒，汽船鍋爐也棄置在路旁生鏽。

作為商人，利奧波德比桑福德優秀得多，但他也開始感受到財務壓力。利奧波德繼承了龐大的財富，但到了一八八〇年代晚期，探險家、汽船、傭兵、軍備與其他在剛果的花費已經將他的財產消耗殆盡。然而，如果利奧波德希望從剝削殖民地中獲利，那麼他不僅應該繼續投入經費，甚至還要投入更多。錢從哪裡來？要比利時政府出資是一件難事，因為比利時憲法規定，利奧波德必須得到國會同意才能成為另一個國家的君主。為了取得國會支持，利奧波德必須承諾，剛果永遠不會成為比利時的財政負擔。他說服心存疑慮的國會議員，表示自己有充分的資金可以開發剛果，但這句話並不是真的。[8]

從一八八五到一八九〇年，利奧波德不斷在尋找財源。一開始，他還能向銀行家借到錢，但經過一段時間之後，就連主要債權人羅斯柴爾德家族也不願再借錢給他。他在這個時期寫的數百封信件顯示他滿腦子想的都是錢。利奧波德消瘦又失眠；他的大臣發現他頭髮斑白而且失魂落魄。利奧波德向來以食量大著稱，他經常在吃完一頓大餐後又加點一份主菜，還曾在一間巴黎餐廳吃掉兩隻烤雉雞，但此時為了爭取大家的同情與資金，他表示，為了節約，他會省去午餐不吃。某日，瑪麗—亨莉埃特王后叫道，「利奧波德，我們整個家都快被你的剛果毀了！」[9]

這位國王銷售國債，籌到了一點錢，但遠比他希望的來得少。他寫信給教宗，敦促天主教會購買剛果國債，以鼓勵傳布基督福音。為了籌措興建鐵路與其他計畫的資金，利奧波德努力吸引民間投資人投資，但他提出的條件不可避免將減少自己在這些計畫中持有的股份，而他一直相信這些股份最終能為他帶來龐大的利益。利奧波德認為，解決財務危機的唯一辦法是獲得鉅額貸款。由於國王已經債臺高築，因此最有可能取得鉅額貸款的地方就只剩下比利時國會。利奧波德希望，如果時間拖久一點，國會議員很可能會忘記他先前做的承諾，於是他耐心等待適合與國會接洽的時機到來。他在等待期間，也持續努力重塑他身為慈善家與人道主義者的名聲。

＊＊＊

歐洲民眾依然對以尚吉巴與非洲東岸為根據地的「阿拉伯」奴隸販子感到憤恨。不可否認，這些奴隸販子確實在東非與中非地區引發廣泛的恐慌，而他們捕捉的奴隸也持續被賣到印度洋東北岸與波斯灣地區。但歐洲人對於奴隸議題的義憤填膺，卻愈來愈多地夾雜著在非洲建立殖民地的渴望。此外，奴隸販子大多數是穆斯林，這更讓歐洲人的殖民野心有了道德藉口。利奧波德因為在新殖民地保障基督教傳教士而備受讚揚；他也因為嚴詞抨擊奴隸貿易而讓民眾留下深刻的印象，並因此被推選為原住民保護協會榮譽會長，原住民保護協會是英國的人權組織，擁有崇高的地位。[10]

西方各大國決定召開反奴隸制會議（Anti-Slavery Conference），地點選在布魯塞爾，這令利奧波德頗為滿意，會議從一八八九年十一月開始，斷斷續續開了八個月。這位「人道主義」國王熱情款待各國代表，開會的地方在比利時外交部的會議廳，房間裡還展示了一個套在奴隸脖子上呈叉狀的軛。英國高級代表向英國外交部回報時表示，「他們大費周章，各種晚宴、接待與舞會應接不暇。」[11]基於外交考量，土耳其也受邀參與反奴隸制會議，即使奴隸制在土耳其是合法的。當講者抨擊伊斯蘭後宮助長了奴隸貿易時，土耳其代表忍不住哈哈大笑。

對外交官來說，這次會議就像一場漫長的派對。會場可以俯瞰時尚的鬧區街頭，一名官員回憶當時，說起奧匈帝國代表克文胡勒伯爵（Count von Kevenhuller）：「只要女人的帽子一出現，伯爵整個人就會像是被彈簧彈出似地一躍而起，迅速衝到窗邊。每次發生這種狀況，都讓大家樂不可支。最後，為了不讓伯爵錯過他最喜愛的消遣活動，坐在鋪設綠色桌巾桌子旁的人，從這一端到另一端，只要看到有美女經過，就會立刻出聲通知他。」[12]

反奴隸制會議對利奧波德來說就像是根救命稻草，代表們光顧著色瞇瞇地緊盯路上經過的美女，只用一些空檔時間就通過了國王提出的對抗奴隸販子的計畫——這些計畫與國王希望在剛果進行的昂貴交通基礎建設極為類似。國王表示有必要興建堡壘、道路、鐵路與購置汽船，這些可以用來協助軍隊追捕奴隸販子。他大方地表示願意讓新成立的剛果自由邦擔負這項高尚任務，只是希望會議能夠授權他徵收進口稅作為剿滅奴隸販子的資金。各國最終同意了，這實際上等於站在利奧波德那一邊，修改了本來保證自由貿易的柏林協議。

桑福德以美國代表的身分出席了反奴隸制會議，他對於會議的這項決定感到驚恐。六年前，他說服美國政府承認利奧波德擁有剛果，條件是利奧波德必須簽署協議，保證實施自由貿易；然而此時利奧波德卻突然要求徵收關稅。桑福德對利奧波德的衷心敬佩破滅了，覺得自己已被國王背叛。[13]此時的桑福德深受痛風與失眠之苦，他的栗色鬍子變得花白，臉孔也因為年紀與憂心財務而變了樣，人們已經看不出他與六年前那位神采奕奕戴著大禮帽的公使是同一個人。會議結束的隔年，桑福德去世，他不僅對利奧波德感到幻滅，也背上沉重的債務。桑福德在剛果的投資成了一場空，他在那裡留下的唯一痕跡是一艘重達六噸的汽船，名叫「桑福德將軍號」。

反奴隸制會議召開期間，利奧波德邀請史坦利來比利時小住一個星期。史坦利在會議上發表演說，利奧波德授予他剛果大十字勳章（Grand Cross of the Congo），舉辦晚宴與歌劇表演來表彰他的貢獻，還安排他住進王宮內金碧輝煌、滿目緋紅的房間裡，這種房間一般只保留給來訪的王室成員居住。為了回報，史坦利在演說中向比利時民眾讚揚他的東道主：

> 一位偉大君主的條件是什麼？如果是廣大的領土，那俄國沙皇會是最偉大的君主。如果是威武而強大的軍事組織，那德皇威廉二世當居首位。但如果偉大君主的條件在於一個君主必須擁有智慧與善良，如牧羊人般關切地看護他的羊群，那最偉大的君主莫過於你們的國王。[14]

利奧波德利用史坦利幫他宣傳，就像今日的美國總統找來著名的電影明星為他競選一樣。比利時國王仔細規劃自己的登基二十五週年慶典，史坦利訪問布魯塞爾便是其中一項重要的公關活動。利奧波德也在拉肯城堡舉辦花園派對，邀請比利時菁英階層二千五百多人參加，城堡內剛落成的玻璃圓頂溫室讓參加派對的人看得瞠目結舌，各式各樣異國的植物與樹木，使這裡成為世界上規模最大的私人植物園。就連布魯塞爾證券交易所，其成員長久以來一直不願意出資支持國王的非洲計畫，現在卻為了表達對國王的敬意而大力相挺，他們用非洲長矛、一個可說史無前例的插花作品——茂密的枝葉纏繞在四百根象牙上——裝飾交易大廳。

利奧波德舉辦活動的目標只有一個：要錢。當他的努力進入白熱化階段時，他與幾名重要內閣成員終於達成協議，這些閣員逐漸瞭解國王的非洲屬地未來很可能價值連城。利奧波德表示，如果國會給予他需要的貸款，他死後會將剛果遺贈給比利時。於是，當這位慷慨的國王，以反奴急先鋒聞名、深受知名探險家史坦利讚揚與忠誠臣民擁戴的利奧波德，最終向國會請求二千五百萬法郎（相當於今日的一億二千五百萬美元）貸款來支持他在剛果的慈善工作時，他不僅得到了款項，而且無息。

在一份耐人尋味的文件中，利奧波德漫不經心地將自己擁有的一個國家作為遺產贈予他的另一個國家，字裡行間充分顯露令人目瞪口呆的傲慢。

> 我，利奧波德二世、比利時人的國王、剛果自由邦的最高統治者，希望為我親愛的祖國保留我多年來在非洲大陸追尋的豐碩成果……我在此宣布，在我死後，將我對剛果自由邦的所有主權遺贈與讓渡給比利時。[15]

有個地方遭到扭曲變造。當這位國王將他的遺囑公諸於世時，故意把擬定遺囑的日期提前，好讓遺贈看起來像是一種慷慨的行為，而非財務協商結果的一環。

***

一八九〇年，史坦利訪問布魯塞爾，雖然踏上紅毯的他獲得官方的禮遇，然而在此之前的五年期間，他的日子過得並不如意。一八八五年柏林會議結束後，利奧波德一直在思考要如何安排史坦利。為了確保史坦利不會轉投英國，利奧波德刻意留了一個職位給他，聘請他擔任顧問。然而，國王現在需要的不是探險家，而是測量人員、礦業工程師、鐵路工程師、汽船船長、士兵與行政人員。幾年前，利奧波德曾經承諾任命史坦利擔任未來剛果自由邦的行政長官。然而，為了換取法國承認剛果（法國人痛恨史坦利在探險上擊敗與輕視布拉薩），利奧波德私下允諾他絕不會僱用史坦利在剛果工作。一心求表現的史坦利現在只能在公共關係上為利奧波德帶來助益。比利時首相曾說，利奧波德「用人就像處理檸檬一樣，把汁榨乾了，檸檬皮也就可以丟了」。[16]

史坦利猜測利奧波德可能與法國人達成祕密協議，在他過去的人生中，已經不只一次遭受這樣的對待，他因此感到很受傷。史坦利打包了前往非洲所需的一切裝備，但沒有任務要委託給他。史坦利不需要利奧波德的薪水，他當時光靠演說與出書就能賺進大筆財富。但史坦利依然對國王有著近乎崇拜的忠誠，即使他曾在一八八六年的信中抱怨，利奧波德一直在敷衍他，國王說，「我們目前仍無法確知我們何時需要你，但親愛的史坦利先生，一旦我們需要你時，我們會讓你有充分的時間準備。」[17]

每當史坦利打算動身前往非洲時，他總會想到婚姻，即使他曾經絕望地坦承，「其實，我不知道如何跟女性交談。」[18]史坦利曾經有超過一年的時間羞怯而笨拙地追求一名女子，這一次他的對象是倫敦上流社會畫家多蘿西・坦南特（Dorothy Tennant）。坦南特畫過希臘神話裡的寧芙（nymphs）、倫敦街頭的頑童與史坦利的肖像。這兩個人似乎是絕配，因為坦南特遇到男性就會變得僵硬而不自在，就跟史坦利遇到女性一樣。三十四歲的坦南特仍與母親睡同一張床，而且仍在日記裡對已經過世多年的父親說話。史坦利向坦南特吐露自己曾遭到愛麗絲．派克遺棄的悲傷過去，接著就跟坦南特求婚。但坦南特拒絕了。再度被拒絕後，史坦利深信坦南特一定是因為自己的階級出身而打退堂鼓。史坦利在給朋友的信中寫道，「那個女人用滔滔不絕的話語、過分的恭維、上面刻著『永誌不忘』的小飾品以及甜蜜的口吻迷惑了我。」[19]

當史坦利因感情受創而痛苦時，利奧波德的野心繼續膨脹。他想取得更多的殖民地，而這次他的夢想是尼羅河流域。比利時首相試圖規勸利奧波德放棄這個夢想，但他對首相說，「親愛的首相，你覺得法老的榮耀不值一提嗎？」利奧波德強調，與尼羅河相比，剛果可說是「索然無味」。他在談到尼羅河時曾高聲說道，「這是我可以用來傲視世人的東西，我絕不會放棄！」[20]一八八六年，一個一舉多得的機會來了，既能讓利奧波德推進他的尼羅河美夢，又能讓史坦利再次為他效力，還能進一步鞏固對剛果的統治。

尼羅河上游流經蘇丹（Sudan），而蘇丹由英國與埃及共管。蘇丹地處偏遠，英國的統治鞭長莫及。一八八〇年代中期，穆斯林基本教義派，也就是馬赫迪主義者（Mahdists），在蘇丹發動叛亂，殺害了英國總督並擊敗平亂的英軍。英國感到震驚，但當時英國有太多其他殖民地的戰爭要應付，因此決定暫不處理蘇丹的叛軍問題。叛軍持續往南進攻時，受到蘇丹最南端省分總督的阻擋。由於這個省分與剛果接鄰，利奧波德因此有了介入的機會。

當地的總督艾敏帕夏（Emin Pasha）向歐洲求援；《泰晤士報》刊登他的書信後，開始有人倡議派遣私人遠征軍去援助他。《泰晤士報》表示，這是「仁義之舉，充滿艱險……艾敏帕夏遭到野蠻與充滿敵意的部族包圍，既無法與文明接觸，也無法得到文明的資源，此行的目的就是要解救他」。[21]在反伊斯蘭熱潮的推波助瀾下，這項計畫獲得許多人的支持。而更令英國人憤怒的是，馬赫迪主義領袖居然要求維多利亞女王前往蘇丹臣服於他的統治下，並且改信伊斯蘭教。

現在，英國人不僅得到穆斯林是惡棍的明證，還在艾敏身上找到了白人英雄的形象。這名被圍困的帕夏雖然掛著艾敏的頭銜（艾敏的意思是「虔誠的穆斯林」），實際上卻是一個瘦小的德國猶太人，他原本的名字是史尼策爾（Eduard Schnitzer）。在照片中，艾敏有著明顯的歐洲臉孔，戴著厚眼鏡與紅色土耳其毯帽（fez），看起來像是一名參加古阿拉伯教團聖地大會（Shriner's convention）的近視眼代表。艾敏帕夏是一位受過訓練的內科醫生，同時也是傑出的語言學者與個性古怪的人物；除了統治轄下省分、治療病人與抵擋馬赫迪主義叛軍，艾敏帕夏也致力於蒐藏動植物標本，以及為大英博物館蒐集鳥類標本。

援救計畫擬定之後，捐款便開始湧入。食品商福南梅森（Fortnum and Mason）提供一箱箱的食物；發明家馬克沁（Hiram Maxim）送出他的最新型機槍作品；民眾也捐贈艾敏一套新的軍禮服。解救艾敏帕夏的遠征軍該由誰率領，人們認為沒有比史坦利更適合的人選。而這位探險家也迫不急待地接受這項任務。史坦利尤其期待馬克沁機槍，他曾在製造者的家中親自使用過這款武器。史坦利發現，馬克沁機槍確實如宣傳所言，每分鐘可以發射六百發子彈，他對此感到滿意。史坦利表示，新機槍「在協助文明征服野蠻上面可以發揮寶貴的用處」。[22]

史坦利請求利奧波德解除他的顧問契約，好讓他能率軍出征，國王同意了，但國王也要求史坦利必須遵守兩個條件。首先，遠征軍不能選擇鄰近便捷的路線，也就是從非洲東岸出發，經由德國與英國的高地領土前去拯救艾敏。遠征軍要從利奧波德的剛果出發，也就是必須穿越尚未探索過的伊圖利雨林。其次，如果史坦利找到了艾敏帕夏，必須請他繼續擔任該省總督，但他統治的省分得成為剛果自由邦的一部分。

如此一來，利奧波德不僅得以進一步探索領土的未知角落，還有可能進一步擴大領土；然而這些收穫都是慷他人之慨換來的。這場冒險行動的資金來自各方，例如英國皇家地理學會、對謠傳艾敏囤積了價值六萬英鎊的象牙感興趣的英國商人，以及認為史坦利的新遠征行動能讓報紙大賣的報業大亨。當史坦利於一八八七年初出發時，他巧妙地盡力滿足所有贊助者的要求。一名目擊者日後偶然看到史坦利與他的大軍正準備繞過剛果河近下游的急流，他驚訝地發現，領頭旗手舉的竟是紐約遊艇俱樂部（New York Yacht Club）的旗幟——這是順應《紐約先驅報》老闆小班奈特的要求。

史坦利跟過去一樣，用上下兩冊厚達千頁的作品來描述這段解救艾敏帕夏的遠征，雖然之後也有人撰寫與這次遠征有關的書籍，卻只有史坦利的作品暢銷。（在招募軍官時，史坦利與每個應徵者約定，在史坦利的「官方」作品出版後六個月，他們才能出版自己的作品。）這次遠征讓報業與出版業獲利，但對參與其中的人卻幾乎是一場災難，唯一的例外也許是紐約遊艇俱樂部，至少有人高舉它的旗幟橫貫了非洲大陸。

史坦利的脾氣依然暴躁。他把自己的貼身僕役開除了四次，然後又找回來四次。他經常與底下的白人軍官對罵——其中幾個軍官日後描述史坦利是個極其無趣的人。一名軍官寫道，「只要一丁點小事就足以讓他暴怒。」[23]桑福德在剛果的事業已經瀕臨崩潰，但史坦利的到來反而讓問題更加惡化，他強行徵用桑福德還未建造完成的汽船充當運兵駁船，幾個月後再將嚴重損壞的汽船返還。更重要的是，史坦利犯了戰略錯誤，他把底下的八百名士兵、挑夫與幫軍隊洗衣做飯的人分成兩隊，自己率領人數較少的輕裝隊伍迅速前進，以利更快見到艾敏帕夏，早日完成這起能夠登上報紙頭版的解救行動。

跟以往一樣，史坦利在選擇部下時又犯了錯誤。他把後方隊伍交給巴特洛特少校（Major Edmund Barttelot）帶領，但巴特洛特卻突然精神失常。他把史坦利的個人行李送到剛果河下游。他詭異地派遣另一位軍官花了三個月時間往返三千英里到最近的電報站，只為了發送一份毫無意義的電報回英國。巴特洛特還覺得自己被下毒，認為身邊所有人都是叛徒。他對其中一名他懷疑是叛徒的人處以三百下鞭刑（後來證明足以致命）。他用手杖的鋼製尖端猛刺非洲人，將數十人套上枷鎖，他甚至咬傷一名村落婦女。一個非洲人開槍打死了巴特洛特，以免他繼續為惡。

在此同時，史坦利率領前方隊伍步履維艱地穿過雨林，他對逃兵處以絞刑，也曾無數次實施鞭刑，有時他甚至會親自行刑。補給未能跟上，意味著大多數時間裡他的挑夫與士兵都是處於饑餓狀態。有些人不幸居住在遠征隊行經的路線上，對他們而言，這支部隊就像入侵的敵軍，因為遠征隊有時會挾持婦女與孩子作為人質，要求當地酋長供應糧食。史坦利底下一名軍官在日記裡寫道，「今天，我們吃完僅存的大蕉……原住民完全不願與我們交易或提供糧食給我們。不得已，我們只好綁架他們的婦女。」[24]另一名軍官回憶，當情勢看起來遠征隊可能遭受攻擊時，「史坦利下令燒掉整個村落」。[25]還有一名軍官描述，他們恣意屠殺，彷彿這一切只是在打獵：

最有趣的事情是，躺在灌木叢裡觀賞原住民平靜地從事他們每天的工作。有些婦女……搗著乾香蕉製作香蕉粉。我們可以看到男人正在搭建小屋與從事其他工作，男孩與女孩四處奔跑、唱歌……我開了第一槍，正中一名男子的胸膛。他就像石頭一樣倒下……緊接著一陣彈雨朝全村齊射。[26]

遠征隊的一名成員割下一個非洲人頭顱，放在盒子裡用鹽覆蓋，然後寄回倫敦，請皮卡迪利街（Piccadilly）的剝製師將這顆人頭製作成標本。[27]

史坦利的前方部隊有三八九人，他們手持大砍刀在伊圖利雨林砍出前進的道路，有時一天只能前進四百碼，整個過程讓他們損失超過一半的士兵。當糧食吃光時，他們只能烤螞蟻充饑。他們翻越巨大的樹根，有時熱帶的傾盆大雨會連下十七個小時，他們只能在溼軟的土地上紮營。有些人開小差，有些人迷失在叢林裡，有些人溺水，有些人染上破傷風、痢疾、壞疽。還有一些人是被森林居民的弓箭與塗了毒液的木樁陷阱殺死，這些森林居民看到全副武裝的饑餓陌生人侵入他們的領土大肆破壞，都嚇壞了。

等到終於見到艾敏的時候，史坦利與殘存的士兵已然精疲力盡，餓得不成人形。由於大多數補給仍在數百英里之外，由後方部隊與一名陷入瘋狂的指揮官負責運送，史坦利只能提供瘦小的帕夏少許的軍火、粉絲信件、幾瓶香檳與那套全新的軍禮服——結果軍禮服對艾敏來說太大了。事實上，反而是史坦利向艾敏索取補給。史坦利寫道，帕夏接見他們，他穿著「雪白色的乾淨棉織西裝，衣服熨得平平整整，而且非常合身」，他的臉上「完全沒有病容或焦慮……的痕跡；充分顯示他的身體狀況良好，內心也很平靜」。[28]仍在樂滋滋地為大英博物館蒐集標本的艾敏，婉拒了利奧波德的邀請，完全不考慮讓他的省分加入新的剛果自由邦。遠征隊為了解救艾敏帕夏而狼狽不堪地趕到此地，然而最令他們困窘的是，叛軍的威脅早在幾年前艾敏的求救信寄出後不久就已解除，因此艾敏現在完全不需要被解救。

史坦利擔心自己無法帶著艾敏一同返國。帕夏在日記裡寫道，「對史坦利而言，一切的指望都在於他能帶著我一同啟程，唯有如此……他的遠征才算是大功告成……他寧可死在這裡，也不願留下我獨自離開！」[29]史坦利最後成功說服帕夏，帕夏勉為其難同意與他一同返回歐洲，部分原因在於前來解救他的遠征隊是一群好戰的軍人，讓他們繼續待在此地，很可能會刺激馬赫迪主義叛軍再度大動干戈。於是，史坦利、艾敏與他們的隨行人員長途跋涉了幾個月的時間前往東非海岸，最後抵達濱海的一座德國哨站，位於今日坦尚尼亞境內。

德國炮兵鳴放禮炮向他們致敬，德國官員在當地的軍官食堂設宴款待兩人。海軍樂隊在一旁演奏；史坦利、艾敏與一名德國少校發表演說。「上等葡萄酒都經過精心挑選，而且全都冰鎮過，」史坦利寫道。[30]近視的艾敏在宴席上來回敬酒，與賓客閒談而且喝了不少香檳，他迷迷糊糊地穿過二樓的窗戶，顯然他以為那是一道通往陽臺的門。但那不是門，結果他從二樓跌落到街上，當場昏迷不醒。他在當地的德國醫院休養了兩個月，史坦利最終還是沒能凱旋地將他帶回歐洲。最令史坦利困窘的是，艾敏帕夏康復之後，他合作的對象既不是解救他的英國人，也不是利奧波德，而是德國人。

一八九〇年，史坦利回到英國，幾個月後，遠征隊死傷過半以及遠征隊在他的領導下在非洲犯下的種種暴行，在英國引發爭論。有一份週刊嘲諷他：

非洲炎熱的驕陽
令人昏昏欲睡
馬克沁機槍造成的流血
最能振奮人心！[31]

解救艾敏帕夏的遠征隊確實犯下野蠻暴行。但譴責這些暴行的人卻不知道，與當時剛在中非展開的殺戮相比，這只是小菜一碟。

第七章 第一個異端

利奧波德的遺囑把剛果當成一塊彷彿無人居住的地產，可以任由擁有者加以處分。從這點來說，利奧波德與當時的歐洲人、探險家、新聞記者與帝國建立者並無不同，他們在談到非洲時，彷彿非洲人並不存在：廣袤的無人空間，正等待歐洲工業的神奇力量建造大量城市與鐵路線來將其填滿。

要能將非洲看作是一塊由互相關連的社會所組成的大陸，而且每個社會都有自己的文化與歷史，非常需要同理心，然而，早期訪問剛果的歐洲人或美國人卻幾乎無人發展出這種同理心。如果他們能發展出同理心，就會發現利奧波德建立的剛果政權既不進步也不文明，相反的，這個政權的所作所為完全只是對土地的竊占與對自由的剝奪。但後來第一次有一名訪客，在抵達剛果後環顧自己身處的殖民地時，產生了這樣的想法。接下來我們將跟隨他的腳步，前往剛果河畔的一處哨站，一八九〇年七月中的某個悶熱日子，他在那裡首次寫下他的感受。

利奧波德在整個水路網設置了多個哨站，每個哨站既是軍事基地，也是象牙收集點。這些哨站通常會有幾座建築物，屋頂以茅草覆蓋，有可以遮陽的陽臺，四周棕櫚樹掩映，是白人官員休憩的地方。旗桿上飄揚著藍底金星旗。香蕉樹，種植木薯與其他種類蔬菜的菜園，圈養的雞、山羊或豬，這些都是食物的來源。在一座人造小山丘上蓋了一座木造碉堡，頂端設有槍眼，可以提供防禦；通常還會設置柵欄。有些象牙放在篷子底下，有的露天擺放，這些象牙都有武裝哨兵守衛，等著運送到海邊。非洲獨木舟停靠在河岸邊，旁邊堆放著已經劈好供汽船鍋爐使用的木柴。其中一個最重要的哨站位於史坦利瀑布，距離利奧波德維爾約一千英里的上游處，它也是往剛果河上游的航行終點站。

一八九〇年七月的某個日子，在史坦利瀑布哨站，一名四十歲的男子怒火中燒地坐了下來。他開始用優雅而有力的字跡振筆疾書。他可能坐在室外，背靠著棕櫚樹；他可能向哨站職員借了一張書桌。如同我們在一些他被拍攝的嚴肅、正式肖像照中所見，這名男子留著平頭和尖而細長的八字鬍，打著領結，漿過的白色衣領高高挺立。在那天的河畔，身上穿戴衣領與領結可能會太熱，但也可能不會：事實上，一些訪問剛果的人士總是穿得相當正式。

這名男子在往後一兩天寫下的文件，將成為人權與調查報導文學的里程碑。這份文件的名稱是〈一封公開信，此致比利時國王與剛果自由邦最高統治者，尊貴的陛下利奧波德二世，美國陸軍榮譽上校威廉斯敬上〉（Open Letter to His Serene Majesty Leopold II, King of the Belgians and Sovereign of the Independent State of Congo, by Colonel the Honorable Geo. W. Williams of the United States of America）。

威廉斯的確是一名美國人，但他並非上校，此一自稱日後將為他惹上麻煩。威廉斯是個黑人。很可能就是這個原因，他長時間受到忽視。利奧波德開始開發剛果之後，大批訪客湧入當地想一探究竟，威廉斯也在其中，後來成為第一位擲地有聲的異議人士。與許多發現自己深陷於道德煉獄的旅行者一樣，威廉斯開始尋求一些比較接近天堂的東西。

***

威廉斯走向剛果的那條路，看起來彷彿是先行帶他走過了幾種不同的人生。[1]一八四九年生於賓夕凡尼亞州（Pennsylvania），威廉斯只接受過一點點的學校教育，一八六四年，他入伍當兵——半文盲、未達法定年齡，而且使用假名——進入了聯邦陸軍第四十一有色人種步兵團。在戰爭即將結束前幾個月，他參與了好幾場進攻里奇蒙（Richmond）與彼得斯堡的戰役，而且在戰鬥中受傷。

戰後，就跟一些其他在找工作的南北戰爭退伍軍人一樣，威廉斯加入了墨西哥共和國陸軍，與利奧波德二世的妹夫，野心勃勃但時運不濟的馬克西米連皇帝作戰。當他返國時，除了打仗，完全沒有任何別的工作技能，威廉斯只好再次入伍，將近一年的時間，他加入騎兵團與平原印第安人作戰。一八六七年下半年，威廉斯與史坦利各自駐紮在堪薩斯州的不同哨站，威廉斯行經的路線也許與年輕的通訊記者史坦利有過交集。

隔年，威廉斯退伍，他曾短暫在霍華德大學（Howard University）念書，日後他提到這所大學時，有時會讓人聽成是哈佛大學（Harvard University）。他後來也宣稱擁有博士學位，但實際上他從未取得。[2]儘管如此，威廉斯是個優秀的學生，他之後又到波士頓市郊的紐頓神學院（Newton Theological Institution）念書，以兩年的時間完成三年的神學研究所課程。他剛退伍時寫信，幾乎沒有一個字能拼對，句子也一團糟。但幾年後，他卻能流暢寫出十九世紀布道文章的那種特有韻律與抑揚頓挫。一八七四年，威廉斯在紐頓神學院發表畢業演說，預告了十六年後將引領他前往剛果的主要想法：

> 近三百年來，非洲母親的黑人子孫不斷地遭到擄掠……如同約瑟對陰謀出賣他的兄弟說的那些話，這個國家的黑人也可以對他的撤克遜兄弟說，「……在學習了你們的藝術與科學之後，我們也許可以回到埃及，拯救我們其餘仍受到奴役的兄弟。」那一天終將來臨！[3]

在此之前，威廉斯已經開始透過寫作與演說批判家鄉的各種奴役束縛——包括美國黑人的處境，南北戰爭結束後持續很長一段時間的報復性私刑與三K黨暴力，以及在美國南方白人至上主義者又重新掌握了權力。身為南北戰爭的退伍軍人，威廉斯尤其感到憤怒的是，這場終止奴隸制度的戰爭所實現的期待少得可憐。

神學院畢業那年，威廉斯結婚並成為第十二浸信會（Twelfth Baptist Church）的牧師，第十二浸信會是波士頓的一個黑人教會。威廉斯擔任牧師的時間並不長，接下來的每份工作也都一樣做不長。他的人生似乎永遠靜不下來，雖然他在每個新職業都獲得巨大的成功，但他很少長久待在同一個行業裡。

威廉斯只當了一年牧師就搬到華盛頓特區，於當地創立了一家全國性的黑人報紙《平民報》（*Commoner*）。他在創刊號自豪地刊出廢奴主義者道格拉斯（Frederick Douglass）與加里森（William Lloyd Garrison）寫的祝賀信，但這家報社很快就關門大吉，於是威廉斯回鍋當牧師，這次是在辛辛那提（Cincinnati）。威廉斯成為當地報紙的專欄作家，也再度成立自己的報紙。後來，他又突然改變心意，放棄傳道生涯，轉而攻讀法律，並且在一名律師身旁當實習生。一八七九年，三十歲的威廉斯成為第一位當選俄亥俄州眾議員的黑人。他為了廢除禁止種族通婚的法律而引發不滿，最後只當了一屆州眾議員就離開州議會。

威廉斯在下一份事業做出了明顯更大的貢獻，等到他再次準備更換跑道時，他已留下龐大且能傳之久遠的成果。《美洲黑人史，從一六一九到一八八〇年》（*History of the Negro Race in America from 1619 to 1880*），這是一個大部頭作品。全書分成兩冊，分別於一八八二與一八八三年出版，帶領讀者從早期的非洲王國一路走到美國南北戰爭與戰後重建時期。

威廉斯是率先使用非傳統史料的美國歷史學家之一。大多數學院人士在將近百年後才承認的事情，他那時候就已經意識到：撰寫沒有權力之人的歷史，光是援引傳統已出版的史料是不夠的。威廉斯遊歷全國，走遍無數間圖書館，但他做的還不只如此。他寫信給一家全國性的黑人報紙，請求讀者把「任何有色人種教會組織的紀錄」與其他類似文件寄給他。威廉斯也寫信給薛曼將軍，詢問他對於他統率的黑人部隊有何看法。他訪問了南北戰爭的退伍軍人。當這本厚達一〇九二頁的作品問世後，立即獲得佳評如潮。《紐約時報》以佩服卻又居高臨下的口吻寫道，幾十年前，「人們普遍懷疑黑人種族是否有可能產生這樣的人物，能夠寫下如此具原創性的作品。」[4]杜波依斯（W.E.B. Du Bois）日後將稱許威廉斯是「該種族中最偉大的歷史學家」。[5]

威廉斯開始巡迴演講，對象是退伍軍人團體、兄弟會組織與教會信眾，其中不僅有黑人，也包括白人。從七月四日的國慶典禮，到華府的文學協會（Philomathian Literary Society）聚會，威廉斯似乎可以在任何場合發表演說。威廉斯很快就與當時知名的演說經紀人龐德（James B. Pond）簽約，而史坦利也是龐德的客戶之一。威廉斯會想辦法直接與每個人見面，從朗費羅（Henry Wadsworth Longfellow）到克里夫蘭總統（Presidents Grover Cleveland）、海斯總統（Rutherford B. Hayes），跟他見過面的人大多數都對這個認真努力的年輕人留下正面印象。但許多非裔美國人卻不是這麼想，他們認為威廉斯寧可將時間花在位高權重者身上，也不願與他們為伍。

儘管威廉斯的事業極為成功，但賺來的錢總是左手進右手出，身後還跟著一堆氣憤的債主。他繼續將所有精力投入於各種不同的計畫上。他撰寫了第二本書，描述美國南北戰爭中黑人士兵的經驗。他前往新墨西哥州，尋找適合的土地讓黑人農民屯墾。他不斷在報紙上發表文章。他擔任鱈魚角運河公司（Cape Cod Canal Company）的委任律師。他寫了一齣關於奴隸貿易的劇作。他參與多個聯邦陸軍退伍軍人組織的工作，並獲得其中一個最重要組織「共和國大軍」（Grand Army of the Republic）授予的榮譽上校頭銜。他到國會作證，支持建立美國南北戰爭黑人退伍軍人紀念碑。他曾為亞瑟總統競選，亞瑟還提名他擔任駐海地（Haiti）公使。但亞瑟去職後，政敵散布威廉斯債臺高築的傳言，這項任命案因此未能生效。[6]

就在威廉斯前往白宮晉見亞瑟時，有個人剛好也選擇相同的時間晉見總統，這個人就是桑福德，他在華府進行遊說，希望美國承認利奧波德擁有剛果。總統介紹這兩個人認識。從桑福德描述的新生剛果自由邦，威廉斯看到自己在神學院畢業演說時首次提出的夢想有了實現的機會。威廉斯寫信給利奧波德的侍從官，提議招募非裔美國人到剛果工作。在非洲，黑人顯然能獲得在美國沒有的開拓與晉升機會。威廉斯也向參議院外交關係委員會提交聲明，敦促美國政府承認剛果國際協會，並且將剛果列為他的演說主題。

一八八九年，威廉斯獲得一家報業集團的委託，負責在歐洲撰寫一系列的文章。同時他也試圖爭取代表美國參加布魯塞爾反奴隸制會議，但未能如願；然而，當他訪問倫敦時，卻仍冒充是與會代表。[7]威廉斯發現，在布魯塞爾，每個歐洲人都爭先恐後地譴責奴隸制度，也正是在這樣的氣氛下，這名年輕的美國奴隸後裔讓大家留下了好印象。但儘管威廉斯已有非凡的成就，他還是忍不住要加油添醋地渲染一番：

〔《比利時獨立報》報導〕威廉斯在南北戰爭期間取得上校軍階……他曾完成至少五、六本有關黑人的作品……他是第一位籲請美國官方承認剛果的人士，因此獲准在華府參議院外交委員會發表演說，而且大受好評。[8]

威廉斯從比利時寄回美國的第一篇新聞報導是利奧波德的訪談，他形容利奧波德「隨和、有趣、十分健談。他的頭髮與鬍子修剪得十分整齊，大多已斑白。他的輪廓分明且銳利；他的眼睛明亮而靈活，雖然戴著眼鏡，但仍掩蓋不住眼神散發出來的機智與熱情」。[9]

當威廉斯詢問國王，花了這麼多錢開發剛果，他希望得到什麼回報時，利奧波德回道，「我在那裡所做的，完全只是為可憐的非洲人盡到基督徒應有的責任；我不期望我在那裡花費的金錢能得到任何一分回報。」首次見面之後，與其他人一樣，威廉斯也開始崇拜起利奧波德，他稱利奧波德是「世界上最高尚的君主」，他最大的雄心是為基督教文明服務，為臣民謀福利，以智慧、憐憫與公義來進行統治」。

利奧波德深知吸引眼前這名訪客的最好辦法，就是好好地聆聽他的計畫，而在威廉斯撰寫的同一篇報導中，他也提到國王「是個願意聆聽的人」。利奧波德聆聽的顯然是威廉斯長期以來十分重視的計畫，也就是讓非裔美國人到非洲工作。威廉斯與一家比利時公司達成協議，由公司僱用四十名技術工人，派他們到剛果工作，而威廉斯自己也計劃撰寫一本跟剛果有關的作品。然而，當威廉斯返回美國，到維吉尼亞州一家黑人學院進行招募時，一個充滿懷疑的聽眾針對非洲生活提出了各項問題，他發現他完全無法回答。於是，威廉斯暫緩招募計畫，決定親自跑一趟剛果，順便蒐集寫書的材料。

為此，威廉斯開始籌募資金，以支付旅行所需的汽船船票、糧食與僱用能幫他搬運行李繞過急流長途跋涉的挑夫。他的目標金主是美國鐵路大亨杭廷頓（Collis P. Huntington），杭廷頓也有小額投資規劃中的剛果鐵路。威廉斯找到他，然後在拜訪後一連寫了好幾封諂媚奉承的信件，最後終於獲得一筆微薄的非洲旅行贊助金。

一八八九年十二月，威廉斯到白宮晉見哈里森（Benjamin Harrison）總統。哈里森祝福威廉斯的非洲之行順利，除此之外，是否有別的要求則不得而知，但威廉斯的作風一如既往，後來利用這次與大人物見面的經歷，對外暗示自己受高層所託，正在從事一項機密任務。

威廉斯為旅途做準備期間，總有意無意地暗示自己與總統和杭廷頓的關係，利奧波德與他的侍從官因此懷疑威廉斯可能正在暗中為有意進入剛果的美國商人探路。威廉斯日後提到，當他途經布魯塞爾前往剛果時：

各方勢力紛紛出手，想阻止我完成任務。一名王室軍官被派來說服我不要去剛果。他提到雨季時可能致命的氣候特質，長途跋涉的危險與艱困，以及旅行的昂貴花費……之後，國王又派人來說服我……提到在剛果旅行非常困難，白人要吃到像樣的食物更是難上加難；他希望我至少能延後五年再去剛果；我可以在布魯塞爾取得所有必要的資訊。我回應陛下時表示，我現在就要去剛果，大概幾天內就會啟程。[10]

從一八九〇年一月到隔年年初，威廉斯乘船繞行了整個非洲大陸，同時定期向杭廷頓請求更多的資金援助。他設法見到了他想見的人，如波耳人所建川斯瓦共和國（Transvaal Republic）的副總統、尚吉巴蘇丹國的領袖與埃及赫迪夫區的統治者，他也成為尚吉巴英國俱樂部的榮譽會員，並且在開羅的赫迪夫地理學會發表演說。但他最重要的行程是前往剛果，他在剛果待了六個月，以步行的方式繞過下游的急流區，然後搭乘汽船沿剛果河而上，途中於多處停留，最終抵達史坦利瀑布。

＊＊＊

在這個時期搭乘汽船沿河航行，一天大約可以前進三十英里，如果朝上游前進，可前進距離有時會再短一些。汽船每天傍晚靠岸，有時停泊在國家哨站，有時停泊在傳教站，但通常夜間都會停泊在一般的河岸旁。船長會派人站哨，並且叫黑人船員砍柴作為第二天航行的燃料。一名旅人描述了典型的景象：

> 黃昏時，點起一叢叢巨大的火堆，在烈焰的照明下，人們將木頭砍成塊狀，每塊長約三到四英尺……這幅……景象伴隨著斧頭的砍伐聲、樹木傾倒時發出的聲響，接著在熊熊火光和鋸木頭的沙沙聲中……一塊塊木頭……在船員的手中來回傳遞，直到所有的木頭都搬上汽船為止。[11]

歐洲或美國的旅客睡在船艙裡，通常是上層甲板；伐木工則睡在河岸的地面上。黎明時，汽笛的響聲示意船員返回汽船上或是由汽船拖行的獨木舟或駁船，船尾的明輪緩慢推動汽船往上游航行。

汽船以緩慢的步調朝上游前進，威廉斯因此有充分的時間觀察他魂牽夢繫的非洲。威廉斯是個敏銳的觀察者，也是個經驗豐富的訪談者，他不會輕易受到既有描述的影響——很多記者缺乏這種能力，就連歷史學家也不例外。在沿河的村落、國家哨站與傳教站，威廉斯看到的不是史坦利與其他人描述的受到良善統治的殖民地，而是他所謂的「非洲大陸的西伯利亞」。[12]他的印象完全表現於他在史坦利瀑布寫下的傑出紀錄上，此時的他再也按捺不住內心憤怒。

在給國王的《公開信》(*Open Letter*) 一開頭，威廉斯恭敬地寫道：「尊貴的朋友，我有幸致書陛下您，呈上與剛果自由邦有關的反思，望您明察，這些全是根據我仔細觀察所得。」不過到了第二段，威廉斯卻請利奧波德徵詢更高的權威：「萬王之王（耶穌基督）」。很顯然的，上帝不會滿意祂眼前所見發生在剛果的一切。[13]

《公開信》是一個似乎遭受到雙重驚嚇的人寫下的作品：首先，他被自己看到的一切所驚嚇，其次，「我曾在言談中、在文字裡，大力讚揚剛果自由邦、讚揚這個國家及其主權」，但現在「我徹底感到幻滅、沮喪與氣餒」。接下來，威廉斯話鋒一轉，開始切入正題，他擁有多項專業，而此時的他選擇以其中一種專業口吻來發言，也就是律師：

「我對陛下的剛果政府即將提出的每一項指控，都經過仔細查證；適格而誠實的證人、文件、書信、官方紀錄與資料全已忠實齊備。」所有文件將會妥善保存，「直到有權傳喚人員與文書、主持宣誓與查證指控真偽的國際委員會成立為止」。不難想見，當利奧波德看到一名外國人用檢察官的口吻對他說話時會有多憤怒，而且打從一開始他就試圖勸說這個人不要去剛果，更要命的是，這個人還是個黑人。

如果這封公開信像本書一樣以印刷的方式呈現，可能只有十幾頁。但在這麼短的篇幅裡，威廉斯卻幾乎預言了十餘年後國際聲援剛果運動提出的所有主要指控。雖然一八九〇年時歐洲已經出現一些對利奧波德剛果自由邦的批評，但這些批評主要聚焦在國王對外國商人的差別待遇上。威廉斯關切的是人權，他的公開信是首次針對利奧波德殖民政權所做的全面系統性控訴。以下是威廉斯的主要指控：

- 史坦利與他的白人助手運用各種詭計，例如愚弄非洲人，讓他們以為白人擁有超自然力量，以此誘使剛果酋長簽約，把土地轉讓給利奧波德。舉例來說：「他們在倫敦購買若干電池，然後將電池綁在手臂上，再穿上外套遮掩，電池連著一條可通電的金屬帶子，繞在白人兄弟手掌上。當白人兄弟熱情地抓住黑人兄弟的手時，黑人兄弟對於白人兄弟的強大感到驚訝，他幾乎沒有辦法站穩……當原住民詢問為什麼兩人的力量有這麼大的差異時，白人兄弟告訴他，白人的力氣大到可以把樹木連根拔起，展現出最驚人的力量。」另一個詭計是使用放大鏡點燃雪茄，之後「白人會解釋自己與太陽有著密切關係，並宣稱如果他要求太陽燒掉黑人兄弟的村落，太陽會依言照辦」。另一個騙術是，白人會假裝把子彈裝進槍裡，但實際上卻把子彈偷偷塞進袖子裡。白人把槍交給黑人酋長，然後退後一段距離，他要求酋長拿槍射他；白人毫髮無傷，他彎下腰，假裝從鞋子裡掏出子彈。「藉由這些伎倆……與幾箱琴酒，所有村落就這樣簽約轉讓給陛下。」威廉斯寫道，用這種方式購買土地，「陛下對這些領土的主張，就跟我自稱是比利時陸軍總司令一樣，完全不合法。」

- 史坦利根本不是偉大的英雄，他是一個暴君。只要在這些單純的原住民面前「提到他的名字，就會讓他們嚇得發抖；他們記得他不守承諾，他滿口粗話，他暴躁的脾氣，他拳打腳踢，他嚴厲而苛刻的措施，他就是靠著這些方式搶奪了他們的土地」。（我們要注意威廉斯的前提，他認為非洲人有權擁有非洲的土地，但這對當時的白人來說是難以想像的。）剛果自由邦建立之初，有數百名歐美人士到剛果旅行，紀錄顯示只有威廉斯詢問非洲人面對史坦利的個人經驗。
- 利奧波德沿著剛果河建立軍事基地，這些基地造成大量的死亡與毀滅，因為駐紮在當地的非洲士兵必須自行解決糧食問題。「這些哨站就像海盜一樣，拿著槍威脅原住民提供魚、山羊、家禽與蔬菜給他們；原住民如果拒絕……白人軍官就會派遠征軍燒毀他們的家園。」
- 「陛下的政府對於犯人格外嚴酷，只因微不足道的罪行就用鎖鏈將一群犯人拴在一起……這些牛鏈往往勒入犯人的脖子，潰瘍吸引蒼蠅聚集，使化膿的傷口更加惡化。」

- 利奧波德宣稱他的新政府提供明智的治理與公共服務，這完全是騙人。這裡沒有學校，也沒有醫院，只有幾間小屋，每間小屋的空間「連一匹馬都進不去」。實際上，沒有任何殖民地官員通曉任何非洲語言。「陛下政府的法院是失敗的、不公正的、偏頗的與怠忽職守的」。（與先前一樣，威廉斯在這裡也提供了一個生動的例子：總督的白人僕役偷竊葡萄酒，卻未受到懲罰，黑人僕役反遭誣陷，被痛打一頓。）
- 白人商人與國家官員綁架非洲婦女充當自己的小妾。
- 白人軍官射殺村民，有時是為了擄走他們的妻女，有時是為了脅迫倖存者給他們幹活、被迫當他們的勞工，有時則是為了消遣。「兩名比利時陸軍軍官從汽船甲板上看到一段距離之外有個原住民划著獨木舟……兩人打賭五英鎊，看誰可以用步槍射中那個原住民。他們射了三槍，原住民倒地死亡，子彈貫穿頭部。」
- 利奧波德非但不是如他所描繪的為一名高尚反奴鬥士，相反的，「陛下的政府從事奴隸貿易，包括批發與零售。而除了買賣奴隸之外，也偷竊奴隸。陛下的政府以每人三英鎊的代價購買四肢健全的奴隸服兵役……在陛下政府設立的那些上游哨站，勞動的奴隸不分男女，也不分老幼。」

威廉斯的行動還沒有結束。在寫下《公開信》後三個月，他又提筆撰述〈呈交給美國總統的一份剛果自由邦報告〉（A Report upon the Congo-State and Country to the President of the Republic of the United States of America）。哈里森總統看到這份報告的感受，恐怕也跟利奧波德一樣。在這份寫給總統的報告中，威廉斯除了重提各項指控，又額外表示美國對剛果負有特殊責任，因為美國已經「與這個非洲政府結為兄弟之邦」。[14]與《公開信》一樣，威廉斯也提出個人經歷為例來支持指控。「在史坦利瀑布，光天化日下，有人要提供奴隸給我；晚上，我發現獨木舟上載著奴隸，全被緊緊地綁在一起。」威廉斯呼籲要以新政權來取代這個「壓迫而殘酷的政府」，這個新政權必須由「當地人而非歐洲人組成；必須由國際共同介入，而非由某個國家獨自處理；必須公正，不可殘酷」。

無論威廉斯要求的是自治還是國際託管，歐美開始有人跟進推動已是多年以後的事。威廉斯在寫給美國國務卿的信上用了一個彷彿援引自五十多年後紐倫堡大審（Nuremberg trial）的詞彙。威廉斯寫道，利奧波德的剛果自由邦犯了「反人類罪」（crimes against humanity）。[15]

***

《公開信》被印製成小冊子。一八九〇年還沒過完，當作者還在非洲巡迴之時，這本小冊子已經在歐洲與美國廣泛傳布。我們不清楚是誰安排散布這些小冊子，但主使者很可能是一間荷蘭貿易公司：新非洲貿易協會（Nieuwe Afrikaansche Handels Vennootschap），該協會在剛果設有貿易站並擁有一艘名為「荷蘭號」（*Holland*）的汽船，威廉斯在剛果搭乘的就是這艘汽船。新非洲貿易協會對於利奧波德在新殖民地強行排除外國商人感到憤怒，他們認為利奧波德這麼做分明是想讓自己與生意夥伴壟斷有利可圖的象牙供應。但威廉斯不允許新非洲貿易協會影響他的核心理念：他的《公開信》只簡短提到自由貿易這個議題，而且是排在一連串指控的後面。

《公開信》公諸於世之後，曾派遣史坦利前往非洲的《紐約先驅報》以一篇滿版專欄報導此事，標題為「一名美國公民揭露非洲自由邦政府的野蠻暴行——詳情有待調查」。文章引述史坦利的說法，他表示，這封公開信是「蓄意敲詐」。[16]對威廉斯更為不利的是，他的金主杭廷頓認為他的說法對比利時國王極不公平，因為國王「時刻都以剛果原住民的最佳福祉為念」。[17]

憤怒的利奧波德叫英國駐布魯塞爾公使不要相信威廉斯的話。「國王對威廉斯上校的描述可能所言不虛，」公使向英國外交部回報時表示，「但我懷疑威廉斯的小冊子確實道出相當多不堪的事實。」[18]利奧波德的一名顧問在回憶錄中提到，當時有召開緊急會議討論如何因應「威廉斯的小冊子」，因為巴黎的報章雜誌已將此事視為「真實的醜聞」。[19]

利奧波德與他的侍從官迅速策劃了一場反擊行動。《布魯塞爾日報》（*Journal de Bruxelles*）問道，「首先，威廉斯先生是誰？這個人並非美國陸軍上校。」在隨後幾篇報導中，《布魯塞爾日報》總是以「所謂的『上校』」、「假上校」、「精神錯亂的黑人」與「並非上校的威廉斯先生」來稱呼威廉斯。[20]（當然，比利時新聞界從未質疑桑福德的「將軍」頭銜。）《地理運動》（*Le Mouvement Géographique*），一份與利奧波德在剛果的投機事業息息相關的報紙，也撰文攻擊威廉斯，該報指出，雖然剛果原住民並非總是獲得完全公平的待遇，但美洲原住民也一樣沒有。

不過，其他家比利時報紙卻很認真看待威廉斯的指控。自由派立場的《改革報》（*La Réforme*）表示，「剛果完全被商業投機事業主導，一個屬於個人所有的、專制的與不受任何約束的政權，而且該政權的獨裁君主從未到過自己統治的國家，這必然會產生美國旅行者指出的諸多可怕暴行。」[21]《布魯塞爾郵報》（*Le Courrier de Bruxelles*）也主張，「剛果政府提出來希望能自證清白的各項說詞，我們不打算全盤接受並視之為毋庸置疑的真相。」[22]其他國家的報紙也有報導這則消息，不僅刊登威廉斯的指控，有時還長篇摘錄裡面的重要內容。

一八九一年六月，這場爭議延燒到比利時國會，幾名議員與首相挺身而出為國王辯護。幾個星期之後，剛果自由邦公布一份由最高行政長官簽署的四十五頁報告。英國駐布魯塞爾公使向倫敦回報，那份報告的目標顯然是要「反駁威廉斯上校與其他人的指控」。[23]

此時，威廉斯抵達埃及，他已完成非洲的巡迴之旅，卻因為染上結核病而一病不起。他還是跟過去一樣，身上一文不名。威廉斯以他慣用的糾纏大人物的手法，成功說服英國駐開羅公使巴林爵士（Sir Evelyn Baring）派一位內科醫生為他診治。等到他身上只剩十四英鎊的時候，他又寫信懇求杭廷頓匯錢給他。威廉斯體力稍微恢復之後，又巧妙騙到一張開往英國的免費船票。在船上，他遇見一名年輕的英國女性，這名女性過去曾在印度的英國家庭擔任家庭教師，兩人抵達英國後便決定訂婚。威廉斯定居倫敦，不過上一次造訪倫敦留下的債務依然困擾著他。然而此時他的結核病卻開始惡化。他的未婚妻與未來的丈母娘帶他前往黑澤（Blackpool），希望濱海的空氣能治療他的病症，好讓他可以繼續撰寫關於利奧波德剛果自由邦的那本書。

她們的希望破滅。一八九一年八月二日清晨，在未婚妻、未婚妻的母親、牧師與醫生陪伴下，威廉斯溘然長逝，享年四十一歲。在比利時，《地理運動》以滿意的口吻報導他去世的消息，並且將他與那些燒毀德爾菲（Delphi）神廟的暴徒相提並論。現代外交史家庫基（S.J.S. Cookey）則在文章中寫道，「威廉斯的早逝……使剛果政府逃過一劫，免於面對一個讓他們極其困窘的可畏大敵。」[24]威廉斯葬在黑澤一個未標記的墳墓裡。直到一九七五年，他的墳墓才有了一塊像樣的墓碑，由為他立傳的歷史學者弗蘭克林（John Hope Franklin）所豎。

威廉斯的英國未婚妻顯然是在葬禮結束後才得知，威廉斯拋棄了在美國的妻子與一個十五歲大的兒子。威廉斯欺騙感情、積欠債務與假冒博士學位，這些行為使他成為眾人眼中的騙子。然而，從另一個角度來說，正是這種膽大妄為的個性，使威廉斯敢於反抗國王、官員與當時的種族秩序。相較之下，曾在剛果河與威廉斯相遇的英國資深傳教士格倫菲爾（George Grenfell），他也親眼見證普遍的虐待現象，包括利奧波德的政府雇員購買鐐銬加身的奴隸，但他在遇見威廉斯的幾天後寫信回英國，信上表示，他不認為自己可以「公然質疑國家的行為」。[25]無論威廉斯如何渲染自己的履歷，他對剛果所做的一切描述，日後都得到他人的充分證實。

威廉斯的《公開信》是發自內心的憤怒吶喊。但這封《公開信》不僅讓他一無所獲，也讓他失去金主杭廷頓的支持，甚至使他無法如願帶領非裔美國人前往剛果。《公開信》無法給予他亟需的金錢，他在異國海灘別墅去世前的幾個月，《公開信》為他帶來的也只有一連串的誹謗。一八九〇年，威廉斯前往剛果時，已經有將近一千名歐洲人與美國人造訪或在剛果工作。但威廉斯是唯一直言不諱的人，只有他熱情且不間斷地高喊他人拒絕承認或乾脆視而不見的事實。接下來幾年發生的事，更加證明他說的話確有先見之明。

第八章　在那裡，沒有十誡

利奧波德決定將新生剛果自由邦的首都定在港都博馬，博馬鄰近剛果河口，瀕臨大西洋，也是一八七七年史坦利完成橫貫非洲大陸之旅的終點。一八九〇年代初，博馬已完成窄軌路面電車系統，由蒸汽引擎拉動兩節車廂，用來連結繁忙的碼頭、貿易公司倉庫與涼爽的高原地帶。政府機關與歐洲人的官舍位於高原地帶。博馬也以擁有鋼鐵結構的天主教堂、歐洲人專屬醫院、郵局、每逢貴賓到來便以禮炮相迎的軍事基地與一間兩層樓飯店自豪。一天三次——早上六點，中午十一點四十五分與晚上六點三十分——每次大約會有七十五名白人官員搭乘路面電車下山，穿過香蕉種植園，到飯店的餐廳用餐。總督是唯一未前往飯店的歐洲人，他待在自己的維多利亞式宅邸吃飯，這座宏偉的宅邸有圓頂、落地窗與能遮蔽日光的門廊。每年在國王生日那天，當地都會舉辦一系列慶祝活動，例如閱兵、射擊比賽與天主教黑人兒童合唱團音樂會。[1]

儘管擁有宏偉的宅邸，而且有身穿藍色軍服與頭戴紅色土耳其毯帽的黑人哨兵守衛，剛果總督的權力卻遠不如英國、法國或德國的殖民地總督。相較於非洲其他殖民地，剛果政府更多時候是直接聽命於歐洲母國。剛果自由邦真正的總部不在博馬，而是在布魯塞爾的辦公室裡，其中一間辦公室位於王宮，其他則位於王宮的隔壁或王宮對街的官署。剛果的高層與中層官員全由國王親自挑選與晉升，剛果政府的小內閣由三、四名比利時人組成，這些人並不待在剛果，而是常駐於布魯塞爾，直接向國王匯報工作。

利奧波德在非洲廣大領土實施的獨裁統治，與他在比利時愈來愈受到限制的權力形成強烈的對比。利奧波德晚年時，有一回，當他在書房與幾位內閣大臣談話，他的姪子同時也是王位繼承人的阿爾貝王子打開窗戶，一陣風吹進來，把文件吹落到地上。利奧波德要阿爾貝把文件撿起來。「讓他撿，」國王對一名想上前幫忙的大臣說道：「未來的立憲君主必須學會彎腰。」[2]但在剛果，君主沒有彎腰這回事，利奧波德的權力是絕對的。

殖民地最底層的官員由白人擔任，他們主掌了廣大領土的各個區域與河岸哨站；有些人的駐地可能長達幾個月都不會有汽船經過。在內陸地區，很多時候理論與實際會有落差，但至少就規定來看，即使是最底層的哨站站長，每天也會分配到一瓶紅酒，還有大量的英國果醬、丹麥奶油、罐裝肉、湯與調味料，以及來自史特拉斯堡（Strasbourg）費雪公司（Fischer's）的鵝肝醬與其他種類肉醬。[3]

剛果公務員可以獲取的勳章數量繁多，而勳章的等級也反映了帝國殖民統治下急速擴充的身分階序。舉例來說，非洲之星勳章（Order of the African Star）分成六個等級，從最高的大十字（grands-croix），到中間的司令（commandeurs），再到最一般的獎章（médaillés）。利奧波德為了「表彰功績與肯定對王室的服務」，創設了王家獅子勳章（Royal Order of the Lion），這個勳章也分成六個等級。對於與比利時合作的非洲酋長，也有特殊的勳章，依照「服務」程度分成青銅、白銀與黃金。勳章的一面是利奧波德的側面像，另一面則是剛果的國家紋章，紋章周圍有一行字：忠誠與奉獻。

利奧波德剛果的白人官員通常是單身，許多人在當地擁有一個或多個非洲侍妾。但到了十九、二十世紀之交，有些官員開始帶著妻子上任，還沒結婚的官員則會透過知名的英國婚姻介紹所，從歐洲送來郵購新娘。[4]

一八九〇年代，拍攝於剛果偏遠哨站的照片往往呈現出相同的模式。從拉長的影子可以看出已是傍晚時分。照片中兩到三名白人穿西裝打領結，頭上戴著加長帽檐的遮陽頭盔，這種頭盔長得很像倫敦警察所戴的警帽，只是顏色為白色。他們坐在藤椅上，腳邊有一隻狗，背後是一座帳篷或一間茅草屋頂的簡樸房舍，人人臉上帶著微笑。這些人身後站立著毫無笑容的非洲僕役，手上拿的物品充分顯示他們的地位：一個托盤、一條垂掛在手臂上的毛巾、一個準備用來斟酒的酒瓶。酒杯或茶杯放在桌上，象徵家中的舒適愜意。白人總是穿著一襲白衣。

＊＊＊

布魯塞爾的王家敕令，是這類場景背後的支撐力量。一八八五年，剛果自由邦正式成立當天，利奧波德就頒布了第一道也是最重要的王家敕令；這道敕令宣布所有「空地」均為國家所有。但敕令並未定義什麼才叫空地。當然在世界各地，那些「看起來」空無一物的土地通常是刻意放著休耕，把農作物改種在其他地方——尤其是在熱帶地區，因為那裡龐大的雨量很容易導致土壤的養分淋溶流失。

利奧波德想迅速看到成果。因此，無論是空地還是非空地，他都認為自己有權擁有上面生產的所有東西。對利奧波德來說，在野外漫遊的大象的象牙，以及由村民種植供士兵食用的蔬菜，兩者並無區別，都是他的所有物。

然而，利奧波德缺乏足夠資源來對剛果廣大的領土進行充分開發利用，於是他又下了一道敕令，將剛果分成幾個大區塊，然後把大區塊內的「空地」長期出租給私人公司使用。這些獲得特許的公司有股東（不全是比利時人，但大部分是比利時人），也有彼此關係緊密的董事，許多是由剛果高級國家官員兼任。每家公司的股份有一半以上掌握在國家手裡，而所謂的國家其實指的是利奧波德自己。從整個結構來看，利奧波德像極了今日創業投資集團的老闆。他主要是想個方法吸引別人將資本挹注到他的投資事業中，而他可以從中取得半數收益。最後，如果再加上各家公司繳納給國家的各種稅收與規費，利奧波德的獲利實際上超過一半。

但與市場上一般創投資本家不同的是，國王除了投入資金，他還可以部署軍隊與任命政府官員。有了軍隊與官員，利奧波德可以無情地將拒絕他從中分一杯羹的大多數企業趕出剛果。威廉斯在剛果旅行時搭乘的汽船，其擁有者是一家荷蘭貿易公司，該公司在象牙貿易上遭遇剛果政府官員的激烈競爭，對方甚至一度開炮要求他們停船。根據公司的一份歷史文件記載，剛果政府曾經「宣稱某個地區遭到圍困，因此禁止商人進入該區。然而等到圍困解除，所有象牙全不翼而飛」。[5]

與此同時，國王卻仍對外宣稱，他最不在乎的就是獲利。一八九一年的一場國會辯論結束後，利奧波德在給首相的信上表示，「我要感謝首相昨天的仗義直言，對於剛果自由邦敵人的誹謗、對於剛果自由邦涉及各種隱瞞欺騙與謀取暴利的指控，做出了澄清。」他又說，「剛果自由邦絕對不是用來營利的事業。如果剛果自由邦在某些地區蒐集象牙，那也只是為了彌補政府赤字。」[6]

他還說，如果非洲人被找來協助蒐集象牙——誰都不願意看到這種事發生——那也不是為了獲利，而是為了幫助這些愚昧無知的民眾改掉懶散的惡習。每當談到歐洲人掠奪非洲土地時，總是伴隨著原住民懶惰無知的說法，同樣的主張過去也曾用來合理化歐洲人征服美洲。

利奧波德對一名美國記者表示，「為了扭轉一個種族數千年來吃人的習俗，有必要動用各種手段徹底改變他們的懶散習性，使他們認識到工作這件事的崇高神聖。」[7]

一八九〇年代，利奧波德認為最神聖的工作，就是盡可能攫取剛果境內的象牙。剛果政府官員與他們的非洲下屬在剛果各地尋找象牙，他們射殺大象，以低廉的價格從村民手中購買象牙，或者乾脆沒收充公。剛果人獵殺大象已有數百年的歷史，但現在他們卻被禁止販賣或運送象牙給任何人，唯一能購買與獲取象牙的只有利奧波德的代理人。國王在一八九〇年強制推行的佣金結構是一種嚴苛而又巧妙的象牙蒐集方式，日後更成為象牙蒐集的標準模式；由此模式，國王在剛果的代理人，可以依照象牙的市場價值分得一定比例的佣金——不過這一比例是浮動的。如果象牙在非洲的收購價格是一公斤八法郎，代理人可以從比收購價格高出非常多的歐洲市場價格取得六%的佣金。但如果象牙在非洲的收購價格為每公斤四法郎，佣金的比例則爬升到一〇%。[8]這些來自歐洲的代理人因此有很大的誘因迫使非洲人——有必要的話，拿槍指著他們——接受極低的價格。

剛果的獵象人實際上並未獲得任何報酬。他們只拿到少量的諸如布料、珠子一類的物品，或者是黃銅棒，這是剛果境內通行的貨幣。剛果政府禁止非洲人以金錢進行交易。金錢自由流通很可能破壞剛果政府推行的統制經濟（command economy）。

統制經濟的重心是勞動力。起初，國家最需要的是挑夫。與史坦利一樣，任何官員想要繞過河川進入密布叢林的地方——前往蒐集象牙、建立新哨站、平定叛亂——往往需要大量挑夫來運送機槍彈藥、紅酒與肉醬等各種物品。上萬名的挑夫通常領有工資（要是有時也能給予足夠食物讓他們有力氣繼續前進就好了），但其中大部分是被徵召入伍的士兵。甚至連小孩也得工作：一名目擊者說，看見一群七到九歲的孩子，每個人身上扛著二十二磅重的東西。[9]

「一群可憐的惡魔，脖子上鎖了鏈條，扛著我的行李與箱子往碼頭走去，」一名剛果政府官員如實地在自己的回憶錄裡寫道。[10]到了下一站，官員需要更多的挑夫進行長途的陸路運送：「大約有一百人，他們在監督人員面前恐懼地發抖著，監督人員手裡揮舞著鞭子，在他們當中來回穿梭。我們要的是健壯結實、背部寬闊的人，然而這群人多半骨瘦如柴，乾癟得像具木乃伊，他們的皮膚沒一塊是好的……留下很深的傷疤，布滿化膿的傷口……不要緊，他們都可以勝任這份工作。」

河系中急流橫亙的地區最需要挑夫，特別是從港鎮馬塔迪到史坦利潭這條路線，在鐵路鋪設完成前，步行往往需要三個星期。從這條路線往上游走，補給物資可以運送到內陸，往下游走，象牙與其他珍貴物資可以運送到海邊。把拆卸後的汽船搬運到河的上游，是最需要勞力的工作：一艘汽船需要三千名挑夫搬運。[11]以下是一八九六年比利時參議員皮卡德（Edmond Picard）對挑夫隊伍繞過大急流區的描述：

我們一路上不停地遇到這些挑夫……黑皮膚，看起來十分可憐，只有一條骯髒不堪的腰布蔽體，頭髮鬈曲、沒戴帽子的頭上頂著重物——箱子、捆包、象牙……桶子；他們多半看起來病懨懨的，背負重荷，再加上勞累與沒有充足的食物（少許米和一些臭掉的魚乾），使他們萎靡不振；這些可憐的行走女像柱（caryatids），如同長了纖細猴子腿的馱獸，他們五官扭曲，眼睛睜著圓圓地直視前方，一方面是為了專注保持平衡，另一方面則是因為體力耗盡而陷入恍惚。這些人來來去去，人數達到數千人……國家仗著強大的武裝民兵，強行徵召他們，這些人實際上是各部族酋長的奴隸，酋長將這些人交出來，卻侵吞他們的薪水，他們抬起彎曲的膝蓋往前行進，肚子前傾，舉起一隻手臂穩定頭上頂的重物，另一隻手臂拄著長長的拐杖，他們渾身塵土與汗水，像滿山遍野的螻蟻，一列列地前進，如薛西弗斯（Sisyphus）執行著周而復始的任務，他們就算不死在路上，等到旅程結束返回村落，也會在那裡過度工作而死。[12]

被迫長途背負重物的挑夫，死亡的數量特別高。一八九一年，地區長官勒馬里內爾（Paul Lemarinel）徵召三百名挑夫，強迫他們跋涉超過六百英里去建立新的哨站，結果一個人也沒回來。[13]

***

勒弗蘭克（Stanislas Lefranc）是虔誠的天主教徒與保王派分子，他同時也是一位比利時檢察官，被派到剛果擔任治安法官。某個星期日清晨，在利奧波德維爾，勒弗蘭克聽見許多孩子的淒厲叫聲。

勒弗蘭克尋著叫聲來源走去，發現「大約有三十個孩子，其中幾個只有七、八歲，他們排成一列等待受罰，驚恐地看著自己的同伴遭受鞭打。大多數孩子痛苦不堪……他們因為害怕而雙腿亂踢，以致抓住他們雙手、雙腳的士兵，必須將他們抬離地面……每個孩子都要接受二十五下的鞭刑」。[14]勒弗蘭克打聽後得知，前一晚，幾個孩子在一名白人面前笑鬧，這名白人於是下令城裡所有的男孩僕役都要接受五十下鞭刑。剩下的二十五下，要在隔天早上六點鐘執行。勒弗蘭克成功阻止第二次鞭刑，但他也遭到告誡，叫他下次不能再干預行刑。

勒弗蘭克發現利奧波德的剛果使用一種重要的工具，這種工具與汽船、步槍一樣，很快就在剛果人民心中成為白人統治的象徵。席科特（chicotte）是用曬乾的河馬皮製成的鞭子，在切割時會刻意在邊緣留下鋒利的螺旋紋路。通常席科特鞭打的部位是裸露的臀部。一旦被鞭打，就會留下永久的疤痕；超過二十五下，很可能昏迷不醒；一百下或超過一百下的狀況並不罕見，往往會置人於死地。

勒弗蘭克曾多次看到席科特施刑的場面，雖然他曾在比利時出版小冊子以及在比利時報紙上發表文章描述這種刑罰，但似乎未能引起民眾關注。

> 哨站站長挑選受刑人……他們臉朝下俯臥在地，身體顫抖著不停亂動……兩個人，有時四個人，上前抓住他的雙手雙腳，脫下他的棉質內褲……每當行刑人揮動席科特時，可憐的受刑人皮膚上便出現一道血痕，雖然他的手腳被固定得死死的，但他依然驚恐地喘不過氣來，全身不由自主地扭動……一開始鞭打的時候，痛苦的受刑人還能放聲大叫，但不久就陷入昏厥，只能低聲地呻吟……有些軍官更可惡，我自己就曾親眼目睹，當行刑完畢，受刑人起身，整個人還喘不過氣來，他們還要求受刑人必須優雅地行舉手禮。[15]

勒弗蘭克毫不掩飾自己對這種做法的厭惡，然而他的立場卻招來人們的批評，他因此被稱為怪胎或麻煩製造者。當時的總督對勒弗蘭克做出個人評價，「他對自己分內應該知道的事情展現出驚人的無知。一個很平庸的代理人。」[16]勒弗蘭克提到，政府為了不讓他繼續控訴，下令把行刑地點從他的辦公室附近遷移到別的地方。

除了勒弗蘭克之外，為剛果政府工作的歐洲人，幾乎沒有人留下對官方的恐怖行徑感到震驚的書面紀錄。在剛果境內遊歷的白人，無論他們是軍官、汽船船長、政府官員，還是特許公司職員，對於席科特的使用完全視而不見，就跟五十年後成千上萬穿著軍服在納粹與蘇聯集中營裡工作的人一樣。「泯滅人性之人確實存在，」李維（Primo Levi）如此描述自己在奧許維茲（Auschwitz）的經驗。「但他們的數量很少，所以並非真的那麼危險。比他們更危險的其實是……輕易相信而且毫不懷疑地聽從命令的政府人員。」[17]

剛果的政府人員為什麼能對席科特這種刑罰以及其他造成死亡與痛苦的方式無動於衷？當然，一開始的原因是種族。對歐洲人來說，非洲人是低等人種：懶惰、不文明、只比動物好一點。事實上，非洲人最常從事的即是類似動物的工作，也就是被當成馱獸。無論在哪一種恐怖體系裡，執行政策的人員首先必須不把受害者當人看，而維多利亞時代的種族觀念提供了這樣的基礎。

此外，剛果的恐怖也是當局允許的。對白人來說，反抗體制意謂著挑戰提供你一切生計的體制。你周遭的人全都參與這個體制。與體制合作，你可以領到薪水、獲得晉升與得到獎牌。因此，當人們在布魯塞爾、巴黎或斯德哥爾摩看到有人在街上使用席科特時，他會感到震驚，然而一旦換了環境，他就會認為很正常。五十年後，我們在另一個場景聽到這種思路的回聲，擔任納粹索比堡（Sobibor）與特雷布林卡（Treblinka）死亡集中營指揮官的施坦格爾（Franz Stangl）在提到大規模屠殺時曾表示，「說實話，我們已經習慣了。」[18]

在這種體制底下，有一個方式可以幫助政府人員「慢慢習慣這件事」，那就是讓負責人員與實際的恐怖行為稍微維持一點象徵性的距離，使其與受害者之間沒有直接關係。第二次世界大戰結束後，納粹成員接受審判時，往往會以這種象徵性的距離來自我辯護。舉例來說，親衛隊醫生克雷默（Johann Paul Kremer）喜歡用新鮮的人體組織進行病理學研究，他解釋說：

> 病人被放在解剖臺上，此時病人還活著。我走到解剖臺的旁邊，向病人詳細詢問幾個與我的研究相關的問題……等我蒐集完資訊之後，護理人員上前，在病人的心臟附近注射藥物使其死亡……我自己從未執行過任何致命的注射。[19]

「我自己從未執行過任何致命的注射」。雖然在剛果有些白人喜歡使用席科特，但大多數白人會讓自己與這種可怕的刑具保持類似的象徵性距離。普雷莫瑞爾（Raoul de Premorel）為一家在開賽河盆地營運的公司工作，他回憶，「起初我……自行承擔責任，針對前一天所犯過錯似乎已有處以鞭刑之必要的人親自施加懲罰。不久後……我發現指派他人在我的號令下行刑，這樣更好。最好的做法是由非洲領班來懲罰他自己的同胞。」[20]

於是，大多數席科特的鞭刑便由非洲人加諸在非洲人身上。對征服者來說，這麼做還有另一層目的。它能在被征服者當中創造出一個領班階級，就像納粹集中營裡的「囚監」（kapos），或蘇聯古拉格勞改營中的「模範犯人」（predurki）。正如恐嚇人民屬於征服的一環，

強迫他人執行恐嚇也是同樣用意。❶

最後，當恐嚇成為不容置疑的日常命令，有效率地執行恐嚇反而成為一種男子氣概的高尚表現，就像士兵在戰場上看重冷靜一樣。這就是「習慣」的最終模式。舉例來說，一個名叫布里庫斯（Georges Bricusse）的哨站站長在日記裡描述，他曾在一八九五年下令絞死一名偷竊步槍的人：

> 絞刑臺已經架好。繩索已經綁好，但綁得太高。他們把黑人抬起來，把絞索套在他脖子上。繩索纏繞了一會兒，隨即斷裂，黑人在地上扭動著。此時有人對著他脖子後頭就是一槍，行刑結束。我對這一切早已習以為常！回想第一次看到席科特行刑時，我嚇得臉色發白。

❶ 如果部屬的忠誠度不可靠，征服者有時也會採取預防措施。一九〇〇年，在博馬，十八名譁變的黑人士兵被處決時，一位攝影師拍下行刑的場景：判處死刑的叛變者被綁在木樁上，忠誠的黑人行刑隊才剛朝他們一陣齊射。但為了預防黑人行刑隊搖擺不定，博馬所有的白人男性此時已排成一長列，站在跟受刑人與行刑隊均呈直角的位置，每個頭戴遮陽頭盔的白人手裡都握著步槍，隨時準備射擊。（馬卡爾〔Jules Marchal〕挖出這張難得一見的照片，莫雷爾是它最早的使用者，那是在他成為《西非郵報》〔*West African Mail*〕主編之前的事。Marchal 2, p. 116; Marchal 3, p. 39.）

非洲還是有點用處的。現在我可以走入大火之中，就像參加婚禮一樣泰然自若。[21]

* * *

利奧波德在他的廣大領土上推而廣之的控制架構是一種軍事體制。畢竟，沒有軍隊的脅迫，你不可能逼迫一個人離開自己的家園與家人，長達數星期或數月持續搬運六十五磅的重物。能在非洲肆無忌憚地調度自己的軍隊，這讓國王感到特別高興，因為在比利時，他永遠要跟國會議員拉扯對抗，後者並不欣賞他對於興建大型堡壘、增加軍事支出與進行徵兵的熱情。

一八七九到一八八四年，利奧波德派史坦利到非洲標明地界，協助鞏固他對剛果的所有權，並且開始僱用非洲傭兵。一八八八年，利奧波德正式把傭兵組織成公安軍（Force Publique），作為新國家的軍隊。往後十餘年，公安軍的規模擴張到擁有超過一萬九千名官兵，成為中非最強大的陸軍。[22]到了一八九〇年代晚期，公安軍的支出已經占剛果政府全年預算的一半以上。[23]公安軍既是反游擊部隊，也是占領軍，還要承擔公司保安工作。公安軍通常分成小規模駐軍，一般由一到兩名白人軍官指揮數十名黑人士兵駐守在河岸哨站。起初，軍事哨站的數量並不多，但之後快速增長。一九〇〇年，剛果的軍事哨站已有一八三座，到了一九〇八年，更增加到三一三座。

公安軍工作繁忙。國王的新臣民當中有許多是戰士民族，他們不願乖乖就範。有十多個族群起而反抗，掀起大規模叛亂。[24]亞卡人（Yaka）反抗白人超過十年，直到一九〇六年才被平定。喬克維人（Chokwe）反抗了二十年，造成利奧波德軍隊的重大傷亡。波瓦人（Boa）與布賈人（Budja）動員超過五千人在雨林深處進行游擊戰。正如七十年後美國人在越南戰場上使用「綏靖」（pacification）一詞，剛果官方也將公安軍的征討稱為「綏靖偵察」（reconnaissances pacifiques）。

中非在歐洲人抵達之前的歷史，與歐洲本身一樣，充斥著戰爭與征服，即使在利奧波德統治期間，剛果的暴力事件也不完全局限於殖民者與被殖民者之間。由於剛果境內各民族原本就存在衝突，因此公安軍往往能夠設法與其中一個族群結盟來擊敗另一個族群，但與其結盟的族群遲早也會面臨被征服的命運。由於剛果領土幅員廣大，兵力部署容易太過分散，利奧波德的軍隊長官因此明智地採取不斷變換盟友的作戰模式。但無論如何，公安軍強大的火力才是勝利的保證，而歷史是由勝利者寫下的。

不過，即使在勝利者的紀錄中，我們有時還是能看到反抗者奮戰到底的決心。在剛果最南方的卡坦加省（Katanga），桑加人（Sanga）戰士在酋長尼亞瑪（Mulume Niama）帶領下起而抗爭。[25]雖然剛果軍隊擁有大炮，但尼亞瑪的戰士仍英勇抵抗，擊斃一名軍官，擊傷三名士兵。尼亞瑪率領部眾躲進一座巨大的白堊岩洞避難，這座岩洞叫作特夏瑪克勒（Tshamakele）。公安軍指揮官下令在洞穴的三個入口生火，企圖用煙燻的方式逼出叛軍，一個星期後，他派使者向尼亞瑪勸降。但尼亞瑪與手下拒絕投降。士兵們再度生火，而且堵住洞穴達三個月之久。等到部隊終於進入洞穴時，他們發現了一七八具屍體。為了不讓這裡成為殉難者的聖地，公安軍刻意製造山崩，將整個特夏瑪克勒洞穴與尼亞瑪及其屬下的屍體掩埋起來。

另一場反抗行動發生在剛果河近下游急流區的商隊要道沿線。有個名聲極差的國家代理人，叫隆美爾（Eugène Rommel），比利時人，在當地建立了一座哨站，負責招募挑夫把貨物從馬塔迪運送到史坦利潭，整趟路程需要三個星期時間，在一八九〇年代中期，政府每年需要找五萬名挑夫做這份工作。[26]新教傳教士與民間商人僱用挑夫在這條路線運送貨物時，會與挑夫協商薪資，但剛果政府在利奧波德的命令下，卻強制民眾勞動。隆美爾把他的哨站命名為巴卡巴卡（Baka Baka），意思是「捕捉捕捉」。

當地有個名叫恩贊蘇（Nzansu）的酋長帶頭起義，一八九三年十二月五日，他埋伏並殺害了隆美爾，然後放火燒毀隆美爾的哨站。叛軍也焚燒破壞鄰近兩處哨站，造成兩名白人官員死亡，以及幾個官員受傷。然而，恩贊蘇卻沒有攻擊這條商隊要道上的瑞典傳教站穆基姆邦古（Mukimbungu）。相反的，他甚至把一些在道路上發現的遺棄補給物資交給傳教士，並且要求手下歸還從傳教站奪取的物品。傳教士安德森（Karl Teodor Andersson）寫信給瑞典的教會成員：

如果國內的教會朋友看到書信與報紙上提到這裡發生亂事，因而擔心我們的安危，我希望他們能夠放心……卡西族（Kasi）酋長恩贊蘇讓我們知道，他無意傷害我們，因為我們一直是黑人的朋友。但對於政府人員，他卻是見一個殺一個。只要是瞭解這裡情況的人，都不會感到意外。[27]

這場起義行動讓政府感到吃驚，因為通往史坦利潭的重要商路完全斷絕。為了平定亂事，當局派出十五名白人軍官與二百名黑人士兵。幾個星期後，另一名瑞典傳教士伯里森（C. N. Börrisson）在家書中寫道，「叛軍非但沒有逃跑……反而聚集在領袖的村子裡，儘管其他村子都已化為灰燼，他們還是誓死抵抗到底。」[28]

伯里森在信上為叛軍大聲疾呼，因為他們的聲音無法被世人聽見：

種什麼因，得什麼果。追根究柢，政府是這些亂事的真正根源。這些人自以為文明，卻認為自己可以任意處置同類，只因為那些人的膚色與他們不同，這實在是一件非常奇怪的事……毫無疑問，最聲名狼藉的官員就是已故的隆美爾先生。說死者壞話是不對的，但我必須指出一些小事，來證明這場騷亂是合理的……如果民眾拒絕運送補給物資，而且不願意以低於市價的價格賣物資給他，他就會將村子的婦女囚禁起來……他忝不知恥

> 地經過我們的傳教站，綁架我們的女學生……然後對她們做出卑劣的事。某個星期天早上，安德森兄弟與我前往鄰村，協助釋放三名可憐的女性，她們僅僅因為其中一名女性要求隆美爾歸還先前借走的一個石頭水罐，就遭到監禁……
>
> 但這些被囚禁的女性受到什麼樣的待遇呢？有些人獲得釋放……她們的丈夫傾盡所有才得以贖回自己的妻子。有些人則被迫在田野工作，而且還淪為娼妓……這裡最德高望重的人物……流著眼淚、憤懣地告訴我們，他們最近看見有七百名婦女被用鎖鏈拴在一起，送上汽船運往海岸。他們說，「對那些士兵來說，砍掉他們的頭，跟剁掉雞的頭，兩者並沒有差別……」
>
> 因此，當不滿終於浮上檯面時，還有人會覺得驚訝嗎？恩贊蘇，這場叛亂的領袖與刺殺隆美爾的主謀，他只想成為剛果的恩格爾布雷克特（Engelbrekt）與人民的瓦薩（Gustaf Wasa）。恩贊蘇的部眾對他的忠誠，就像當初瑞典人民對恩格爾布雷克特與瓦薩的忠誠一樣。[29]

這位傳教士把恩贊蘇比擬為十五與十六世紀瑞典的兩位愛國者，這兩名貴族領導瑞典農民揭竿起義，推翻外國君主暴政。瓦薩大功告成，被推舉為瑞典國王。恩贊蘇則沒這麼幸運。他與他的戰士跟利奧波德的公安軍對抗了八個月，儘管敵人曾派遣數次喜用焦土戰術的遠征隊伍來討伐他們，恩贊蘇一夥依然斷斷續續頑抗了五個年頭。至於恩贊蘇最後的下場如何，並沒有留下任何紀錄。

***

公安軍所有的軍官與一些士官都是白人，大多數是比利時人，但也有人是來自其他國家。各國的軍隊通常很樂意讓自己的軍士官有數年的時間到海外累積戰鬥經驗。公安軍的基層士兵全是黑人。起初，公安軍主要由來自尚吉巴與英屬西非殖民地的傭兵組成。幾年之後，來自剛果本地的士兵數量迅速超過了傭兵，這些剛果士兵多半是徵召來的。有一些人是自願入伍，一名士兵曾向歐洲訪客解釋，他想「成為獵人，而不想淪為獵物」。[30]軍隊的待遇差，伙食不好，犯了一點小錯就要受到席科特鞭刑伺候，許多人因此想逃離軍隊。初期，軍官耗費大把時間在抓逃兵上。之後，為了防止逃兵，國家開始把新兵送往遠離家鄉的地區駐守。士兵結束七年役期後，他可能要經歷數百到上千英里的路程才能返家，有時候甚至連服役期滿也無法獲准離開。

士兵不滿的情緒經常演變成大大小小的譁變。一八九五年，位於剛果中南部大草原地區的盧盧阿布爾格（Luluabourg）軍事基地爆發第一次大規模譁變。基地指揮官佩爾澤（Mathieu Pelzer）是個臭名遠播的惡霸，他經常對屬下拳腳相向，而且固定對士兵施以一二五下席科特鞭刑。當他的非洲小妾與別的男人上床時，他下令殺了她。[31]有一回，佩爾澤下令處罰一名士兵，但席科特還沒落下，一個名叫坎多洛（Kandolo）的陸軍中士上前奪走了佩爾澤手中的鞭子。[32]反對佩爾澤的暴亂隨即爆發，憤怒的黑人士官紛紛起事，推舉坎多洛擔任他們的領袖。[33]

士兵攻擊、打傷了佩爾澤，佩爾澤逃入樹叢躲藏。但反抗軍找到了他，將他殺死。坎多洛身穿白衣，騎在一頭公牛上，他率領反抗軍前往公安軍駐守的其他哨站，沿途聚攏了愈來愈多黑人士兵，陸續殺害數名歐洲軍官。半年後，反抗軍已控制開賽河大部分地區。反抗軍分散成小股部隊躲藏在樹叢裡，在開闊地帶則四散開來，以此避免與派來鎮壓他們的武力強大的遠征軍正面衝突，甚至有時還能成功擊退遠征軍。一年後，憂心忡忡的公安軍官估計叛軍仍有四、五百人，他們持續召募新兵，而且與反抗政府的各地酋長結盟。總計，鎮壓叛軍讓公安軍損失了數百名黑人士兵與挑夫，以及十五名白人軍官與士官。其中一名軍官是二十六歲的美國陸軍中尉伯克（Lindsay Burke），他來自紐奧良，來非洲還不到一年。一八九七年初，他遇伏身亡，底下的二十七名士兵也遭到殲滅。後來反抗軍領袖坎多洛在戰鬥中重傷死亡，兩名下士揚巴揚巴（Yamba-Yamba）與津普基（Kimpuki）繼續率領反抗軍，並且轉而採取游擊戰；他們一直抵抗到一九〇八年才戰死，整場亂事前後持續達十三年之久。[34]

一八九七年，在剛果的另一端，也就是東北端，爆發了一起大規模譁變，涉及的士兵達到三千人，另有相同數量的挑夫與外國傭兵參與其中。這些人在利奧波德的命令下，被迫連續數月在森林與沼澤中行軍，試圖尋找尼羅河的源頭，最後終於忍無可忍，決定起事。這場戰事持續三年，一隊又一隊效忠政府的公安軍投入其中，在長達六百英里的剛果東部邊境上，沿著一連串湖泊，進入森林與大草原中和反抗軍交戰。反抗軍高舉紅白旗幟，來自不同族群的士兵在這面旗幟下攜手作戰，他們維持軍事紀律，進行埋伏，搶奪公安軍的武器與軍火。同情反抗軍的酋長也伸出援手，包括使用鼓聲警告反抗軍公安軍正在接近。就連公安軍的官方紀錄也承認，在戰爭中，「叛軍展現出的勇氣值得用在更好的目標上」。[35]

揭竿起義後過了兩年，反抗軍已有能力招募二千五百名士兵攻擊要塞據點。公安軍的一隊傭兵，在戰役中從三百人減少到只剩三人。反抗軍一直奮戰到一九〇〇年，最後兩千名反抗軍越過邊境撤退到德國屬地，也就是今日的盧安達（Rwanda）與蒲隆地（Burundi），他們在當地繳械，以換取在那裡定居的權利。

這場歷時長久的譁變，留下一份親眼見證反抗軍後方情況的紀錄，這是利奧波德統治剛果時期僅有的案例。一八九七年四月，反抗軍擄獲一個名叫阿希特（Auguste Achte）的法國神父。阿希特無意間走進叛軍的地盤，他以為自己闖入的「廣大營地」必定屬於公安軍所有，結果發現自己身陷於兩千名叛軍之中。阿希特看見叛軍領袖穿著搶來的金色穗帶軍官制服，腰間也佩戴著搶來的手槍，他感到十分驚恐，心想自己難逃一死。有些叛軍士兵確實對他暴力相向，還告訴他，他們只要看到白人就殺。但反抗軍領袖說服了屬下，他們對白人做出區分，一種是為敵對的剛果政府工作的白人，另一種不是。阿希特提到，叛軍領袖穆朗巴（Mulamba）告訴他，他們會饒他一命，因為「我沒有槍，我傳布上帝的福音，我照顧生病的原住民，最重要的是，我從未打過黑人」。叛軍在詰問十餘名曾經聽過神父布道的年輕非洲人之後，達成了這個結論。

讓阿希特神父驚訝的是，叛軍甚至宰了一頭羊來款待他，為他泡了一杯咖啡，還送他象牙作為沒收他物品的補償，「這樣你在歐洲就不會說我們偷你的東西了」。幾天後，阿希特被釋放。叛軍告訴他，他們已經殺掉了他們的比利時長官，因為那些長官不把他們當人看，他們已經有好幾個月沒有領到薪水，而且士兵與酋長經常因為一點小錯就被鞭打或絞死。他們提到一名白人軍官一天之內槍斃了六十個士兵，因為他們拒絕在星期日工作，另一名白人軍官則是「在席科特鞭刑造成的傷口撒上鹽與胡椒粉，還下令將哨站的病人扔進盧阿拉巴河」。[36]

穆朗巴對阿希特說，「三年來，我心中積累了對比利時人的仇恨，而我強忍著這股怨氣。當我看到我的同胞起而反抗當地的公安軍指揮官達尼斯男爵（Baron Francis Dhanis）時，我高興得顫抖起來：得救與復仇的時刻已經到了。」其他叛軍士兵告訴阿希特，他們推舉穆朗巴擔任他們的國王，以及另外兩個人擔任穆朗巴的副手，他們希望建立一個不受白人統治的獨立國家。這場起義與其他反抗公安軍的事件，其意義不單是士兵因為不滿所發動的譁變，這些行動也為日後一九六〇年代撼動非洲中南部的反殖民游擊戰立下了先驅典範。[37]

***

儘管利奧波德大張旗鼓地頒布敕令禁止奴隸貿易，到訪過剛果的所有遊客中，卻只有威廉斯指出一個顯而易見的事實：在剛果，不僅是挑夫，就連公安軍的士兵也是奴隸。此外，在這個國王親自批准的制度下，白人國家代理人能領到多少獎金，是以他能為公安軍招募到多少士兵來決定。有時候，代理人會向合作的酋長購買人力，酋長會將這些人用鎖鏈拴起來，像貨物一樣交給代理人。（根據一名地區長官留下的紀錄，一八九二年，在某次交易中，邦加大〔Bongata〕的兩名酋長以每人二十五法郎的代價賣掉六名青少年。）[38]剛果政府官員會因為「減少招募支出」而獲得額外獎金——這其實是一種隱晦的邀請，鼓勵直接把人綁走，如此就不用向酋長購買，以減少政府開支。[39]

然而，奴隸制度往往被掩蓋在一些委婉的說詞底下，即使是駐紮當地的軍官，也習慣使用那些說詞表述。一八九二年十月，一個名叫盧梭（Louis Rousseau）的軍官在月報中寫道，「兩艘船……才剛抵達，上面載著連斯（Lens）中士與來自恩格維特拉（Engwettra）的二十五名拴上鎖鏈的志願者；有兩人因為試圖逃跑而掉進水裡淹死。」[40]同年，一名高級軍官也擔憂地表示，事實上，這些「志願者」在抵達公安軍哨站之前，大約會有四分之三的人死亡。為了解決「浪費」的問題，這名軍官建議使用速度較快的運輸船，而且以較輕的鋼製鎖鏈取代較重的鐵製鎖鏈。[41]此外，這個時期的文件也持續提到剛果官員額外多訂購了鎖鏈。一名軍官提到，徵召而來的士兵排成一個縱隊走上狹窄的木橋以渡過叢林的湍流：「當脖子拴著鎖鏈的被解放者（libérés）過橋時，如果其中一人落水，就會拖著其他人一起落水，然後這群人就這樣消失在水中。」[42]

白人軍官與村落酋長商議取得「志願」士兵與挑夫，但有時他們接洽的對象剛好也販售奴隸給非洲東岸的阿拉伯奴隸販子。在來自尚吉巴的奴隸販子當中，勢力最大的是一名相貌英挺、留著鬍子、體格健壯的商人穆賈比（Hamed bin Muhammed el Murjebi），大家一般都稱呼他蒂普（Tippu Tip）。據說他的綽號源於奴隸販子普遍使用的滑膛火槍的槍聲。

蒂普精明而機智，他的財富不僅來自奴隸買賣，也來自象牙交易，他的生意之所以能迅速擴展，完全要歸功於史坦利發現剛果河上游路線。❷利奧波德知道，蒂普的權力與行政能力使他幾乎成為東非實際上的統治者。一八八七年，國王希望蒂普擔任殖民地東部省分總督，以史坦利瀑布作為首府，蒂普接受了，並且安排自己的親戚擔任各個職位。在殖民地成立初期，利奧波德的兵力不足，因此這項交易對他與蒂普都有利。（國王也簽下契約，向蒂普購買數千名奴隸，使其重獲自由，但這些「被解放的」奴隸與其他人很快就發現，他們要真正獲得自由還有一個條件，那就是必須到公安軍服役七年。）雖然利奧波德一直都能成功在眾人面前塑造理想的形象，但身為反奴隸制鬥士卻與非洲最惡名昭彰的奴隸販子密切合作，最終還是在歐洲引起非議。

最後，國王與蒂普分道揚鑣。野心勃勃的剛果東部白人政府官員，不等布魯賽爾高層准許，就對非洲東部的阿拉伯軍閥發動戰役，並且獲得幾場勝利，他們還將戰役美化成對抗邪惡「阿拉伯」奴隸販子的高貴運動。[43]鼓吹殖民英雄主義的文宣，將這場運動提升到此一時期官方神話的核心地位，而這類造神的內容至今仍在比利時傳布。然而，剛果軍隊數年來投入大量兵力對抗的其實是不計其數的非洲人起義，其中包括剛果軍隊自身同袍的叛變。此外，這場名不符實的打擊奴隸販子戰爭一結束，利奧波德立刻安排其中一些人轉任政府官員。

❷ 蒂普提供挑夫給史坦利，史坦利看到這些挑夫身上拴著鎖鏈，雖然心裡存有疑問，卻也知道最好不要追根究柢。史坦利兩次探險，蒂普與隨從都曾伴隨他走過一段旅程。史坦利援救艾敏帕夏的行動不僅遭遇失敗，而且在歐洲受到嚴厲的批評，其中一個原因在於史坦利目中無人地徵用傳教士汽船運送部隊前往剛果河上游。這些傳教士驚訝地發現，他們的汽船不僅用來運送史坦利的士兵，還包括蒂普及其三十五名妻妾。

＊＊＊

被剛果的白人征服者抓走與奴役會是什麼下場？我們可以從一個稀有的實例聽見非洲人對這種經驗的描述。這則故事是由會說斯瓦希里語的美國人卡尼修斯（Edgar Canisius）記錄下來的，卡尼修斯同時也是剛果政府的代理人，意外被一位「名叫伊蘭加（Ilanga）的聰明女性」講述的故事所打動。日後，當卡尼修斯遇見曾抓走伊蘭加的軍官與士兵時，他認為伊蘭加說的都是實情。伊蘭加描述的事件發生在剛果東部，位於尼昂維（Nyangwe）附近，當初史坦利就是在這座城鎮看到大河，後來發現這條大河就是剛果河。以下是卡尼修斯記錄的伊蘭加的故事：

我們的村子叫作瓦尼安都（Waniendo），這是根據我們的酋長尼安都（Niendo）的名字命名的……瓦尼安都是一個大村落，鄰近一條小溪，四周圍繞著種植木薯、玉米與其他糧食的田地，因為我們總是辛勤耕作，因此我們的糧食總是不虞匱乏……我們的國家從未有過戰爭，因此男人除了刀子，根本沒有其他武器……

全村的人都在田裡忙著鋤地，因為正值雨季，雜草長得很快，有人跑到村子裡通風報信，說有一大群人正朝村子走來，他們全戴著紅帽，穿著藍衣，身上帶著槍與長刀，當中還有許多白人，這群人的領袖是奇巴蘭加（Kibalanga，公安軍官米修〔Oscar Michaux〕的非洲名字，他曾獲得利奧波德親自頒授寶劍勳章）。尼安都立即召集村子裡的重要人物到他的屋子裡，並且擂鼓召集村民返回村中。他們在經過漫長的討論之後，最終決定所有村民安靜地回到田裡，收割一些花生、大蕉與木薯讓即將到來的戰士食用，另外也為白人宰殺山羊與家禽。所有的婦女都帶著籃子出去，裝滿東西放在路邊……尼安都認為，只要能提供充足的食物，這些陌生人就會通過這個村子，不會傷害村民。而事情也確實跟他想的一樣……

當白人與他們的戰士離開之後，我們又回到田裡工作，希望他們不會回來；但不久他們又回來了。跟先前一樣，我們拿出大量的糧食；但這一次，奇巴蘭加並未馬上離去，反而在我們的村子附近紮營，他的士兵偷走了我們所有的家禽與山羊，還破壞我們的木薯；但只要他們不傷害我們，我們就不會計較。第二天早上……太陽剛爬過山嶺不久，大批士兵進到村子裡，我們全進到屋子裡坐好。沒過多久，士兵便衝進屋子裡，他們大吼大叫，用槍威脅尼安都。他們進到每一戶人家，把人從屋子裡拖出來。有三、四名士兵到我們家，抓住我，還有我的丈夫歐勒卡（Oleka）與我的妹妹卡廷加（Katinga）。我們全被拉到路上，脖子上套著繩索，然後綁在一起，這樣我們就無法逃走。我們都在哭泣，因為我們知道我們會被帶走成為奴隸。士兵用槍毆打我們，逼迫我們步行到奇巴蘭加的營地。

奇巴蘭加下令將男女分開，每十個人一組綁在一起。當所有的村民全被聚集起來後——我們看到其中有許多人來自別的村落，再加上許多來自瓦尼安都的人——士兵把裝糧食的籃子交由我們運送，有些籃子裡放的是用煙燻製過的人肉……沒多久我們便出發了。我的妹妹卡廷加懷裡還抱著她的嬰兒，因此未被逼迫搬運籃子；但我的丈夫歐勒加必須背一頭羊。我們一直走到下午，然後在一條溪流附近紮營，我們很高興有水可喝，因為我們很渴。我們沒有東西可吃，因為士兵什麼都不給我們……第二天，我們繼續步行，當我們在正午紮營時，我們拿到一些玉米與大蕉，這是從附近的村落蒐集來的，那個村的村民早就已經跑光了。就這樣持續到第五天，士兵搶走我妹妹的孩子，把他扔在草叢裡，任其自生自滅，然後讓她拿著他們從遺棄的村子裡找到的煮菜鍋。第六天，我們因為缺乏食物、長時間步行與在潮溼的草叢裡睡覺，而變得非常虛弱，我的丈夫背著山羊，走在我們後面，他終於承受不住，直接坐在路旁，不願繼續行走。士兵們毆打他，但他還是不願意起來。一名士兵用槍托打他的頭，他倒在地上。一名士兵抓住羊，兩、三名士兵用刺刀捅我的丈夫。我看到鮮血噴濺出來，之後再也沒有看見他，因為我們越過了一座山嶺，他完全從我們的視線消失。許多年輕人都是這樣被殺，而許多嬰兒都被扔在草叢裡等死……十天後，我們來到大河邊……搭上獨木舟，渡河來到了白人城鎮尼昂維。[44]

* * *

即使是孩子也無法逃過利奧波德政權的嚴酷統治。[45]「我認為我們必須建立三個孩童聚集區，」國王於一八九〇年四月二十七日寫道。「一個設在剛果河上游的赤道地區，主要作為軍事用途，由神職人員給予他們宗教指導與職業教育。一個設在利奧波德維爾，由神職人員管理，並搭配一名士兵進行軍事訓練。一個設在博馬，制度跟利奧波德維爾一樣……這些聚集區的目的主要是培養後備士兵。因此，我們必須在博馬、利奧波德維爾與赤道地區建立三座大型軍營……每個軍營可以容納一千五百名幼童與行政人員。」[46]總督遵循利奧波德的命令，於六個星期後指示地區長官，「從現在開始盡全力蒐羅男童」集中到這三個政府設立的聚集區。[47]

幾年之後，天主教傳教士建立了更多的孩童聚集區。剛果的新教傳教士不是比利時人，而且不受利奧波德控制，天主教傳教士則不同，他們大多數是比利時人，是國王及其政權的忠誠擁護者。（聖母聖心會〔Scheut Fathers〕是一個比利時教派，他們甚至用某個大型特許公司的名稱為他們的傳教站命名。）利奧波德補助天主教會大筆資金，有時還會運用財務力量將神職人員——彷彿當他們是士兵——派到他想鞏固影響力的地區。

被傳教士帶來的孩子，理論上來說，都是「孤兒」。但在大多數仍維持傳統生活的非洲本地社會裡，由於有強烈的大家族觀念與氏族紐帶，歐洲概念下的孤兒實際上在當地並不存在。

這些孩子之所以會成為孤兒，往往是因為他們的父母都被公安軍殺害。士兵在各地進行致命的燒殺擄掠之後，通常會將倖存者，包括成人與孩童，交給天主教傳教士。

德沃斯先生（Monsieur Devos）給了我們五個犯人，他們的脖子都被拴著，負責挖掘製磚用的黏土，此外還有二十五名來自伊本博（Ibembo）的工人，負責蒐集木柴〔一八九九年，一名天主教教士向上級做的報告〕……自從上次送來布塔（Buta）的孩子之後，這次又送來二十五個……有時，我們會先為年紀小的孩子施洗，以免他們還沒受洗就死了……七月一日，我們慶祝剛果自由邦的國慶日。八點鐘，我們帶著所有的孩子，並且準備了一面旗幟，站在從峭壁開鑿出來的路梯底下，迎接德沃斯指揮官與他的士兵。在返回傳教站的路上，孩子們走在前面，士兵們跟在後面……做彌撒時……在高舉聖體與聖血的時刻，軍號聲響起，士兵們行舉槍禮！[48]

孩童聚集區通常以席科特與鎖鏈來進行統治。這裡譁變頻仍。如果孩子們在經歷綁架、運送與教育之後還能存活下來，那麼這些孩童聚集區的男性畢業生大多數都將依照利奧波德的指示成為軍人。在利奧波德統治下的剛果，只有這些政府建立的聚集區才設有由政府資助、專供非洲人就讀的學校。

這些身心受創且營養不良的孩子，被硬塞入由政府與天主教建立的聚集區裡，疾病的橫行造成死亡率極高，有超過半數的孩子無法長大成人。[49]而在抵達聚集區之前，會有數千名孩子因長途跋涉而死。一八九二到一八九三年，一支由一〇八名男孩組成的隊伍，被迫步行前往位於博馬的孩童聚集區，只有六十二名成功抵達；而抵達的人當中，有八人在幾個星期後死亡。[50]一個天主教女童聚集區的女修道院院長於一八九五年寫信給剛果高級國家官員，「幾個小女孩抵達時已經病得很重……我們的好姊妹無法挽救她們，但慶幸的是，她們還來得及受洗；她們現在是天堂裡的小天使了，正在為我們偉大的國王祈禱。」[51]

***

儘管有小天使為他祈禱，在國內，偉大的國王依然面臨層出不窮的家庭糾紛。首先，他希望女兒史蒂芬妮成為奧匈帝國皇后，但結果卻是一場災難。史蒂芬妮的丈夫奧匈帝國皇儲魯道夫其實染有酒癮與毒癮。一八八九年某日，魯道夫與情婦陳屍於狩獵別墅，顯然是相約殉情——儘管往後幾年，一直有傳言說是遭到政敵暗殺。無論是哪種情況，史蒂芬妮都不可能成為皇后。利奧波德趕往維也納，比利時內閣也向他致上慰問之意。當時正忙於籌募剛果開發資金的利奧波德回覆說：「遭逢如此災難，你們的問候我們衷心感謝。我們感受到諸位大臣的關懷，也仰賴諸位大臣的慰問以渡過上帝給予我們的可怕試煉。請盡可能協助諾伊斯先生（Van Neuss，剛果政府財務總長）向市場多售出一些股份，這對我來說將是最大的安慰。再一次感謝各位。」[52]

喪夫的史蒂芬妮後來又嫁給一名匈牙利伯爵，對利奧波德來說，他的血統及不上王室；國王提到他的女婿時總是說「那個牧羊人」。[53]就跟對待她的姊姊露易絲一樣，利奧波德從此再也沒跟史蒂芬妮說過話。

除了操心兩個不聽話的女兒，國王還有一個發了瘋的妹妹卡洛塔被監禁在布魯塞爾近郊的城堡裡，她顯然還認為自己是墨西哥皇后。她的新娘禮服、枯萎的花朵與一尊裝飾著羽毛的墨西哥神像仍高掛在牆上。據說她整天都對著一個真人大小、穿著皇室禮袍的玩偶說話。她的種種妄想在坊間流傳，為歐洲各地小報編輯提供了取之不盡的撰寫素材。有一次，卡洛塔的城堡失火，據說她倚靠在女兒牆上對著火焰吼道，「這是不允許的！這是不允許的！」[54]

然而，家庭問題絲毫不影響利奧波德的元氣。他似乎已經認命地接受自己這輩子在家庭生活上注定是可悲的，因此他決定好好地扮演他人生的另一個角色，也就是剛果的國王與最高統治者。一八九〇年代，當他環顧四周，他會發現原本對殖民地毫無興趣的比利時人，此時也開始分享他的征服與榮耀之夢。一連串的殖民美夢，與當時流行的種族想像匯流，甚至形成各種故事，灌輸到校園男童的心靈之中。其中一則故事在描述年輕的比利時陸軍中尉，於鎮壓一八九七年亂事時英勇為國犧牲的光榮事蹟：

> 局勢令人絕望，一切看來已不可挽回。但英勇的考特（De Le Court）卻奮不顧身地衝上前去。他與另外兩名比利時軍官與殘餘的士兵，阻擋了追逐我軍的黑色惡魔……邪惡的黑色人頭從四面八方竄出，露出猙獰的白牙……
>
> 他倒下了……他知道死亡的最終時刻已經降臨……他微笑著，將生死置之度外，他已實現崇高的理想，他想著國王，想著國旗……他希望能再次起身，與那群吶喊的黑色惡魔再戰一場……
>
> 就這樣，年輕的考特英勇地戰死沙場。[55]

這段時期剛好是歐洲的和平年代，許多歐洲年輕男性苦無發洩之地。對於渴望戰鬥的年輕人來說，尤其那種戰鬥是與武器裝備落後的敵人較量，剛果就成了理想的去處。對白人而言，剛果也是一個致富與取得權力的地方。如果當上地區長官，你掌控的領域差不多跟整個荷蘭或比利時一樣大。如果當上哨站站長，你與另一個哨站站長很可能相隔一百英里遠；你可以徵用勞動力、蒐集象牙或其他物品，你可以徵收你想收取的一切稅金，施予你想給予的一切懲罰。即使你的行為過當，也只會遭受微不足道的懲戒。一八九〇年，在大急流區的曼揚加（Manyanga）哨站，哨站站長打死了兩名僕役，卻只被罰款五百法郎。[56]在這裡，真正重要的是將象牙源源不斷地運回比利時。你運回的象牙愈多，你賺得的財富就愈多。「剛果萬歲，再也沒有比剛果更好的地方了！」一八九四年，一名年輕軍官在給家人的信上寫道：「我們擁有自由、獨立與多采多姿的生活。在這裡，你可以享有自由，而不再只是社會的奴隸……在這裡，你可以扮演任何角色!!戰士、外交官、商人！有何不可，你想做什麼就做什麼！」[57]對這種人來說，如同出身卑微的史坦利，剛果提供了一個飛黃騰達的機會。原本注定在歐洲當一名小鎮銀行職員或水電工的人，在剛果卻能成為一個軍頭、象牙商人、獵捕大型獵物的獵人，或甚至擁有三妻四妾。

舉例來說，在比利時小鎮蒙斯（Mons）出生的羅姆（Léon Rom），十六歲就入伍當兵，但因為教育程度不夠而無法成為軍官。[58]之後，他在報關行擔任簿記，但很快就厭倦了這份工作。一八八六年，二十五歲的羅姆前往剛果尋求冒險刺激。當時，整個剛果只有數百名白人，羅姆的晉升非常快速。他不久就當上馬塔迪的地區長官，並且主持了剛果第一對白人夫婦的婚禮儀式。之後，他又短暫擔任法官。由於只有極少數白人卻要負責管理一片廣大的剛果殖民地，因此當地的文職與軍職人員沒有清楚的劃分，羅姆很快就擔負起公安軍黑人部隊的訓練工作。這份工作的薪水也相當優渥；他晉升為陸軍上尉之後，在剛果領的薪水還比在比利時服役的陸軍上校多五〇%。

羅姆贏得許多勳章，他最有名的事蹟是在對「阿拉伯人」的戰役中，曾單槍匹馬進入敵軍堡壘，說服對方投降。根據描述：「羅姆自告奮勇……他不攜帶任何武器，只帶了一名口譯抵達指定地點，然後在那裡看到堡壘中的阿拉伯士兵全都拿槍對準了他們。對方派了一名使者前來，使者手中拿著蘇丹的《古蘭經》作為通行證，引領羅姆進入堡壘。儘管口譯覺得這是陷阱，認為還是不去為好，但羅姆仍堅決直闖敵營。在經過兩個小時的協商之後，他離開敵方巢穴，手裡拿著阿拉伯旗幟，證明對方願意投降。」[59]羅姆自己的描述更加戲劇性：他的口譯嚇得顫抖地說，「長官，他們會殺了你！」[60]但他最終還是靠著「堅定的態度」說服這些狡詐的阿拉伯人。勸說投降的談判過程是否真的如此凶險，我們並不清楚。身為公安軍官的好處之一，就是距離最近的新聞記者有數千英里之遙，因此可以與身邊的人放膽大肆吹噓自己的事蹟。

羅姆不僅軍階步步高升，甚至還取得了學術地位。他每次返回歐洲都會帶上大量的蝴蝶標本，也因此獲選為比利時昆蟲學會（Entomological Society of Belgium）會員。[61]會員的榮銜，加上他的軍官佩劍與軍帽上鑲著的剛果國家之星，種種加諸在他身上的榮譽，與他當初擔任沒沒無聞的簿記相比，可說是天壤之別。

年輕白人在剛果取得財富與榮耀，諸如此類的故事廣泛流傳，然而在這樣的故事背後，卻隱含著別的意義：每個抵達剛果的人不用明說，但心裡都很清楚，你可以把自己的資產階級道德留在歐洲。（我們將看到，羅姆的狀況就是如此。）對當時的歐洲人來說，世界各地的殖民地都可以提供一個逃避現實的出口。吉卜林（Kipling）寫道：

把我送到蘇伊士以東的地方，
在那裡，最好的猶如最壞的，
在那裡，沒有十誡，
每個人皆可以放縱欲望。[62]

與其他大部分殖民地相比，在剛果，遵守十誡的人更少。比利時很小，剛果極大，白人在非洲熱帶地區的死亡率依然高得嚇人。（當局試圖隱瞞實際的死亡數字，但在一八九五年之前，剛果政府代理人的死亡率居然高達三分之一；還有些人是返回歐洲之後，死於在剛果所罹患疾病的後遺症。）[63]為了找到足夠的人員前往瘧疾肆虐的剛果河流域哨站，利奧波德不能只招募像羅姆這樣的比利時人，還必須從歐洲各國招募年輕白人，他以獲取象牙的豐厚佣金來吸引想在短期內發財的人士前往。許多到剛果工作的人，他們的心態就像參與法國外籍兵團（French Foreign Legion）的傭兵，以及想一夜致富而蜂擁至南非與克朗代克（Klondike）淘金的人。對歐洲人來說，剛果同時提供了打仗與致富的機會，就像淘金熱與外籍兵團的結合體。

利奧波德派往剛果的第一批代理人，其中包括許多麻煩人物，這些人要不是婚姻觸礁，就是已經破產，或甚至染上酒癮。當時有一首流行歌曲，充分反映了這些人的心境。一名官員在回憶錄裡描述，當他剛到剛果時，晚上在簡陋的海港旅館裡，整夜都無法入睡，因為旅館酒吧有個喝醉的代理人，不斷地唱著這首歌：

來到這裡的人，
他們搞砸自己的家庭，
他們債臺高築，他們遊戲人間，
一事無成，
他們在某個美好的夜晚，
突然厭倦了身旁的女子。
他們起身，懷抱著惆悵，
前往剛果……[64]

在此同時，剛果的非洲人卻唱著非常不同的歌曲。一位傳教士抄錄轉譯了其中一首的歌詞：

喔，母親，我們多麼不幸啊！……
但太陽將會殺死白人，
但月亮將會殺死白人，
但巫師將會殺死白人，
但老虎將會殺死白人，
但鱷魚將會殺死白人，
但大象將會殺死白人，
但河流將會殺死白人。[65]

第九章　與庫爾茲先生見面

威廉斯憤怒寫下給利奧波德的《公開信》之後過了幾個星期，一八九〇年八月初，他沿著剛果河順流而下，抵達位於史坦利潭的金夏沙（Kinshasa）哨站，結束這趟漫長的回程。威廉斯搭乘的汽船，可能是在史坦利潭上，或者是停靠於金夏沙岸邊時，曾與另一艘準備朝剛果河上游出發的汽船「比利時國王號」交錯而過。比利時國王號是一艘長方形的尾輪船（sternwheeler），頂層甲板設有煙囪與操舵室。如果威廉斯有留意一下那艘船上的船員，他會看到一名體格健壯、留著黑色鬍子的船副，從現存的照片來看，這名船副似乎永遠瞇著眼睛，彷彿熱帶的陽光使他無法睜開雙眼。這名年輕船員剛抵達剛果，在航向上游的路上，他將跟在船長身旁，學習這條河流的一切，為未來親自指揮汽船做準備。

從許多方面來看，這名實習船副就跟當時前來剛果的典型白人一樣：未婚的年輕人，需要一份工作，渴望冒險，過去曾經惹上麻煩。科熱尼奧夫斯基（Konrad Korzeniowski）生於波蘭，在成長過程中，非洲的形象對他來說是充滿未知的朦朧誘惑：「九歲多的時候……看著當時的非洲地圖，我用手指著上面的空白地帶，對我來說，那代表著非洲大陸的未解之謎，我告訴自己……『長大之後，我一定要去那裡。』」[1]科熱尼奧夫斯基年輕時（部分時光是在法國度過）積欠下不少債務，自言曾涉足軍火走私，以及一次試圖自殺的經驗。之後，他在英國商船擔任船副超過十年，在這期間學會了英語，但說起話來始終帶有很重的波蘭口音。一八九〇年初，科熱尼奧夫斯基想尋求船長職位，但未能成功。科熱尼奧夫斯基在倫敦找工作時，當時整座城市都在談論史坦利剛完成的援救艾姆帕夏遠征，這讓他想起兒時想要前往那片異地探險的夢想。於是，他前往布魯塞爾應徵剛果河的工作，當科熱尼奧夫斯基再次回到比利時參加最後一次面試時，正好是史坦利即將結束在布魯塞爾盛會滿檔的行程之際。[2]

在取得新工作之前，從他與別人的一些對話中可以得知，三十二歲的科熱尼奧夫斯基就跟大多數歐洲人一樣，相信利奧波德在非洲的事業是高尚的與「文明開化的」。他向親戚告別之後，即上船前往剛果，他搭乘的這艘船恰巧載運了在剛果鋪設鐵路所需的第一批鐵軌與枕木。如同前往內陸的其他白人，科熱尼奧夫斯基首先必須在一隊黑人挑夫的隨行下，從馬塔迪長途跋涉繞過急流區。當科熱尼奧夫斯基終於抵達剛果河時，他在日記裡密密麻麻地寫下一名認真海員會記錄的內容，他提到淺灘與沙洲，補充燃油的地點，以及原始航行圖未提及的其餘事物。直到近十年後，這位充滿抱負的汽船船長才振筆在紙上成功寫下地圖未能顯示的其他剛果特徵，當然，屆時他是以康拉德（Joseph Conrad）這個名字聞名於世。

康拉德在剛果待了約六個月，他隨身帶著第一本小說《奧邁耶的癡夢》（*Almayer's Folly*）的部分手稿。康拉德擔任實習船副，從史坦利潭往上游的史坦利瀑布航行，整個航程長達一千英里，前後只花了四個星期，在當時可以說相當迅速。沙洲、岩石與淺水處，增添了航行的難度，乾季時往上游航行尤其困難，而康拉德航行時剛好就是乾季。康拉德日後寫道，「剛果河上游的最後一段航程，史坦利瀑布低沉、轟隆的響聲迴盪在夜晚鬱悶的空氣中……我懷著敬畏的心情對自己說，『這裡就是我小時候誇口要來探險的地方。』……我竟已真的抵達兒時白日夢的理想化現實！」[3]

在史坦利瀑布，康拉德與汽船船長都病倒了。康拉德恢復得比較快，因此回程時往下游航行的前半段旅程——由於是順流而下，船隻航行的速度幾乎是先前的兩倍——由康拉德負責指揮比利時國王號。但是在旅程結束後過了幾個星期，康拉德卻解除契約，決定返回歐洲。

苦澀而令人沮喪的現實令康拉德感到幻滅。一開始他就跟公司主管處不好，導致他無法成為汽船船長。其次，在返回下游後，康拉德再度生病，他染上了瘧疾與痢疾，只能待在美國浸信會（American Baptist）傳教站，接受一位蘇格蘭傳教士醫師的治療。[4]康拉德的身體一直很虛弱，嚴重到必須被送回岸邊，而他始終未能恢復以往的健康。最後，康拉德也對在剛果看到的種種白人貪婪與野蠻行徑大為震驚，進而導致他對人性完全改觀。他曾對他的朋友文學評論家加內特（Edward Garnett）說，他在非洲的六個月期間，「腦子完全一片空白」。[5]

康拉德反覆思索了八年，終於將他的剛果經驗寫成小說《黑暗之心》，《黑暗之心》很可能是印行最廣泛的英文短篇小說。身為船副的他在筆記本裡記錄的航海資料——「盧隆加河水道（Lulonga Passage）……北微東轉北北東方向航行。左舷有暗礁。測量水深（英尋）：二、二、二、一、一、二、二、二、二」[6]——從那時至今，多年來再無任何一位曾遊歷剛果河的文學旅行家，能夠寫出超越這段描述的散文：

沿河往上游航行，時光彷彿倒退到世界初創之時，植物在地表肆無忌憚地蔓延生長，巨大的林木統治著這個世界。空蕩蕩的溪流，四周寂靜無聲，還有難以穿越的森林。空氣溫暖、黏膩、窒悶、慵懶。燦爛的陽光下，毫無一絲歡欣的氣息。連綿不絕的水路持續往密林遮蔽的遠處延伸，令人感到陰鬱不安。泛著銀光的沙洲上，河馬與鱷魚並排曬著太陽。寬闊的河水流經無數長滿林木的島嶼。在四通八達的河面上，彷彿置身荒漠之中，完全尋不著出路，一整天如無頭蒼蠅般尋找河道，卻不斷擱淺，你覺得自己被施了魔咒，永遠隔絕於已知的世界之外。[7]

馬洛（Marlow）是《黑暗之心》的敘事者，也是康拉德的另一個自我，他受僱於象牙貿易公司，負責駕駛汽船沿著一條不知名的河流往上游航行，這條河流在地圖上的形狀像極了「一條伸展開來的巨蛇，蛇頭伸進海洋，蛇身呈弧狀環繞著廣大的領土，蛇尾則消失在土地的深處」。[8]馬洛的目的地是某個哨站，公司裡一位優秀、抱負不凡的明星代理人庫爾茲先生（Mr. Kurtz）就駐紮在那裡。庫爾茲蒐集到數量驚人的象牙，但馬洛在路上也聽到傳言，說庫爾茲陷入言語無法形容的野蠻狀態。馬洛的汽船在黑人攻擊下仍成功載走了象牙與病重的庫爾茲；庫爾茲在船上談起自己的宏偉計畫，但他終究還是在航向下游的途中病逝。

儘管只是寥寥幾筆的勾勒描述，庫爾茲的形象卻依然深植於數百萬名讀者的記憶中：這位白人代理人，孤獨地待在大河上游深處，與之相伴的只有他的偉大夢想、他所囤積的大量珍貴象牙，以及他在非洲叢林裡努力闢建出來的私人領地。或許最令我們記憶深刻的是，馬洛在汽船上透過雙筒望遠鏡，瞄到庫爾茲屋子前的欄柱頂端放著看起來像是裝飾用的圓形物體，他仔細一看才發現，每個圓形物體都「黑黑的，乾乾的，癟癟的，眼皮緊閉——柱子頂端的人頭看似睡著了，風乾的嘴唇往內皺縮，淺淺露出一排白牙」。[9]

過去幾年，高中老師與大學教授在課堂上總是援引各種理論來討論《黑暗之心》這本書，其中包括佛洛伊德、榮格與尼采，或者是古典神話、維多利亞時代的純真與原罪；抑或是後現代主義、後殖民主義與後結構主義。歐美讀者似乎無法正視十九、二十世紀之交在非洲發生的種族滅絕，因此在解讀《黑暗之心》時，總是跳脫它的歷史脈絡。我們把它當成超越時空的一則寓言，而忘了它描述的其實是特定時空的一起真實事件。這本書有兩三次被拍成電影，其中最著名的是柯波拉（Francis Ford Coppola）的《現代啟示錄》（*Apocalypse Now*），但該片的背景甚至不是非洲。然而康拉德自己寫道，「《黑暗之心》是親身經歷，與真實情況差別不大（幾乎沒什麼不同）。」[10]無論這本書作為一部文學作品，蘊含著多豐富的寓意，對我們來說，真正重要的是它精準而詳細地描述了「真實情況」：利奧波德統治下的剛果在一八九〇年，正處於飽受剝削肆虐的高峰期。

小說中，馬洛與康拉德一樣，在旅程一開始也必須長途跋涉繞過急流區：「背後傳來的叮噹聲讓我忍不住轉過頭去。六個黑人排成一列縱隊，正辛苦地沿著山路往上走。他們上身直立，頭上頂著裝滿泥土的籃子，他們努力維持平衡，速度緩慢，邁出每一步都會發出叮噹的響聲……我可以清楚看到他們身上的每一根肋骨，他們四肢的關節就像繩索上的繩結，每個人的脖子上都套著鐵製項圈，每個人的項圈都用鐵鏈繫在一起，這些鐵鏈在他們之間發出帶有韻律的叮噹聲。」[11]這些就是負責為利奧波德鋪設鐵路的工人。

幾頁之後，馬洛描述在某個地方，幾個快餓死的鐵路工人在地上緩緩爬行，找地方等死。一路上，他「不時看到有挑夫戴著枷鎖死去，在路旁的長草叢中長眠，身旁通常有一只已經空了、用來盛水的葫蘆，還有一根幫助行走的拐杖」，他還提到有一具「中年黑人的屍體，奇怪的是，他的額頭上居然有個彈孔」。[12]這顯然是康拉德在繞過急流區前往史坦利潭路上實際看到的景象。在一八九〇年七月三日的日記中，康拉德寫道：「遇到一名監督的軍官；幾分鐘後，看到紮營的地方有一具剛果人的屍體。被槍殺的？散發著惡臭。」第二天：「看到另一具屍體倒在路旁，姿勢看起來像是在冥想。」七月二十九日：「今天在路上看到一具綁在柱子上的骸骨。」[13]

在繞過急流區的路上，馬洛也描述民眾逃離住處以避免被強徵擔任挑夫的現象：「這裡的村民很久之前就逃離一空。如果有一大群神祕的黑人，手裡拿著各式各樣的可怕武器，突然出現在英格蘭從迪爾（Deal）到格雷夫森德（Gravesend）沿路上，他們只要看到道路兩旁的鄉下人就抓起來，逼迫這些鄉下人幫他們搬運重物，我相信那裡每片農田與村落的居民都會落荒而逃……我在這裡就看到好幾個被遺棄的村莊。」[14]這些也是康拉德的親身經歷。康拉德跟隨的商隊，裡面的挑夫在路上曾經差點譁變。三年半後，在這同一條路線上，酋長恩贊蘇與他的部屬奮勇起義抗暴，跟公安軍展開曠日持久但注定失敗的激戰。

在描述路上的挑夫隊伍時，馬洛也簡要說明了利奧波德治下剛果的經濟：「無用的棉花、珠子與黃銅線源源不絕地送進黑暗的深處，珍貴的象牙則反向源源不絕地從裡面運出來。」[15]一八九〇年，象牙依然是殖民地最珍貴的商品。「『象牙』一詞響徹雲霄，人們或低語，或嘆息。你會覺得這些人都在對象牙禱告，」馬洛說道。馬洛甚至提到利奧波德的代理人佣金制度：「他們一心渴望自己能被派到哨站工作，在那裡可以取得象牙，這樣他們就能抽取一定比例的佣金。」[16]

康拉德把小說中那位充滿魅力而又嗜殺的核心人物描繪得栩栩如生，這個人或許是二十世紀最著名的文學惡棍。庫爾茲先生的形象顯然受到幾個真實人物的啟發，其中之一是克萊因（Georges Antoine Klein），他是史坦利瀑布某間象牙蒐集公司的法國代理人。克萊因跟小說裡的庫爾茲一樣，身患重病、死於船上，同時間康拉德正駕駛比利時國王號順河而下。另一個性格類似庫爾茲的人物是巴特洛特少校，史坦利援救艾姆帕夏時，曾把遠征隊的後衛隊交給他指揮。如果大家還記得的話，這位巴特洛特後來發了瘋，開始咬人、鞭打人與殺人，最後他也難逃被殺的命運。另一名庫爾茲的原型是比利時人霍迪斯特（Arthur Hodister），他以擁有眾多非洲侍妾與蒐集大量象牙著稱。[17]霍迪斯特由於對當地非洲阿拉伯人軍閥與象牙商人的地盤侵略太甚，最終被逮住並梟首示眾。[18]

然而，康拉德的傳記作家與批評家幾乎全都遺漏了一個其實與庫爾茲最為相似的人物。我們先前提過這個人，他就是愛好冒險犯難的公安軍羅姆上尉。康拉德可能就是從羅姆身上得到靈感，塑造出筆下惡棍的主要特徵：庫爾茲在自己屋子周圍陳列了大量非洲人頭顱。《黑暗之心》裡的「內陸哨站」（Inner Station），也就是馬洛透過雙筒望遠鏡看出去只看到庫爾茲陳列許多皺縮非洲「叛軍」頭顱的地方，那裡是馬洛溯流而上的終點站，相當於現實中康拉德最後抵達的史坦利瀑布。康拉德造訪史坦利瀑布哨站的五年後，一八九五年，羅姆成為這個哨站的站長。同年，一名英國探險家兼新聞記者經過史坦利瀑布，曾描述這個地方在經歷了對非洲叛軍的懲罰性軍事遠征後的景象：「許多婦女與孩子被帶走，二十一顆頭顱被送到史坦利瀑布，羅姆上尉用這些頭顱裝飾他屋子前面的花圃！」[19]這段記述出現在暢銷的《世紀雜誌》（*Century Magazine*）上，即使康拉德沒有看到《世紀雜誌》刊登的這篇文章，當他推崇且忠實閱讀的《星期六評論》（*The Saturday Review*）也在一八九八年十二月十七日刊登相同的作品時，他幾乎不可能沒注意到這段記述。[20]事實上，就在這篇文章刊登的前後幾天，康拉德開始著手撰寫《黑暗之心》。

不僅如此，羅姆與康拉德很可能在剛果見過面。[21]

一八九〇年八月二日，康拉德在另一名白人與一隊挑夫的陪伴下，完成了時間長達一個月從海岸深入內陸的旅程。當他們一行人走到距離位於史坦利潭的金夏沙——比利時國王號正在那裡等候——還有五英里的路程時，必須穿越鄰近的利奧波德維爾哨站。金夏沙與利奧波德維爾起初只有幾棟建築物，屋頂以稻草鋪成，兩個哨站相距只有一個半小時的步行距離。（兩個哨站很快就繁榮擴大並且合併成一座城市，比利時人稱之為利奧波德維爾，今日叫作金夏沙。）當康拉德的隊伍疲憊地沿著河岸邊的小徑前進，穿過利奧波德維爾哨站時，當時那裡的站長就是羅姆。八月二日這天，康拉德並未在日記裡寫下任何東西，另一方面，一向翔實記錄所有襲擊與戰役好為自己爭取授勳機會的羅姆，這一天也沒提到有任何遠征隊經過利奧波德維爾。如果羅姆當時在場，他必定會接待初來乍到的歐洲人，畢竟在利奧波德維爾與金夏沙，只有寥寥數十名白人，而且不是每天都有歐洲人抵達。我們永遠無法知道，如果康拉德與羅姆曾經相遇，兩人有哪些言語與非言語方面的互動。羅姆蒐集了二十一顆非洲人的頭顱，但地點不是在利奧波德維爾，而且那是五年之後的事，然而如果康拉德一八九八年十二月在報紙上讀到羅姆的新聞，他很可能會想起多年前他曾在剛果遇見的那名年輕軍官。[22]

＊＊＊

在所有文學作品中，《黑暗之心》對帝國主義的指控最為尖銳嚴苛，但耐人尋味的是，該書作者卻自認是堅定支持大英帝國的帝國主義者。康拉德很清楚利奧波德對剛果的掠奪是怎麼一回事，他筆下的主人翁庫爾茲在臨終時說道：「恐怖！恐怖！」[23]康拉德的化身馬洛思索「土地的征服——多半意味著把膚色與我們不同、鼻子比我們塌的人的土地奪取過來——如果你仔細看看這當中發生了什麼事，你會發現一切並非如你所想的那麼美好」。[24]然而，同樣是征服，當馬洛提到世界地圖上被塗成紅色的大英帝國領土時，他卻覺得「無論何時，看到地圖上的帝國領土，總會感到高興，因為你知道在那片領土上，確實有建設正在進行」；[25]英國的殖民者把「聖火傳遞到世界各地」。[26]馬洛傳達了康拉德的心聲，康拉德對於接納他的英國懷抱著無止盡的感恩之情：康拉德認為，「放眼全世界，只有飄揚著英國旗幟的地方……才找得到自由。」[27]而在康拉德透過小說揭露歐洲人對非洲財富的掠奪之前，他曾經將自己幾乎所有的積蓄全投資在一個南非金礦上。

換言之，康拉德也受限於他所屬的時空。雖然脈絡不同，但康拉德可以算是馬克．吐溫所說的「白人觀念」的囚徒，他認為「自己比其他野蠻人來得不野蠻」。[28]近年來，《黑暗之心》也遭受一些嚴厲但合理的批評，因為書中描繪的黑人通常講不到幾個字。事實上，他們根本沒有說話：他們咕噥著，他們誦念著，他們發出「蜜蜂似的古怪嗡嗡念咒聲」，[29]以及「狂野而熱情的呼喊聲」；[30]他們連珠炮似地吐出「一堆神奇的字詞，但聲音完全不像人類的語言……像是在應和著撒旦的連禱」。[31]奈及利亞小說家阿契貝（Chinua Achebe）認為，《黑暗之心》真正的訊息是：「遠離非洲，否則後果自負！庫爾茲先生……應該留意這項警告，如此一來，潛伏在他內心的恐怖就不會輕舉妄動，會被緊鎖在自己的巢穴裡。然而，庫爾茲先生愚蠢地讓自己暴露在叢林狂野又難以抗拒的誘惑中，結果你看！黑暗找到了他。」[32]

儘管充斥著維多利亞時代的種族偏見，《黑暗之心》依然是描繪歐洲人瓜分非洲的最偉大作品。❶當馬洛向他的姑姑道別，準備到新公司任職時，「她提到『要讓無知的數百萬民眾擺脫恐怖的生活方式』，她的一席話讓我渾身不痛快。我壯起膽子暗示說，我們公司是去那邊賺錢的。」[33]康拉德的白人同胞前去掠奪非洲大陸，他們卻相信自己是在改善原住民的生活，為原住民帶來文明，他們這麼做完全是基於「高尚的目的」。[34]

一切的幻想全體現在庫爾茲這個人身上。庫爾茲既是殘忍的頭顱蒐集者，也是一名知識分子，還是「科學與進步……的大使」。[35]庫爾茲是個畫家，馬洛曾在中央哨站（Central Station）看到他畫的「一幅小油畫」，畫裡是一名手執火炬的女子。[36]庫爾茲也是詩人與記者，他寫下的作品中，有一份十七頁的報告——「極具說服力……而且文字優美」——是寫給「革除野蠻習俗國際學會」（International Society for the Suppression of Savage Customs）。在報告最後，庫爾茲內心洋溢著崇高的情緒，他用顫抖的手潦草地寫下：「消滅所有的野蠻人！」[37]

藉由庫爾茲知識分子式的自命不凡，康拉德傳神地再現了白人侵入非洲的一個顯著特色：經常藉由筆墨的征服來鞏固槍炮的征服。史坦利沿著剛果河一路屠殺，之後馬上寫了上下兩冊的暢銷書，往後的象牙蒐集者、士兵與探險家，全仿效他的做法——十九世紀晚期，與殖民探索相關的書籍，以及投稿到地理學會期刊、雜誌的數千篇文章，就跟今日美國的《國家地理雜誌》（*National Geographic*）一樣，深受大眾喜愛。彷彿以文字來書寫非洲，是歐洲文明具優越地位的最大明證。此外，庫爾茲的這一面向，更使我們懷疑康拉德創造庫爾茲這個人物，有部分是受到羅姆的啟發。我們已經知道，羅姆是個初露頭角的昆蟲學家。羅姆也是個畫家；當他不蒐集蝴蝶或人頭時，他會繪製肖像畫與風景畫，他有五幅作品留存下來，收藏在今日的比利時博物館。最有趣的是，他也是個作家。[38]

一八九九年，羅姆回到比利時，並且出版了自己的作品。《剛果黑人》（*Le Nègre du Congo*）是一本奇怪的小書——自信、傲慢，而且極為膚淺。短小的各章涵蓋了「一般黑人」、黑人女性、飲食、寵物、原住民醫藥等主題。羅姆也熱中打獵，他曾站在死去的大象上，擺出得意的姿勢供人拍照，而他討論打獵的那一章，篇幅跟討論剛果宗教信仰、死亡儀式與酋長繼承那三章加起來的分量一樣多。

可以想像，羅姆書中的口吻，應該非常類似庫爾茲先生寫給革除野蠻習俗國際學會的報告所呈現的口吻。談到「黑人種族」（la race noire），羅姆說，「愚蠢的產物，他們的情感是粗糙的，熱情是原始的，本能如同野獸，此外，他們驕傲而虛榮。黑人的主要工作，以及他們一生中投入最多的事，是在溫暖的陽光底下，躺在墊子上伸展四肢，就同沙地上的鱷魚一般……黑人沒有時間概念，如果歐洲人問黑人時間是什麼，他會講出一堆蠢話。」[39]

諸如此類的說法還有很多。舉例來說，羅姆提到剛果人被徵召擔任挑夫，他們對這份工

❶ 最大的獲利者利奧波德二世並未出現在《黑暗之心》，卻出現在康拉德後來與福特（Ford Madox Ford）合著的小說《繼承者》（*Inheritors*）中。《繼承者》其中一名主要人物是莫許公爵（Duc de Mersch），他是格陵蘭保護國的統治者。公爵設立了極地復興協會，致力改善愚昧無知的愛斯基摩人的生活，為他們鋪設鐵路、讓他們穿上適當的衣服，使他們享受文明的益處。公爵投資一間英國報社，讓報社報導對他有利的正面新聞，例如他從事的各項「慈善」活動。他表示，「我們保護原住民，我們總是把他們的利益放在最優先的位置。」小說中的格陵蘭富含石油與黃金。（Conrad and Hueffer, p. 165）

作樂在其中。早上隊伍出發時，所有的挑夫鬧哄哄的，每個人都急著「在隊伍中找到自己想要的位置，例如最好能夠跟朋友排在一起，這樣他們就可以交換前一晚做了什麼夢，或是大聊特聊下一站的餐點，通常既多樣又美味。」[40]

羅姆在剛果時，肯定已經開始計劃寫書。羅姆有沒有可能發現康拉德能說完美的法語，因此向他吐露自己的文學夢想？康拉德是否曾在利奧波德維爾的牆上看到羅姆的畫作，正如馬洛看到庫爾茲的畫作一樣？還是說，現實中蒐集人頭的羅姆，與小說中蒐集人頭的庫爾茲，兩人居然剛好都是畫家與作家，其實完全只是出於巧合？我們不得而知。

羅姆與庫爾茲還有幾個奇妙的相似之處。小說中，庫爾茲在內陸哨站深受非洲人的「崇拜」：[41]酋長匍匐在他的面前，眾人像奴隸一樣服從他，還有一個美麗的黑人女子顯然是他的侍妾。一八九五年，一名公安軍中尉在日記裡抱怨另一名軍官，而他描述的狀況跟上述驚人地相似：

他讓自己的代理人「挨餓」，卻把大量食物留給他的黑人侍妾（因為他想擺出偉大阿拉伯酋長的派頭）……最後，他在家裡穿上軍禮服，召集所有侍妾，拿出一張紙，假裝宣讀國王任命自己擔任大酋長的旨意，而哨站的其他白人只是微不足道的嘍囉……他對一名可憐的幼小黑人女性處以五十下鞭刑，因為她不願成為他的情婦，行刑之後，他又將她「賜給」

一名士兵。[42]

重點是這名寫日記的人在描述軍官的所作所為時，他是這麼開頭的：「這個人想當羅姆第二。」

最後，庫爾茲的嗜殺成性，似乎也呼應了羅姆生平的另一個細節。羅姆在史坦利瀑布擔任哨站站長時，總督曾向布魯塞爾報告，表示有些代理人「會因為細故而任意殺人」。他提到羅姆在花圃上擺放人頭的惡名昭彰劣跡，然後又說：「他在哨站前設立了一座絞刑臺，作為永久設施！」[43]

我們不知道當康拉德在一八九〇年經過利奧波德維爾時，羅姆是否已開始實踐那些權力、殺戮與榮耀的美夢，抑或仍處於嘴上談論的階段。無論事實是什麼，《黑暗之心》呈現的道德地貌與位居小說核心的陰暗角色，並非只是小說家的奇想，而是一位目光如炬觀察者的創作，他深刻而精確地捕捉到那個時空的精神樣貌。

第十章　哭泣的樹

一八九〇年七月十二日，倫敦下起大雨，但群眾不顧全身溼透，依然聚集在西敏寺（Westminster Abbey）前。數千名群眾在溼滑的人行道上來回攢動，爭睹顯貴走下馬車，魚貫地從兩列警察隔出的空間步入主教座堂，有前首相格萊斯頓（Gladstone）、下議院議長、大法官、公爵與貴族，以及珠光寶氣的夫人與配戴勳章的將軍。西敏寺裡擠滿了富人與名人，有些人甚至只能站在走道上。

最後，一輛馬車停了下來，眾人引頸企盼的那名男子緩緩下車，他身體虛弱、臉色蒼白，必須倚靠手杖才能行進。史坦利即將完成一件比非洲探險更令他生畏的事。他要結婚了。

新娘多蘿西．坦南特是個性情古怪的上流社會肖像畫家，她原本拒絕了史坦利的求婚。但是，在史坦利艱苦地穿過叢林尋找艾敏帕夏時，坦南特改變了主意。史坦利返回英國之後，坦南特開始寫信給他，內容熱情得令人驚訝。「假設有一塊荒涼、從來沒有開墾過的土地，假設有一天，這塊土地上種植了小麥。如果這塊地會說話，它也許會說：『我從未生產過小麥，我也不生產小麥，我未來也絕不會生產小麥。』然而，小麥其實一直深埋在地底下……我的愛是永不熄滅的火焰，它一開始只是難以察覺的小火花，現在，它已延燒成祭壇的烈火。」[1]

他們真的走到了祭壇前。消息傳開，坦南特畫作的價格暴漲，世界各地的祝賀信函如雪片般飛來。維多利亞女王送給坦南特一個鑲有三十八顆鑽石的墜飾盒，愛迪生（Thomas Edison）送她一部他新發明的留聲機。利奧波德從布魯塞爾派代表達什伯爵（Count d'Aarche）前來擔任史坦利的伴郎。

婚禮當天，史坦利得了胃炎，痛苦不堪，他的胃部黏膜嚴重發炎。他過去也曾得過胃炎，但這次復發或許不是出於偶然。他蹣跚地走過西敏寺走道，典禮過程中，他有時必須坐在輪椅上稍事休息。婚禮結束後，他在旁人攙扶下坐上新婚夫婦搭乘的馬車。在一名騎警的護送下，馬車通過吶喊與推擠的群眾，前方的通道險些被群眾堵住。在宴會上，史坦利走進一間無人打擾的陰暗房間，獨自痛苦地倒在躺椅上休息。他的病直到兩人度蜜月時都未能康復。

史坦利終其一生都致力於贏得旁人的認同，但他卻害怕親密關係。史坦利對於親密關係如此畏懼，以至於研究史坦利最透徹的傳記作家麥克林（Frank McLynn）相信，史坦利婚後從未圓房。他根據的主要是間接證據。多蘿西沒有生下任何子女，儘管她的書信充滿熱情，但她顯然罹患了嚴重的精神官能症。史坦利做了一個最不浪漫的決定，他堅持讓自己的年輕男助理陪他們一起到瑞士度蜜月。史坦利在度蜜月時寫的的日記有幾個段落被墨水塗去，顯然是史坦利死後他的妻子做的。然而，其中有一段文字的末尾清晰可見：「為了取樂，不惜把我當成籠子裡的猴子耍，我不認為這是妻子該做的事。」[2]麥克林認為，史坦利實在太畏懼女性，「當他終於鼓起勇氣去取悅他的妻子時，他還是陷入崩潰，並且坦承自己認為性愛是野獸的行為。」[3]

無論麥克林的推論是對是錯（另一位傳記作家就認為是錯），史坦利充滿痛苦的自我壓抑提醒了我們：這些為歐洲人奪取非洲的探險家，往往不是傳說中那種膽大妄為、虛張聲勢與勇敢進取的人物，相反的，他們的內心充滿不安，總是無法感到快樂，經常過度努力，迫切想逃離過去甚或自己內心深處的某些東西。從經濟層面來解釋帝國擴張，例如尋找原料、勞力與市場，這些因素都說得通，但心理層面的驅策力量也是促成帝國擴張的重要燃料。

史坦利結婚之後，他的探險事業也畫下句點；他現在把所有時間都投入在提高自己的名聲上。史坦利終於打進了上流社會，而他也開始模仿上流社會的作風。他到世界各地演講，在晚宴上致詞，他獲頒榮譽學位，為鐵路動工剪綵，他也接受採訪。他嚴厲斥責懶惰、社會主義、不道德、「普遍的平庸」（general mediocrity）[4]、工會、愛爾蘭民族主義、八小時工作制、女性記者與美國飯店僕役（「缺乏訓練、缺乏紀律、粗魯與沒有教養」）。[5]他被授予爵位並獲選為國會議員。當史坦利到美國與加拿大巡迴演說時，他再度帶上他的年輕助理，他的妻子也帶了自己的母親前往。在兩個人都有人陪同下，史坦利夫婦宛如王室般搭乘一節私人火車車廂，橫貫美洲大陸，車廂裡還放了一架平臺式鋼琴，而這節車廂也被命名為「史坦利號」（*M. Stanley*）。

***

史坦利蹣跚走過西敏寺走道後才過了兩年，另一個人也完成了剛果河的非凡探險。與史坦利不同的是，這個人的旅程廣受尊敬而且不採取暴力手段。謝波德的探險很少有人提及，因為他不符合白人探險家在非洲的傳統形象。首先，他根本不是白人。[6]

諷刺的是，非裔美國人謝波德之所以能前往剛果，部分原因與白人至上主義者阿拉巴馬州參議員摩根有關，摩根先前促成美國承認利奧波德擁有剛果，他希望藉此將美國黑人遷徙當地。摩根與其他支持「送他們回非洲」（send-them-back-to-Africa）的運動成員，長久以來一直想派遣美國黑人傳教士前往非洲，以此作為將黑人送回非洲的第一步。摩根希望這些傳教士可以在非洲建立橋頭堡，讓數百萬名美國黑人也能追隨他們腳步前往非洲，愈快愈好。早在一八六五年——這一年，南方白人蓄奴的希望完全破滅——美南長老會（Southern Presbyterian Church）已經召開大會投票通過，準備開始「從美洲的非洲族裔中招募傳教士，讓他們回到祖先的故鄉，傳布上帝的福音」。[7]

這項計畫直到南北戰爭結束數年之後才得以推動。首先，美南長老會由於支持奴隸制度而與美北長老會分裂，因此不意外的，美南長老會幾乎沒有黑人信眾。儘管如此，像摩根這種死硬派白人種族主義者提出的返回非洲計畫，依然與一些非裔美國人的利益產生交集。雖然很少有黑人想要永久移居非洲，但這不表示當時威廉斯是唯一願意前往非洲工作的美國黑人。謝波德牧師也抱持著與威廉斯相同的企圖心，而且很可能也基於同樣沒有明言的理由：前往非洲或許可以讓他擺脫屈辱的種族隔離措施。

一八六五年，謝波德於維吉尼亞州出生，他曾就讀維吉尼亞州的漢普頓學院（Hampton Institute），這是南方少數供黑人就讀的高等教育機構。之後，他到阿拉巴馬州塔斯卡盧薩（Tuscaloosa）的有色人種神學院（Colored Theological Seminary）進修，畢業之後在蒙哥馬利（Montgomery）與亞特蘭大（Atlanta）擔任長老教會牧師，獲得不錯的評價，人們認為他充滿活力、有熱忱而且有勇氣。有一次，他救了一個溺水的人；還有一次，屋子失火，他衝進屋內，連爬三層樓，救出一名女性，他自己也遭到燒傷。[8]一八八〇年代末，謝波德向美南長老會提出申請，希望派他到非洲進行傳教工作。

此後兩年時間，長老教會一直擱置謝波德的申請：教會當局認為，等找到一名也願意去非洲的白人擔任他的上級，才能准許他前往非洲。最後，在摩根參議員鼓吹下，出現一位也想去非洲的白人傳教士，他是拉普斯利（Samuel Lapsley）牧師，比謝波德小一歲，是摩根以前在法律事務所的合夥人的兒子。雖然一個是奴隸的後代，另一個是奴隸主的後代，但這兩個年輕教士卻一拍即合，於是一起前往剛果。旅途中，經由摩根與桑福德的引介，拉普斯利分別在華府與布魯塞爾獲得哈里森總統與利奧波德國王的接見。謝波德是黑人，因此未能列入接見名單。桑福德堅持拉普斯利在進宮覲見利奧波德時必須戴上絲質禮帽，而拉普斯利跟其他人一樣，也覺得利奧波德是個極富魅力的人。[9]

一八九〇年五月，謝波德與拉普斯利抵達剛果，他們在馬塔迪郊外的傳教站待了幾個星期。當這兩名傳教士招募挑夫與蒐集補給物資，準備啟程繞過剛果河下游河段的急流區時，還有一個人也在這座山腰小鎮的街上做著跟他們一樣的事，這個人就是康拉德。兩個美國人出發後過了十一天，康拉德與他的隨行挑夫隊伍也動身前往史坦利潭。

與史坦利潭以及上游地區有經驗的傳教士商量之後，拉普斯利與謝波德決定在開賽河上游建立美南長老會的第一個傳教站。謝波德獨自前往叢林幾個星期，在那裡招募非洲人擔任幫手；拉普斯利則留在利奧波德維爾的美國傳教站，在這裡他再度與康拉德的路線交會。（這位小說家除了要勇敢面對瘧疾與痢疾，可能還得面對一些福音宣講。拉普斯利寫信回家時提到，康拉德「生病了，他在庭院另一邊的房間裡休養。我坐著……越過果樹與棕櫚樹望向他的窗戶。他是個有紳士風度的人。他桌子上那本英文《聖經》，給予我一個開導他的好機會。」）[10]

兩名年輕傳教士做好準備之後，便沿著開賽河而上。往後幾個月，拉普斯利在家書上經常稱讚謝波德，在美國國內，白人幾乎不可能對黑人有如此的肯定之語。「巴特克人（Bateke）認為，沒有人能像那位『黑白人』（Mundéle Ndom）[11]一樣，這是他們對謝波德的稱呼……他的個性開朗而穩重，擁有高尚的品德與各項優點。我很感謝上帝派謝波德來協助我。」[12]拉普斯利形容謝波德是個「天生的商人……我把大多數的採買工作都交給他去做」。[13]他也誇讚謝波德的吃苦耐勞與狩獵技巧，他提到在遭遇暴風雨時，謝波德成功防止帳篷被吹走，此外，謝波德還曾沿著錨鏈潛入水下十五英尺，讓卡在河底的錨鬆脫。謝波德也曾射殺一頭河馬，他跳進水中，打算用繩子將河馬綑綁起來，卻差點被鱷魚攻擊，因為這隻鱷魚也在打河馬的主意。在他們傳教的過程中，黑人本應是拉普斯利的下屬，但從書信的描述，不禁讓人想起巴里（James Barrie）的劇作《可敬的克萊頓》（*The Admirable Crichton*）。一艘滿載英國上層階級的遊艇在一座小島遭遇船難，足智多謀的管家反而成為眾人的領袖。

謝波德是剛果第一位美國黑人傳教士。當我們閱讀他往後二十年所寫下的書籍、書信與雜誌文章，以及休假期間他於漢普頓與其他地方所發表的迷人演說時，我們會發現這個人跟幾乎所有在他之前造訪非洲的美國人與歐洲人截然不同。他是個貨真價實的基督教福音傳播者，而且他在非洲工作二十年，從未違背自己的職分。他偶爾不免俗地會對「黑暗的異教」，[14]以及「粗野、赤裸、敬拜偶像、充滿迷信與罪惡的野蠻人」表現出高高在上的姿態。但他的語調往往與其他人大不相同。「我一直想在非洲生活，」謝波德寫信給在美國的朋友時說道，「我覺得我在這裡會很開心，而事實上也是如此。」[15]他急切地想融入開賽河沿岸的新環境中：「我們立刻開始學習當地的語言，我們指著東西，然後寫下他們告訴我們的名字。」[16]

他養了幾隻鸚鵡與一隻黑色小猴子當寵物，他還開玩笑地把這隻猴子取名為蒂普，也就是那位非洲阿拉伯人奴隸販子的名字。無論在政治還是宗教層面，他覺得自己就像一個返回故鄉的人，他的聲音也因此變得更加堅定而自信，至於為什麼會如此，他不願冒險深究。他很高興能在「我祖先的國家」[17]與「我的族人」[18]在一起。

一八九二年初，拉普斯利必須前往首都博馬傳教，往後幾個月，就由謝波德獨自待在開賽河地區。當謝波德興高采烈地迎接他以為載著拉普斯利回來的汽船時，結果卻令他大為震驚，他接到的是另一名傳教士的書信：

> 親愛的謝波德弟兄：
>
> 你將驚訝且悲傷地得知，你的朋友與同志拉普斯利牧師，在沿海地區染上膽汁性血尿熱而病倒，並於三月二十六日去世。[19]

美南長老會困窘地發現，他們的新剛果傳教團實際上將由一名黑人來領導，於是他們決定加派白人牧師前往剛果。等到白人牧師抵達的時候，謝波德在當地早已累積多年經驗，而且根據一個比利時商人的說法，謝波德很受「巴庫巴人（Bakuba）的歡迎，因為在所有歐洲人當中，只有謝波德會說他們的語言」。[20]

謝波德在非洲的事業持續茁壯發展。他喜愛打獵，他的演說與力量也擄獲人心。他樂呵呵地宣稱他騎乘的腳踏車是中非第一臺腳踏車。無論黑人還是白人，都被他享受生活的態度所感染。由於他實在太受歡迎，因此當他晚年婚姻觸礁，並且與一名村落女子育有一子時，這些逾矩的行為並未讓教會終止他的傳教事業。[21]他的孩子名叫謝皮特（Shapit），這也是非洲人對謝波德的稱呼。謝皮特也投入傳教事業，負責傳教刊物的印製發行。

不像其他傳教士經常流露出悶悶不樂的神情，照片裡的謝波德看起來頗能自得其樂，他要不是與自己射殺的野獸合影，就是愉快地展示死掉的巨蟒或愜意地彈奏五弦琴。高大健壯的謝波德夾在一群拿著矛與盾的黑人勇士當中，自己手裡也拿著矛。有時他會拿著步槍，站在一排拿著弓箭的男人旁邊，咧嘴而笑。拍照的次數一多，謝波德開始有了固定的拍照姿勢。他戴著白色遮陽頭盔，穿上白襯衫、白領帶、白色亞麻西裝，甚至白色帆布鞋。他抬頭挺胸，手自信地插在腰上，在一群非洲人當中，他的微笑是溫暖而自豪的，甚至讓人覺得他是眾人的老闆。他就像是一名足球隊教練，對外炫耀他的獲勝隊伍。

謝波德傳教的地區剛好與庫巴人（Kuba）居住的地區相鄰。庫巴人是非洲最偉大的一群藝術家，他們製作面具、雕塑、紡織品與雕刻精美的工具；謝波德收藏的庫巴藝術品大多數捐給了他位於維吉尼亞州的母校，而謝波德也是最早引介庫巴藝術讓外界認識的人。謝波德對庫巴人與開賽河地區其他民族做了民族誌紀錄，他寫下他們的祖先神話、儀式與農業生產內容。謝波德也坦言，有些做法——例如活人獻祭或把一些女性當成女巫而加以殺害——確實讓他感到震驚，但他的寫作基本上除了好奇心之外，也對非洲的風俗抱持著同理、尊重的態度，而非像史坦利那樣不加思索地給予嚴厲的批評。謝波德對於庫巴人印象尤其深刻，庫巴人「讓他覺得自己再度進入了文明國度……或許庫巴人的文明源自埃及人，又或者反過來，是埃及人從庫巴人身上取得文明！」[22]謝波德看到庫巴人在儀式上用來飲用棕櫚酒的杯子時，他極感興趣；杯子上雕刻的臉部輪廓，像極了古埃及的工藝品。「這個杯子是用桃花心木做的，」謝波德寫道，「而杯子上面的臉孔似乎證明，他們的傳統是在很久很久以前從遙遠的地方傳來的。」[23]

由於位在剛果內陸深處，庫巴王國因此得以不受來自東岸與西岸的奴隸販子侵擾。庫巴人珍視自己的孤立地位，因此盡一切努力不讓外人進入他們的王國。庫巴人居住的地區完全位於歐洲承認利奧波德有權統治的領土境內，但在殖民地建立初期，利奧波德只是在紙面上對如此偏遠的地區擁有主權。將近十年的時間，比利時商人一直試圖與庫巴王國接觸，卻屢次遭到拒絕，他們送去的禮物也被退回。

一八九二年，謝波德做到了大多數人類學家夢想的事，他成為第一位抵達庫巴國王克塔姆布維基二世（Kot aMbweeky II）宮廷所在地伊富卡（Ifuca）的外國人。[24]國王三令五申，凡是協助外人進入國境者將斬首示眾，因此沒有人敢為謝波德領路。謝波德與一小群非洲人花了三個月的時間，祕密跟蹤象牙隊商，這才找到通往首都的路。謝波德依然穿得一身白，包括白色帆布鞋，與「原本應該是白色的」亞麻西裝，他惋惜地寫道。

憤怒的國王下令將謝波德、他的隨從與協助他的人帶入宮廷，準備將他們斬首。然而國王發現這名入侵者的皮膚是深色的，而且還能說一點庫巴語。眾長老認為，這表示謝波德是神靈的轉世化身。不僅如此，他們還宣稱他們知道這位神靈是誰：祂就是先王梅卡比（Bope Mekabe）。[25]根據謝波德回憶，他其實說不出任何關於那位偉大先王的事蹟，遑論藉此取信他們。❶

造訪庫巴王國是謝波德人生的一個重要成就，而且也為後世學者提供了豐富的資訊寶庫，因為庫巴王國擁有中非地區最完備的政治體制。[26]謝波德在庫巴宮廷待了四個月，他對於自己看到的一切深感興趣並加以記錄，包括宮廷儀式與皇家警察如何處理竊盜與其他犯罪。每當他覲見國王時，僕役都會在地上鋪上豹皮讓他走踏，而國王則坐在象牙寶座上，頭戴以珠子與羽毛裝飾的王冠。

「我愈來愈喜歡庫巴人……」謝波德寫道。「他們是我在非洲所見長得最好看的種族，尊貴、優雅、勇敢、誠實，臉上總是掛著笑容，而且非常好客。他們是赤道地區最精通紡織、刺繡、木雕與熔煉金屬的民族。」[27]謝波德也參與了王國各城鎮酋長與頭目的年度聚會，每個酋長與頭目依次報告他們領域內的出生、死亡、收成與其他事件，而且會跳一段儀式舞蹈。謝波德後來把他的非洲經驗寫成書，書名叫《剛果的長老教會先驅》（*Presbyterian Pioneers in Congo*），但顯然不是長老教會信徒的庫巴人卻成為故事主角。[28] 這部作品的珍貴之處在於，最後幾個尚未受到歐洲影響的非洲偉大王國，它提供了其中一個的樣貌。謝波爾寫道，庫巴人創世神話提到，「他們的始祖，一男一女從天上順著繩索爬下來，他們解開繩索，繩索便收了上去。」[29]

首次造訪庫巴王國後不久，謝波德休假回美國。在返國途中，他受邀到倫敦埃克塞特廳（Exeter Hall）發表演說。由於他曾造訪庫巴王國，而且發現了一座歐洲人尚不知其存在的湖泊，因此獲選為皇家地理學會成員，他是唯一獲此殊榮的長老教會傳教士。學會也將他發現的湖泊命名為「謝波德湖」。在華府，謝波德將庫巴人編織的竹蓆呈獻給克里夫蘭總統；之後，他也送了一根菸斗與一張用棕櫚纖維織成的床罩給老羅斯福。至於國內行程，謝波德在全美各地的學院、大學與教會發表無數次演說，他對非洲的熱情宣傳，吸引了更多黑人傳教

❶ 著名的人類學家萬思那（Jan Vansina）對此有不同的詮釋：在庫巴王室的世系中，並沒有梅卡比這個人，因此他認為庫巴人很可能知道謝波德是誰，他們只是故意奉承他，誘使他透露其他歐洲人有何準備入侵庫巴王國的計畫。（Shaloff, p. 45）

士加入長老教會。其中一位黑人傳教士名叫露西・甘特（Lucy Gantt），她是一名老師，也是一個有天分的歌手，謝波德還是神學院學生時就認識她，後來娶她為妻。此時長老教會在非洲已增設了幾處傳教站，為了補充人員，長老教會派遣更多的白人傳教士前往非洲，而這些傳教站的站長總是由白人擔任。根據在美國出版的美南長老會傳教士官方名冊，謝波德與他招募的新人，他們的名字後面總是注記著「(有色人種)」或「(有色)」。但在非洲，謝波德不覺得自己被貶低為二等公民：他以庫巴國王孩子的名字，為自己的孩子命名：麥克斯—艾莫林（Max-Amalinge）。

庫巴人對於自己目前的生活方式感到滿意，這點並不令人意外，而儘管他們對謝波德相當友善，他們對基督教還是興趣缺缺。謝波德在庫巴王國設立的傳教站，成功改信的例子少之又少。但謝波德在非洲的發現，使他在美國成為家喻戶曉的人物，長老教會因此不敢關閉他在庫巴的傳教站，也不敢將他調職，怕會引起公眾反感。

整個開賽河流域就跟剛果河其他地區一樣，總有一天將受到剛果自由邦的嚴密控制。在謝波德歷史性的造訪過後八年，利奧波德的軍隊終究抵達了庫巴首都並展開掠奪。

***

庫巴首都遭到掠奪，與剛果地區的其他事件一樣，都是由萬里之外的某個發明所觸發。在謝波德第一次動身前往非洲的幾年前，某日，一名留著威嚴白鬍子的獸醫在愛爾蘭貝爾法斯特的家中為兒子修理三輪車。登祿普（John Dunlop）試圖解決一個讓自行車騎士困擾多年的問題：如何能輕鬆騎車而不用忍受顛簸之苦？登祿普終於想出可行的方法來解決這個問題，一個可充氣的橡膠輪胎。一八九〇年，登祿普公司開始生產輪胎，不僅掀起一波自行車熱潮，也催生了一個恰逢其時的新產業，因為汽車時代即將來臨。

從哥倫布在西印度群島注意到橡膠開始，歐洲人就知道這項物質。十八世紀晚期，一位英國科學家發現用它可以擦掉（rub out）鉛筆的筆跡，於是以英文rubber為其命名。一八二三年，蘇格蘭人麥金托什（Charles Macintosh）則因為橡膠貢獻了自己的名字，使其成為一個英文單字（macintosh，雨衣），他想出大量生產的方式，取代了美洲印第安人施行已久的傳統做法：也就是把橡膠塗抹在布料上，這樣布料就能防水。十六年後，美國發明家固特異（Charles Goodyear）不小心把硫磺撒在正在火爐上加熱的橡膠上。他發現，兩者混合之後，即使冷卻也不會變硬，加熱也不會發出惡臭或變得軟黏——先前人們用橡膠製造雨鞋或雨衣時經常遇到這個問題。不過一直要等到一八九〇年代初，也就是登祿普將可充氣的輪胎裝在兒子的三輪車上五年後，全世界才真正掀起了橡膠熱。工業世界不僅需要大量的橡膠輪胎，也希望取得更多的軟管、墊片，以及用來包裹電報線、電話線與電線的橡膠絕緣物，這些線路正迅速延伸到全球各地。突然間，所有的工廠都亟需這種神奇的商品，而橡膠的價格也在一八九〇年代水漲船高。橡膠熱衝擊最大的莫過於赤道雨林地區的民眾，這個地區的野生橡膠藤攀緣著樹木往上生長，幾乎覆蓋了半個利奧波德治下剛果。

對利奧波德來說，這波橡膠熱簡直是上帝的恩賜。他為了投資剛果而債臺高築，但現在卻發現，剛果帶來的收益很可能超過他原先的預期。世界並未喪失對象牙的渴望，但到了一八九〇年代晚期，野生橡膠已遠超過象牙，成為剛果歲入的主要來源。國王急切地盤問從剛果返回的官員，要他們詳細交代橡膠的收穫量，藉此確保他的財富；他閱讀源源不絕傳回的電報與報告，並且在頁緣寫下他的指令，再交給他的侍從官去執行。這段時期利奧波德的信件充斥著數字，包括世界市場的商品價格、貸款利率、運送到剛果的步槍數量、運送到歐洲的橡膠噸數與他計劃用新獲得的利潤在布魯塞爾興建的凱旋門尺寸。[30] 閱讀國王的信件，像是在閱讀一家公司執行長的信件，這位執行長才剛研發出一項能夠獲利的新產品，他必須趕在競爭者啟動裝配線之前搶占市場。

利奧波德憂心的競爭主要來自人工種植的橡膠，這種橡膠不是來自橡膠藤，而是來自橡膠樹。然而，橡膠樹需要悉心照顧，而且需要數年的時間長成，而後才能從樹幹上割取橡膠液。國王貪婪地要求必須從剛果的野生橡膠藤取得更大量的橡膠，因為他知道，一旦拉丁美洲與亞洲的橡膠樹種植園成長到可以採收的階段，橡膠的價格將會大幅滑落。這件事確實發生了，但在此之前，剛果已經享受了將近二十年的野生橡膠榮景。在那段期間，搜尋橡膠藤的工作從無間斷。

與蒐集象牙的人一樣，供應橡膠給剛果國營與民營公司的人是根據上繳數量的多寡來計算酬金。一九〇三年，一名特別「具生產力的」代理人領到的佣金是自己年薪的八倍。[31]但真正鉅額的利潤直接流入了安特衛普與布魯塞爾，在首都，大筆金錢注入布雷德羅街（rue Bréderode）兩側，這條街的一側是王宮後半部，一側是剛果政府辦公室和剛果商業機構所在的幾棟建築。

儘管利奧波德私人控制的剛果政府可以拿走特許公司所獲得利潤的一半，但是這位國王從剛果政府直接利用的土地上所賺取的金錢還遠超過上述利潤。由於特許公司的經營必須對外公開，因此我們可以從這些公司取得較清楚的統計數據。舉例來說，一八九七年，其中一家英比印度橡膠與探險公司（Anglo-Belgian India Rubber and Exploration Company）在剛果以每公斤一・三五法郎的代價購買橡膠，等他們把橡膠運到位於安特衛普的公司總部時，每公斤橡膠的售價有時可以高達十法郎，獲利率超過七倍。到了一八九八年，英比印度橡膠公司的股價已將近是六年前的三十倍。[32]從一八九〇到一九〇四年，剛果的橡膠總盈餘增加了九十六倍以上。[33]到了十九、二十世紀之交，剛果自由邦已成為非洲獲利最多的殖民地。獲利之所以能夠急遽增加，主要因為除了運輸成本之外，收成野生橡膠完全不需要栽種、施肥，也不用對昂貴設備進行資本投資。它只需要勞動力。

勞動力從哪裡來？對剛果的統治者來說，這構成了問題。他們無法直接把人抓來，把他們鎖在一起，然後在監督者拿著席科特的情況下，逼迫他們工作。為了蒐集野生橡膠，這些人必須廣泛分散在雨林裡，而且通常還要爬樹。

橡膠是凝固的汁液；橡膠的法文是caoutchouc，這個字源自於南美洲印第安人的說法，意思是「哭泣的樹」。在剛果，這種哭泣的樹是一種柔軟易吸水的卷枝藤屬（*Landolphia genus*）長型藤蔓。藤蔓的基部粗達一英尺，它會纏繞著樹幹往上攀爬到一百英尺甚或更高的高度以獲取陽光。然後，藤蔓會分枝，沿著周圍五六棵樹木的上層枝葉生長纏繞，蔓延的長度可能達到數百英尺。為了蒐集橡膠，你必須用刀子割開藤蔓，然後在下面吊一個桶子或陶器來蒐集緩慢滴落、濃稠如同牛奶的汁液。你可以在藤蔓上割出一道小切口來取得汁液，或者——官方禁止這麼做，但實際上這種做法相當普遍——直接砍掉藤蔓，這樣可以產出更多的橡膠，但卻會殺死整棵藤蔓。一旦村落附近的藤蔓已經採集一空，工人就必須進入森林更深處，很快的，負責採集的工人至少必須花費一到兩天的時間才能找到完全未被採收過橡膠的藤蔓。當從地面上能觸及的藤蔓部位已被採集一空，工人就必須爬到樹上繼續採集。一名傳教士寫道，「我們……在路上看到一個人，他在採集橡膠時從樹上掉下來，摔斷了背脊。」[34]此外，頻繁的大雨也會使橡膠藤所在的雨林地區變成沼澤地。

無論支付多少飾物或黃銅線，也無法讓人同意連續好幾天待在雨水氾濫的森林裡進行採集工作，這樣的差事不僅辛苦，身體也受不了。採集工人必須讓糖漿般的橡膠變乾，使其凝結，而通常只有一個方法可以做到這點，那就是把橡膠塗在自己的手臂、大腿與胸部上。一八九二年，公安軍官夏爾坦（Louis Chaltin）在日記裡寫道，「前幾次免不了會感到疼痛，因為取下橡膠的時候，身上的毛髮也會跟著被拔除。原住民不喜歡採集橡膠，必須強迫他們去做。」35

要怎麼強迫？漸漸的，有一些消息與流言傳到了歐洲。一八九九年，英國副領事在報告上寫道，「我聽說了烏班吉河上游發生的事。這位軍官的方法是……先搭乘獨木舟抵達某個村落，居民看到他們來總不免四散奔逃；士兵們一登陸就大肆掠奪，他們把所有的雞、穀物等等拿出屋外；之後，他們對居民展開攻擊，直到他們能抓住村裡的婦女；他們以這些婦女作為人質，要求該區酋長必須採集到他們要求的橡膠重量。村民繳納了橡膠，另以每個女人兩頭羊的代價，將她們一一贖回。他們掠奪了一個又一個村子，直到收到足夠數量的橡膠為止。」36

他們綁架作為人質的對象，有時是婦女，有時是孩子，有時是老人或酋長。位於橡膠生產地區的政府或公司哨站，莫不綁架了大批人質丟在柵欄裡等待村民贖回。男性村民如果拒絕採集橡膠，那他的妻子就可能遭到處死。然而，這些婦女也可能在被贖回之前死亡，因為在柵欄裡，不僅缺乏食物，生活條件也奇差無比。一八九五年一月二十二日，公安軍官布里庫斯在日記裡寫道，「上次掠奪恩格維特拉帶回來的婦女，給我惹了一堆麻煩。每個士兵都想找樂子。負責看守婦女的哨兵居然把最漂亮的幾個女人鬆綁，然後強姦她們。」[37]

當然，利奧波德從未宣稱綁架人質是官方政策；如果有人做出這類指控，布魯塞爾當局就會嚴厲予以駁斥。然而在現場，在沒有人窺視的地方，這些人就會露出他們的真面目。綁架人質的指示甚至白紙黑字寫在半官方的指導手冊裡，行政單位發給每位代理人與每個政府哨站的《剛果旅行者與居民指南》（*Manuel du Voyageur et du Résident au Congo*），上面寫得清清楚楚。這部指南分成五冊，從如何讓僕役服從到適當地發射禮炮，所有的事情規定得鉅細靡遺。而綁架人質只是其中一項例行公事：

> 在非洲，要俘虜原住民……是件容易的事，就算原住民躲藏起來，他們也不會遠離村子，他們一定會到村落周圍的菜園找吃的。只要稍加留意，必能抓到幾個手腳比較慢的……當你覺得抓到的人已經夠多了，你可以從中挑選一個老人，最好是老婦人。把她交給酋長，讓她轉告酋長進行協商。酋長希望他的民眾能夠獲釋，通常會決定派代表過來協商。[38]

歷史上很少有這樣的機會，讓我們能看到為第一線執行恐怖統治的人員制定的詳細指示。綁架人質的訣竅規定在指南的其中一冊，標題叫《實際問題》（*Practical Question*），這是由約三十人組成的編輯委員會編纂的。其中一位委員曾在陳列人頭的史坦利瀑布哨站擔任站長，卸任之後，他花了兩年時間編纂這本冊子，這個人就是羅姆。

＊＊＊

綁架人質的做法使剛果不同於其他實施強制勞動的體制。然而撇開綁架人質不談，剛果在其他方面也與實施強制勞動的體制沒什麼不同。例如數十年後出現的蘇聯古拉格也是一種開採原料的奴工體制，跟剛果一樣採取配額制。在西伯利亞，每個犯人每天都被規定要砍伐多少立法公尺的木材與開採幾公噸的金礦；在剛果，配額則是幾公斤的橡膠。獲得特許的英比印度橡膠公司管轄的富庶地帶就位於剛果河巨大半圓形彎道下方，他們規定每個村落的正常配額是一名成年男性每十四天必須採集三到四公斤的乾橡膠——基本上這等於要求這些男性必須全職從事採集工作。[39]在其他地區，配額還更高，而且可能一段時日後會加重。獲得特許的剛果安特衛普商業公司（Société Anversoise du Commerce au Congo）控制了剛果北部的蒙加拉河（Mongala River）盆地，公司人員估計，要達成配額，橡膠採集者必須一個月花二十四天待在森林裡，他們會搭建簡易的籠子睡在裡面，以避免遭受豹子的攻擊，雖然不一定有效。[40]

為了採集位於高處的橡膠藤，有些人無所不用其極，索性將整棵橡膠藤扯下來，大卸八塊，然後榨乾裡面所有的汁液。[41]雖然剛果政府嚴令禁止以這種方式毀壞橡膠藤，但剛果政府也對未能採集足夠橡膠的人處以席科特的刑罰。兩害相權，一般人還是寧可摧毀橡膠藤。有目擊者曾看到，非洲人為了達成配額，甚至連根部都刨開來。

採集橡膠的體制完全軍事化。公安軍駐紮各地，與公司簽下為其提供火力的合約。此外，每個公司都有自己的民兵，美其名為「哨兵」。無論是軍事還是其他層面，公司都是剛果政府的延伸，因此要綁架人質或鎮壓村落叛亂時，公司的哨兵與公安軍的士兵總是一起合作。

只要是橡膠藤的產區，當地人民就會受到嚴格控管。就算只是要到鄰村拜訪朋友或親戚，也必須獲得政府或公司代理人的准許。在一些地區，民眾必須把金屬號碼牌掛在脖子上，這樣公司代理人才能追蹤你是否已經完成配額。大量非洲人被徵召組成勞動大軍：英比印度橡膠公司的橡膠生產量只占剛果的一小部分，但在一九〇六年，英比印度橡膠公司徵召的橡膠採集工人已達到四萬七千人。[42]

沿著河岸，一排排疲憊的工人，頭上頂著籃子，裡面裝著塊狀的灰色橡膠，他們有時要步行二十英里甚或更遠，將橡膠集中到歐洲代理人的屋子附近，歐洲代理人會坐在陽臺上，給工人運來的橡膠秤重。在某個集中點，一位傳教士估計有四百人頂著籃子前來。[43]工人交出橡膠後，這些橡膠大致上會弄成石板的形狀，尺寸相當於一個小型行李箱，然後放在太陽底下曬乾。曬乾之後，橡膠會放在駁船或平底船上，由汽船拖往下游，這是前往歐洲的漫長旅程的第一階段。

一般來說，國家與公司支付給村民的工資，不外乎一塊布、珠子項鍊、幾湯匙的鹽或一把刀子。這些東西有跟沒有一樣，而給他們刀子其實也只是要他們採集更多橡膠。曾出現至少一個下面這樣的例子：某個酋長逼迫自己的民眾採集橡膠，而他獲得奴隸作為報酬。一九〇一年，在史坦利瀑布附近，曾有兩名白人官員發生法律爭端，他們交談的內容被記錄下來。被質問的證人是涼巴（Liamba），他是馬林達村（Malinda）的酋長：

問：奧提歐先生〔公司人員〕是否給你女人或孩子？

答：有的，他給我六個女人與兩個男人。

問：他給你這些人做什麼？

答：我把橡膠運送到哨站，這些人是給我的報酬，他告訴我，我可以吃掉、殺掉他們，或者把他們當成奴隸來使用——一切由我來決定。[44]

***

與開賽河流域相鄰的雨林蘊藏豐富的橡膠，在開賽河流域傳教的謝波德與其他美南長老會傳教士發現自己置身於巨大的災難現場。開賽河流域也是反抗利奧波德統治最激烈的地區之一。[45]一位與政府結盟的酋長派出武裝分子大肆破壞謝波德傳教的地區，他們掠奪與燒毀超過十餘座村落。絕望的難民紛紛湧入謝波德的傳教站尋求協助。

一八九九年，上級要求謝波德深入林間調查衝突的根源，由於這麼做等於要冒生命危險，謝波德雖然百般不願意，但最後只能接受。他在森林發現地面血跡斑斑，村落遭到破壞，還有許多屍體；空氣中瀰漫著腐肉的臭味。謝波德抵達掠奪者營地那天，他的目光被一堆用煙燻烤的東西所吸引。酋長「引領我們來到一個柴火堆，下面小火焚燒著，上面是一堆人的右手，我數了一下，一共有八十一隻」。[46]酋長對謝波德說，「看！這就是我們的證據。我們必須砍掉我們殺害之人的右手，這樣才能向政府證明我們殺掉了多少人。」[47]酋長自豪地向謝波德展示那些已經被砍掉右手的屍體。用煙燻烤可以在炎熱、潮溼的氣候下保存這些右手，因為酋長可能要花數天或數個星期才能將這些右手展示在官員面前，然後得到應有的獎賞。

謝波德偶然間發現利奧波德橡膠體系中最可怕的一面。就像綁架人質一樣，砍手也是刻意制定的政策，就連高級官員日後也承認的確如此。勒梅爾（Charles Lemaire）在退休後回憶說，「我在剛果擔任赤道區第一長官。在提到橡膠問題時，我對政府表示，『要採集區內的橡膠……就必須砍掉手、鼻子與耳朵。』」[48]

如果有村子拒絕採集橡膠，政府或公司的軍隊或者它們的盟友有時會進行屠村，殺雞儆猴。但展開這類行動時，歐洲軍官往往抱持著懷疑的態度。當他們把子彈發放給士兵時，他們要求士兵必須證明他們的子彈打在某人身上，而不是「浪費」在狩獵上，他們更不願意看到的是士兵把子彈保留起來用於可能的譁變。士兵必須提出的證明是砍下屍體的右手。但偶爾他們砍下的右手不是來自於屍體。一名軍官對傳教士說，「有時候，士兵會拿子彈去打獵，卻砍下活人的右手作為證明。」[49]在某些軍事單位，甚至設有「專門保管手的人員」，他的工作就是用煙燻烤那些手。[50]

謝波德既非首位在剛果看到被砍下的手的外國目擊者，也不是最後一位。但他為傳教雜誌撰寫的文章，裡面提到他的恐怖經歷，而這些文章在歐美獲得廣泛轉載與引用，由於他的緣故，海外人士開始將剛果與被砍下的手連結在一起。謝波德公布驚人發現後過了六年，比利時社會主義領袖凡德維爾德（Émile Vandervelde）抨擊利奧波德拿剛果的獲利興建昂貴的公共工程，他在國會表示，「這些紀念拱門，總有一天人們會稱它們為『砍手拱門』。」[51]謝波德的坦言不諱，最終引發當局怒火，屆時，身為律師的凡德維爾德將在剛果的法院為謝波德辯護。但這已不在本書的講述範圍之內。

隨著橡膠恐怖（rubber terror）瀰漫整片雨林，種種恐怖手段也讓民眾留下終生無法磨滅的記憶。五十年後，一位天主教教士在記錄口述歷史時，引用了一個名叫茨旺比（Tswambe）的男子的說法，他提到有一個特別令人痛恨的官員叫作菲維斯（Léon Fiévez），他的恐怖手段令史坦利潭北方沿河三百英里的居民聞風喪膽：

所有的黑人都認為他是赤道地區的魔鬼……你必須將原野上所有被殺害之人的右手砍下來。他想親眼看到每個士兵砍下的手的數量，他們必須把這些手裝在籃子裡帶回來……拒絕提供橡膠的村落會被滅村。當時還是年輕人的我，曾經目睹負責守衛波耶卡村（Boyeka）的菲維斯手下士兵莫利里（Molili），他拿了一張大網套住十個被逮捕的原住民，他在網子裡放了一顆大石頭，然後連人帶石一起推入河中……橡膠造成這些苦難；因此我們不想再提到橡膠這種東西。士兵逼迫年輕人殺害或強姦他們自己的母親與姊妹。[52]

一八九四年，一名公安軍官經過菲維斯的哨站，他提到菲維斯告訴他，附近的村落如果沒有提供他軍隊所需的魚與木薯，他會怎麼對付他們：「我會對他們發動戰爭。我會殺雞儆猴：砍下一百顆人頭，之後就會有大量的補給物資送到哨站。我的目標最終還是人道主義。我殺死一百個人……但饒了剩下五百個人的命。」[53]

像菲維斯這種虐待狂，他不僅制定了砍手與砍人頭的「人道主義」基本原則，還以此自得其樂。姆畢馬（M'Bima）哨站的站長用左輪手槍在非洲人的耳垂上打洞。[54]在開賽河流域工作的代理人普雷莫瑞爾，會對他認為裝病的人餵食大量的蓖麻油。[55]村民為了達成配額重量，於是在橡膠裡加入泥土與沙石，然後上繳給代理人德提亞吉（Albéric Detiàge），德提亞吉發現後，便命他們吃下所有的橡膠。[56]兩名挑夫未到指定的公廁便溺，地區長官維爾杜森（Jean

Verdussen）命令在他們臉上塗糞，並且讓他們在部隊面前遊行示眾。[57]

白人底下的士兵在他們的籃子裡裝滿砍下人手的消息很快傳遍剛果全境，原本是白人之間盛傳黑人有吃人肉的風俗，此時有了戲劇性的翻轉，許多非洲人開始相信白人有吃人肉的習慣。黑人之間流傳，白人屋子裡的醃牛肉罐頭其實裝的不是標籤所寫的動物肉，而是剁碎的人手。[58]

第十一章　祕密的殺人團體

有一回，當利奧波德在柏林與德皇威廉二世觀看閱兵時，他向德皇抱怨王室權威的中落，「我們這些當國王的，除了錢以外，已經一無所有！」[1]此後不久，橡膠將帶給利奧波德超乎想像的財富，但光是剛果還不足以令他滿足。利奧波德幻想建立一個能涵蓋非洲兩條傳奇河川——剛果河與尼羅河——的帝國，並且想像能藉由鐵路來連結這兩條河川。一八九〇年代初，他派了幾支探險隊從剛果河流域出發，前往東北的尼羅河流域。其中一支探險隊宣稱占有位於加札爾河（Bahr-el-Ghazal）的古代銅礦產地，探險隊一方面表示這片礦區為利奧波德私人所有，另一方面又要求剛果政府派出軍隊保護此一礦區。

最終，法國堵住了利奧波德往尼羅河流域擴張的路線，但國王其實已經開始夢想在其他地方建立新的殖民地。利奧波德說道，「我要讓我們的小比利時與六百萬民眾成為廣大帝國的首都。荷蘭、西班牙、葡萄牙正處於衰微，它們的殖民地遲早要出售。」[2]利奧波德還問英國首相格萊斯頓（William Gladstone）能否出租烏干達。

利奧波德隨即無所不用其極地訴諸人道主義情懷來包裝他的帝國計畫。一八九六年，他又向另一位英國首相索爾茲伯里勳爵（Lord Salisbury）提議，把一支蘇丹軍隊交由剛果政府軍官指揮，「用於入侵與占領亞美尼亞，如此可以阻止土耳其人繼續屠殺亞美尼亞人，這起屠殺事件已經在歐洲引起人們的深切關注」，令對方感到很錯愕。[3]（維多利亞女王覺得她的表弟利奧波德是在妄想。）當克里特島發生危機時，他也提議由剛果政府出兵恢復秩序。美國贏得美西戰爭之後，利奧波德建議以法人的名義租賃西班牙剩餘的海外領土，例如大西洋的加那利群島或南太平洋的加羅林群島（the Carolines）。利奧波德還建議，法人可以在「中立」國進行登記，例如剛果自由邦。

然而這些白日夢並不妨礙利奧波德持續努力經營自己的主要收入來源。他小心翼翼地不讓外界知道剛果的獲利持續上升，以免比利時政府催促他償還鉅額貸款。在利奧波德想方設法的推託下，剛果政府遲遲沒有公布預算。即使最後仍免不了，剛果政府提出的歲入數字也大幅低於它的實際獲利。[4]

能夠控制自己的國家的好處之一，就是可以發行國債。國債最終為利奧波德帶來足以與橡膠相提並論的收入來源。利奧波德發行的國債價值總計超過一億法郎，相當於今日的五億美元。[5]有些國債被他賣掉了，有些國債他送給了親信，有些國債他繼續保留作為個人的投資組合，有些國債被他用來代替現金以支付比利時的公共工程計畫。由於國債的期限長達九十九年，利奧波德知道償還本金將會是別人的問題。國債募集而來的資金按理應該用於剛果的發展建設，但實際上用在這方面的資金少得可憐。

利奧波德更喜歡在歐洲花費自己從國債取得的資金與從剛果得來的橡膠利潤。利奧波德精明且野心勃勃，然而他的品味卻極其庸俗乏味，他揮霍自己取得的鉅額新財富的方式，少有足以留名青史的成就，頂多是留名旅遊指南。利奧波德在比利時各地興建一連串的紀念碑、新的宮殿側廳與展覽館。在他最喜愛的海濱度假勝地奧斯坦德，利奧波德花了數百萬法郎興建步道、幾座公園，並且在他常去的賽馬場外圍興建觀眾席，然後又在觀眾席增建精心設計的角樓（開幕時還擺上八萬五千朵天竺葵作為裝飾）。橡膠的收入也用來在克倫斯克爾克（Klemskerke）近郊興建高爾夫球場，在拉佛西德（Raversijde）興建王家度假小屋，此外也不斷翻修與擴建拉肯城堡。利奧波德大肆宣揚自己將上述財富捐給了國家，並且將此舉稱之為「王室恩賜」（Royal Gift），但實際上他仍跟過去一樣繼續居住在這些城堡與宮殿裡。利奧波德贈予「王室恩賜」的真正用意，除了想讓國家負擔這些地產的維護費，也為了讓三個女兒得不到這些財產，因為根據比利時法律，利奧波德死後，他的個人財產都將由三個女兒繼承。

一八九五年，利奧波德六十歲，隨著年紀漸長，他成了一名疑病症患者。侍從官只要一咳嗽，就會被要求接下來幾天的時間不能靠近他。他總是擔心自己感冒，因此在雨天出門時或者在海中游泳時，他總是會為自己的鬍子戴上防水袋。他要求宮裡的桌布必須每天煮沸殺菌。[6]

利奧波德不旅行的時候，大多數時間都待在拉肯城堡。他很早起床，洗冷水澡，修剪自己的大鬍子，接收電報，閱讀清晨的郵件，然後吃一頓極其豐盛的早餐——六顆水煮蛋、一大塊烤肉與一整罐柑橘醬。一天之中，大部分時間他都會在自己喜愛的花園與溫室來回走動，他會一邊走路一邊讀信，也會一邊走路一邊口授回信內容；所以他的祕書必須學會一邊走路一邊寫字。午餐時間是半個小時，不多也不少；國王一邊吃飯，一邊閱讀報紙與信件，有時會在信件的邊緣潦草地寫下指示，他的字跡幾乎難以辨認，幕僚每天都要花上好幾個小時焦急地辨識。其他王室成員與國王同桌吃飯時，必須全程保持緘默。

下午，國王乘車前往位於布魯塞爾鬧區的皇宮接見官員與訪客，晚餐時間則返回拉肯城堡。國王一天中最重要的時間就是倫敦《泰晤士報》送到的時候。每天下午，從奧斯坦德開往巴塞爾（Basel）的快車在經過位於拉肯城堡的利奧波德私人火車站時，某人會把當天早上的報紙仔細包裹之後丟進站內。男僕會把《泰晤士報》熨過一遍，理由還是為了殺菌，晚間，國王會在床上閱讀報紙。（日後，當《泰晤士報》也跟其他批評者一樣對國王不假辭色時，利奧波德一氣之下宣布他要退訂《泰晤士報》。但他還是偷偷派他的貼身男僕每天到布魯塞爾火車站買《泰晤士報》。）

利奧波德之所以鍾情於《泰晤士報》，或許因為這是一份為大國而非為小國撰寫的報紙。無論如何，利奧波德對殖民地的渴望依然無遠弗屆。一八九七年，他把從剛果獲利的資金投資於中國的鐵路上，結果賺進一大筆錢。他看待中國，就如同他過去看待「令人垂涎的非洲蛋糕」一樣，是一場必須入座的宴席，而他已經準備好要邀請自己上桌。提到他希望爭取的鐵路路線時，利奧波德說道，「這是中國的脊梁骨；如果對方把這條路線交給我，我也能分幾杯羹。」[7]利奧波德試圖安排一場交易，把中國勞工找來剛果工作，讓剛果士兵到中國駐紮，這樣他就能擁有一個可以打開中國門戶的軍事立足點，就像其他西方強權在遠東地區進行的巧妙操作一樣。利奧波德以剛果自由邦的名義在中國購買了幾處面積不大的土地。當利奧波德派剛果代表團——當然全是由比利時人組成——與中國協商時，中方代表李鴻章假裝驚訝地說：「難道是我搞錯了，非洲人難道不都是黑人嗎？」[8]

***

回到剛果，橡膠的繁榮景氣使剛果的建設工作更加急迫：要鋪設從馬塔迪通往史坦利潭的窄軌鐵路，中途還必須繞過大急流。這項計畫必須有六萬名工人同時投入進行。雖然這條路線長度只有二四一英里，軌道的寬度也幾乎只有美國標準軌的一半，但氣候、疾病與地形的限制，使這項工程成為史上最令人望之卻步的建設計畫。一開始的十四英里，竟花了三年時間才完成。初期對這個險惡地形進行測量的人員表示，這個地區「堆疊著巨大石塊，在某些地方，彷彿有巨人向彼此丟擲岩石一般，讓石塊愈堆愈高」。[9]整條路線需要九十九座鐵橋，鐵橋的總長度超過十二英里。[10]

鐵路工人來自英國與法國的海外領地，如西非、香港、澳門與英屬西印度群島。利奧波德仍不放棄將中國工人引進到剛果的想法。「在剛果建立五個大型中國村落要多少錢？」[11]他曾寫信問一名侍從官，「一個在北部，一個在東北部，一個在東部，一個在南部，還有一個設於馬塔迪與利奧波德維爾之間。用兩千名中國人來標記我們的邊界，這樣要多少錢？」五個中國村落的想法並未實現，但利奧波德的夢想卻讓一八九二年前來剛果修築鐵路的五百四十名中國人大多數丟了性命。有三百名中國人在工作時死亡或逃入叢林之中。脫逃者從此再也沒出現，之後則有少數人在五百英里外的內陸地區被尋獲。這些人朝著太陽升起的地方前進，企圖前往非洲東岸，從那裡乘船返回家鄉。[12]

來自加勒比海島嶼巴貝多（Barbados）的數百名工人顯然被告知他們是受僱到別的地方工作；一八九二年九月，當他們的船在博馬靠岸時，他們才知道自己到了剛果，工人群情激憤開始暴動。士兵對他們開火，擊斃兩人，更多的人受傷；其餘的人在同一天被送到鐵路線末端開始鋪設鐵路。

這條鐵路在工程上的成就並不顯眼，卻帶來嚴重的人道災難。鐵路工人遭受意外、痢疾、天花、腳氣病與瘧疾，惡劣的食物與兩百名鐵路民兵的無情鞭打更讓他們苦不堪言。火車頭出軌；裝滿炸藥的貨運車廂爆炸，工人被炸個粉碎，無論白人、黑人都無法倖免於難。有時候，工人甚至沒有遮風蔽雨的地方睡覺，不聽話的工人還必須戴上鎖鍊工作。來自歐洲的工地領班與工程師可以解約返國，這種狀況一直是常態，但黑人與亞洲工人卻無法解約。早上，當軍號響起，憤怒的工人會把夜裡死掉的工人屍體抬到歐洲長官面前以示抗議。

非洲其他地方一直流傳著一個比喻，鐵路沿線的居民口耳相傳，每製造一個輪胎，就要奪去一個非洲人的性命，每立起一根電報桿，就要死一個歐洲人。[13]即使是美化過的官方數字，興建鐵路仍有一三二名白人與一千八百名非白人死亡。有些估計顯示，最初兩年死亡的人數是最多的，非白人的死亡人數每年接近一千八百人。死者的墳墓就散布在鐵路沿線。[14]工人不斷嘗試逃亡；來自獅子山（Sierra Leone）的三百名工人揮舞鐵鎚、鐵鍬與鶴嘴鋤衝進馬塔迪港，試圖搶奪碼頭邊的船隻返回故鄉。從尚吉巴僱來的守衛手持棍棒將他們趕回去。[15]其他工人要不是持續罷工，就是逃往鄰近的葡萄牙領地。

一八九八年，也就是鐵路工程開始興建的八年後，首班車由短小矮胖裝飾著旗幟的蒸汽火車頭，拉著兩節車廂，從馬塔迪沿著窄軌一路開往史坦利潭。一頂巨大的帳篷，外圍擺滿了花卉，等待著火車抵達；國家官員、軍事人員、鐵路官員與主教，在宴席上暢飲香檳，祝賀利奧波德政躬康泰。現場冠蓋雲集，眾人儀式性地鬥上最後一根鐵軌，然後是二十一響禮炮，史坦利潭上的汽船紛紛鳴起了汽笛。官員在被鐵路線取代的舊商隊路線上豎立了紀念碑：

三個真人大小的挑夫銅像——一名挑夫頭上頂著一個大箱子，另外兩名挑夫氣喘吁吁地倒在他身旁。紀念碑的碑文寫著：「鐵路解除了挑夫的重擔。」至於是誰讓這些人成為挑夫卻隻字未提。

雖然一路上的髮夾彎與陡坡使這條單程路線需要兩天的時間才能抵達，但鐵路確實大大提升了國家的力量與財富。十九、二十世紀之交，剛果橡膠年產量達到一千一百萬磅，這些橡膠運抵史坦利潭之後，毋須再花三個星期由挑夫頂在頭上運送，而是直接從碼頭利用鐵路運往海邊。[16]過去汽船要繞過急流區必須先拆卸成好幾個部分，然而對挑夫而言，這些零件還是過於巨大，鐵路通車之後，可以輕鬆將汽船從海邊運往史坦利潭。利奧波德維爾很快就成為中非最繁忙的河港城市，五百噸以下汽船的母港。附近河面上的一艘明輪船，六十噸的「巴黎號」（*Ville de Paris*），原先還是塞納河上的一艘遊覽船。

***

利奧波德對於剛果境內的外國人一向感到忌憚，除非這些人受僱於剛果政府或者為鐵路這類公共建設工作。此外還有一群人特別讓他煩心，那就是數百名外國的新教傳教士，包括謝波德與他的同事。這些傳教士幾乎全來自英國、美國或瑞典，剛好都是利奧波德刻意交好的國家。傳教士來剛果傳福音，反對一夫多妻制，而且試圖灌輸非洲人維多利亞時代的罪惡感。❶然而沒過多久，因為橡膠恐怖蔓延，導致傳教士很難找到可以穿上衣服的身體或是可以拯救的靈魂。恐懼的村民只要看到地平線出現汽船的黑煙，就嚇得躲進叢林裡，幾個星期不敢出來。一名英國傳教士屢次被非洲人追問，「你對我們說的救世主，祂有辦法讓我們逃過這場橡膠災難嗎？」[17]傳教士發現他們自己竟意外成為戰場上的觀察員，這是他們想都沒想過的角色，謝波德絕非唯一的見證者。一八九四年，一名瑞典傳教士記錄了一首絕望的剛果歌曲：

我們已經厭倦活在這個暴政底下。
我們無法忍受自己的妻兒被帶走
遭受白人的野蠻暴行。
我們要發動戰爭……
我們知道自己會死，但我們願意赴死。
我們願意赴死。[18]

由於傳教士的目擊與紀錄，從一八九〇年代中期開始，利奧波德不得不面對零星的抗議，包括謝波德寫的文章，裡面提到被砍掉的手與被屠殺的非洲人。然而這些批評者在一開始未能引起公眾注意，因為他們處理公關的技巧遠不如國王嫻熟，利奧波德知道如何善用自己的魅力使公眾忽視那些對他的批評。

起初，利奧波德鼓勵傳道會直接跟他對話，他親自向一名法國教士提出要求，希望他們「不要訴諸媒體，因為那樣做總是令人不悅」。[19]接著他有技巧地一面做出承諾，一面提出威脅。在與傳道會領袖交好的同時，利奧波德也不忘提醒他們，剛果政府有權對他們徵稅，也有權拒絕他們成立新的傳道會。謝波德所屬的美南長老會就因為遲遲無法在剛果取得土地，以致成立不了新的傳道會。

一八九〇年代晚期，利奧波德最強有力的批評者或許是瑞典浸信會傳教士施約盧姆（E. V. Sjöblom），一八九六年，施約盧姆向所有願意聆聽的人發言，並日在瑞典的報章雜誌撰文，詳細揭露剛果的橡膠恐怖慘況，他的陳述被其他國家的報紙引用。

隔年，在倫敦一場公開會議上，施約盧姆提到非洲公安軍透過蒐集到的手掌數量來獲取

❶ 一位政府高級官員在巡視剛果河畔的城鎮烏波托（Upoto）時，驚訝地在日記裡寫道，一名英國傳教士居然要他下令，「要所有原住民穿上衣服（!:）」（Emile Wangermée, journal, 31 Jan. 1899，引自 Lagergren, p. 294 fn.）

報酬。「有人告訴我，他親眼在一處哨站看見剛果軍官根據士兵帶來的手掌數量支付黃銅棒（當地的通貨）。還有一名士兵告訴我……『軍官答應我們，如果我們帶很多手掌過來，他會縮短我們的役期。我已經上繳許多手掌，我想我的兵役很快就會結束。』」[20]剛果政府官員除了在剛果威脅施約盧姆，也在比利時與英國的報紙進行反擊。

利奧波德另一個知識廣博的對手是伯恩（H. R. Fox Bourne），伯恩是原住民保護協會的祕書，原住民保護協會十年前選舉利奧波德擔任榮譽會長，之後逐漸覺醒。據說利奧波德曾數度拜訪《泰晤士報》在倫敦的辦公室，希望說服《泰晤士報》不要刊登伯恩的文章。[21]

然而，利奧波德對外卻擺出居於道德制高點的姿態，表示自己對於那些關於他領地內種種不義罪行的報導深感震驚。大多數的指控，利奧波德都能全身而退，因為這些指控針對的都是對非洲人犯下的殘酷暴行。然而到了一八九五年，利奧波德在歐洲首度面臨真正的麻煩，一位英國記者吃驚地寫下，某個極為殘暴的剛果政府官員居然「膽敢殺害英國人」。[22]

受害者其實是愛爾蘭人：斯托克斯（Charles Stokes）是一位活躍、行事高調的商人，他入境隨俗——英國人喜歡的說法——娶了一名非洲女人為妻。斯托克斯的象牙買賣，對利奧波德試圖在剛果東部建立的象牙壟斷貿易構成挑戰。斯托克斯也被指控販賣武器給非洲阿拉伯人。剛果公安軍派出遠征隊到東部邊境尋找斯托克斯，找到他之後就當場絞死他。倫敦新聞界對此痛加撻伐。德國也出現抗議浪潮，因為斯托克斯的據點位於德屬東非境內，而剛果本就應該開放德國商人入境。眾怒難犯之下，剛果政府承認自身的錯誤，並且向英國與德國政府支付鉅額賠償金。然而事件並未就此告終。一家德國報紙表示，如果剛果可以如此目空一切地處死一名白人，那麼想一想他們對待原住民會是什麼樣子。歐洲的新聞界因此開始更加關注發生在剛果的殘酷暴行。

利奧波德不得不採取行動。一八九六年，他成立了原住民保護委員會（Commission for the Protection of the Natives）：由剛果六位聲譽卓著的傳教士組成，三名是比利時天主教徒，三名是外國新教徒。歐洲各地對於委員會的成立表示肯定，英國的反應尤其正面，而利奧波德最擔心的就是英國的批評。《曼徹斯特衛報》（*Manchester Guardian*）表示，「這件事關乎利奧波德國王的聲譽，他理應正視這起事件的一切事實才是。」[23]

然而，幾乎沒有人注意到，委員會中沒有任何成員的傳教地位於橡膠產區，也就是暴行發生的地方；委員各自的傳教地相隔超過一千英里；利奧波德並未提供委員旅費，使他們能夠聚集到某個地方一起開會；其中一名英國委員曾經要求其他傳教士不要公開任何暴行；另一名委員曾經為利奧波德測量剛果與安哥拉的邊界；委員會不具任何權力，只能「通知」剛果政府相關暴力事件。

委員會只開過兩次會，每一次由於距離與費用的關係，六名委員中只有三個人出席。對利奧波德來說，委員會只是一種公關策略，他自己則在一八九七年夏天親自訪問英國、德國與瑞典，藉此鞏固勝利的成果。往後幾年，英國人專注於波耳戰爭，無心過問此事，對利奧波德的抨擊幾乎完全從歐洲新聞界消失。國王的批評者持續而零星地進行攻擊，但似乎沒有人在意他們的說法。批評者只能持續努力希望能引起公眾關注。

如果歐洲當時有支持率調查的話，那麼在十九世紀的最後幾年，我們會發現利奧波德的支持率無論在國內還是國外都處於顛峰。在比利時，殖民沙文主義開始湧現，我們可以從以下詩文看出這點：

海灘之上
睿智的君主出聲集合，
我們的士兵內心平和，
勇敢面對嚴酷氣候，
前去打破非洲人的枷鎖
壓制那殘酷的阿拉伯人[24]

然而，與其說君主的聲音召集士兵來到灘頭，不如說君主的聲音逼迫士兵前往灘頭，因為雖然剛果是利奧波德畢生熱情之所在，但他自己卻從未去過剛果。

利奧波德何必去剛果呢？在利奧波德眼中，剛果並不是一個充滿挨餓挑夫、被強姦的人質、精疲力盡的橡膠奴隸與斷手的地方。相反的，剛果是他夢想中的帝國，有著巨大樹木、異國動物與對其睿智統治感恩戴德的臣民。

利奧波德不去剛果，而是將剛果——他通過自己的想像，戲劇性地編造出來的「那個」剛果——帶到自己身邊。利奧波德的私人臥鋪列車鋪設的鑲板是使用來自剛果的紅色桃花心木，比利時動物園裡飼養著來自剛果的動物。國王在拉肯城堡已經有許多巨大溫室，但他又增設一座剛果溫室（今日裡面仍栽種著許多棕櫚樹），上面覆蓋四個玻璃穹頂與一個八角形圓頂，圓頂中央有個星形圖案，象徵他私人擁有的剛果。

利奧波德幻想出一個恬靜、如畫的剛果作為舞臺背景，他甚至把剛果人也帶上舞臺。一八九七年，萬國博覽會在布魯塞爾舉辦，其中最引人熱議的展覽位於布魯塞爾的郊區泰爾菲倫（Tervuren）。[25]超過一百萬名遊客來此觀看這場剛果慶典。展覽的物品從史坦利讚賞的偉大文明工具馬克沁機槍，到巨幅的亞麻掛毯，上面描繪著野蠻主義與文明、拜物教與基督教、一夫多妻與家庭生活、奴役與自由。然而，最不尋常的場面莫過於活生生的事物：二六七名皮膚黝黑的男人、女人與孩子，他們全來自剛果。❷

在大肆宣傳下，這群剛果人被浩浩蕩蕩地帶上火車，在布魯塞爾北站下車，然後穿過市中心，轉搭路面電車前往泰爾菲倫。在泰爾菲倫的一個公園裡，剛果人被安置在三個不同種類的村子裡，分別是河流村、森林村與「文明」村。其中有兩名俾格米人成為這場展覽的焦點。前兩個村落住著「不文明」的非洲人，他們使用的工具、鼓與烹飪器具全從家鄉帶來。他們跳舞並且在池子裡划獨木舟。白天，剛果人待在「原汁原味」的非洲小竹屋裡，小屋的屋頂鋪著稻草，屋簷往外延伸。剛果人與小屋都是供人觀賞的展覽品。歐洲男性聽說非洲女人不穿上衣，直接裸露胸部，紛紛前往博覽會一探究竟，但卻敗興而歸，因為博覽會的非洲女人必須穿著棉製的長袍。當地雜誌評論說，畢竟，穿衣服是「文明的第一個象徵」。[26]

瑪麗—亨莉埃特王后向來對丈夫的剛果計畫興趣缺缺，但她卻在隨從的陪同下來到會場觀看剛果人，這是頭一次利奧波德的夢想活生生出現在她面前。當國王得知有些非洲人因為民眾給他們糖果而消化不良時，他要求豎立類似今日動物園不許餵食動物的告示。告示上寫著：黑人由專責委員會負責餵食。

當地報紙為了激起讀者的興趣，開始探討「不文明」的非洲人是否危險的話題。一名記者就近觀察非洲人繞成一個圈子。「在圓圈的中心，酋長坐在一塊圓木上，他靜止不動，一副神聖不可侵犯的樣子。首先是一名歌手獨唱，然後眾人合唱副歌，伴隨著手掌拍擊，與棍棒敲打著金屬，蹲伏的眾人，身體也隨著節奏搖擺。獨唱者與合唱者唱著什麼呢？他們讚頌偉大的勇士洛泰爾〔公安軍上尉休伯特〕的英勇事蹟。」[27]他們一點也不危險。

「文明」村的非洲人包括九十名公安軍士兵，其中一些人組成了軍樂隊。士兵隨著樂隊的演奏行進，等到博覽會快結束時，他們也獲邀參加宴席。一名黑人中士起身，舉杯向國王敬酒。當非洲人搭船返回剛果時，一份報紙熱情地寫道，「比利時的靈魂與他們同在，如同朱比特（Jupiter）的盾牌般保護著他們。願我們能永遠如此向世界展示人類的典範！」[28]

❷十九、二十世紀之交，除了萬國博覽會，其他地方的展覽也曾出現原住民。其中最令人驚駭的例子應該是來自剛果的俾格米人本加（Ota Benga），一九〇六年九月，他被展示在紐約布朗克斯動物園（Bronx Zoo）的猴屋裡。與他同住的竟是一頭紅毛猩猩。遊客一直盯著他的牙齒瞧——他的牙齒呈鋸齒狀，新聞報導暗示，這是吃人肉造成的。為了加強這種印象，園方還故意丟了幾根骨頭在他周圍地上。將本加送進動物園展覽的是一名前長老會傳教士，他為了從商而放棄傳教工作。最後，一群黑人牧師終於成功將本加救出動物園。此後，本加一直待在美國，十年後自殺身亡。《紐約時報》曾刊登一首詩，形容本加：

從他生長的黑暗大地，
來到這個自由之地，
為了增益科學研究，
也為了提升全人類福祉。[29]

***

汽船載著剛果人返鄉之後，或許會載著橡膠返回比利時，因為此時剛果的財富正依照固定的排班源源不斷地流向歐洲。每隔幾個星期，就會有一艘全新的汽船，上面安裝了電燈與冰箱這類設備，裝滿了橡膠、象牙與其他物品抵達安特衛普。這些船隻屬於艾爾德·鄧普斯特船運公司（Elder Dempster）的子公司所有，艾爾德·鄧普斯特船運公司總部設在利物浦，它的汽船長久以來一直定期往返於非洲西岸。該公司幾乎壟斷了所有往返剛果的貨物運送。想瞭解剛果內情的人，最好的方式莫過於到艾爾德·鄧普斯特船運公司求職，它可以讓你得到在歐洲工作無法得到的資訊。這就好像在一九四二或一九四三年，如果你想搞清楚猶太人發生什麼事，最好的辦法就是到納粹鐵路系統的總部工作。

艾爾德·鄧普斯特船運公司需要有人頻繁前往比利時督導定期往返剛果的船班。公司將這份任務交給一名開朗、勤奮的年輕員工莫雷爾（Edmund Dene Morel）。莫雷爾當時約二十五歲，能流利使用英語與法語。他的母親是英國人，父親是法國基層公務員，父親很年輕就去世了，未能留下退休金給妻兒。莫雷爾的童年，無論在英國還是在法國，都生活在貧困邊緣，因此他十五歲就離開學校到巴黎工作，為病弱的母親分攤家計。幾年後，他成為艾爾德·鄧普斯特船運公司在利物浦的職員。

起初，莫雷爾光憑微薄的職員薪水無法養活母親與自己，於是他利用下班的時間教授法文，鐘點費二先令六便士。之後，他找到一份更好的兼職工作：以自由撰稿人的身分為《船運電訊報》（*Shipping Telegraph*）與《利物浦商業日報》（*Liverpool Journal of Commerce*）撰寫與非洲貿易有關的文章。他的文章反映了商人的觀點：讚揚棉花產量與船運量的增加，鮮少質疑當時的主流觀念。有些文章稱讚利奧波德的統治。莫雷爾在某篇文章中寫道，「剛果正迎向美好的未來，國王利奧波德二世的遠見卓識，為國家取得遼闊的土地，總有一天，這裡將成為比利時企業大展鴻圖的地方。」[30]

一八九〇年代晚期，幹勁十足的莫雷爾開始往返於英吉利海峽兩岸，代表公司與剛果官員接觸。以下這些莫雷爾日後描述的景象，他每個月都會看到一兩次：

在安特衛普碼頭，一艘汽船停靠岸邊，古老的主教座堂尖塔傳來悅耳的鐘聲，那是比利時國歌〈布拉邦人之歌〉（Brabançonne）的旋律。在碼頭上，在汽船甲板上，擠滿各色各樣的人。可以看到軍服，還有隨風飄動的女性連衣裙。高級船員忙碌地來回穿梭。出航的準備工作逐一完成。煙囪冒出蒸汽。旅客在親友圍繞祝福下走上這艘開往剛果的船班。其中一些男性乘客，即使沒有經驗的人也會懷疑他們是否有辦法居住與管理熱帶非洲。這些男性大多數是年輕人，大部分看起來出身貧困，他們身材瘦小、臉色蒼白，如同流浪漢一般。有些人一邊發抖一邊啜泣；有些人喝醉了，走路踉踉蹌蹌。許多人戴著寬邊的熱帶氈帽，肩膀上掛著槍，他們因為第一次能擁有這兩件東西而沾沾自喜。人群中也不時出現一些較為年長、渾身曬成古銅色的人，從外表看來顯然已經在剛果經歷了一切。他們絕非善類，臉上帶著可怕的傷疤，眼神既殘酷又貪婪，人們看到他們的臉，都會不由自主地別過頭去。[31]

莫雷爾身為艾爾德．鄧普斯特公司的駐比利時代表，他要處理的不只是碼頭業務，還要與利奧波德治下剛果的高層官員來往。莫雷爾日後說，最初是最高層官員辦公室發生的事讓他開始起疑：

> 從辦公室窗戶看出去，剛好正對著布魯塞爾皇宮的後方。辦公室內部陰暗，地上鋪著厚厚的地毯，連窗簾也十分厚重：在辦公室的中央，有個人坐在辦公桌前。這個人瘦得有點憔悴，狹窄的肩膀，身子開始駝背；他的髮際線後退，露出光亮的額頭，顯眼的鷹勾鼻，大耳朵長得貼近後腦，長而方正的下巴，冷漠的雙眼。他的臉即使不做任何表情，看起來也毫無人性、冷血、僵硬，也顯得他的顴骨突出，眼窩凹陷：這是剛果自由邦「國務卿」的臉……但接下來他的相貌出現引人注目且令人不安的變化。他的臉開始不由自主

> 地抽搐……此時注視著我們的竟像是另一個人的臉。原本無懈可擊的官方面具從臉上剝落，像含粉手套從手上滑落。他傾身向前，用急切、支支吾吾的口吻抱怨上個船班所運送貨物的機密資訊被洩漏給了新聞界……他指出報導中的某個段落。這份報導看起來沒什麼異狀，只提到船隻所運送主要貨物的清單。但清單裡有詳細列出幾個箱子裡面裝的東西，有彈藥（步槍子彈）、步槍與雷管槍（軍用前膛火槍）……這就是問題所在。這就是不應該洩漏的專業機密。國務卿一邊痛罵發生這種輕率的過失，一邊站起身子，枯槁的臉頰脹得通紅，聲音也在顫抖……瘦骨嶙峋的長手在空中不斷比劃。他不想聽任何藉口，也不許任何人打斷他的話。他一而再再而三地激動強調「專業祕密」（secret professionnel）這個詞。他的動作愈來愈大……身為最年輕的人員，我離開辦公室時內心充滿疑惑，為什麼需要這麼大量的戰爭物資……為什麼出口這些物資必須保密，為什麼剛果政府對於這一「輕率的過失」如此惱火。[32]

在安特衛普碼頭，莫雷爾看到艾爾德．鄧普斯特公司的船隻運送的貨物。他隨即注意到，他為雇主仔細編製的紀錄，與剛果自由邦對外發布的貿易數據不符。當他仔細比對兩個數據的差異時，發現了一場精心策劃的騙局。有三個發現令他震驚不已。

第一個發現是，國務卿對於運往剛果的武器遭到曝光感到生氣，然而運送武器並非特例，而是常態：「過去幾年，用於剛果貿易的艾爾德．鄧普斯特公司汽船一直固定運送大量彈藥、數千支步槍與雷管槍，這些武器要不是交給剛果自由邦，就是交給各式各樣的比利時『貿易』公司……問題是，這些武器要拿來做什麼？」[33]

莫雷爾第二個發現是，有人輕鬆地從中拿走一筆可觀的利潤，金額相當於今日的數千萬美元。「利用艾爾德．鄧普斯特公司的船隻從剛果運回國內的橡膠與象牙數量……遠超過從剛果政府的獲利推算出來的數量……這筆下落不明的利潤究竟進了誰的口袋？」[34]

最後一個發現則活生生地在他眼前的碼頭上演，他看著船隻不停進行各種貨物的裝卸作業，從艾爾德．鄧普斯特公司的紀錄也證明確實有這些貨物的存在。從中他發現最不對勁的地方是：「從剛果進口的貨物，大約有八成與貿易完全無關。然而，剛果卻出口愈來愈多的橡膠與象牙，從進口數據來看，非洲原住民根本沒獲得任何物品，就算有，也與他們出口的物品不成比例。那麼，這些橡膠與象牙是如何獲得的？絕對不是透過商業交易。船隻只是運來橡膠與象牙，但沒有運送價值相符的貨物前往剛果。」[35]

莫雷爾的懷疑是對的。今日，我們知道每年透過艾爾德．鄧普斯特公司的船隻運送到歐洲的橡膠、象牙與其他珍貴貨物，其價值是運往剛果給非洲人的貨物的五倍左右。[36]莫雷爾心知肚明，為了換取橡膠與象牙，要支付現金給剛果非洲人是不可能的，因為非洲人不被允許使用現金，用別地方的貨物換取也是不可能的，因為開往剛果的貿易航線完全被艾爾德．鄧普斯特公司壟斷。顯然，非洲人並未得到任何東西。

莫雷爾晚年成為柯南・道爾爵士（Sir Arthur Conan Doyle）的好友。柯南・道爾爵士創造了小說人物福爾摩斯，但莫雷爾年輕時做出的推論要比福爾摩斯更為精采。他從自己在安特衛普碼頭看到的景象，以及從公司在利物浦的紀錄，推論出遠在數千英里外的另一個大陸存在著奴隸制度。

「這些數字訴說著它們自己的故事……光是恐怖而持續不斷的強制勞動，本身就足以說明為什麼會有這筆聞所未聞的獲利……剛果政府就是強制勞動的直接獲利者；強制勞動是國王的親信指使的……我發現的內幕的嚴重程度，令我感到暈眩與驚恐。碰上一起殺人案已經夠糟了，我卻碰上了一個祕密的殺人團體，而背後袒護他們的竟是國王。」[37]

一名微不足道的船運公司職員無意間的發現，竟讓國王利奧波德二世遭遇此生最大的勁敵。

國王利奧波德二世

史坦利。他頭上戴著自己設計的「史坦利帽」，便於在熱帶探險。

桑福德是美國康乃狄克州的富商政要，他成功遊說美國政府承認利奧波德在剛果的權利。

康拉德

威廉斯是律師、記者與牧師，他寫下第一篇完整的揭發文章，把利奧波德在剛果的恐怖統治曝光在世人面前。

康拉德筆下「庫爾茲先生」的原型：羅姆。這名愛好冒險的軍官因為在自己的花園周圍排滿被割下的非洲人頭顱而聲名大噪。羅姆除了寫下一本關於非洲風俗的書，他也繪製肖像畫與風景畫，而且喜歡蒐集蝴蝶標本。

凱斯門特爵士（Sir Roger Casement）。他是英國領事，因為親眼目睹剛果暴行而投入改革運動，他同時也是愛爾蘭愛國主義者。

莫雷爾

謝波德牧師是長老教會傳教士，也是探險家，他同時也是第一位造訪庫巴王國首都的外來人士。謝波德的作品記錄了剛果自由邦政府的殘酷暴行，導致他面臨法律訴訟與審判。

瓦拉區（Wala）的恩薩拉（Nsala）看著五歲女兒波瓦莉（Boali）被砍斷的手腳，這是英比印度橡膠公司民兵犯下的暴行。

英國傳教士與拿著斷手的村民合影。受害者名叫伯倫吉（Bolenge）與林戈摩（Lingomo），凶手依然是英比印度橡膠公司民兵，時間為一九〇四年。

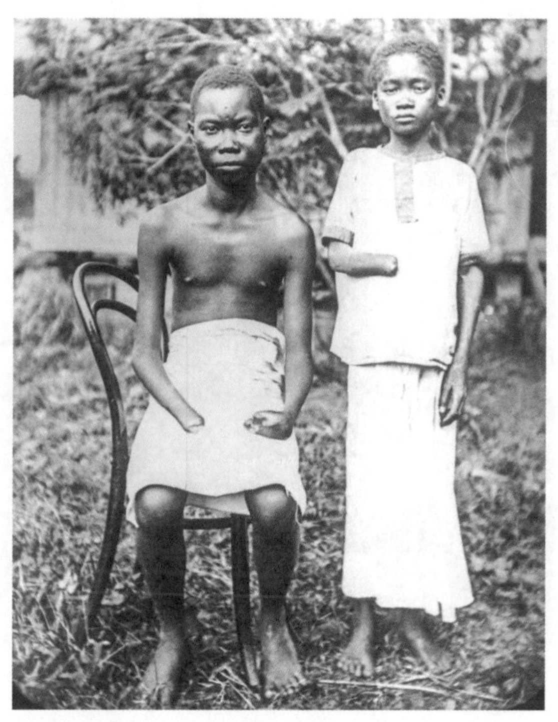

赤道區的兩名年輕人。坐在椅子上的是莫拉（Mola），他的雙手因為被士兵綑綁得太緊而長了壞疽，最後不得不切除。站立的尤卡（Yoka）右手被砍掉，士兵將他的右手砍掉，作為他已被殺死的證明來換取酬金。

「席科特」(chicotte)鞭刑。在照片的左下角可以看到成堆的鎖鍊。

為了建立橡膠種植園，一個名叫巴林加（Baringa）的村落被夷為平地。隨著野生橡膠供給愈來愈少，剛果自由邦政府下令栽種更多的橡膠樹。而利用村落這類既有的空地來種植橡膠樹，要比砍伐雨林來得便宜。

德國諷刺漫畫。旁邊配有打油詩諷刺利奧波德不僅熱中於砍國債利息，也熱中於砍黑人的頭。

IN THE RUBBER COILS.

SCENE—*The Congo "Free" State.*

《潘趣》(*Punch*)，一九〇六年。

第二部

困獸之鬥

第十二章　大衛與歌利亞

莫雷爾發現剛果的內幕時，歐美大多數人仍渾然不知利奧波德的剝削體制。從剛果返鄉的歐洲人，絕口不提自己在當地參與的血腥罪行。除了十年前的威廉斯（見第七章）勇於揭露真相，其餘前往剛果的記者只是仿效史坦利的做法，一味地討好國王的政權。（舉例來說，有二十六名記者曾前往剛果，而他們只是對於一八九八年開通的鐵路表示驚嘆。）外國傳教士雖然目睹許多殘暴惡行，但他們不懂得如何利用媒體宣傳，也缺乏政治影響力。一些英國人道主義協會批評利奧波德，但一般公眾往往不以為意，認為那些機構只是過往抗爭運動像是廢奴主義的歷史遺跡，或者認為那些人只會憂心某個世界不知名角落裡的芝麻小事。

莫雷爾將改變這一切。到當時為止，利奧波德的反對者一直無法從設在歐洲的剛果行政機構取得相關事實與統計數據，但莫雷爾卻以艾德爾．鄧普斯特公司內部員工的身分取得這些資料。此外，到當時為止，除了早逝的威廉斯以外，也沒有人具有像莫雷爾一樣很快將展現的特質：他向公眾傳達訊息的本領世所罕見。

發現可怕的內幕之後，莫雷爾拒絕沉默。首先，他找上了自己的上司瓊斯爵士（Sir Alfred

Jones），瓊斯爵士是艾爾德．鄧普斯特船運公司的老闆，也是利物浦商會會長，而且是剛果駐利物浦榮譽領事。「他是最難對付的人物。他對於呈現在他面前的令人不安的事實感到不悅……次日，他前往布魯塞爾。等到他回來時，他保持沉默，至少在我面前是如此，我也注意到他故意冷落我……他告訴我，他見到國王，國王承諾將會推動改革，他又說，比利時人正在妥善處理此事，但他們需要時間才能把他們的非洲家務事處理好。」[1]

莫雷爾的雇主冒著很大的風險。如果莫雷爾把內幕公開，觸怒了利奧波德，公司將會失去獲利豐厚的剛果船運契約。公司人員也不知該如何應對這位突然發出不平之鳴的年輕後進，因為這個人不僅告訴他們，他發現了公司最大客戶的可怕作為，更糟的是，他要求大家必須對此做出回應。

在比利時，莫雷爾發現，「氣氛一夕劇變，我可以感受到處處被針對，顯然我在這裡已經成為不受歡迎的人物。」[2]他在艾爾德．鄧普斯特公司位於利物浦的總部遭到冷遇，公司給他高薪，晉升他的職位，卻把他派到其他國家工作。當這麼做沒有用時，瓊斯爵士讓他擔任顧問，一天只需工作一小時，卻能擁有二百英鎊的年薪，等於是以不露痕跡的方式收買他。莫雷爾拒絕了。一九〇一年，莫雷爾辭職，成為全職的撰稿人，他「決心盡一切努力揭露與摧毀我所知的合法化邪惡……它帶來了難以想像的野蠻，奪走無數人性命」。[3]

莫雷爾知道自己做了重大決定。他寫道，「我已經邁出這一步，我無法再走回頭路。」[4]當時他才二十八歲。

莫雷爾掀起了批判利奧波德的風潮。起初，莫雷爾到一家專門報導非洲事務的英國報社工作，但主編限制他對剛果的報導。一九〇三年，在許多人資助下，包括正直的利物浦商人霍爾特（John Holt），他可以算是莫雷爾的導師，莫雷爾成功開設自己的報社。《西非郵報》（*West African Mail*）是「一份圖文並茂的週報，討論民眾日益感興趣的西非與中非問題」，這份報紙將成為莫雷爾暢所欲言的論壇。

***

莫雷爾的外表頗能反映他的內在：他留著車把八字鬍，身材高大，胸膛厚實，看起來孔武有力，深色的眼睛放射出憤怒的光芒。莫雷爾的餘生將寫下數百萬字文章，他在紙上留下粗黑、前傾的字跡，寫得快的時候，他的字跡會變得十分扁平，彷彿是為了急著抵達目的地而分秒不敢浪費。

與本書提到的其他人相比，莫雷爾某方面來說確實比較難以理解。例如，我們很容易看出史坦利痛苦的濟貧院童年生活養成了他的殘酷性格與留名青史的強烈欲望，反觀驅使莫雷爾熱切追求正義的根源則不是那麼清楚。十九、二十世紀之交，社會主義運動曾喚起許多人投入其中，但莫雷爾年輕時卻投身於商業世界，而非社會主義運動。此外，青年時期的莫雷爾對政黨或社會議題絲毫不感興趣。雖然莫雷爾的祖先是貴格會信徒，但他可能直到成年後才知道這件事，因為沒有紀錄顯示莫雷爾在幼年時曾接受貴格會的教導。在正式身分上，莫雷爾是英格蘭國教會的消極信徒，但他的內心想法跟另一位貴格會激進前輩潘恩（Thomas Paine）比較相近，他們都對有組織的宗教形式敬而遠之。莫雷爾挺身反對利奧波德，他非但未能獲得任何好處，反而失去了在艾爾德．鄧普斯特公司的美好前程。他的母親生病，他有妻子，而且即將有一個大家庭要養育。從各方面來看，他都不可能成為一場偉大道德運動的領袖。他的義憤填膺似乎是天性使然，就像有些人生來就帶有音樂天賦。在布魯塞爾與安特衛普目擊一切之後，莫雷爾寫道，「要我忍氣吞聲……依我的個性就是做不到。」[5]

這種無法忍受不義之事的性格，使莫雷爾在很短時間內成為英國當代最偉大的調查記者。他決心竭盡全力找出剛果的真相並且向世人揭露此事後，就開始大量撰寫有關剛果的文章，儘管有時只是同樣的內容一寫再寫：他足足寫了三本書，另外還有兩本書是與人合寫，他向英國各大報投稿了數百篇文章，也用法文撰寫許多文章投稿到法國與比利時報紙、數百封信給報紙主編，以及數十本小冊子（他曾在六個月內一口氣完成六本小冊子，其中一本是用法文寫的）。他寫下這麼多作品的同時，還繼續擔任《西非郵報》的主編，而報紙上絕大多數文章也是出自他手。除了自己署名的文章，許多以「非洲人」或「一名觀察者」署名的專欄似乎也是身為主編的莫雷爾自己寫的。不久，莫雷爾又為《西非郵報》增設每月特刊，專門揭露在剛果發生的種種不公不義之事。然而，儘管莫雷斯忙於工作，他還是抽空維持自己的嗜好，蒐集各種蛾類標本。

莫雷爾的文章一方面發出不平之鳴，另一方面也表現出審慎與精確。在他的書中，每個細節都經過詳細研究，證據的蒐集就像律師做案件摘要一樣細心。多年來，無論是支持者還是反對者，都努力想從他的作品中找出錯誤的事實，但均無功而返。時至今日，凡是提到利奧波德剛果的橡膠制度，如果你追溯這些文章引用的數據與內容，許多最初都源自莫雷爾的作品。

雖然莫雷爾很快就成為英國反對剛果暴行最有力的聲音，但他不是唯一的聲音。少數幾位國會議員也鼎力支持，特別是迪爾克爵士（Sir Charles Dilke），他是當時最能說善道的人權支持者。此外，英國還有人道主義團體，如反奴隸制協會與原住民保護協會；這些團體傳布基督教人道主義，雖然會讓今日的人覺得帶有家長主義的色彩，但這些團體對於發生在各地，包括英國的殖民地或其他地方的野蠻行徑，卻能毫無保留地予以抨擊。莫雷爾與他們不同的地方不僅在於他的活力，而在於他堅信剛果的例子與眾不同，他認為整個剛果是刻意且有系統地建立在奴工之上。莫雷爾寫道，人道主義者強調「行為本身的殘暴，但我從一開始就致力於顯示，基於某種前提〔利奧波德把整個剛果與剛果的資源當成他的私有財產〕……那些殘暴的行為『必然』會發生」。[6]

作家瑪麗．金斯利（Mary Kingsley）對莫雷爾有著重大影響，一九〇〇年，金斯利在死前不久成為莫雷爾的朋友。金斯利一八九七年的作品《西非之旅》（*Travels in West Africa*）不僅是一部精神昂揚的旅行文學經典，也是歐洲最早出現的幾部把非洲人當成人類看待的作品。金斯利不認為非洲人是需要文明的「野蠻人」，相反的，非洲人有自己的社會組織，然而他們的社會組織卻遭到不瞭解非洲生活的殖民者與傳教士破壞。

莫雷爾認為，利奧波德下令「空地」屬於國家所有，此舉完全摧毀了傳統的土地公有制與上面的物產。莫雷爾從金斯利的作品得知，非洲大多數土地傳統上由一個村落、氏族或部落共有。土地就算不是用來種植農作物，也可以作為狩獵場或建材的來源，出產的鐵可以製作工具與武器，還有其他的原料也能進行運用。

竊盜物產，再加上搶占土地，也讓非洲人沒有東西可供貿易，這點尤其令莫雷爾感到憤怒，他對自由貿易向來有著熱切的信仰。與金斯利一樣，莫雷爾深信唯有自由貿易才能以人道的方式幫助非洲邁入現代。令人有些意外的是，作為一個煽動者，莫雷爾在這方面的想法相當傳統，他認為對利物浦商人有利的事，對非洲也同樣有利。他的想法可以理解，因為他的幾個利物浦商人朋友都是貴格會信徒，他們恪守商業倫理，而且慷慨地支持他。

莫雷爾埋首撰寫與剛果相關的書籍、演說、文章與小冊子。莫雷爾無法實際走訪剛果，因為利奧波德一如以往地禁止不友善的新聞記者入境。然而這無法阻止莫雷爾。當莫雷爾已建立起消息靈通、公開批評剛果暴行的形象，那麼只要有內部人士想洩露文件，第一個想到的就是莫雷爾。只要他公開的愈多，內部人士洩漏的就愈多。莫雷爾巧妙地取得內部資訊，令利奧波德與他身邊的親信大為光火。當國王在萬國博覽會、溫室與博物館精心展示剛果美好的一面時，另外一個非常不同的剛果卻出現在《西非郵報》上。

舉例來說，當利奧波德的發言人怒斥根本沒有綁架婦女逼迫她們的丈夫採集橡膠這種事時，莫雷爾馬上印製了英比印度橡膠與探險公司每個人員必須填寫的法文表格：「一九〇三年□月在押原住民一覽表」。表格上還要填寫人質的「姓名」、「村落」、「逮捕理由」、「開始日期」、「結束日期」、「觀察紀錄」。[7]這些人為什麼「在押」，理由昭然若揭；莫雷爾還印製了英比公司管理部門的命令，內容指示底下人員如何「餵養人質」。[8]

在剛果，政府或公司雇員裡的異議人士無法輕易直接寫信給莫雷爾，因為博馬的「黑室」（審查機關）會檢查他們的郵件。但當這些人回國時，他們會帶回文件。德格雷茲（Raymond De Grez）是一名戰功彪炳的公安軍退伍軍人，曾數度在軍事行動中受傷，數年來，他一直在布魯塞爾的某個職位上偷偷提供莫雷爾內部資料。[9]有一家剛果的大公司，這家公司曾僱用康拉德擔任汽船船長，該公司比利時總部的一名職員，將公司駐剛果人員的大量信件轉交給莫雷爾。[10]如果有幻滅的剛果退伍軍人回國並且接受報紙訪談，那麼無論地點是在比利時、德國、瑞典還是義大利，莫雷爾認識的人都會寄剪報給他，他會設法讓這些關鍵資料登上英國報紙。

有一次，莫雷爾甚至印製了一份清單，上面用法文詳細列出某名人士主動賣給他的大量機密備忘錄、書信與其他文件，藉此嘲弄剛果政府。[11]

莫雷爾的行動激勵了比利時的反利奧波德人士，特別是國會裡的社會主義者。當比利時國會開始針對剛果的負面資訊進行辯論時，莫雷爾隨即將辯論的內容印製出來，供英國廣大讀者閱讀。舉例來說，莫雷爾刊登了辯論時透露的一項內容，剛果政府曾祕密下令，第一線官員要依照他們能夠招募的公安軍士兵數量來給予獎金：「身體健康，符合兵役標準，身高超過一五五公分的男子，每募得一名可得獎金九十法郎；身高至少一三五公分的年輕男子，每募得一名可得獎金六十五法郎；男孩，每募得一名可得十五法郎。男孩必須至少一百二十公分高，而且必須身體強健，能夠忍受長途跋涉……獎金必須等到役男送到各區總部之後才會發放。」[12]剛果現任總督特別提醒各地官員，這項命令「不得因為任何理由流出你們的檔案室，你們在向屬下傳達命令，以及做必要相關說明時，請採取『口頭』方式」。[13]莫雷爾樂不可支地將這一提醒也公諸於世。

比利時國會辯論還出現了其他資料，莫雷爾從中引用了由公安軍官蒂爾肯斯陸軍中尉（Lieutenant Édouard Tilkens）寫給長官的一封信：「我預期會有一場全面性暴亂。少校，我想我已經警告過你了……暴亂的動機都是一樣的。原住民厭倦了……運送貨物、採集橡膠、供應牲畜……三個月以來，我一直在戰鬥，只休息了十天……我俘虜了一五二人。我從兩年前開始參與這個國家的戰爭，我帶領著四十到五十名士兵，這些士兵全裝備了阿爾比尼（Albinis）後膛步槍。然而我只能說我無法鎮壓這些民眾……他們連死都不怕……我還能怎麼做？」[14]

還有一些重要資訊來自英國、美國與瑞典的傳教士。剛果的審查機關無法閱讀他們的信件，因為傳教士有自己的汽船，同事也能將他們的信件私下帶回歐洲。多年來，傳教士目睹席科特鞭刑、公安軍的劫掠、燒毀的村落與為了採集橡膠而進行的奴役，但卻無能為力。突然間，有人挺身而出，願意將傳教士的證言公開在世人面前並且也願意將這些證言呈交英國國會。莫雷爾持續向傳教士索取更多資訊。傳教士不僅樂意提供，甚至還提供莫雷爾更強有力的工具：照片——大量關於被摧毀的村落、被割下的手與斷手斷腳的孩子這類照片。

傳教士提供的內容是莫雷爾刊登的資料中最驚悚的。一名美國人提到自己親眼目睹剛果士兵將某人的手砍下來，「那個可憐的傢伙心臟跳得十分猛烈，導致鮮血從傷口噴濺了足足四英尺遠。」[15]一名英國浸信會傳教士提到剛果官員懲罰偷竊橡膠的人：「他將這些人綁在木樁上一天一夜，白天讓他們曝曬在烈日之下……這些人赤身裸體，一整天沒有食物與水，他們極為痛苦，連舌頭都吐了出來。」[16]

有時候，傳教士也將死者的姓名寄給莫雷爾，而莫雷爾也照樣將死者的姓名刊登在報紙上，就像戰時的陣亡名單一樣。當然，只有在莫雷爾的報紙上，這些人的姓名才得以出現：

1 Bokangu……酋長……被槍托打死
2 Mangundwa……同上……同上
3 Ekunja……同上……同上
……
21 Ekunmba……男性……被槍射死
22 Monjangu……同上……同上
23 Gili……女性……同上
24 Akaba……男孩……同上[17]

莫雷爾也揭穿了利奧波德與他的盟友編造的一連串大大小小騙局。事無鉅細都逃不過他的眼睛。舉例來說，利奧波德花很大的力氣結交里德爵士（Sir Hugh Gilzean Reid），里德爵士是聲譽卓著的英國浸信會信徒、報社老闆與前國會議員。利奧波德數次邀請里德到王宮作客，先後頒授他利奧波德勳章與王冠爵級司令勳章（Knight Commander of the Order of the Crown）。作為回禮，里德於一九〇三年率領由浸信會傳道會（Baptist Missionary Society）組織的一個代表團訪問布魯塞爾。在與國王及其他比利時重要人士共進午餐時，傳道會呈上了一封「感謝函」，裡面提到期待「剛果人民能夠永享公平與公正的統治」。[18]莫雷爾很快在報紙上指出，當里德將這件事轉告倫敦《晨郵報》(*Morning Post*)時，擅自改寫了傳道會向國王表達的期望，變成希望「剛果自由邦各民族能夠愈來愈認識到陛下開明統治的好處」。

***

比利時王宮隨即對莫雷爾的攻擊做出回應。某天晚上，在倫敦，莫雷爾的前老闆瓊斯爵士邀請他參加晚宴。兩人的關係只能說相當緊繃，但在晚宴時，所有人都面帶微笑，莫雷爾寫道，「這裡有喝不完的好酒。」[19]晚宴結束後，瓊斯與其他賓客紛紛離席，只留下莫雷爾與一名來訪的安特衛普船運公司高層，這個人名叫阿爾茨(Aerts)，對方表明自己是以利奧波德的代表身分前來。

訪客嘗試說服莫雷爾相信國王心存善意而且正在推動改革，但未能成功，最後訪客改採別的策略，莫雷爾這樣描述(刪節號為原文所有)：

剛果原住民對我來說有什麼意義？追尋這樣一個不可實現的理想有什麼用？我是個年輕人。是的，我有家庭——那又怎麼了？我正冒著很大的風險。然後，一個相當隱晦、不著痕跡的建議被提了出來，說可以允諾我得到永久的利益，只要我……「這是賄賂嗎？」

喔！天啊，不是的，絕對不是這麼低俗齷齪的東西。但是，這種事總是可以安排的，每件事都可以安排得讓每個人都滿意。這是一次最令人感到愉快的訪談，而且持續到很晚的時間。「所以任何事都無法動搖你的決定？」「恐怕是如此。」我們道別時相視而笑。但我想我的朋友應該有些不悅。至於我，我則是充分享受其中的樂趣。[20]

莫雷爾刊登了許多目擊者對利奧波德政權的攻擊文章，其中有幾篇是一名美國人寫的，他的證言大篇幅地出現在一部一九〇三年出版的作品中，內容極具破壞性（見本書第八章引用的其中一個例證）。卡尼修斯最近一次前往剛果履行職務，名義上是剛果安特衛普商業公司——剛果最大的一家橡膠特許公司——的商業專員，實際上卻是一名反游擊隊指揮官。一九〇〇年初，當三十四歲的卡尼修斯抵達位於剛果西北邊境的哨站時，剛果安特衛普商業公司已經進行了數年的橡膠採集工作，橡膠藤的數量愈來愈少。卡尼修斯寫道，負責採集橡膠的布賈人「淪為公司的奴隸，橡膠生產工作占去他們所有的時間，他們必須跑遍整個遙遠而遼闊的區域尋找巨大的橡膠藤來採集樹汁。布賈人的監工甚至不照顧他們的飲食起居，他們唯一的報酬只有少得可憐的商品或米塔科（mitakos，黃銅線）……生產橡膠的藤蔓日漸稀少令原住民苦不堪言，他們紛紛懇求，希望能讓他們從事採集橡膠以外的工作」。[21]

布賈人發動暴亂，殺害三十名士兵，政府派了幾支平叛部隊前往當地。卡尼修斯與兩名白人軍官率領其中一支遠征軍，伴隨他們前往的是一個有五十名黑人士兵與三十名挑夫的部隊。卡尼修斯一行人進入布賈人逃走時遺棄的村落，布賈人離開時一把火將村子燒成焦土。「我們經過一個又一個的村落……有人早一步縱火燒掉每一間屋子……當我們前進時，一道煙霧籠罩在叢林上方，綿延好幾英里，向廣大地區的原住民宣告，文明即將到來。」[22]

挑夫搬運士兵的補給品。「我們……行經……原住民的空地，有數百根倒地的巨大樹幹橫亙其間，阻擋我們去路。我們必須攀爬越過這些樹幹，而眼前的小路似乎都通往一個又一個的高聳蟻丘頂部。挑夫特別辛苦，因為他們許多人的脖子被鎖鍊拴在一起……挑夫用扁擔挑著我們的行李，如果有一個人跌倒，其他拴在一起的人也會跟著跌倒。許多可憐的傢伙禁不起這樣的跋涉，他們幾乎累得走不動，只能用槍托毆打才能逼迫他們前進。有些挑夫的肩膀被扁擔磨破，哀嚎之聲，不絕於耳。」[23]

卡尼修斯的部隊從深處內陸的軍事哨站出發，在叢林中搜索叛軍，一旦抓到叛軍，就讓他們服勞役到死：「所有人都必須搬兩人份的重物……直到他們餓死或染上天花而死。」[24]

當戰事愈來愈激烈時，部隊開始殺俘，曾一度一口氣殺掉三十人。等到戰爭結束時，「我們又花了六個星期辛苦行軍，殺死了超過九百名原住民，包括男人、女人與小孩。」[25]這一切的動機與原住民遭到殺害的根源，只是為了有機會「每個月增加足足二十噸的橡膠產量」。[26]

＊＊＊

一九〇三年，歷經數年的大聲疾呼，莫雷爾與他在國會與人道主義團體的盟友，終於成功讓「剛果問題」在英國公眾論壇中占據比以往更加顯眼的位置。五月，在經過激烈辯論之後，英國下議院全體一致通過決議，敦促剛果本土「民眾應該受到人道的統治」。[27] 該決議也指責利奧波德未能履行自由貿易的承諾。莫雷爾充分證明他是個精明的遊說者，他隱身幕後，私下將資料交給支持決議的國會議員，而在往後多場與剛果有關的國會辯論中，他也將故技重施。

利奧波德驚覺事態嚴重。英國是當時的超級強權，也是非洲最有實力的殖民政權。如果英國用它對非洲的影響力來反對剛果政府，那麼利奧波德的獲利將十分危險。然而，像莫雷爾這樣的新聞記者有能力推動這樣的事情發生嗎？莫雷爾雖然在報紙上口誅筆伐，並且激勵英國國會通過決議，但要讓不太情願的英國政府對一向友好的比利時國王施壓，則是另一回事。利奧波德與他的親信對此心知肚明：比利時一家報社的主編曾經明智地表示，長期擔任英國首相的索爾茲伯里勳爵「對黑人的命運不怎麼關心，就跟他對亞美尼亞人或保加利亞人命運的態度一模一樣」。[28]

利奧波德的統治內幕雖然被徹底揭穿，但他的政權卻仍然不動如山。他與莫雷爾一時間陷入了僵局。兩人都不知道這場僵局即將被一名男子打破，就在英國國會辯論結束當天，這名男子搭乘汽船，沿著剛果河一路往上游而去。

第十三章　直搗賊窟

當莫雷爾的國會盟友於一九〇三年五月通過對剛果抗議的決議案時，外交部也發電報給英國駐剛果領事，命令他「盡快前往剛果內陸與送出報告」。[1]

收到電報的領事是個愛爾蘭人，名叫凱斯門特（Roger Casement），他已在非洲生活了二十年，是位資深外交人員。[2]我們所能看到他與剛果之間的最早連結，也是一張拍攝於距當時差不多二十年前的照片。照片裡的四個年輕朋友來到剛果工作，當時利奧波德剛果政權才剛成立不久。他們穿著外套，打著領結，上漿的衣領豎得很高。其中三人都擁有一張坦率而真誠的英國臉孔，與其他一千多張擺拍合照裡那些軍校生或橄欖球員的臉孔如出一轍。第四個人留著漂亮的黑色鬍子，一頭黑髮，濃眉，他歪著頭，似乎感到詫異，臉上帶著沉思的表情，他的樣子與其他三人形成強烈的對比。後來才認識凱斯門特的愛爾蘭作家格溫（Stephen Gwynn）寫道，「無論身材還是臉孔，他都是我這輩子見過最好看的人；他的長相極富魅力而且出眾，帶有俠義風範。他就像是個遊俠。」[3]

那時是一八八三年，十九歲的凱斯門特首次長途航行到剛果，他在艾爾德．鄧普斯特公司的船上擔任事務長。隔年，他又重返剛果，整個一八八〇年代一直待在當地。他曾擔任命運多舛的桑福德探險隊的後勤，也曾擔任土地測繪員，負責繪製繞過急流區的鐵道路線。凱斯門特宣稱自己是第一個泳渡滿布鱷魚的因基西河（Inkisi River）的白人。當凱斯門特以俗家身分擔任浸信會傳教站的兼任商業經理時，他的做法讓雇主略有不滿，雇主認為凱斯門特在購買糧食時殺價殺得不夠。「他對原住民很好，應該說是太好、太慷慨、太容易讓步。他這種人做生意永遠賺不了錢。」[4]

當史坦利率領解救艾敏帕夏的遠征軍在剛果艱難前進時，凱斯門特曾與史坦利共事了一個星期。「典型的英國人，非常幹練」，史坦利在日記裡寫道，完全沒發現凱斯門特是愛爾蘭人。[5]凱斯門特對史坦利的評斷相當公允，雖然在他眼中史坦利是個英雄，但他也發覺這位探險家有著虐待狂的性格。凱斯門特喜歡狗，他後來驚恐地得知，史坦利曾砍掉自己養的狗的尾巴，然後把尾巴煮了，再餵給那條狗吃。[6]

凱斯門特在非洲的其他白人身上看到更多殘暴行徑。莫雷爾在安特衛普與布魯塞爾的發現使他產生轉變，但我們不容易看出凱斯門特的道德轉捩點發生於何時。對凱斯門特來說，一個類似的時刻可能出現在一八八七年，那年他搭乘汽船前往剛果河上游，當時船上還有一名公安軍官凱爾克文（Guillaume Van Kerckhoven）。凱爾克文是一名個性急躁、粗魯好鬥的軍人，臉上帶著輕浮的笑容，連八字鬍的尖端也仔細上了蠟，他率領的一支遠征軍甚至被剛果總督形容是「一場襲捲鄉間的颶風，所到之處無不殘破」。[7]當凱斯門特聽到凱爾克文與高采烈地述說「但凡由他指揮的軍事行動，期間他的黑人士兵每帶回一顆人頭，他就會給他們五根黃銅棒（直徑二・五公厘）作為獎賞」，凱斯門特十分震驚。「凱爾克文說這麼做是為了激勵士氣，讓士兵勇於面對敵人。」[8]

一八九〇年，康拉德抵達馬塔迪，他在日記裡草草記下：「無論在什麼地方，結識像凱斯門特先生這樣的人都是件愉快的事……他的思路清晰，條理分明，非常聰明，也非常有同情心。」[9]在馬塔迪，一切因陋就簡，城鎮山坡蓋了一大片波狀鐵皮屋，悶熱又潮溼，從這裡居高臨下，可以俯瞰剛果河，裡面住滿爛醉的水手、非洲娼妓與一群想趁著象牙熱大賺一筆的年輕歐美探險家。面對這股淘金熱，凱斯門特與康拉德都覺得事不甘己；在康拉德等待前往內陸期間，有十天的時間，他與凱斯門特同住一間房間，並且一起造訪鄰近村落。

只要聽過凱斯門特說話的人，都會對他留下深刻印象。「他最大的魅力就是他的聲音，非常悅耳動聽，」他的一名同事回憶道。「凱斯門特不是在對你說話，」另一個人說，「他是在對你發出呢喃聲。」[10]無論是說話還是呢喃，總之凱斯門特有著成堆的故事可講，而他說的故事似乎也加深了康拉德眼中的非洲殖民主義陰影。康拉德在剛果待了六個月之後，準備離開剛果，臨走之前，他與凱斯門特又見了一面。[11]十年後，兩人再次在倫敦共進晚餐。根據康拉德的說法，「晚餐後，他們一同前往運動俱樂部，一直聊到凌晨三點。」[12]康拉德在給朋友的信中寫道：「他能告訴你事情！那些我一直試著遺忘的事情，那些我從未真正知道的事情。」[13]凱斯門特告訴康拉德的事情當中——庫爾茲與他放在柵欄上的人頭，也有可能出自於此——很可能包括了非洲人頭蒐集者凱爾克文的故事。

一八九二年，凱斯門特在位於今日奈及利亞（Nigeria）的英國殖民政府工作。儘管他受僱於當時最強大的殖民強權，但他依然留心不公不義之事。他第一次有紀錄的公開抗議，是一八九四年他在憤怒之下寫信給原住民保護協會，他在信中表達對絞刑的反對。二十七名受害者是德屬喀麥隆（Cameroon）的非洲服役士兵與他們的妻子；男人因為女人遭受鞭刑而譁變。凱斯門特寫道，「我相信你們會在英國發出一些不平之鳴，抗議德國人的殘暴作為。雖然受害者是受德國人管轄的士兵，但我們生而為人，有責任也有權利鋤強扶弱，反對任何形式的殘酷行為。」[14]

凱斯門特很快轉調至英國領事館服務；他在非洲南部陸續擔任幾個職位之後，一九〇〇年，他奉命於剛果自由邦建立第一個英國領事館。在他前往剛果就任新工作時，途經布魯塞爾，由於利奧波德國王相當關注任何有助於他事業的人物，因此特地邀請他共進午餐。這位卑微的領事驚覺自己居然在王宮裡與國王、瑪麗—亨莉埃特王后、克蕾門汀公主，以及法國維克多・拿破崙親王（Prince Victor Napoleon of France）同桌用餐。❶

利奧波德邀請凱斯門特次日再度入宮，凱斯門特依約前往。國王滔滔不絕地講述他在非洲進行的令人振奮的文明開化工作，凱斯門特在一旁足足聽了一個半小時。凱斯門特說，雖然利奧波德承認底下的人很可能做出過當的行為，但他也表示，「派到非洲的人不可能全是最優秀的人，事實上，非洲的氣候似乎很容易讓派駐當地的人品行變得低劣。」[15]跟過去一樣，國王努力確保未來若傳出任何負面消息，自己能第一個知道。凱斯門特寫道，「陛下跟我道別時，說歡迎我隨時私底下寫信給他，如果有任何重要事情我能以非官方管道建議他的話，也大可直言不諱。」[16]與大多數覲見者不同，凱斯門特似乎完全不受利奧波德的魅力迷惑。他在剛果已經看得太多。

❶參加這場午餐會的人員名單，反映了當時利奧波德的家庭生活狀況。王后會在王宮，表示她當晚可能要去看歌劇或聽音樂會，否則的話，以她無法諒解丈夫的冷淡與四處和女人調情來看，她平日不會跟利奧波德一起待在王宮裡。王后的穿著樸實無華，經常一襲黑色，有時會戴上男人的大禮帽，她大多數時間都待在典雅的比利時水療勝地，靠著動物（其中包括鸚鵡與駱馬）的陪伴來排解內心的悲傷。

克蕾門汀是利奧波德的小女兒，現在家中只有她願意跟利奧波德說話。維克多．拿破崙親王的頭髮日漸稀少，他是已經消亡的法蘭西帝國的帝位繼承人，也是克蕾門汀的真愛，但他不符合利奧波德的標準。由於利奧波德的非洲冒險事業需要法國共和政府的善意，而偏偏法國共和政府罷黜了波拿巴王朝（the Bonapartes），因此利奧波德不同意兩人的婚事。怯懦的克蕾門汀逆來順受，以王宮女主人的身分侍奉父親，直到父親過世後，她才嫁給了維克多．拿破崙。

在擔任領事的時候，凱斯門特依然對非洲感到著迷，但此時他的人生也進入一段不安的時期。他已經年近四旬，卻困在這份無法讓他發揮長才的工作裡。在英國的外交體系中，領事猶如無人關心的繼子。此外，擔任剛果領事又與擔任英國駐巴黎或柏林領事不同，後者通常由家庭很有背景的人出任，愛爾蘭的中產階級通常沒什麼機會。凱斯門特覺得自己一直排在名單的後頭。他每天的生活就是持續不斷地對抗漏水的屋頂、蚊蟲、痢疾與不體面的乏味工作——「有時即使生病，也必須起床聆聽喝醉的水手抱怨。」[17]

凱斯門特在其他方面也遭遇挫折。他對於殖民統治的惡行感到憤怒，但身為領事，他無處表達心中的不滿。他對愛爾蘭歷史也略有涉獵，但在熱帶地區無法繼續鑽研。他曾立志當一名作家，但沒有地方可以投稿，只好寫下長篇大論的報告，供倫敦外交部人員閱讀欣賞；幾乎沒有領事像他一樣固定從西非港口寄出厚達二十頁的公文。他寫下大量內容平庸的詩文，但一篇也沒能發表。

在剛果，其他白人把這名新任英國領事當成怪胎。舉例來說，凱斯門特上任之後，當他首次從馬塔迪前往利奧波德維爾時，他並未搭乘新鐵路；他步行超過二百英里，只為了抗議火車票價格太貴。一名困惑的剛果官員向布魯塞爾回報時提到，在之後的旅行中，凱斯門特確實搭乘了火車，但「他總是坐二等車廂。旅程中，他總是帶著一隻血盆大口的大鬥牛犬」。[18]

凱斯門特還有一件事藏在內心深處，即使面對好友或親戚他也未曾吐露，然而已經有幾個人起了疑心。凱斯門特是個同性戀者。他寫了一首詩，這首詩他終生未曾對外發表：

僅憑愛的指引
我追尋上帝嚴令不可進入的禁地
……
我只知道我不能死
不能捨棄上帝創造的這份愛
而不是我創造的愛[19]

在那個年代，同性戀的傾向一旦曝光，就會背負種種不名譽或遭受更糟糕的對待。一八九五年，與凱斯門特同為愛爾蘭人的王爾德（Oscar Wilde）因為「與其他男性發生妨害風化的行為」而被判處兩年苦役。一九〇三年春，當凱斯門特結束探親假返回剛果時，另一件案子登上了報紙頭條。知名的戰爭英雄陸軍少將麥克唐納爵士（Major General Sir Hector Macdonald）被揭露是一名同性戀者，並且被送上軍事法庭，最後他在巴黎的飯店房間內自殺身亡。[20]

一九〇三年四月十七日，凱斯門特在日記裡寫道，「新聞提到麥克唐納爵士在巴黎自殺身亡！自殺的理由令人感到遺憾而悲傷。在這類案子中，他的遭遇最令人感到難受。」兩天後，他又在日記裡寫道，「麥克唐納最終的結局竟是如此，真是令人難過。」十一天後，在剛果的巴納納港（Banana），凱斯門特想到麥克唐納的事，遲遲無法入睡：「待在簡陋的旅館房間裡，到處都是驅不散的沙蠅，我無法閉眼，想到麥克唐納的死，久久不能釋懷。」

凱斯門特心知肚明，如果他招惹了強大的敵人，對方一定會用他的事來敲詐勒索。然而，凱斯門特骨子裡似乎帶著自我毀滅的氣質，他居然將自己私密情事詳細記錄在日記裡，而且幾乎每次的幽會都是用金錢換來的。一九〇三年，凱斯門特結束假期從英國前往剛果途中，彷彿想嘲弄命運之神似的，他居然把一路上發生的性關係全記錄下來。馬德拉群島（Madeira）：「阿戈什蒂紐（Agostinho）親了我好幾次。四塊錢。」拉斯帕爾馬斯（Las Palmas）：「沒提價錢。」舷側：「蹲下去，喔！喔！很快結束，大約十八塊錢。」博馬：「大個子，『你要多少錢？』」[21]如果日記被想對他不利的人發現，凱斯門特鐵定會身敗名裂。在那之前，那本日記就像一顆定時炸彈，炸彈上的引信有多長，沒人知道。

凱斯門特在日記裡提到麥克唐納自殺事件的一個月後，一九〇三年五月，凱斯門特終於遇到值得高興的事，而且這件事也許能讓他的事業更上層樓。兩年來，凱斯門特持續向外交部報告利奧波德治下剛果的殘酷狀況。[22]現在下議院既然已經全體一致通過對剛果抗議的決議案，那麼英國政府就必須對此事做出嚴正回應。

前一年，凱斯門特曾經發電報給倫敦，提議由他親自前往內陸的橡膠產地進行調查。凱斯門特獲得准許，但返國休假使得這趟旅行延後。之後，國會的辯論將此事列入議程，於是凱斯門特在返回剛果後不久，便動身前往內陸。[23]

他知道這趟旅行將會非常辛苦；之後他在寫給朋友的信中引用了一句非洲諺語：「一個男人不會跑到荊棘裡，除非後頭有一條蛇在追他，或者是他正在追一條蛇。」他又說，「我正在追一條蛇，願上帝保佑，讓我能抓住牠。」[24]

***

凱斯門特執行調查計畫，大可搭乘新鐵路前往史坦利潭，然後待在當地舒適的磚砌房屋裡，花幾個星期的時間，把周圍容易抵達的地點看過一遍就算完事。但凱斯門特不這麼做。相反的，他在內陸足足待了三個半月以上的時間。為了不仰賴當局提供交通運輸工具——當局會用這種方式控制訪客的行動——凱斯門特向美國傳教士租了一艘船身狹窄、鐵製、單層甲板的汽船，沿剛果河逆流而上。凱斯門特在通巴湖（Lake Tumba）待了十七天，剛果政府在這裡沒有透過中間人，而是直接以國家的力量奴役民眾採集橡膠；他探查了特許公司的領地；他要求汽船開進剛果河的各處支流，一直開到河流的盡頭，他便下船步行；遇到無法上繳橡膠配額的村子，他會計算村子裡被抓去充當人質的村民的確切人數；他划獨木舟越過河川，在淹水的森林行走數英里，只為了與某個受害者見上一面，親眼目睹他的傷勢。

有時，凱斯門特在傳教站過夜；有時，他在河邊的空地或在島上紮營。（「我看到河馬順流而下，在離我們很近的地方，還有三隻鵜鶘在覓食。我還看到一隻美麗的埃及聖䴉，黑色的身軀，白色的翅膀；一隻漂亮的鳥兒從我們頭頂上展翅飛過。」）[25]跟以往一樣，凱斯門特總是帶著心愛的鬥牛犬約翰一起旅行，此外他也找了一個人隨行，在他的日記裡，除了提到這個人是他的廚師與助手之外，幾乎沒有任何描述，只知道凱斯門特叫他多毛的比爾。「可憐的年老而多毛的比爾。他是一個怪人。」身為廚師，多毛的比爾似乎只懂得三道菜：雞肉、卡士達醬，還有某種可以稱之為水煮糖或燉煮糖的東西。「雞肉、雞肉、卡士達醬、卡士達醬……該死的，每天都一樣，」凱斯門特寫道。有時他會挖苦說：「為了換換口味，我們又吃了水煮糖，還有卡士達醬。」或者說：「燉煮糖與卡士達醬又是一天兩次，而且連續一個月，我真是被打敗了。」[26]

凱斯門特持續不斷地寄送公文給外交部。「外交部的人一定在咒罵我，」他沾沾自喜地在日記裡寫道。[27]當然，還有另一批人也在咒罵他。他寫了大量的信件給剛果政府官員，指責剛果境內發生的各種具體暴行，而且毫不客氣地批評整套殖民地的運行方式。「總督先生，這套制度是錯的——毫無希望而且完全是錯的……如果不改變加諸在原住民身上的暴政，長此以往，只會導致原住民的滅絕與文明世界一致的指責。」[28]在這種狀況下，憂心忡忡的利奧波德很快就得知了英國領事的報告內容，裡面提到他的政權將會受到世人的譴責。莫雷爾也聽到類似傳言，而他正焦急地等待凱斯門特返國。在給英國外交大臣的報告中，凱斯門特以完全不像領事應有的口吻興奮地表示，他已經「直搗賊窟」。[29]

凱斯門特具有某種魔力。他對於眼前的一切感到憤怒，而這股怒氣也感染了他見到的其他歐洲人；他的憤怒彷彿可以激勵眾人，使他們不再按捺內心的怒火，可以自由地對外宣洩。有兩名傳教士在見到凱斯門特之後受到極大的鼓勵，當下決定組織自己的小隊進行調查之旅；還有一名傳教士寫了批評的信件給剛果總督。[30]凱斯門特在往下游途中，遇見了正往上游前進的資深傳教士格倫菲爾，兩人停船交談。聽了凱斯門特說明原委之後，格倫菲爾當下決定辭去虛假的原住民保護委員會職務。（附帶一提，格倫菲爾的決定其實沒什麼意義，因為早在幾個月前，利奧波德就已經在未知會委員會成員的情況下，自行決定委員會的委任失效。）義大利駐剛果領事對於凱斯門特的說法感到不安，他放棄返回歐洲度假的計畫，自己也進行了一次調查之旅，結果證實了凱斯門特的發現。

凱斯門特每天寫下的日記，遠比他字斟句酌寫下的官方報告更能打動人心，[31]從缺乏條理的敘述中，可以充分感受到他內心的驚恐。

六月五日：鄉間成了荒漠，沒有任何原住民留下。

七月二十五日：我走進好幾個村落，最近的一個村落，人口大幅減少，從原本數百人減少到只剩九十三人。

七月二十六日：可憐而孱弱的民眾……──塵歸塵，土歸土──仁慈與憐憫，在這裡完全消失。

八月六日：從原住民口中得到大量資訊……他們因為遲繳橡膠而遭到殘忍毒打……好累。

八月十三日：A告訴我，有五名比科羅（Bikoro）原住民的手被砍斷，他們要從遙遠的米安加（Myanga）來這裡，向我展示他們的斷手。

八月二十二日：博隆戈（Bolongo）宛如鬼村，我記得很清楚，一八八七年十一月時，這裡住滿了人；現在全部只剩十四個成年人。我必須說，這些人非常悲慘，他們悲淒地埋怨橡膠稅……六點三十分，經過一片死寂的博庫塔（Bokuta）……莫澤德（Mouzede）說，村民全被強行帶往曼波科（Mampoko）。可憐而不幸的村民。

八月二十九日：邦岡丹加（Bongandanga）……來到了橡膠「市場」，但我什麼也沒看到，只看到槍──大約有二十名武裝分子……二四二個運送橡膠的人，他們如同囚犯一樣遭到看守監視。把這個稱為「貿易」，簡直是彌天大謊。

八月三十日：十六名男女老幼從姆伯耶（Mboye）這個靠近城鎮的村子被強行綁來。可恥。男人被關押起來，孩子在我的介入下獲得釋放。可恥，可恥，太可恥了這個制度。

> 八月三十一日：晚間，為了歡迎我而舉辦了一場舞蹈表演；當地所有的酋長與他們的妻子紛紛前來（在L的命令下）。可憐的人們。我深感遺憾，強顏歡笑，莫此為甚。
>
> 九月二日：看到十六名女子被彼得斯（Peeters）的哨兵抓住並送往監獄。
>
> 九月九日：十一點十分，再度經過博隆戈。可憐的村民被獨木舟載走，他們乞求我的幫助。

* * *

凱斯門特身處的年代，遠在反奴運動發起之後，早在國際特赦組織（Amnesty International）這類機構出現之前，他在自己的日記用廢奴主義者的語氣寫下「可恥，可恥，太可恥了這個制度」這樣一句話，但他隨後提出的官方報告，使用的卻是日後國際特赦組織與其他類似團體會使用的語言：正式而審慎，評估每個目擊者的可信度，列出法律依據與統計數據，附上附錄與證詞。

一九〇三年下半年，凱斯門特返回歐洲準備提出報告。他在倫敦待了幾個星期進行口授與修改，之後他與康拉德見面，然後回鄉與家人團聚，在返回倫敦的火車上對報告進行最後一次修改。凱斯門特的報告內容，莫雷爾與他的一小群支持者早已相當熟悉，但由英國領事這種具官方身分的人士對外發表，還是第一次。這份報告也因為凱斯門特是長年派駐非洲的資深外交人員而更顯權威性，凱斯門特也在報告中頻頻比較他過去所知道的剛果與今日籠罩在橡膠恐怖下的剛果，前後有多大的差異。

凱斯門特不只一次提到屍體的手被砍下來。有時候，砍下來的不是手。他的報告引用了一名目擊者的說法：

「白人對他們的士兵說：『你們只殺女人，殺不了男人。』於是，這些士兵殺我們的時候（此時回答我提問的P. P.突然停下來，他遲疑了半晌，然後指著睡在我腳邊的鬥牛犬的私處），他們會切掉那個東西，交給白人。白人說：『這回是真的，你們殺的是男人。』」[32]

儘管凱斯門特的遣詞用字已經相當節制，同時也審慎客觀地呈現文獻資料，但當報告提到砍下的手與生殖器時，還是產生了英國政府意想不到的逼真效果與衝擊力道。原本已經感到不安的外交部，此時又收到熱中支持利奧波德的英國駐比利時公使菲普斯爵士（Sir Constantine Phipps）的緊急要求，希望延後公開報告。菲普斯的個性傲慢但智力平庸，他認為，「在他印象中彬彬有禮的比利時人，即使在熱帶環境下，也不可能做出如此令人髮指的殘忍行徑。」[33]他對英國外交大臣解釋，這些特許公司僱用「哨兵」的唯一理由，就是為了「保護」橡膠蒐集者，讓他們能安心工作。菲普斯在電報中表示，「請設法在本月十日之後再公布凱斯門特的報告，因為十日當天我必須覲見比利時國王。一旦報告公開，我在宮中將進退兩難。」[34]

此時，另一方的人士也開始施壓。在利奧波德持續催促下，艾爾德．鄧普斯特船運公司的瓊斯爵士兩度前往外交部試圖緩和報告內容，或至少預先取得報告副本讓國王早點掌握詳情。

在剛果的見聞使凱斯門特極為悲憤，連外交部也無法制止他的行動，而凱斯門特也接受好幾家倫敦報社的採訪。儘管外交部官員移除了報告中所有的人名，藉此緩和報告的衝擊，但報紙的報導使官方無法審查凱斯門特的報告或延後報告的公布。一九〇四年初，報告終於公布，讀者看到報告中目擊證人的陳述如下：「我是N. N.。我身旁這兩位是O. O.與P. P.。」或者是：「說這件事的白人是F. F.的白人長官……他的名字是A. B.。」[35]這種陳述讓整篇報告給人一種怪異地不真實感，彷彿恐怖的事情是發生了，但受害者與加害者都不是現實存在的人。這也讓利奧波德的屬下提出長篇回應時，凱斯門特無法以舉出具體人物與地點的方式為自己辯護。與剛果商業利益密切相關的比利時報社也參與攻擊；《剛果論壇報》（*La Tribune Congolaise*）表示，凱斯門特看到的那些沒有手掌的人，都是一些「不幸的人，他們的手得了癌症，因此不得不用簡單的外科手術切除」。[36]

凱斯門特既憤怒又沮喪。他的個性反覆無常（他一開始想保護目擊證人，因此省略他們的姓名，但之後又改變心意），而且容易受到冒犯，他寫了十八頁的抗議信給外交部，威脅要辭職。在日記裡，他說自己的上司是「一堆蠢貨」；[37]其中有一個更是「無能的飯桶」。[38]在一封信上，他還說他們是「一群可悲無用的傻瓜」。[39]

儘管如此，凱斯門特最終還是找到了能跟他產生共鳴的人。凱斯門特在剛果時就已經拜讀過莫雷爾的作品，兩人都渴望與對方見面。凱斯門特在與引頸期盼的莫雷爾見面之後，他在日記裡寫道，「他是個誠實無隱的人。晚間在卡莫迪〔餐廳〕一起用餐，一直聊到凌晨兩點。莫雷爾睡書房。」[40] 凱斯門特在切斯特廣場（Chester Square）一個朋友家裡過夜；第二天早晨，莫雷爾吃完早餐後離開。

不難想見兩人當晚談話的樣子：高大、黑鬍子的凱斯門特，想到自己在非洲看到的一切便怒火中燒；留著車把八字鬍的莫雷爾，幾乎比凱斯門特小了十歲，他的身材也很高大，但體格較為壯碩，對於自己在歐洲找到的證據也同樣怒不可遏。某方面來說，凱斯門特與莫雷爾各自看到利奧波德「自由邦」一半的景象，一旦兩人合在一起，就可以拼湊出故事的全貌。莫雷爾一直記得兩人見面的情景：

> 當時在我眼前的男子，身高跟我差不多，動作靈活，肌肉結實，他挺著胸膛，頭也抬得高高的——感覺他應該原本居住在一個遼闊開敞的空間裡。黑色的頭髮與鬍子覆蓋了被熱帶陽光曬得凹陷的臉頰。五官分明。深藍色的眼珠子深陷在眼窩中，眼神彷彿能穿透人心。修長、削瘦、黝黑的范戴克（Vandyck）臉型，既富於力量，又不失溫柔。英俊而引人注目的臉龐。從我們握手四目相對的那一刻開始，互信與信心便油然而生，孤立無援的感受如同斗篷般從我身上滑落。毫無疑問，他就是那個男人。他能說服高層相信有人

對無助的種族犯下卑鄙的罪行……現在，我經常想起他在那場令人難忘的訪談中的樣子……在滿室黑暗中，他緊靠在爐火旁……他侃侃而談，儘管說的是充斥著卑鄙陰謀的故事，但他的聲音如樂曲般悠揚、柔軟與平穩，他的講述表達了人應有的尊嚴與憐憫……說到一半，他打算休息一下，他站起身子，踩著快速而無聲的腳步，在房間裡來回踱步；然後他又回到爐火邊，在火光下，他不凡的側影被映照成深刻的浮雕。

大部分時間，我一直靜靜聆聽著，雙手緊抓著椅子扶手。隨著恐怖的獨白持續進行……我逐漸相信自己「看見了」那些被追捕的婦女抱著孩子，驚恐地飛奔到樹叢中躲藏；河馬皮製成的鞭子反覆地抽打，顫抖的黑色身體不斷流淌著鮮血；野蠻的士兵到處焚燒村落，砍掉的手堆積如山……

凱斯門特唸了幾段報告裡的內容給我聽，這是他當時正在撰寫的報告，大意幾乎與我自己在報導中經常提及的觀點相同。凱斯門特告訴我，他很驚訝地發現，我與他相隔五千英里，但各方面得出的結論幾乎一模一樣……我的想法對他來說意義非凡。

當我們結束談話各自離去時，已是凌晨時分。厚厚的一疊報告，散落在桌子、椅子與地板上。我躺在沙發上，伴隨著這些報告和衣而睡，而正是這份散落在我周圍的報告……未來即將揭穿我們這個世代所知的最大騙局與邪惡的真面目；至於報告的作者，則是上樓回到自己的臥室安睡。[41]

幾個星期之後，凱斯門特拜訪莫雷爾在哈沃爾登（Hawarden）的老家，哈沃爾登是一個鄰近英格蘭邊境的威爾斯村莊；凱斯門特在日記裡大略地寫道，「聊了一整晚，莫雷爾的妻子是個好女人。」[42]凱斯門特試圖說服莫雷爾成立一個專為剛果伸張正義的組織，但莫雷爾一開始並沒有答應。原住民保護協會擔心一旦成立新團體，可能會侵犯它的活動領域，甚至可能使它募得的款項減少。但莫雷爾的妻子瑪麗卻同意凱斯門特的看法，莫雷爾可能是在妻子的鼓勵下前往愛爾蘭與凱斯門特進一步商議。莫雷爾寫道：「凱斯門特的計畫獲得妻子的大力支持，如果我跨過愛爾蘭海峽……去見他……那一定是受到妻子的影響……在被豐沛眼淚灌溉……的愛爾蘭土地上，凱斯門特與我進一步商議……討論了各種方式與手段，最後擬定了大致的活動計畫。」[43]

凱斯門特與莫雷爾在紐卡索（Newcastle）的斯列維多納德飯店（Slieve Donard Hotel）晚餐時討論此事，莫雷爾漸漸相信，「剛果的邪惡是一種特殊且非比尋常的邪惡，需要特殊的攻擊方式……如果真能成功喚起英國民眾的注意，那麼就有可能喚起世界各地民眾的注意……英國過去曾〔在反奴運動上〕扮演這樣的角色……我們是否能讓英國重拾以往的偉大情操呢？」[44]

雖然凱斯門特已卸任駐剛果領事一職，正在等待下個任命，但他仍是英國領事系統的一員，因此新組織只能由莫雷爾獨撐大局。「但組織內部一些瑣碎的事務該如何處理？我跟凱斯門特解釋我沒有錢……但他也沒有……儘管如此，凱斯門特仍毫不猶豫地開了一張一百英鎊的支票給我。」[45]對凱斯門特來說，這筆錢超過了他一個月的薪水。

> 之後不久，凱斯門特在給莫雷爾的信上寫道，「我們的人數必須一天天成長，直到全英國齊聲反對剛果的暴政為止！」[46]

在愛爾蘭與凱斯門特共進晚餐後過了幾個星期，莫雷爾成立了剛果改革協會（Congo Reform Association）。運用凱斯門特捐贈的一部分資金，莫雷爾購買了第一批補給品，包括一臺打字機。他將所有公眾援助彙集成一份令人印象深刻的名單，包括伯爵、子爵、商人、教會人士與國會議員，此外，為了喚醒民眾對反奴的記憶，他還將英國著名反奴主義者威伯福斯（William Wilberforce）的曾孫也列入名單之中。一九〇四年三月二十三日，剛果改革協會第一次大會在利物浦愛樂音樂廳（Philharmonic Hall）召開，超過一千人參加。

雖然凱斯門特與莫雷爾各自有著難以相處的個性，但兩人一見如故，而且維持著長久的友誼。莫雷爾在寫給朋友的信中提到，「我覺得凱斯門特近乎聖人般完美。」[47]凱斯門特與莫雷爾都找到了最好的盟友。兩人的關係隨著時間而愈發鞏固；從兩人來往的許多信件中，我們可以看到凱斯門特被稱為「親愛的老虎」，而莫雷爾成了「親愛的鬥牛犬」。利奧波德則是「野獸國王」。

雖然凱斯門特只能在改革運動中擔任沉默的夥伴，但他依然熱心給予莫雷爾各項建議，包括政治策略、遊說對象，甚至包括該穿什麼衣服。凱斯門特也瞞著外交部偷偷為改革運動募款。莫雷爾則鼓勵凱斯門特返回剛果繼續調查。凱斯門特回道，當地官員很可能「會像絞死斯托克斯一樣絞死我——然而，為了剿滅魔鬼的巢穴而被絞死，我義無反顧」。[48]這不是最後一次凱斯門特暗示自己有殉道的念頭。

莫雷爾與凱斯門特見面密謀對付利奧波德國王，這件事日後被他們的崇拜者比擬成一百多年前威伯福斯與小皮特（William Pitt the Younger）在參天大樹下據說曾進行的對話，這是英國反奴運動伊始前的最後一步。與英國廢奴主義者相同的是，莫雷爾與凱斯門特至少可以安穩地待在英國；儘管他們心存善意，但不可諱言的是，他們不用遭受席科特毒打，身上也不用背負沉重的枷鎖。他們是白人，試圖阻止其他白人殘暴地對待非洲人。在剛果為這場戰爭奮鬥的非洲人，許多人喪失了性命，他們的姓名並未被記錄下來。就某種意義來說，我們尊崇莫雷爾與凱斯門特，也是在尊崇他們。

然而，莫雷爾與凱斯門特絕不是只會夸夸其談的社會改良者。他們的內心都抱持信念，而最終也為此付出高昂的代價。一九〇三年十二月，莫雷爾與凱斯門特分享了彼此對剛果的熱情，然而他們不知道的是，十多年後，他們將面臨相同的下場。他們都被判刑入獄，都走進了彭頓維爾監獄（Pentonville Prison）的大門。其中一人從此再未現身。

第十四章　將他的惡行公諸於世

現在，莫雷爾透過剛果改革協會捲動風雲，持續對比利時、英國與美國政府施壓。幾乎沒有人像莫雷爾一樣，儘管沒有財富、頭銜或官職，卻能對幾個主要國家的政府造成這麼多麻煩。莫雷爾很清楚，像外交大臣格雷爵士這種官員，必須「踢一下」他才會動一下，「一旦不踢了，他就什麼事也不幹。」[1] 而莫雷爾就這樣一連踢了十幾年。

除了經營剛果改革協會，莫雷爾也仍持續《西非郵報》的主編工作，這使得他一天的工作量有時高達十六到十八小時。莫雷爾對一名改革運動同伴說道，「大家好像完全沒有意識到——除了這些事情以外——我手上還有一份週報，而且我還要為剛果改革協會辦一份月刊，有時月刊的內容非常多，光是月刊的工作就足以讓一般人忙上一整個月。要不是我的手腳特別快，否則絕對不可能做完所有的事。」[2]

莫雷爾能夠完成這麼多工作還有另一個原因，那就是他有個賢內助，能把家裡的事處理得井井有條。事實上，在本書提及的幾個揭開剛果內幕與推動剛果改革的人物中，莫雷爾是極少數擁有幸福婚姻的人。瑪麗．理查森．莫雷爾（Mary Richardson Morel）撫養了五個孩子，在各方面鼓勵丈夫投入改革運動。她對凱斯門特很有好感而且同意他的看法，認為自己的丈夫應該成立一個專門為剛果發聲的組織。如同那時代的許多夫妻，我們不知道莫雷爾眾多的成就中，有哪些該歸功於他妻子。霍爾特一直是莫雷爾的堅定支持者，也是他的好友，他告訴莫雷爾，「我總認為瑪麗是你的一部分，是你們兩人合力構成了一個推動剛果改革的莫雷爾。」[3]

莫雷爾不是沒有缺點。他個性頑固，很少承認自己的錯誤。在他的報紙上，他偶爾刊登自己的照片，卻熱中評論自己的作品，甚至感謝自己寫下好作品，而且將自己接受其他報社訪談的內容轉載過來。連他出國為剛果改革宣傳時，也不忘發表社論「祝莫雷爾先生一路順風」。[4]莫雷爾有時會跟同事起衝突，特別是那些他覺得搶了自己鋒頭的同事——不過莫雷爾對於凱斯門特卻毫不計較，因為凱斯門特是他尊敬的人物。與其他多產的人一樣，莫雷爾也深陷於憂鬱與自憐之中。一九〇六年，莫雷爾在給馬克．吐溫的信上寫道，「我幾乎沒有家庭生活……我整個人心力交瘁。」儘管如此，他仍表示自己將持續推動剛果的改革工作，因為「可憐的剛果民眾除了我們，沒有人可以依靠。他們有權利生存下去」。[5]

莫雷爾的政治觀點也有一定的局限性，他的一些看法與同時代大多數歐洲人一樣，深信自由貿易擁有神奇的力量，也相信非洲男性的性慾遠比白人男性來得強，因此會對白人女性造成危害。莫雷爾還有一些奇怪的想法是在全心全意阻止利奧波德治下剛果的殘暴行為下產生的。在莫雷爾的文字描繪中，白人到來之前的剛果非洲人形象，其實就是盧梭（Rousseau）

理想中的高貴野蠻人：在描述傳統非洲社會時，莫雷爾總是強調和平與溫和的一面，而忽視野蠻的一面——莫雷爾鮮少提及早在公安軍以殘暴手段維護秩序之前，非洲人早已習慣砍掉死去敵人的手掌。[6]

更重要的是，莫雷爾對於利奧波德的暴行如此憤怒，以至於忽視了自己的國家也在非洲殖民地實施強制勞役——範圍廣泛，但較不致命——特別是在東非與南非。莫雷爾認為，只要殖民政府能做到公平與正義，那麼殖民主義本質上並不是件壞事。他相信英國在西非殖民地就做到了，那裡確實不存在橡膠恐怖以及對所謂的無主之地進行大規模掠奪。在剛果改革運動的後期，莫雷爾甚至抽出時間親自前往奈及利亞，他還寫了一本書肯定英國在當地的統治。

無論莫雷爾有哪些缺點，但在反對剛果政府種種不公不義行徑的運動中，莫雷爾有著堅定且具感染力的是非觀念。他是一名優秀的演說家，他習慣不用稿子對著數千名群眾侃侃而談。光是從一九〇七到一九〇九年，莫雷爾就在大不列顛舉辦了大約五十場群眾集會演說。莫雷爾寫道，「有時候……我感到怒火中燒……因為有些故事特別令人厭惡，因此特別讓我有感而發，也因為我應該不遺餘力揭發利奧波德官員的所作所為，但我沒有做到……有時候，我會感到歡欣鼓舞，因為我能把正確的事情說得透徹清楚，或者，在臺上時，我突然福至心靈茅塞頓開，又或者，我發覺自己擁有一群了不起的聽眾。」[7]

莫雷爾認為自己推動的剛果改革運動，如同一八七六年土耳其人屠殺保加利亞人與一八九〇年代土耳其人屠殺亞美尼亞人在英國激起的義憤，都源自於英國擁護人道主義的大傳統。莫雷爾甚至認為，自己是反奴運動的道德繼承者。他在自己撰寫的言詞犀利的作品《紅色橡膠：關於一九〇六年，橡膠奴隸貿易在剛果大行其道的故事》（*Red Rubber: The Story of the Rubber Slave Trade Flourishing on the Congo in the Year of Grace 1906*），一開頭引用了偉大的美國廢奴主義者加里森的詩作為題詞：

解放的軍旗已昭然若揭……
我不含糊其詞，
也不推諉開脫，
我一寸也不退讓：
我要讓眾人傾聽，
後人將見證我是對的。

莫雷爾遵循的英國激進主義傳統，其根源來自於不從國教者教會（Nonconformist churches，也就是英格蘭國教會以外的新教徒）與克拉朋教派（Clapham Sect），反奴領袖威伯福斯就是來自於克拉朋教派這個人道主義福音團體。十九世紀初，人道主義者的熱忱聚焦於改善所有受壓迫群體的生活狀況，包括囚犯、工廠工人、童工、精神病患。然而，人道主義者的取徑與日後的馬克思主義者與工團主義者不同。馬克思主義者與工團主義者採取由下而上的政治路徑，人道主義者的出身相對較高，他們採取的是由上而下的改革主義。人道主義者的目標是廢除死刑、肉刑與反對虐待動物。當人道主義者將注意力轉向海外時，他們的目標便轉為廢除奴隸貿易與派遣傳教士到海外，讓居住在世界遙遠角落的「原住民」獲得提升。（事實上，派遣英國傳教士前往剛果的就是不從國教者教會，特別是浸信會。）

值得注意的是，不同於同時代的社會主義者，莫雷爾的人道主義政治前輩深信改善受壓迫民眾的命運將有助於商業。一八三〇年代，英國國會專責委員會表示，善待殖民地臣民可以「提升大不列顛的民間與商業利益……野蠻人是危險的鄰居與無利可圖的顧客，如果他們始終是殖民地的二等居民，那麼他們將成為國家的負擔」。[8]

這類人道主義者永遠不認為自己的主張與帝國計畫有衝突——只要是英國帝國主義計畫就沒問題。莫里斯（James Morris）在他的大英帝國史裡總結說，「從道德層面來看，解放使英國人處於一個特殊的層次……如果光是國內的抗爭就可以獲得這麼大的成果，那麼一旦英國的權威遍及全球各地，還有什麼是做不到的？剷除奴隸制度的邪惡，從源頭根絕無知與異教，教導單純的原住民蒸汽、自由貿易與天啟宗教的好處，建立一個擁有崇高動機的道德帝國而非惡劣的拿破崙式世界帝國，上述這些都不難實現。這就是福音派帝國主義希望得出的化學反應。」[9]

這是莫雷爾在英國國內感受到的傳統，而這個傳統也與莫雷爾的組織天分完美搭配。雖然莫雷爾並非出身上流社會，但他卻懂得運用訣竅說服富人、當權者與名人相信支持剛果改革運動有助於提升他們的名聲。剛果改革協會每月發行的期刊都會在頭版全頁刊登名人支持者肖像，可能是某位爵爺、市長、國會議員或留著八字鬍的退休殖民地總督。剛果改革協會在利物浦成立之後，莫雷爾設法爭取一位支持剛果改革運動的國會議員協助，由他安排讓協會執行委員會的首次會議在下議院的某個房間舉行。第一次會議之後，剛果改革協會每次舉辦大會都至少會有一位主教站在臺上。在獲得教會與國家的明顯支持之後，莫雷爾發現，具有影響力的英國人幾乎都不會拒絕他的請求，大家都願意具名支持剛果改革運動。

莫雷爾在政治上的局限，恰恰是他身為組織者最成功的地方。如果莫雷爾與今日的我們一樣相信利奧波德對剛果的蹂躪有部分乃是殖民主義的必然結果，也就是認為一個國家被外國人統治沒有什麼不對，那麼莫雷爾一定會遭到忽視，他永遠無法成為眾人矚目的焦點，英國也不會有任何人理會他的說法。然而莫雷爾並不認為問題出在殖民主義，相反的，他由衷相信利奧波德的統治體制是一種獨特的邪惡形式。因此，英國的統治階層願意聆聽莫雷爾的說法，他們不認為莫雷爾的運動會對他們的利益造成威脅。

然而，儘管莫雷爾的想法存在盲點，但他在整個人道主義傳統中卻極為邊緣。莫雷爾的信念隱含的傾向其實比他自己所想的更具顛覆性。他認為剛果發生的暴行並不是一項特定範圍的惡行，可以像童工或死刑一樣透過立法加以去除。相反的，他認為剛果的暴行源自於一個複雜且根深柢固的「體制」（這是他自己的說法），也就是說，是強制勞動加上歐洲大規模強占非洲土地造成的。雖然莫雷爾可能一輩子從未讀過馬克思的作品，但他的觀點顯然更接近馬克思主義，而與拯救被壓迫者的人道主義有段距離。莫雷爾始終無法化解這兩種世界觀之間的衝突，而他晚年的戲劇性事件也與這兩種世界觀持續的拉鋸有關。

***

歷史學家泰勒（A.J.P. Taylor）寫道，「莫雷爾在異議運動上的組織與領導能力可說無人能及。他很清楚要如何爭取富人的支持，他在讓富人慷慨解囊的同時，又能維持運動的民主性格。無論是百萬富翁還是工廠工人，都願意接受莫雷爾的領導。」[10]在這些百萬富翁中，有不少人是貴格會的信徒，例如富有但生活簡樸的巧克力製造商吉百利（William Cadbury）。這些支持者的援助金使《西非郵報》得以正常運作，莫雷爾也只從《西非郵報》領取薪水，他在剛果改革協會的工作是不支薪的。弔詭的是，艾爾德．鄧普斯特船運公司的老闆瓊斯爵士也對《西非郵報》投資了少量金額，目的無非是希望自己的前員工能筆下留情。但他的希望落空了，莫雷爾依然無情地抨擊瓊斯，甚至揭露他是利奧波德在英國的主要盟友。當瓊斯發現自己完全無法影響莫雷爾時，他隨即撤掉了在《西非郵報》的廣告。

莫雷爾也很清楚什麼樣的訊息適合什麼樣的讀者。他提醒英國商人，利奧波德的壟斷體系——後來法國依樣畫葫蘆——使英國商人被排除在大部分剛果貿易之外。在面對教士時，莫雷爾會大談基督徒的責任與引用傳教士報告裡提到的那些慘不忍睹的情況。如果對象是英國全體民眾與他們的國會代表，莫雷爾會試圖喚起每個英國人心照不宣的信念，那就是英國肩負著將文明傳遍世界的重責大任。

關於剛果改革運動，有一個令人驚訝的事實，那就是除了在會議裡短暫致詞外，整場運動的進行，莫雷爾幾乎都是在書房裡完成的。剛果改革運動前後歷時九年，前半段時間，莫雷爾甚至不住在倫敦。直到一九〇八年十二月為止，剛果改革協會的總部一直設在利物浦；莫雷爾大量的信件往返都是在這裡以及在自己位於哈沃爾登附近的住處進行的。舉例來說，一九〇六年上半年，莫雷爾寫了三千七百封信。更重要的是，他撰寫的與剛果相關的大量書籍、小冊子與報紙文章激勵了民眾寫信給他。他仔細而反覆地檢查每條新聞的真實性，閱讀比利時的報紙與文件，與歐洲和非洲的政府官員、記者、商人通信。到了一九〇八年，莫雷爾估計自己手中跟剛果相關的信件大約有二萬封。這些信件成了他大多數作品的資料來源。

儘管莫雷爾對於組織性的宗教嗤之以鼻，但他的意見表達卻像極了一名福音派傳道者。對他而言，利奧波德及其支持者，例如「布魯塞爾與安特衛普一些為剛果喉舌的無良報社」[11]，宛如魔鬼的化身；剛果政府是個「低劣而邪惡的體制，對原住民族犯下可怕的惡行」。[12]莫雷爾充分反映了那個時代的情緒，因為他自己也受到這樣的情緒感染：樂觀主義；由於尚未目睹也無法想像兩場世界大戰即將到來，因此對於社會有著無窮的信心，相信人類有能力把通往成功之路的一切障礙迅速掃除。莫雷爾在自己的作品《利奧波德國王對非洲的統治》(*King Leopold's Rule in Africa*)中表示，「我們的祖先粉碎了海外奴隸貿易，接下來我們將根除現代剛果的內陸奴隸貿易。」[13]

莫雷爾希望剛果改革運動能夠跨越政治黨派與宗教差異。在大型集會上，他邀請三個主要政黨的國會議員，也找來英格蘭國教會與不從國教者教會的教士，此外還有政府高級官員、英格蘭各大城市市長、蘇格蘭各大城市市長與其他社會賢達。莫雷爾善於挑選活動的舉辦時機：市長與各界重要人物通常是下午在市政廳開會，莫雷爾總是利用他們快開完會的時候發起地區性的大型示威抗議。到了傍晚，市長就會出現在活動現場。到了一九〇五年底，已經有超過六十場群眾集會通過決議譴責利奧波德的統治重蹈非洲奴隸貿易的覆轍，他們要求「國王陛下的政府能邀請基督教國家召開大會……為剛果設計與建立一個好政府」。[14]在利物浦，參與抗議的群眾人數太多，就連可以容納三千人的禮堂也裝不下，只好讓多出來的群眾前往鄰近的兩間會議廳舉辦活動。在英格蘭與蘇格蘭，無數的群眾集會不斷迴盪著「可恥！可恥！」的呼聲。

莫雷爾善用當時的各種媒體，他尤其懂得如何有效運用照片來打動人心。幾乎每一場剛果抗議集會都以幻燈片的放映作為壓軸，總共約六十張照片，生動展示利奧波德統治下剛果民眾的生活現況；其中有六張照片顯示被砍了手的非洲人或被砍掉的手。最終有數百萬人經由集會與報紙看到這些照片，而這些照片也提供任何政治宣傳都無法反駁的證據。

幻燈片也展示了估計利奧波德在剛果所獲利益的圖表；幻燈片甚至放出了幾首詩，藝術性雖不足，但熱情可彌補：

熱忱與信仰無法激勵這位利奧波德，
未能讓這位高貴人物放棄任何荒誕行徑。
眼神冷漠的他放出獵犬，恣意地撕咬殺傷，
只為了讓自己的庫房塞滿黃金。
時間啊，請讓他長存！大地啊，請讓他不被遺忘，
大聲宣揚他的臭名，將他的惡行公諸於世。[15]

要將利奧波德的惡行公諸於世，莫雷爾必須動員其他的新聞同業。莫雷爾認識英國各大雜誌與報紙主編，定期為他們寫稿，其中包括最知名的《泰晤士報》。當有主編需要派記者

前往比利時或剛果時，莫雷爾總是能提供人選。莫雷爾愉快地提到自己曾經「搞掉」《泰晤士報》一名駐布魯塞爾通訊記者，因為他認為這名記者對利奧波德太友好。[16]莫雷爾會向一些立場相近的比利時報社提供資訊，而透過他與新聞協會通訊社（Press Association）的關係，他能夠將資訊傳遞到世界各地。當著名的美國通訊記者戴維斯（Richard Harding Davis）被《科利爾》（*Collier's*）雜誌派到非洲時，莫雷爾提供他最新的消息，反過來，戴維斯也在自己的報導中呼應莫雷爾的主張。

在凱斯門特報告的推波助瀾下，莫雷爾發起的國際運動開始獲得世界各大報紙的報導。莫雷爾悉心保存的檔案夾裡，裡面蒐集了從一九〇二年開始的十年間，與剛果革命運動相關的四一九四份剪報。[17]莫雷爾不僅聚焦在報紙：一九〇六年出版的男孩冒險小說《森巴：剛果橡膠奴隸的故事》（*Samba: A Story of the Rubber Slaves of the Congo*），該書作者在前言感謝剛果改革協會人員「好心地閱讀他的手稿，修正書中的證據，而且提出許多有用的建議與批評」。[18]

莫雷爾形容自己「完全沉溺在剛果之中」。一九〇六年，莫雷爾寫信給貴格會支持者吉百利，從信中我們可以看出為什麼：

> 「書」：這個星期出版……（指《紅色橡膠》）
>
> 「格拉斯哥」：市長召開市政會議。或許應該過去參加。正安排在當地成立剛果改革協

會……你能捎個信給格拉斯哥的重要人士嗎？

「法國」：這個月會成立法國剛果改革協會……

「潮水來了」：一大群的人希望取得資料……每天會接到十二至二十封信，希望得到相關的文件與資訊等等。[19]

跟過去的廢奴主義者一樣，莫雷爾深知每個全國性組織都必須設立地方分支組織，因此剛果改革協會也必須在英格蘭與蘇格蘭設立「分會」。這些地方分會組織當地會員進行募款、寫信給當地的國會議員、持續投稿到當地報紙。女性分會有兩名代表加入剛果改革協會執行委員會。透過上述方式，莫雷爾得以持續對英國政府施壓。莫雷爾與他的支持者深信，只要英國採取行動，就能迫使利奧波德改弦易轍，或者讓剛果完全脫離利奧波德的掌握。

莫瑞爾知道，擁有第一手資訊的人，說話往往最具說服力。一九〇六年，從剛果返國的浸信會傳教士哈里斯牧師（Reverend John Harris）與他的妻子愛麗絲．哈里斯（Alice Seeley Harris）開始成為協會的全職人員，莫雷爾使用的照片，幾乎全是愛麗絲拍攝的。哈里斯夫婦的熱忱一點也不輸給莫雷爾。他們加入剛果改革協會的頭兩年，兩人在公開場合一共發表了六百場演說。在威爾斯的一場大型演說中，一名女子深受感動，將身上的珠寶首飾交給了愛麗絲，讓她賣掉作為推動剛果改革運動經費。[20]哈里斯夫婦展示了席科特與枷鎖，而且在英格蘭各地舉辦「剛果主日」(Congo Sundays)活動，帶領教會信眾合唱為剛果寫的讚美詩。哈里斯夫婦描述的個人經驗，讓聽眾震驚不已，日後哈里斯也用文字將這個經驗記錄下來：

在一個非洲村落裡，四十名消瘦的村中子弟排隊站好，每個人都拿著一小籃橡膠。橡膠秤重後上繳，但……有四籃橡膠的重量低於標準。命令簡短而有力——第一個未達標準的人隨即被四名健壯的「行刑者」抓住，然後將他狠狠地摔在沙地上，他的手腳被牢牢固定住，此時第五個人上前，他手裡拿著用河馬皮纏繞編織而成的長鞭。鞭子迅速而不間斷地落下，粗糙不規則的表面一下子把人打得皮開肉綻——背部、肩膀、屁股，一共十餘處傷口流血不止。由於手腳被行刑者固定，受刑者只能徒勞地扭動身體，然後鞭子轉而鞭打顫抖不止的身體的其他部位——其中一人，他身體最敏感的部位也遭到鞭打。在「每人各打一百鞭」之後，只見四具動彈不得的軀體，渾身血淋淋、顫巍巍地倒臥在橡膠收集哨站熱氣蒸騰的沙地上。

在這個決定性事件之後，緊接著上演的是另一幕驚心動魄的景象。我們才剛吃完早餐，就看到一名非洲父親衝到我們泥土屋的走廊臺階上，把他小女兒的手跟腳放在地上，他的小女兒頂多只有五歲。[21]

＊＊＊

當莫雷爾的運動在歐洲如火如荼地進行時，緊急的訊息也從布魯塞爾發往剛果首都博馬，然後從博馬發往最偏遠的哨站。在哈里斯夫婦曾經工作過的英國傳教站附近，剛果政府派駐了一名副檢察官。總督告訴副檢察官：

> 你被派到巴林加的主要原因，是讓政府能夠及時掌握巴林加地區傳教士的一舉一動……你或許需要僱用幾個黑人，讓他們到當地村落蒐集有用的資訊，特別是當傳教士外出旅行的時候。
>
> 我授權你僱用五名工人來達成這項任務；我已經指示赤道區行政長官提供你必要的資金。你可以依照自己的想法利用這筆資金，不管是僱用黑人工人……還是贈送禮物給村子裡的原住民，讓他們隨時回報你最新的資訊……
>
> 當然，為了完成任務，你將擁有最大的裁量權。[22]

往後幾個月，博馬的檢察官寫信給在巴林加的副檢察官，要他查明即將召開的新教傳教士會議在籌劃什麼行動。幾個星期之後，博馬的檢察官一口氣寄了七個月份的《西非郵報》給副檢察官，往後只要有新一期的《西非郵報》送到剛果首都，檢察官就會立刻寄給副檢察官：

> 尤其要請你留意，這些傳教士的指控有許多不實之處，指出他們的問題對政府來說非常重要，如此才能顯示他們對國家的抨擊完全是出於惡意。因此，重點在於，你必須仔細檢查每一份報紙，然後告訴我其中有哪些虛偽不實的地方……[23]

隨著輿論對利奧波德的攻擊不斷升溫，剛果政府也逐步加強對莫雷爾盟友的監視。其中處境最危險的莫過於沙努（Hezekiah Andrew Shanu）。[24]

英國在非洲建立殖民地的時間遠比利奧波德來得早，剛果成立之初，仍需仰賴從英國殖民地僱用有經驗的勞工、士兵與其他人員。沙努在英國殖民地（今日的奈及利亞）出生與受教育，後來成為一名老師。一八八四年，他開始為利奧波德政府工作；他當時的任務之一是在家鄉為剛果公安軍招募士兵。當沙努在博馬成為剛果總督的幕僚人員與英法文翻譯人員時，他把在拉哥斯（Lagos）的妻子、小舅子與其他家人接到剛果居住。一八九三年，沙努離開公職，開始經商。隔年，沙努前往比利時，他在比利時訂購了一架鋼琴與一艘汽艇，也讓自己的兒子在當地就學。殖民國家都喜歡聽到殖民地臣民表達感謝，因此當沙努談起剛果，感謝比利時人在當地的建設時，他也獲得比利時人的熱烈歡迎。某家報紙用肯定的語氣表示，沙努「能用完美的法語表達」，[25]另一家報紙則用一種自以為是的態度寫道，沙努是「一個明顯的例子，顯示黑人種族也能做到盡善盡美」。[26]沙努的相貌威嚴，在公共場合，他穿著上漿的白領襯衫，並且把剛果政府頒授的飾帶勳章別在外套翻領上。

在遊歷了英國、法國與德國之後，沙努返回剛果，成為一名成功的商人。剛果是歐洲人為了賺取利益而建立的國家，在這樣的國家裡，沙努身為黑人能有這樣的成就，可說相當的不容易。在博馬，沙努開了一家存貨充足的商店，販售歐洲的罐裝食品與補給品；此外，他還經營一家裁縫店與洗衣店，而且在博馬與鐵路末端城市馬塔迪擁有好幾間出租小屋。沙努喜歡攝影，他有幾張照片刊登在布魯塞爾的《剛果畫報》（*Le Congo Illustré*）上。沙努把自己的房子租給剛上任的英國副領事時，他讓對方留下非常好的印象，結果當這名副領事休探親假時，他還向英國外交部推薦由沙努暫代他的職務。沙努甚至贏得前雇主的尊敬。一九〇〇年，駐守博馬的公安軍爆發譁變，沙努成功阻止叛亂蔓延到在博馬工作的西非人，剛果官員十分感謝他的協助。沙努甚至主動表示自己也要拿起武器對抗叛亂者。一名剛果高級官員寫道，「在危急時刻，沙努先生充分展現他對國家的一片赤誠。」[27]

直到目前為止，沙努一直將自己的前途與剛果統治者緊緊地結合在一起。但是，某件事——我們不知道是什麼——使他改變心意，讓他決定加入利奧波德的敵對陣營。對於一個居住在剛果首都的黑人來說，這是個危險的決定。當沙努把剛果政府虐待西非工人的資料交給凱斯門特時，我們可以說這是他態度轉變的一個徵兆。凱斯門特拿到資料後，應該也向沙努透露了莫雷爾正在歐洲推動剛果改革運動的訊息。一九〇三年，當凱斯門特在非洲內陸進行調查時，沙努寄了支票給莫雷爾，希望莫雷爾能寄幾本作品給他。知道自己在敵人的首都有一個盟友，莫雷爾感到很高興，他立即回信，寄了訂閱的《西非郵報》、一本書與幾本小冊子給沙努。莫雷爾在信中寫道，「我不知道你對剛果問題有何看法，但是，如果你同意我的觀點，如果你能偶爾告訴我一些消息，我會非常高興。」[28]過了幾個星期，莫雷爾再次寫信給沙努，他建議沙努可以把寫給他的信寄到德文郡（Devon）他的岳父住處，這樣就可以避開博馬的郵件檢查。不久，沙努就找到了一些有用的訊息可以寄給莫雷爾。

歐洲開始出現反對利奧波德統治的抗爭之後，剛果政府每隔一段時間就會大張旗鼓地起訴一些對非洲人犯下殘酷暴行的基層白人官員。這些官員偶爾會被判處有期徒刑，不過大多數刑期並未服滿就能出獄。儘管如此，審判對於專制政府來說帶有風險，審判很可能使對政府不利的紀錄曝光在公眾面前。與其他暴政下的小替罪羊一樣，這些被指控在剛果犯下殘忍屠殺罪行的被告，通常會說自己只是遵照上級的指示辦事——他們通常能找到目擊證人或文件來證明自己的說詞。政府因此處心積慮不讓審判筆錄曝光，有數年的時間，這類筆錄確實完全沒有外洩。莫雷爾知道這些審判證據可以作為剛果改革運動的重要武器，因此他要求沙努盡可能找出這些資料。

一九〇四年，一件涉及內部真相的案子引起眾人關注。案件的主嫌是科德隆（Charles Caudron），他在一家任意使用暴力的橡膠公司工作。科德隆被指控犯下幾個罪名，包括謀殺至少一二二名非洲人。科德隆遭受審判，表面上看起來是政府想維護人權，但實際上，政府逮捕他是基於別的理由。科德隆冒犯了駐地的公安軍指揮官，因為他妄自尊大認為只有自己懂得軍事作戰。此外，科德隆肆無忌憚地實施恐怖統治，導致一個原本大量獲利地區的橡膠產量一落千丈。

審判清楚顯示剛果政府的命令容許綁架人質。此外，上訴法院認為科德隆「情堪憫恕」而對他從輕發落。法院以大家經常提到的原住民生性懶惰為理由，認為「在這種情況下，科德隆面對極大的困難，他想完成任務，但當地居民堅決不願工作，他們不遵守法律，只能以武力迫使他們順從，說服對他們完全沒有效果，只能用恐怖手段讓他們就範」。[29]

沙努拿到了部分法院文件，然後祕密將文件寄給莫雷爾，莫雷爾收到之後立刻公布這些文件，宣稱這是「對剛果政府最致命的打擊」。[30]莫雷爾的說法有些誇大，但這份資料確實十分具有破壞性。最難堪的是，裡面的關鍵證詞全出自剛果政府官員之口。英國外交部馬上注意到這份資料，並且將其刊載在官方報告上。[31]

然而，沙努接下來對反剛果運動做出的貢獻，卻以悲劇告終。沙努充當莫雷爾與一名剛果政府官員之間的聯絡人，這名官員是博馬的警察首長，他宣稱手中握有資料可以給予或賣給改革人士。然而這個人卻背叛他們，他在比利時報紙上抨擊莫雷爾，而且透露沙努是莫雷爾的共犯。莫雷爾認為沙努是個「毫無汙點、充滿勇氣」的人。[32]他擔心沙努的生命會有危險，因此敦促英國駐博馬領事盡一切努力保護他的安全。莫雷爾主動向沙努提出協助，並且焦急地等候他的回應。然而當消息傳來，卻是不好的結果。沙努是英國臣民，剛果當局不敢逮捕他，怕引起國際爭端。他們轉而採取持續騷擾的做法，甚至收回他為國家效勞而獲頒的勳章。之後，剛果政府又下令所有公務員不許光顧沙努的生意。少了國家的支持，沙努的事業無以為繼。一九〇五年七月，沙努自殺。

* * *

十九、二十世紀之交，位於凱旋門（Arc de Triomphe）附近的愛麗舍宮飯店（Élysée-Palace Hotel）是巴黎最高級、典雅的飯店。某日，一名客人在飯店裡偶然注意到一個年輕女子，她也住在這家飯店，而她的名字就跟她的過去一樣，充滿了謎團：她叫卡洛琳（Caroline），或許也叫布隆許（Blanche）、德拉克羅瓦（Delacroix）或拉克羅瓦（Lacroix）。卡洛琳才十幾歲，卻已經是前法國陸軍軍官杜里厄（Antoine-Emmanuel Durrieux）的情婦。杜里厄想靠賭馬來維持兩人的生活。當杜里厄賭運不佳時，就當起卡洛琳的皮條客。他們在愛麗舍宮飯店的房間於是成為他們做性交易生意的方便場所，但他們經常拖欠房錢。某日，這種麻煩的狀況突然出乎意料得到解決，一名女子來到飯店對卡洛琳說，「女士，一位紳士注意到妳，他派我來找妳。他是個身分尊貴的人，因為他的地位崇高，所以我不能透露他的姓名。」[33]

她安排第二天讓兩人見面。根據卡洛琳不完全可靠的回憶錄，杜里厄當天戴著大禮帽與珠灰色的手套，脖子上掛著雙筒望遠鏡，在完全不知道這件事的狀況下離開飯店前往賽馬場。（其實更有可能的是，杜里厄知道整件事，只是他收了錢早一步離開。）卡洛琳前往附近拜倫勳爵街（rue Lord Byron）一棟建築物的隱密房間。身分高貴的人物抵達，旁邊還跟著兩名侍從官，這兩名侍從官分坐在卡洛琳的兩旁，然後開始問她問題：「感覺不像是對話，倒像是兩人輪流問一些不起眼的問題，一開始由某個人提問，然後是另一個人提問……在這種狀況下，我不得不先把頭轉到右邊回答問題，然後再轉到左邊回答問題。我不假思索地回答，而我事後才知道，他們這麼做的目的只是為了讓那位默不作聲的人物觀看我兩邊的側臉。」[34]在仔細端詳他的新戰利品之後，這位高貴人士露出了隱藏在大鬍子下的微笑，並且表示他很滿意。他邀請卡洛琳一起到奧地利旅行，第二天，他送來一大筆錢，還有幾個空行李箱，供卡洛琳添購與放入新的衣物。卡洛琳的追求者擄獲了她的芳心，因為在這個世界上，她最喜歡做的事就是買衣服。這一年，卡洛琳十六歲，國王利奧波德二世六十五歲。

當時就跟現在一樣，王室的祕密沒過多久就洩漏出去。廷臣的閒談，僕役的耳語，醜聞般的風流韻事很快就在歐洲新聞界傳開。利奧波德喜歡特別年輕的女孩，這件事早已不是祕密，但是沉迷於一名十六歲的應召女郎則是另一回事。他的新情婦年紀小得足以當他的孫女。利奧波德混亂的家庭生活與性癖好吸引人們目光的程度完全不下於他的剛果暴行。諷刺的是，這些韻事可能比他在非洲的倒行逆施更能引發比利時民眾的不滿。❶這也導致當利奧波德成為國際間抗爭的對象時，國內民眾幾乎沒有人願意挺身而出支持他。

國王個人的癖好，和莫雷爾的報導一樣，都使他成為新聞界無法抗拒的追逐目標。利奧波德逐漸斑白的大鬍子，是漫畫家拿來大作文章的理想素材。利奧波德披著斗篷的龐大身軀，昂視闊步地出現在歐洲各大報紙的版面上：他的鬍子滴著血，他的手捏著剛果人縮小的頭顱，他的眼睛貪婪地看著芭蕾舞團的舞者。他坐下來用餐，吃的是砍下來的非洲人頭，旁邊用刺刀作為裝飾。沙皇尼古拉二世抱怨笞刑不管用，他的遠親利奧波德披著虎皮，推薦他使用席科特。利奧波德失寵的女兒們悲傷地懇求父親把卡洛琳不要的衣服送給她們。利奧波德與土

---

❶這些韻事也讓利奧波德失去其他地方的朋友：利奧波德到德國進行國是訪問之後，德皇威廉二世嚴守道德規範的妻子奧古斯塔（Augusta），派自己的個人牧師到利奧波德過夜的寢宮進行驅邪儀式。（Stinglhamber and Dresse, p. 306）

耳其蘇丹把屠殺剛果人比擬成屠殺亞美尼亞人，說完之後兩人共飲一瓶葡萄酒，相視而笑。

在忍受國王與新歡私通數年後，國王的妻子，長年鬱鬱寡歡、喜愛馬與音樂的瑪麗—亨莉埃特去世。此後，國王對卡洛琳的著迷更加明目張膽。利奧波德安排卡洛琳入住豪華宅邸范德博赫特別墅（Villa Van der Borght），這裡與拉肯王宮只隔一條馬路，利奧波德蓋了一座行人陸橋橫跨這條馬路，這樣他就可以隨時悄悄走過陸橋去見卡洛琳。

利奧波德時常懷疑卡洛琳勾搭別的男人，而他的懷疑並非空穴來風。利奧波德曾在布魯塞爾別墅發現卡洛琳與杜里厄在一起，而利奧波德認為卡洛琳是自己從這名前軍官手中偷來的。卡洛琳謊稱杜里厄是她的兄長，然而杜里厄似乎也會在別的地方與卡洛琳見面。有報紙指出，卡洛琳與杜里厄在住處安裝了祕密電鈴，只要利奧波德即將返家，僕人就會按鈴警告他們。

搬到布魯塞爾之後，卡洛琳依然經常前往巴黎去見自己的裁縫師與製帽匠。（在這個時期，卡洛琳曾吹噓自己光是在卡洛〔Callot's〕服飾店就花掉三百萬法郎。）當卡洛琳向國王抱怨，晚上返回布魯塞爾的特快車太早發車，她可以購物的時間實在太少時，利奧波德不願冒險讓她待在巴黎，在遠離自己視線的地方過夜，於是便要求鐵路局長更改時間。此後，火車發車的時間往後調整了一個小時。[35]

卡洛琳很快就學會如何利用利奧波德的怪癖，例如他的疑心病。「某天，我希望自己能有一點自由的時間，於是我假裝打噴嚏，我的目的就達成了。不知有多少次，當我不想讓那些心懷不軌的女人接近國王時，我都會對國王說，那些女人感冒了！」[36]

利奧波德每到一個地方，都會帶著卡洛琳一同前往。表面上，卡洛琳旅行時會刻意保持低調，然而隨著隨行的僕役人數愈來愈多，不引人注目是不可能的。令眾人震驚的是，一九〇一年，利奧波德為了參加表姊維多利亞女王的喪禮而前往倫敦，卡洛琳居然也偕同前往。國王依然對其他年輕女性感興趣，無論在布魯塞爾、巴黎還是其他城市，利奧波德每隔一段時間就會派出貼身男僕或其他中間人為他物色人選，最後再由他仔細端詳女子的外表，然而儘管如此，卡洛琳在國王心中卻有著不同一般的地位。兩個人在一起時，非但不會試圖掩蓋年齡上的差異，反而大方展現這一點：卡洛琳稱呼利奧波德「老人」（Très Vieux），而利奧波德稱呼卡洛琳「美人」（Très Belle）。以利奧波德這種幾乎不會愛人的人來說，他在這名年僅十餘歲的妓女身上花的心思，幾乎可以證明她是他一生的摯愛。

利奧波德與卡洛琳私通是導致他失去民心的原因之一，而不是唯一。民眾開始意識到自己國家的財庫鮮少從剛果得到任何財政上的挹注，不滿的情緒隨之爆發：大量的獲利都被卡洛琳用來購買衣物與別墅，而更大筆的獲利則投入到國王的建設計畫上。利奧波德對於藝術品、文學或戲劇毫無興趣，而他對於音樂的厭惡更是眾所皆知，因此他把大部分金錢都投入在建築上，而且蓋得愈大愈好。

多年來，國王一直在喊窮，但隨著他的凱旋門、博物館與紀念碑在全國各地建立起來，他再也無法以缺錢作為藉口。當證據顯示國王將他新獲得的財富大部分投入於海外時，比利時人更憤怒了。利奧波德很快就成為法國蔚藍海岸（French Riviera）最大的地主之一，他在當地興建碼頭來停靠他的一千五百噸遊艇「亞伯達號」（*Alberta*），而且聘請尼斯（Nice）的建築師設計與建造一連串美麗的別墅。利奧波德的財產包括位於風景秀麗的費雷角（Cap Ferrat）尖端的大部分土地，當時這片濱海土地就跟今日一樣，屬於世界數一數二昂貴的房地產。

對於自己的年輕情婦，利奧波德則是慷慨地贈與城堡與豪宅。卡洛琳懷孕時，利奧波德與法國政府一起分攤費用，在她位於費雷角的別墅附近修築一條新的道路，好讓她的馬車能一路平穩行駛。當她的兒子出生之後，兒子被封為泰爾菲倫公爵（Duke of Tervuren），而卡洛琳被封為旺市女男爵（Baroness de Vaughan）。國王帶著卡洛琳搭乘遊艇遊歷地中海，但比利時人卻痛恨卡洛琳，有一回，她搭乘的馬車在比利時街頭遭民眾丟擲石塊。在歐洲人心中，利奧波德的公共生活與私人生活已經完全糾纏在一起。卡洛琳的次子出生時，他有一隻手是畸形的。《潘趣》有一則諷刺漫畫顯示，利奧波德抱著新生兒，但身旁卻圍繞著手已經被砍掉的剛果人屍體。漫畫的標題寫著：老天爺給的報應。

對於自己成為眾矢之的，利奧波德到底做何感想？顯然，這些事激怒了他；他曾對一名侍從官說道，「我絕不會讓鮮血或泥土弄髒自己。」[37]然而他說這些話的時候，語氣總是充滿了惱怒或自憐，而非羞恥或罪惡感。有一回，利奧波德看到德國報紙上的諷刺漫畫，畫裡描繪他拿劍砍掉人的手。根據侍從武官的描述，利奧波德當時嗤之以鼻，他說：「砍手？真是蠢透了！我會砍掉其他部位，但絕不會是手。我在剛果唯一需要的就是他們的手！」[38]難怪當國王在一場會議上開玩笑地向眾人介紹首相貝爾納特（Auguste Beernaert）是「比利時王國最憤世嫉俗的人」時，貝爾納特會面無表情不動聲色地反唇相譏：有陛下在，臣怎敢僭越。[39]

第十五章 死亡人數估算

隨著莫雷爾、凱斯門特與盟友提出的中非大屠殺報告吸引了歐洲的目光，報紙與雜誌也開始刊登燒毀的村落與肢解的屍體的照片，目睹現場的傳教士也描述了整個地區民眾遭到屠殺的情形。今日，當我們看到這些文字紀錄與照片時，我們不禁要問：利奧波德統治下的剛果到底死了多少人？故事說到這裡，我們也應該暫停一下，好好來思索這個問題。

這個問題不是那麼容易回答。首先，剛果暴行的歷史分期無法像納粹屠殺猶太人那樣清楚界定，就是從一九三三年開始到一九四五年結束。比利時國王利奧波德二世的剛果自由邦於一八八五年建國，一共存在了二十三年，但早在剛果建國之初，就有許多剛果人非自然死亡，而且利奧波德的剝削體制也並未在剛果自由邦結束後完全消失。導致剛果爆發史無前例血腥殺戮的橡膠熱，始於利奧波德統治下的一八九〇年代中期，但即使日後利奧波德的獨裁統治結束了，橡膠暴政依然持續數年才結束。

此外，雖然剛果的屠殺規模已達到種族滅絕的程度，但嚴格來說，剛果的屠殺並非種族滅絕。剛果政府並未有計畫地要將特定的種族群體從地表上抹除。相反的，就像在此之前的數百年間，奴隸販子在非洲掠奪人口一樣，利奧波德手下的真正目的是尋找勞工。如果有數百萬人在他們尋找與剝削勞力的過程中死亡，那麼對他們而言，這只是附帶發生的事件。剛果官員完全不在乎非洲人的死活，因此也就沒有人會對死亡的人數做出清楚的統計。因此，今日我們想估計死亡人數，就必須進行龐雜的歷史調查工作。

如此大規模的人口損失，死亡人數通常是由四個彼此緊密相關的原因共同造成的：（一）謀殺；（二）饑饉、疲憊與餐風露宿；（三）疾病；以及（四）直線下降的出生率。在剛果最糟糕的時期，也就是漫長的橡膠繁榮期，剛果的大量人口損失同時來自上述四項原因：

（一）「謀殺」。雖然公然殺人不是利奧波德治下剛果人口減少的主要原因，但這種現象卻清楚記載在文件上。當某個村落或某個區無法達到橡膠的蒐集配額或膽敢反抗政府時，公安軍士兵或橡膠公司「哨兵」往往會殺光他們看到的每一個人。即使有目擊者偶然看到成堆的骸骨或砍掉的手，或者有報告留存下來，這些證詞與報告也只是反映了眾多屠殺事件的一小部分，它們描述的不過是火災風暴中的幾縷星火。然而，在那些零星的火花中，有些卻熾烈地燃燒著：

• 一八九六年，德國報紙《科隆日報》（*Kölnische Zeitung*）根據「一名德高望重的比利時人」的說法指出，剛果惡名昭彰的地區專員菲維斯曾在一天之內收繳了一三〇八個手掌。該報曾兩度報導這則故事，過程中並未遭遇剛果政府的反擊。[1]針對這起事件，還出現了幾份報告，其中包括新教與天主教傳教士的證詞，他們提到的手掌砍落數量甚至比《科隆日報》報導的數字更高。[2]後來，菲維斯坦承，確實存在從屍體砍下手掌的事實，但他極為憤怒地否認自己曾下令砍掉活人的手掌。[3]

- 一八九九年，有個名叫洛瓦（Simon Roi）的剛果政府官員，他並未意識到自己聊天的對象是個美國傳教士，他吹噓地表示自己是行刑隊的指揮官。傳教士名叫法里斯（Ellsworth Faris），他在日記裡記錄了兩人的對話：「每次下士出去收取橡膠時，都會分配子彈給他。他必須把沒用完的子彈繳回，每打掉一發子彈，他必須帶回一隻右手！……這種做法執行到什麼程度呢？洛瓦告訴我，前後六個月的時間，他們（剛果政府）在蒙博約河打掉了六千發子彈，這表示有六千人被殺或被砍斷手掌。然而實際上，被殺的應該超過六千人，因為一直有人告訴我，士兵會用槍托打死小孩。」[4]
- 前去平定布賈人起義（見第十二章最後一節）的遠征軍，總計殺死超過一千三百名布賈人。這份報告出現在一九〇〇年比利時各大報上，其中還有一份是剛果政府資助的報紙。往後十年，剛果發生了十餘起反對蒐集橡膠制度的武裝叛變事件。要估計鎮壓叛變造成的死亡人數是不可能的，然而有時候一些看似無關的數據卻能提供駭人聽聞的內容。別忘了，士兵如果在非人類的目標上「浪費」子彈會遭受嚴懲。在莫雷爾取得的大量英比印度橡膠公司的重要文件中，有一份登記簿顯示，在一九○三年，該公司的領地上有三十五個橡膠收集站，光是其中一個收集站就配發了一五九支步槍與四萬○三五五發子彈。[5]

記錄特定屠殺事件的清單新增了一起又一起。土地被屍體淹沒，有時這句話並非形容詞。瑞典傳教士舍布盧姆寫道，在河川注入通巴湖的地方，「我看到……湖面上漂浮著死屍，這些死屍的右手都已被砍斷，當我要回去時，軍官告訴我這些人為什麼被殺。一切都是為了橡膠……當我越過溪流時，我們看到河邊的樹枝垂掛著幾具屍體。我別過頭去，不想看到這恐怖的景象，不料走在我後頭的原住民下士告訴我說，『喔，那沒什麼，幾天前，我剛結束一場戰鬥，我帶了一百六十隻手給白人，結果他把這些手全丟進了河裡。』」[6]

記錄下這些大屠殺事件的不只有傳教士與造訪者，許多公安軍官也在日記裡極其詳盡地寫下他們一路燒殺擄掠的過程。

- 在通巴湖畔的比科羅村，公安軍的瑞典軍官斯文森中尉（Lieutenant Knut Svensson）很可能就是他的同胞舍布盧姆看見的那些殘缺不全的屍體的加害者之一。斯文森在日記裡提到，一八九四到一八九五年橡膠蒐集制度實施期間，他在四個半月裡殺害了五二七人。[7]（今日，根據該地區的口述傳統得知，斯文森面對不聽話的村落，會以簽訂條約或僱用挑夫為藉口讓村民們集合起來，然後直接朝他們開火。）[8]

- 另一名軍官勒梅爾用一種漫不經心的語調在日記上記述所見所聞，然而這麼做更讓人不寒而慄：「一八九一年三月二十八日……博坎加村（Bokanga）被燒掉……一八九一年四月四日：在博雷波（Bolébo）停留……由於村民用長矛與槍攻擊我們，所以我們燒掉他們的村子。一名原住民被殺……一八九一年四月十二日：攻擊伊肯戈（Ikengo）的村落……殺了大酋長艾奇曼金都的艾克雷（Ekélé of Etchimanjindou），屍體丟進水裡……一八九一年六月十四日：遠征洛里瓦人（Loliva），因為他們拒絕到收集站繳納橡膠。天氣惡劣；在傾盆大雨下攻擊。幾個村落聯合起來人數眾多，無法將他們完全摧毀。大約殺了十五名黑人……一八九一年六月十四日：早上五點，派尚吉巴人梅喬迪（le Zanzibarite Metchoudi）與大約四十人……去安科雷（Nkolé）放火……這場行動很成功，燒毀了所有東西……一八九一年九月四日：早上四點，準備攻擊伊佩科（Ipéko）……燒掉整座村子，並砍倒香蕉樹……一八九二年七月十三日：博姆波波（Bompopo）的幾個村落於七月七日遭薩拉茲因中尉（Lieutenant Sarrazijn）攻擊；二十名原住民被殺；十三名婦女與孩子被俘。」[9]

- 另一名公安軍官勒克萊克（Louis Leclercq）的日記：「一八九五年六月二十一日……早上十點二十分抵達亞姆比西（Yambisi）。村子已無人跡……我們派了幾隊士兵搜索這個區域；幾個小時後，士兵返回，帶回十一顆人頭與九名犯人。傍晚派士兵搭乘獨木舟出去狩獵，他們也帶回幾顆人頭。一八九五年六月二十二日：早上，士兵帶回三名犯人，傍晚，又帶回三名犯人與三顆人頭。一名來自波馬尼（Baumaneh）的男子在樹林裡奔跑呼喊，尋找他失蹤的妻兒，但他太靠近我們的營地，最後挨了我們哨兵一槍。哨兵帶回他的頭。我從未見過如此絕望、恐懼的表情……我們燒了村子。」[10]

勒梅爾、勒克萊克與其他人的日記，日復一日、月復一月地以相同的語調記錄他們的所作所為。

任何形式的反抗，或甚至工作時貪圖簡便的做法，都會帶來致命的後果。莫雷爾刊登了地區專員賈克（Jules Jacques）❶傳給他某個手下的訊息，賈克得知有些村民並未按規定以割開

❶ 賈克後來在第一次世界大戰立下戰功，今日比利時的迪克斯邁德（Diksmuide）廣場還立有他的銅像。（Marchal 1, p. 362）

小口的方式蒐集橡膠，是直接砍斷藤蔓來取得橡膠，導致橡膠樹死亡，因此下了指令：「站長先生。顯然這些伊農戈人不是什麼好東西。他們才剛找到橡膠藤，就把橡膠藤砍斷……我們必須教訓他們，直到他們完全順從為止，否則就消滅他們……告訴原住民，如果他們再敢砍掉一根藤蔓，我就殺光他們。」[11]

當康拉德讓筆下的庫爾茲先生潦草地寫下「殺光所有禽獸」這句聲名狼藉的話時，他並非是在虛構。[12]

（二）「饑饉、疲憊與餐風露宿」。當恐怖的消息傳開時，成千上萬的民眾逃離自己的村子。為了報復，士兵通常會帶走他們的家畜，燒毀他們的小屋與農作物，讓他們沒有糧食可吃。這種行動模式早在橡膠熱之前就已確立，而那時利奧波德的士兵所尋找的主要是象牙與挑夫，此外還有自己要吃的糧食。一名瑞典中尉描述一八八五年在剛果河下游急流區的一場掠奪行動：「當我們接近時，村子裡發生可怕的騷動。原住民……完全猝不及防。我們看見他們倉皇收拾物品，逃入密林之中……我在離開前，將村子裡大量的羊、雞與鴨掠奪一空……然後我們離開村子，撤退到更舒適的地點午休。」[13]

當村民逃離遠征軍的追捕時，他們有時會遺棄小孩，因為他們害怕孩子的哭聲會洩漏他們的藏身地。結果，許多孩子餓死。少數人的運氣不錯，他們住在剛果邊境附近，因此得以逃離剛果。法國殖民地總督估計，直到一九〇〇年為止，跨越邊境進入法國屬地的難民約有三萬人。[14]還有一些難民則是逃往英國屬地，盧阿普拉河（Luapula River）構成剛果與英屬北羅德西亞（Northern Rhodesia）的部分邊界，有些人想泳渡河流，卻不幸溺死。然而，對於大多數剛果人民來說，他們只能逃往雨林深處或沼澤地，這些地區既沒有能遮風蔽雨的地方，也沒有糧食可吃。美國傭兵卡尼修斯在搶光、燒光一切之後，看到難民「像野獸一樣居住在森林裡，他們仰賴植物的根部、螞蟻或其他昆蟲為食」。[15]一八九九年，一名與謝波德一樣同屬長老教會的傳教士寫道，「村民聽說軍官要來，所有人馬上逃離村子到森林裡去。現在仍是雨季，今晚，在魯耶波方圓七十五英里內，我很確定至少有四萬人，包括男女老幼還有病人，露天睡在無處遮風蔽雨的森林裡。」[16]

大約就在同一時期，一個名叫格羅根（Ewart S. Grogan）的年輕英國探險家正在進行縱貫非洲之旅，當他穿越剛果東北端時，發現廣約三千平方英里的地區居然是一片「無人與殘破」的景象，他對此大感震驚：「每個村子都化為灰燼，當我慌忙離開鄉村時，我只看到遍地骸骨；如此的慘狀——它們訴說的是何等恐怖的故事！」[17]

沒有逃進森林的村民，也無法免於饑餓的命運，如果他們的村落鄰近橡膠收集站，他們就必須繳納大部分的香蕉、木薯、魚與肉給士兵食用。舉例來說，布姆巴村（Bumba）位於英比印度橡膠公司的領地內，村裡只有一百戶人家，每個月卻要交出十五公斤的山藥或類似的蔬菜，此外還要交出五頭豬或五十隻雞。[18]不僅如此，當所有能勞動的男性前往森林尋找橡膠時，村子仍需提供所有糧食。少了男性勞動力來開墾新的土地——這對雨林的脆弱土壤來說至關重要——女性只能繼續在地力已經耗竭的土地上繼續耕種，農作物的收成因而減少。在英比印度橡膠公司過去的領地上，人們至今仍將那段時期稱為「lonkali」，也就是饑荒歲月。

還有許許多多難以數計的女人、孩子與老人在被綁架為人質之後死亡。士兵只用籬笆將他們圍困在泥土地上，他們通常上了枷鎖，在村裡的男人帶回規定的橡膠數量之前，他們幾乎不會得到任何食物——橡膠蒐集的時間有時可能長達數星期。一八九九年，柵欄裡的人質每日的死亡率可以達到三成。[19]

（三）「疾病」。與美洲原住民一樣，疾病殺死的剛果人數量遠比子彈殺死的來得多。歐洲人與非洲阿拉伯奴隸販子把剛果人從未聽過的疾病帶進剛果內陸地區。當地民眾沒有足夠的時間產生免疫力——例如大多數剛果人都對瘧疾有免疫力。無論是新的疾病還是舊的疾病，在這個時期都傳播得十分快速，因為此時有數量龐大的剛果人被迫進行長距離的遷徙：例如受僱長途跋涉的挑夫，或者是擔任汽船船員（大型汽船需要二十到六十名伐木工人），或者是受徵召成為公安軍的士兵。最危險的殺手是天花與昏睡病，然而一般人容易忽略的肺部感染與腸道傳染疾病，致死率也相當高。

幾個世紀以來，天花一直是非洲濱海地帶的地區性疾病，但在帝國主義時代，大量人口的遷徙使得天花開始傳布到內陸地區，導致一個村子接著一個村子的居民大量死亡。某位庫巴國王——他的上一任曾經接待過謝波德——也是死於天花。天花引發民眾的恐怖情緒。非洲人把天花稱為「從天而降的疾病」或「來自天國的疾病」，因為這種可怕病症似乎跟人們熟知的來源都無關。一名旅行者來到剛果一處荒廢小鎮，他看到一條長十五英尺的大蟒蛇正在吞食天花受害者，而在另一個小鎮，他看到兀鷹在狼吞虎嚥之後，身體重到飛不起來。[20]

昏睡病也一路往河流上游傳布，造成大批民眾死亡。光是一九〇一年，估計就有五十萬名剛果人死於昏睡病。[21]昏睡病是一種寄生蟲病，最初是由帶有粉紅條紋的采采蠅叮咬傳播，采采蠅的大小與虻相仿，飛行時會發出高音調的嗡嗡聲。人類一旦染上昏睡病，傳染性就會變得相當高。昏睡病會導致發燒、淋巴結腫大、異常嗜肉與畏寒。最後，會出現長期昏睡症狀，此即該疾病名稱之由來。

人口大量減少的證據清楚擺在眼前，利奧波德的辯護者，無論過去還是現在，找不到別的理由，只好把問題歸咎於昏睡病。[22]不可否認，到了二十世紀，即使剛果已經不是由利奧波德政權統治，昏睡病與其他疾病仍持續奪走剛果人的性命。然而，實際的故事沒有那麼簡單，因為疾病的肆虐往往需要其他因素配合。流行病幾乎總是可以在很短時間內讓營養不良與精神受創的人大量死亡：納粹與蘇聯不需要毒氣或行刑隊，也能讓許多人死在集中營裡。今日，由於二十世紀饑荒與鐵絲網的經驗，流行病學家得以清楚瞭解流行病肆虐的確切機制。即使在剛果，人們不需要是醫生也看得出來死於疾病的人不只是因為疾病而死亡。聖日耳曼（Charles Grében de Saint-Germain）是史坦利瀑布的行政長官，他在一九〇五年提到：「疾病在精疲力盡的人口中肆虐，我認為，昏睡病在這個地區之所以能持續蔓延，原因就在於當地居民都精疲力盡了；再加上搬運的勞苦與糧食的缺乏，這些都使得這個國家的人口迅速減少。我從未看過剛果有哪個地方的景象，要比從卡松戈前往卡巴姆巴勒的這段路程來得悲慘。這條路上大多數村落都已渺無人煙；許多小屋已成廢墟；男人就跟女人與幼童一樣瘦弱、毫無生氣、病入膏肓、渾身無法動彈，最重要的是，這裡沒有食物。」[23]

（四）「直線下降的出生率」。男人被派到森林裡尋找橡膠，每次都要持續數個星期，而且年年如此，女人則留下來充當人質，大部分時間處於半饑餓狀態，在這種狀況下，孩子愈生愈少一點也不稀奇。馬伊恩東貝湖區（Lake Mai Ndombe）是重要的橡膠產區，一名在當地工作好幾年的天主教傳教士注意到相同的情形。[24]當這名傳教士於一九一〇年抵達時，他驚訝地發現當地幾乎看不見七到十四歲的孩子，而其他年齡層的孩子數量卻很多。回溯推算可以發現，這段沒有孩子誕生的時期是從一八九六持續到一九〇三年，剛好是該區橡膠熱達到顛峰的時候。而同一時間，一名目擊者也正在附近地區進行調查旅行，他就是凱斯門特。凱斯門特估計當地人口減少了六成，他提到「剩餘的人口有許多一直到現在才開始陸續返回他們已經被摧毀或被遺棄的村落……降低的出生率使人口減少……女人拒絕生育，而且想盡辦法避孕。女人的理由是，如果『戰爭』到來，那麼『大腹便便』或手裡抱著嬰兒的女人，根本無法逃走，也無法躲避追兵」。[25]因此，剛果人口減少有部分的原因即在於，橡膠蒐集狂潮帶來的恐怖與摧殘，使原住民索性不生育下一代。

＊＊＊

剛果在橡膠恐怖結束後，過了很長一段時間才實施全境人口普查。但在一九七〇年代，比利時人類學家范格羅恩維格（Daniel Vangroenweghe）於先前主要橡膠產地從事研究時，發現了頗具說服力的人口統計學證據，可以證明曾有大量男性因淪為橡膠奴隸而工作至死或者是在懲罰性的襲擊中被殺——他也在政府自己的統計數據中找到相關證據。早在剛果進行第一次全境人口普查之前，這塊殖民地自身進行的人口統計，有個不尋常的模式出現在每個村落，而除了上述理由，沒有別的理由能解釋這種現象。各地村落的人口數字一致顯示，女性的人口數量遠多於男性。

例如，一九〇七年在伊農戈，孩子有三〇九人，成年女性有四〇二人，但成年男性只有二七五人。（十年前，正是在伊農戈，地方專員下令要「完全順從……否則……就殺光他們」。）一九〇八年，在附近的伊博科，孩子有三二二人，成年女性有五四三人，但成年男性只有二六二人。其他村落的統計數據也呈現出相同的模式。[26]今日，探究這些數字，就好像探究奧許維茲火葬場的遺跡一樣。它們並未告訴你精確的死亡數字，但卻透露出大屠殺的氣息。

利奧波德統治期間，在上述四項因素影響下，剛果的人口究竟減少多少？正如歷史學家評估十四世紀歐洲黑死病造成的人口減少程度，我們比較有把握的是人口減少的百分比，而非絕對數字。畢竟，當時的剛果沒有人口普查資料。有趣的是，當時曾親眼目睹屠殺的人，他們對剛果人口減少數量的估計，與今日運用科學方法估計出來的數字相當吻合。

一九一九年，比利時政府成立的官方委員會估計，從史坦利為利奧波德剛果建立基礎以來，剛果的人口總共「減少一半」。[27]一九二〇年，長期擔任剛果政府高層官員的利布雷希茨少校（Major Charles C. Liebrechts）也得出同樣的估計數字。已故的威斯康辛大學歷史學與人類學系名譽教授萬思那是當代最偉大的剛果盆地民族誌學者，他提出的判斷可說最具權威性。

萬思那根據「不同地區無數的地方資料」進行估算：「教士提到他們的信眾持續減少，口述傳統、族譜與其他事物逐漸斷絕。」[28]萬思那的估計結果是一樣的：從一八八〇到一九二〇年，剛果人口減少「至少一半」。[29]

一半是多少？剛果直到一九二〇年代才進行第一次全境人口普查。一九二四年，剛果人口據計算約有一千萬人，日後的統計也證實這個數字。[30]也就是說，根據這些估算，在利奧波德統治及其統治結束後不久的時代，剛果總共減少了將近一千萬人。

＊＊＊

燒光的村落、餓死的人質、驚恐的難民死在沼澤裡、「殺光」的命令——就算我們粗魯地單純用金錢的角度來衡量這件事，這種經營商業的方式難道不會太拙劣？大量屠殺民眾或許可以威嚇殘存的生存者努力蒐集橡膠，但這麼做豈不是毀了自己的勞動力？事實上也確實是如此。比利時政府之所以在一九二四年下令人口普查，原因就在於他們對於可用工人的短缺深感憂慮。同年，比利時國家殖民地會議（National Colonial Congress）常設委員會懊惱地表示，「未來有一天，我們的原住民人口很可能減少到完全消失。屆時，我們將發現自己面對的只是一片荒漠。」[31]

那麼，我們要問，這場殺戮為什麼會持續這麼久？其他大屠殺加害者的心中，似乎也存在著相同的不理性。以蘇聯為例，一開始，槍斃或監禁政治對手確實有助於共產黨與史達林取得絕對權力。然而當他們取得權力之後，眼前已經不存在明顯的對手，但他們接下來又處決了七百萬人，此外還有數百萬人死在遍設全國各地的古拉格勞改營裡。許多工程師被捕，導致工廠停工；許多鐵路人員死亡，導致有些列車無法行駛；許多軍官將領被槍斃，導致群龍無首的紅軍差點在一九四一年德國入侵行動中遭到殲滅。

與俄國一樣，剛果的大屠殺也存在內生動力。權力令人垂涎，而從某種意義來說，沒有任何權力比奪取他人性命的權柄更大。一旦開始動手，大規模屠殺便難以停止；殺人成了一項運動，就像狩獵一樣。剛果的紀錄充斥著像佩門蒂爾（René de Permentier）這樣的例子，他是一八九〇年代晚期派駐赤道區的軍官。非洲人給他取了「Bajunu」的綽號（與bas genoux同音，意思是跪下），因為他總是要求民眾跪在他的面前。在博卡托拉（Bokatola），佩門蒂爾要求將他的房子周圍的灌木與樹木全部砍掉，這樣他就可以從門廊任意選擇路人作為射擊目標。如果他發現女囚打掃庭院之後，庭院裡還能找到一片樹葉，他會下令砍下十二名女囚的頭。如果他發現樹林裡的小徑沒有細心維護，他會下令從鄰近村子裡找出一個小孩處決。[32]

兩名公安軍官布拉瑟（Clément Brasseur）與塞克爾（Léon Cerckel）曾下令將一名男子倒栽蔥地吊在棕櫚樹上，在底下生火，將這個人活活烤死。[33]兩名傳教士看到有囚犯綁在木樁上，頭上淋了樹脂，然後被放火燒死。[34]類似的暴行可謂罄竹難書。

赫爾（Michael Herr）是最傑出的越戰記者，他從遇見的一名美軍士兵的談話中捕捉到相同的瘋狂：「我們會拆掉籬笆，燒掉私酒，炸掉所有水井，把那該死的整座村裡每一隻雞、豬、牛都殺掉。我的意思是，如果我們不能朝這些人開槍，我們到底他媽的來這裡做什麼？」[35]當另一個美國人柯波拉試圖將越戰的嗜血欲望表現在電影上時，他的《現代啟示錄》劇情是從何處得到靈感？答案是康拉德，一個世紀前，康拉德已在剛果親眼目睹了這一切。

第十六章 「記者不會開收據給你」

正當剛果改革運動達到顛峰之際，在英國的這名男子，他的名字與剛果這塊土地有著最難以磨滅的關係，此時卻從相關場景中消失。史坦利爵士被選為國會議員之後，發現在國會問政是一件乏味的事。下議院高雅的辯論風格，無法取代史坦利巡迴演說時講述的激動人心的冒險故事。在國會裡，史坦利還少掉一個有用的工具：幽默感。史坦利不久就辭去國會議員一職。

史坦利過去在非洲長年與瘧疾、痢疾以及其他熱帶疾病奮戰，對他的身體造成嚴重的損害。才六十出頭，這名身材極為矮小的男子，留著一頭剪得很短的白髮和八字鬍，有著紅潤、飽經風霜的臉孔，走起路來卻已步履維艱。史坦利熱切關注波耳戰爭的新聞，並且大聲斥責那些膽敢挑戰英國統治的叛軍。他斷斷續續地撰寫自傳，並且自憐地表示「自己將這一生都奉獻給了國家與非洲」。[1] 雖然史坦利終其一生是個快速而多產的作家，但他始終未能完成自傳，或許是因為擔心自己編造的童年與青年時期故事充滿矛盾，一旦被人揭穿，他將無法自圓其說。史坦利、妻子多蘿西與他們收養的兒子有一半時間住在倫敦自宅，另一半時間住在薩里郡（Surrey）一棟仿都鐸式（mock-Tudor）風格的鄉村宅邸。他們用史坦利賴以成名之地的地名來為自家土地上的池塘、溪流與松樹林命名：史坦利潭、剛果河與伊圖利森林。

有傳言說，史坦利對於剛果淪為恐怖事物陳列館感到很不高興，但史坦利幾乎未曾公開發表意見為利奧波德辯護。史坦利的健康狀況持續惡化，許多醫生圍繞在這位名人病患的身旁，努力推薦他最新的療法：注射番木鱉鹼、氨、乙醚，做電脈衝；這些療法或許是史坦利病情加重的原因之一。一九〇四年五月十日，史坦利在夜裡聽見大笨鐘（Big Ben）的鐘聲，他低聲說道，「真是奇怪！我的時候到了！真是奇怪！」[2]這是史坦利留下的最後話語。

史坦利是那個時代最受吹捧的英國人之一，當他在世時，他在公開場合向利奧波德展示的忠誠，要比利奧波德自己的對外宣傳有用得多。然而，史坦利離世後，凱斯門特公布了調查報告，加上莫雷爾的攻擊日漸激烈，利奧波德需要新的方法為自己辯護。而他的救命稻草居然出現在意想不到的地方。

奢華的火車旅行在二十世紀第一個十年達到顛峰。國際臥鋪列車公司（Compagnie Internationale de Wagons-Lits）提供的舒適臥鋪列車，已經將歐洲各地的城市連接起來。對於富人來說，搭乘可以過夜的特快列車，意味著月臺上瀰漫著雲霧般嘶嘶作響的蒸汽，挑夫為你搬運行李，臥鋪車廂的乘務員為你翻好床鋪。到了一九〇五年左右，這些上流社會的旅行者，在原本奢華的車廂中又發現了一個小配件。在臥鋪車廂的桌上，可以看到一份月刊，而且一次提供了英文、法文與德文三種版本，這份月刊的名稱叫作《剛果的真相》（*The Truth about the Congo*）。能把一份刊物輕鬆地交到富有的歐洲菁英階層手中，可說是宣傳人員的夢想。國際臥鋪列車公司的大股東，其實就是國王利奧波德二世。國王終於出手反擊。

在莫雷爾的激勵下，對利奧波德的攻擊開始從四面八方襲來。在二十世紀第一個十年，剛果改革協會的分支機構如雨後春筍般在德國、法國、挪威、瑞士與其他國家迅速出現。瑞典有八名國會議員簽署宣言支持剛果改革協會。莫雷爾可以找到的支持者包括出身顯赫波蘭貴族世家的切特維爾廷斯基親王（Prince Boris Czetwertynski）、著名小說家佛朗士與諾貝爾文學獎得主挪威作家比昂松（Björnstjerne Björnson）。在瑞士，一名目擊者寫道，當愛麗絲・哈里斯在剛果抗議大會上展示殘廢幼童的照片時，男士們臉色蒼白，女士們的眼眶全噙滿了淚水。[3]在澳洲，一名講者在大型公眾集會上抨擊剛果政府；在紐西蘭，針對剛果的暴行也舉辦了好幾場演說。在義大利，批評利奧波德的人士中有一位措詞相當嚴厲，剛果駐熱那亞（Genoa）領事埃利亞（Giovanni Elia）因此向他提出決鬥要求。（兩人都受了輕傷，領事的鼻子受傷，對手則是手臂受傷。）[4]對國王來說，莫雷爾與他的支持者是一起國際陰謀，因此他決定在國際上進行反擊。

比利時缺乏強權的地位，這表示利奧波德必須仰仗欺詐的手段，特別是操縱新聞界的本領。當國王發動反攻時，他充分展現出與勁敵莫雷爾不相上下的大師手腕。利奧波德派侍從官前往英屬非洲執行祕密任務，在當地尋找與凱斯門特在剛果的發現同樣嚴重的暴行。[5]他設法讓《剛果的真相》經常刊登與「英屬印度的鴉片」相關的文章，[6]以及報導大英帝國境內的各種負面消息：南非的鞭刑、奈及利亞的活人獻祭、獅子山與澳洲的虐待。然後，仗著別人有求於他，利奧波德威脅自己的朋友瓊斯爵士，如果他不能擺平英國國內的批評，他就要廢除瓊斯手中可以賺取暴利的剛果船運契約。

瓊斯立即採取行動。他出資三千英鎊，派兩個人前往剛果進行長期旅行。其中一人是他的朋友蒙特莫雷斯子爵（Viscount William Mountmorres），這個年輕人靠著瓊斯的關係而獲得這份工作。一九〇六年，蒙特莫雷斯依照約定出版了一本吹捧剛果的作品：「我很驚訝地看到，剛果官員是如何全心投入……自己的工作。」蒙特莫雷斯承認剛果確實出現一些暴行，但他認為大多數狀況，「剛果的統治是人道的」。[7]蒙特莫雷斯的說法讓人想起了韋布夫婦（Beatrice and Sidney Webb），他們曾在蘇聯成立之初造訪當地，並且留下著名的歡欣鼓舞的陳述。跟韋布夫婦一樣，蒙特莫雷斯以為書面上的法律與規定都完全受到遵守。蒙特莫雷斯強調，席科特的刑罰只有在經過正式調查後才會施行，被告有權傳喚目擊證人，而且處罰的部位僅限於臀部。此外，「任何刑罰都不許超過二十下，除非是常業竊盜犯，最高可以施打五十下，但即便如此，懲罰也必須分幾天進行，且一天不能超過二十下。」[8]（實際上，蘇聯建立初期也同樣嚴令廢除死刑。）

瓊斯贊助的另一名旅行者是瑪麗·謝爾頓（Mary French Sheldon），她是倫敦的出版商與旅行作家。抵達剛果後，謝爾頓夫人只搭乘剛果政府以及與政府親善的公司提供的汽船（相較之下，凱斯門特則是很小心地避免搭乘這類汽船），而剛果官員也不遺餘力地讓謝爾頓夫人只看到剛果境內美好的一面。謝爾頓夫人所到之處，人質都被釋放，因此她從未看到有人遭到囚禁。根據一名傳教士的說法，在剛果河畔的班加拉，政府官員甚至「拆除舊監獄，整平土地，彷彿什麼事都沒有發生，只因為她要過來」。[9]只有一次，事情差點出差錯，因為某個哨站的站長搞錯了指示。他把謝爾頓夫人誤認為利物浦熱帶醫學院（Liverpool School of Tropical Medicine）的貴賓，因此他在空地上召集了肢體殘障最嚴重以及病情最糟糕的患者讓謝爾頓夫人查看。[10]然而這並無大礙，因為謝爾頓夫人愛上一名汽船船長，讓她的心情一直十分愉快。利奧波德同意在謝爾頓夫人返國途中接見她，而瓊斯則協助將她熱情洋溢的文章刊登在報紙上。一九〇五年，她在《泰晤士報》上寫道，「我在倫敦街頭看到的殘忍暴行，遠比我在剛果看到的多得多。」[11]謝爾頓夫人回國之後，她在倫敦薩伏依飯店（Savoy Hotel）向五百名來賓發表演說與播放幻燈片，所有費用均由利奧波德支付。[12]之後，國王以每月一千五百法郎（大約今日的七千五百美元）的薪資僱用她遊說英國的國會議員。

利奧波德一方面在公開場合反擊英國的批評者，另一方面又祕密派出中間人，試圖收編這些批評者。一個巴黎律師接觸剛果改革協會的一名成員：如果剛果改革協會願意草擬一份改革計畫與提出所需預算，他保證，國王陛下一定會有興趣考慮。莫雷爾拒絕了這項提議，並且認為這種說法「極為厚顏無恥」。[13]利奧波德結交的英國浸信會朋友里德爵士也向原住民保護協會提出類似的提議，但也遭到拒絕。

深具影響力的法國記者米勒（Pierre Mille）是莫雷爾的盟友，他持續發表文章猛烈批評利奧波德，國王因此巧妙地對他進行報復。某日，一名廷臣回報，米勒與一個不是他妻子的女子悄然來到布魯塞爾。利奧波德查出他們住宿的地點並且寄上請柬，邀請他們參觀拉肯城堡的巨大溫室。米勒與他的女性朋友接受邀請，他們看起來十分開心，因此利奧波德以為自己成功收編了一名重要批評者。然而之後不久，米勒又撰文攻擊。國王於是要求比利時駐巴黎大使查出米勒家的地址。他寄了一大束花到米勒家，上面附一張印有比利時王室紋章的卡片，卡片上頭寫著：「此致米勒先生與夫人，紀念賢伉儷來訪拉肯。」[14]

利奧波德的公關戰，後頭有一群幕僚悉心策劃。一九〇四年九月，利奧波德召集高級顧問，為成立新聞局制訂計畫。新聞局的總部必須遠離公眾的監督，由幾個看似無害的門面組織加以掩飾，如辦公室設在德國的保護非洲利益委員會（Committee for the Protection of Interests in Africa），位於布魯塞爾的比較立法局（Bureau of Comparative Legislation），以及在許多國家運作的保護比利時海外利益聯合會（Federation for the Defense of Belgian Interests Abroad）。[15]

往後一兩年，支持利奧波德的新書陸續出版。新聞局祕密資助幾家比利時報社，還有一家在愛丁堡發行的雜誌，雜誌名稱《新非洲——剛果自由邦的真相》（*New Africa—The Truth on the Congo Free State*）。受到莫雷爾的影響，利奧波德也找人撰寫了二十餘種小冊子。他在英國聘僱的宣傳人員博爾格（Demetrius C. Boulger，月薪一千二百五十法郎，獎金另計）寫了一本書，書名或許太具有辯護色彩，叫作《剛果不是個奴隸國家：剛果爭議完整說明，詳加闡述剛果改革協會榮譽祕書莫雷爾先生使用的爭議手段》（*The Congo State is NOT a Slave State. Another, A Complete Congo Controversy, illustrating the controversial methods of Mr. Morel, Hon. Sec. Congo Reform Association*）。❶這本書有哈里森中校（Lieutenant Colonel James Harrison）的簽名背書，此人宣稱自己是「一位鄉村士紳，擁有絕對獨立的心智，是一名運動員，也是一名旅行家，而且是倫敦社交圈與政治圈的名流」。哈里森之所以被稱為是剛果專家，只因為他曾經在當地參加探險隊狩獵大型非洲野生動物，在那趟旅程中，他認為「原住民都過著快樂而滿足的生活」。[16]

然而，新聞局的主要工作都是在檯面下進行。新聞局人員會偷偷摸摸地將現金送到歐洲各地的主編與記者手裡；到了一九〇七年，倫敦《泰晤士報》與德國《科隆日報》的駐布魯塞爾採訪記者都已經被新聞局的人收買。維也納某大報的兩名主編收受的金額相當於今日的七萬多美元。在義大利，發起決鬥的領事埃利亞花錢買通兩家報社，讓它們在別的報紙刊登有利剛果的報導，然後又安排一些人撰寫對利奧波德有利的宣傳文章與書籍，並且至少賄賂了一名國會議員。[17]但《晚郵報》（*Corriere della Sera*）卻拒絕大筆賄款，甚至反過來對行賄者進行調查。[18]

新聞局把重點放在德國，因為此時的德國已經在非洲擁有舉足輕重的勢力。德國的問題之所以特別值得關注，主要是因為德皇威廉二世個人十分討厭利奧波德；他曾一度稱呼利奧波德是「集撒旦與瑪門（Mammon）於一身」。[19]新聞局彙集了支持利奧波德的德文講稿與德文小冊子，但這只是開始。史朵伊布（Ludwig von Steub）是一名銀行家，也是比利時駐慕尼黑榮譽領事，他成為利奧波德在德國的中間人。一九〇三年，柏林《國家報》（*National-Zeitung*）嚴詞批評「住在布魯塞爾王宮的那個忝不知恥的商人」，但史朵伊布知道該報的財務出現困難，於是找到可乘之機。[20]到了一九〇五年，《國家報》的立場轉為觀望：「對於德國人來說，要對一個充滿利益糾葛的問題得出清楚的看法並不容易，當問題與英國橡膠商人扯上關係時，更是難解。」[21]同年稍晚，《國家報》用一整個版面報導剛果自由邦的繁榮景象，並且表示有少數外國商人與傳教士試圖散布「三姑六婆的不實傳言」與「歹毒小販的流言蜚語」，想藉此汙損剛果政府的名聲。[22]一九〇六年，《國家報》開始刊登利奧波德頒布的法令。一九〇七年，《國

❶ 書中以原住民生性懶散為主題，來合理化利奧波德的做法：「再怎麼聰明的人，都無法想出一套辦法，讓黑人種族在沒有壓力或強制的狀況下自主工作。」（Demetrius C. Boulger, *The Congo State is NOT a Slave State: A Reply to Mr. E. D. Morel's Pamphlet Entitled "The Congo Slave State"* (London: Sampson Low, Marston, 1903), p. 3）

家報》的主編接受利奧波德頒授勳章。

讀者也發現其他的德國報紙出現類似的神祕轉變。舉例來說，《慕尼黑匯報》（*Münchner Allgemeine Zeitung*）過去曾堅決反對利奧波德的統治，卻突然間態度轉變，並且根據「最可靠的資料來源」或「來自剛果的資料」或「消息靈通人士的說法」，開始刊登有利於利奧波德治下剛果的新聞。《慕尼黑匯報》駐布魯塞爾的採訪記者並未遭到買通，他依然將批判利奧波德的報導送回國內，其中一篇長篇報導顯然未經過總編過目就刊登在報紙上。結果到了下一期，主編特別刊出聲明，「我們要針對上一期的報導做出更正，另一則消息來源無疑更能呈現剛果的實際狀況，以下就是根據此一消息來源所做的評論……」[23]

賄賂通常難以追溯，但利奧波德在德國的行賄過程，卻因為一連串有趣的連鎖事件而曝光。事跡敗露使新聞局無法繼續為所欲為，一九〇八年，新聞局停止在德國境內秘密行賄。但在慕尼黑，可憐的史朵伊布也許是沒弄懂新聞局的訊息，也許是太喜歡這份有意思的工作而不願停手。他仍繼續出錢行賄，然而當他無法得到補償時，他終於忍不住內心的怒火。史朵伊布隨即寫了大量諂媚卻又挾帶抱怨的信件給布魯塞爾的官員，這些信件不知為何並未銷毀，而且五十多年後在檔案中被人發現。在這些信件中，史朵伊布向極高層的官員做了極詳盡的工作描述。「所有殖民專家都認為，德國政府之所以〔對剛果〕抱持善意，主要都是我的功勞，」[24]他在給比利時外交大臣的信中寫道，「在如此重要的時刻認輸，把地盤拱手讓給敵人，對我來說與犯罪無異……一月一日與四月一日，我仍繼續支付款項，我懇請希望至少補償我支出的費用。」[25]後來，史朵伊布陷入空前絕望，他列出了「向媒體喉舌支付的款項」，[26]並且解釋自己為什麼沒有提出文件證明他所說的這些支出：「在分派任務給我時，利布雷希茨先生〔剛果內政長官〕告訴我，『記者與作家不會開收據給你，所以不用跟他們要收據。』」[27]

* * *

儘管國王努力排除雜音，但批評的聲浪依然迅速湧現。剛果改革運動在英國一站穩腳跟，莫雷爾便立刻將目光投向美國。莫雷爾告訴每個願意聆聽的美國人，在終結利奧波德的血腥統治上，美國負有特殊責任，因為美國是第一個承認剛果的國家。

一九〇四年九月，一群已對利奧波德的統治展開抨擊的美國剛果傳教士提出邀請，莫雷爾於是跨越大西洋來到美國。莫雷爾在紐約下船沒多久，就在白宮獲得美國總統老羅斯福的接見。接下來，他在波士頓的人權會議上發表演說，並且鼓勵盟友建立美國剛果改革協會。美國剛果改革協會的第一任會長是克拉克大學（Clark University）的校長霍爾博士（Dr. G. Stanley Hall），世人今日還記得霍爾博士，主要是因為日後他邀請了佛洛伊德（Sigmund Freud）訪美。協會很快選出幾名副會長，包括幾位教會人士、史丹佛大學校長喬丹（David Starr

Jordan）、布克・華盛頓（Booker T. Washington）與馬克・吐溫。[28]布克・華盛頓率領一個黑人浸信會代表團前往白宮，要求老羅斯福總統對利奧波德施壓，他遊說參議院外交關係委員會成員，並且在莫雷爾的鼓勵下，與馬克・吐溫一起在好幾座城市的公共集會上發表譴責剛果的演說。「華盛頓博士不是那麼容易對付，」利奧波德派駐美國的人員在給國王的信上寫道。[29]利奧波德為了讓布克・華盛頓退出這場抗爭，於是主動邀請他前往剛果，所有旅費均由國王負擔，在被拒絕後，又邀請他前往比利時。[30]

馬克・吐溫在紐約與莫雷爾見面之後，對他留下深刻的印象，曾三度前往華府進行遊說。布克・華盛頓在提到馬克・吐溫時寫道，「他對於剛果自由邦原住民遭到殘忍對待的事情十分在意，我從未見過他在其他問題上有那麼憤慨……我好幾次看見他為了推動剛果自由邦改革四處奔走，談起這件事，他似乎永遠沒有倦意。」[31]馬克・吐溫與老羅斯福共進午餐——莫雷爾得知之後馬上將這件事轉告英國外交部——與國務卿見面，然後寫信給莫雷爾，他提到，美國的剛果改革運動是「一場大事業……需要像美國鋼鐵公司（U.S. Steel）那樣的組織才能推動」。[32]一九〇五年，馬克・吐溫完成一本小冊子《利奧波德國王的獨白》（*King Leopold's Soliloquy*），書中想像利奧波德自言自語的內容。這本書多次重印，馬克・吐溫將獲得的版稅全數捐贈給剛果改革協會。[33]在《獨白》中，提到的多半是利奧波德的媒體戰。「二十年來，我花了數百萬元讓世界各地的報紙噤聲，但消息還是源源不斷地洩漏出去，」馬克・吐溫筆下的國王惱火地說道。[34]他也怒斥「無法被收買的柯達（kodak）……在我的長年經驗中，它是唯一我無法賄賂的目擊證人」。[35]在馬克．吐溫的小冊子裡，利奧波德指名道姓地攻擊謝波德，他抨擊這名黑人，「明明是個傳教士，卻愛管閒事地從事窺視刺探的工作。」[36]雖然《獨白》的描述過於空泛，而且水準遠不如馬克．吐溫最好的作品，但還是激起利奧波德的反擊，他的王室宣傳機器隨即趕印一本佚名的四十七頁小冊子，《回應馬克．吐溫》（*An Answer to Mark Twain*）。

與曾在英國施展的手法一樣，莫雷爾很圓滑地使用另一套說詞來爭取美國另一派人馬的支持。莫雷爾的盟友大多數是進步派知識分子，例如馬克．吐溫，但為了推動改革運動，莫雷爾也願意與魔鬼打交道，而他想巧妙利用的對象是摩根參議員。摩根是美國前南軍將領，二十年前，他曾協助促使美國承認剛果為利奧波德所有。此時的摩根依然大聲疾呼將黑人送回非洲，好讓美國南方成為純白人的地區，他因此認為解決剛果虐待事件刻不容緩。否則的話，美國黑人怎麼會願意遷徙到剛果？摩根告訴莫雷爾，他希望看到一千萬名黑人「移植」到剛果。[37]而在莫雷爾的鼓勵下，摩根鍥而不舍地讓剛果暴行的議題持續在參議院延燒。

資深的英國浸信會傳教士哈里斯夫婦也與莫雷爾一起來到美國，他們在四十九座城市超過二百個公眾集會上發表演說。[38]在芝加哥的集會上，一名生下來就是奴隸的老婦人試圖捐出畢生積蓄給剛果改革運動，但改革協會僅象徵性地接受一美元的捐款。[39]其他改革人士也分別進行演說行程。哈里斯從華府熱情地向莫雷爾回報，「數千件電報、請願書、私人信件如雪片般飛來……只要再一點點壓力，總統就會採取行動。」[40]

美國國務卿魯特（Elihu Root）承受來自各方的壓力，他日後回憶時有點惱怒地說，「那些最討厭涉入牽扯不清結盟關係的人，卻正好是最狂熱堅持我們必須在一年內做出一百件符合人道主義原則事情的人……新教教會與許多善心婦女瘋狂地要求我們阻止剛果的暴行……人們持續向國務院送上請願書，要求採取行動。」[41]連署請願的人包括了麻州州長與麻州參議院的每個州參議員、耶魯大學的教授與行政人員、各所大學校長、各所神學院院長、主教與各家報社主編。全國婦女基督教禁酒聯合會（National Women's Christian Temperance Union）的全國大會也通過剛果問題決議文。

雖然莫雷爾在歐洲各地擁有個別的支持聲量，但唯有在美國才真正掀起了與英國一樣全面的剛果改革浪潮。利奧波德害怕這場反對他的運動迅速蔓延到新大陸，於是馬上採取行動。一九〇四年，當莫雷爾在波士頓發表演說時，至少有六名國王的發言人出現在現場，並且要求給予他們同樣長的時間發表演說。隔年，深具影響力的麻州參議員洛奇（Henry Cabot Lodge）訪問巴黎，利奧波德立即派使節前去邀請他到布魯塞爾共進晚餐。「國王選了六個日子讓我決定，我完全沒辦法拒絕，」洛奇在給老羅斯福總統的信上寫道。洛奇對國王留下深刻的印象；他形容利奧波德是個「精明能幹的生意人，是〔鐵路大亨〕希爾（Jim Hill）與哈里曼（Harriman）的混合體，是偉大的組織者、倡導者，也是偉大的投機者。他知道每個人，也瞭解每個人」。[42]

利奧波德利用他對「每個人的瞭解」，把目標放在更具影響力的羅德島州參議員奧爾德里奇（Nelson W. Aldrich）身上。奧爾德里奇是億萬富翁，是J. P. 摩根（J. Pierpont Morgan）的牌搭子，是小洛克斐勒（John D. Rockefeller, Jr.）的岳父，是美國參議院財政委員會主席，也是最響噹噹的華府權力掮客。老羅斯福曾對記者史蒂芬斯（Lincoln Steffens）說道，「我只是個總統，而那位可是看著好幾任總統來來去去。」[43]

利奧波德為了爭取奧爾德里奇與其他美國重量級人物的支持，不惜承諾讓他們也能分享剛果利益。利奧波德將剛果的重要利權給予了奧爾德里奇、古根漢集團（Guggenheim interests）、巴魯克（Bernard Baruch）、小洛克斐勒與金融家萊恩（Thomas Ryan），其中萊恩是國務卿魯特的好友兼先前的法律客戶。利奧波德派駐美國的人員曾經向他提出明確的策略建議，而這項建議完全獲得利奧波德採納：「劃出一塊由東到西橫貫剛果的帶狀領土，將這塊領土的利益讓給美國資本。如果有必要，就要求當地的特許公司，逼他們與美國人分享特權。藉由這種方式，美國在剛果就有了既得利益，那麼不管英國的抗議者還是比利時的社會主義者如何大聲疾呼，都無濟於事。」[44]利奧波德也捐贈了三千件剛果手工藝品給美國自然史博物館（American Museum of Natural History），他知道J. P. 摩根是博物館的理事會成員。

利奧波德的慷慨餽贈，成功拉攏了奧爾德里奇參議員。改革人士持續向國務院施壓，要求國務院任命駐剛果總領事，而這名總領事必須緊跟在凱斯門特之後繼續進行調查。為了平息改革人士的批評，國務卿魯特提名了改革人士建議的人選擔任總領事，然而當奧爾德里奇公開表示他絕對會在參議院封殺此人之後，魯特便撤回了提名案。

利奧波德也將目光放在美國一群關鍵的特定選民上，並且將自己塑造成受害的天主教徒。利奧波德派駐羅馬的代表成功說服梵蒂岡相信，利奧波德這位天主教國王正受到不擇手段的新教傳教士陷害。梵蒂岡以拉丁文❷發了一連串電報給大西洋彼岸的吉本斯樞機主教（James Cardinal Gibbons of Baltimore），他是利奧波德派駐在美國的先頭部隊——事實上，吉本斯樞機主教也是奧爾德里奇參議員的牌搭子。吉本斯樞機主教相信，剛果改革運動「只是一小群心懷不滿的人造成的……這些人仰賴的大多數是原住民道聽塗說的證據，完全不可信任」。[45]吉本斯樞機主教鼎力支持利奧波德，利奧波德於是頒給他王冠大十字勳章。

利奧波德在美國擁有一大群遊說人士。喬治華盛頓大學的內林克斯教授（Alfred Nerincx）協助出版了一份以剛果為主題的新英文雜誌，他發表演說，確保一些有利剛果的文章能出現在知識程度較高的雜誌上。斯塔爾（Frederick Starr）是芝加哥大學一名古怪的人類學者，他深信「原始」民族是低等的，因此獲得利奧波德頒授的不計其數的勳章一枚，利奧波德還資助他所有旅費，讓他到剛果旅行一年。為了回報，斯塔爾在《芝加哥每日論壇報》（*Chicago Daily Tribune*）以「剛果自由邦的真相」為題連續發表了十五篇熱情的文章，這些文章日後也集結成書。❸威克（Henry Wellington Wack）是醫藥專利事務所的律師，他曾出版一本厚重的書籍，很快就成為美國數千家圖書館的藏書。布魯塞爾當局指示威克，「行動時不要讓人看出他受僱於比利時政府，而是要讓人覺得他是一名公正的政論家。」[46]

然而，利奧波德的另一個美國幫手可就沒那麼可靠了。在美國進行遊說的同時，國王也犯下罕見而災難性的失誤。

***

一九〇四年，加州富人如果要打訴訟，通常會委任舊金山的科瓦爾斯基上校（Colonel Henry I. Kowalsky）擔任他們的辯護律師。科瓦爾斯基是典型的美國人：這位浮誇的訴訟律師經常遊走於法律邊緣，他善於表演的風格很快就吸引了名人成為他的朋友與密切來往的對象。

---

❷ 例如「教宗很清楚某些英國新教傳教士煽動反對剛果自由邦或比利時政府……」，此為戈蒂樞機主教（Cardinal Gotti）寫給吉本斯樞機主教的信，時間是一九〇四年十一月二十四日。（引自Slade 1, p. 310n）

❸ 以斯塔爾對席科特的描述為例：「好幾次……我看到男子在接受鞭刑之後，馬上就能跟同伴嘻笑打鬧，彷彿什麼事也沒發生。」（Starr, p. 91）

科瓦爾斯基喜愛美食、健談，揮金如土使他曾在飯店留下傳奇性的天價帳單，科瓦爾斯基交遊極為廣闊，加上他高超的訴訟技巧，為他贏得各行各業的客戶。有些是拳擊手與黑社會人物；有些是突然跑出來的親戚或事實婚的妻子，而他總是有本事查出遺囑擬定的時間，藉此作為法庭上爭論的基礎。與當時許多掛著上校頭銜的人一樣，科瓦爾斯基從來沒當過兵，不過他卻讓歐洲人相信自己曾在軍中待過。

科瓦爾斯基不僅性格引人注目，私底下廚藝精湛的他，食量也十分驚人。日後，當肥胖的塔虎脫（William Howard Taft）入主白宮後，一名記者提到，「與科瓦爾斯基相比，塔虎脫總統就像是雜技團裡可以站在最上面、身材最輕盈的團員。」[47]科瓦爾斯基脖子上的肥肉總是垂到衣領外面；他說話時經常帶著嘶啞的氣喘聲；當舊金山一家報紙詢問一些當地名流他們的聖誕節大餐私房食譜時，科瓦爾斯基打趣地提供了烤下巴的做法。

科瓦爾斯基也患有猝睡症，有時會不由自主地短暫陷入昏睡。一名記者寫道，「熟悉舊金山生活的人幾乎都曾看過科瓦爾斯基在街上、在飯店大廳、在法庭上或者在戲院包廂裡睡著。」[48]事實上，科瓦爾斯基對這種疾病的控制能力可能比他自己所說的要強；一名法庭記者提到，「科瓦爾斯基會及時醒來，對問題提出最精準的法律異議。」

記者的報導接著說，「但是科瓦爾斯基突然驚醒的行為，卻造成格萊厄姆法官（Judge Graham）法庭上家具的嚴重損毀。當一名體重約三百磅（我們保守估計）的男性突然醒來，即使是最堅固的椅子也免不了搖晃……連續幾次之後，椅子就會發出不祥的咯吱聲，然後是出現裂縫，最後垮掉。每當科瓦爾斯基放棄被他坐壞的椅子，換成另一張堅固的椅子時，法警麥格尼蒂（Bailiff McGenity）總是喃喃說道，『又坐壞一張。』」[49]這場審判結束後，科瓦爾斯基隆重向法庭展示他訂製的一張特別坐椅——用堅硬的橡木製成，以鐵製的螺栓加以固定，椅腳裝上鐵支架，使其更加牢固。

當科瓦爾斯基在一場艱苦的法律訴訟中對上著名槍手厄普（Wyatt Earp）時，脾氣暴躁的厄普威脅只要讓他當面見到科瓦爾斯基就會掏槍斃了他。兩人在舊金山一家酒館巧遇。厄普逼迫科瓦爾斯基進到後面的房間，他掏出左輪手槍，叫這位律師準備受死。此時科瓦爾斯基渾圓的下巴突然垂下來，整張臉懸吊在胸前，他睡著了。厄普衝出房間說道，「你要殺這個人的時候，這個人卻睡著了，你能拿他怎麼辦！」[50]

科瓦爾斯基眼光精準，總能鎖定有錢的客戶，當比利時王儲阿爾貝王子來到加州時，他認為這可以為他帶來大筆生意。阿爾貝旅行時並未透露自己的身分，但科瓦爾斯基還是認出他來而且對他相當友善，科瓦爾斯基因此於一九〇四年獲邀前去比利時。他在奧斯坦德登上了王室遊艇，被引薦給利奧波德。

看到科瓦爾斯基，國王首先想到的是一名活躍於共和黨的美國人，有朝一日可能掌握權力，而這個人也表現出善於遊說的樣子，似乎能給那些為利奧波德帶來麻煩的社會改革人士一點顏色瞧瞧。由於莫雷爾已經開始鼓動美國民眾，利奧波德沒有時間可以浪費了。國王立刻僱用科瓦爾斯基，給予他詳細的指示，並且花重金在華爾街租下一間奢華的辦公室。當科瓦爾斯基準備動身前往紐約時，他在舊金山的朋友，包括法官、商人、海軍將領與幾個可能樂見他離開舊金山的對手律師，大家一起為他舉辦了一場歡送晚宴，而這無疑為科瓦爾斯基更增添了幾分響亮的名聲。「我最好不要逐字唸出指派給我的敬酒賀詞，」舊金山市長說道。「就像我們要送別的貴客一樣，主題內容實在太龐大了。」[51]另一名致詞者則說，幸好利奧波德沒有把科瓦爾斯基直接派到剛果去，否則「非洲食人族看到這麼上等的肉送上門來，豈不是要大快朵頤一番」。[52]

科瓦爾斯基回應賀詞時說道，「我離開大家，只因為我聽見了職責的召喚，要為人類與文明盡一份心力。」[53]科瓦爾斯基口中的召喚，包括了年薪十萬法郎，相當於今日的五十萬美元。開始擔綱新角色後，科瓦爾斯基獲得老羅斯福總統接見，他把用銀製相框裝裱的利奧波德照片、剛果相簿與一份備忘錄交給總統。利奧波德在備忘錄裡告知老羅斯福，希望他不要受到嫉妒的傳教士與利物浦商人的矇騙。

這項安排令比利時駐美公使蒙榭爾男爵（Baron Ludovic Moncheur）大吃一驚，蒙榭爾才剛完成一篇文情並茂的文章〈剛果自由邦的狀況〉（Conditions in the Congo Free State），文章刊登在頗具影響力的《北美評論》（*North American Review*）上，蒙榭爾以為利奧波德在美國的宣傳活動將由他一手主導。科瓦爾斯基的突然出現，令蒙樹爾感到不安，因為在他眼中，科瓦爾斯基是不折不扣的訟棍。就在舊金山的朋友為科瓦爾斯基餞行當天，蒙樹爾沮喪地得知，科瓦爾斯基曾經在法庭上與債權人大打出手。蒙樹爾與侍從官於是緊急發了好幾封電報給布魯塞爾。

在比利時王宮，沒有人敢公開反對國王的新寵，但蒙樹爾最終還是收到剛果事務部門高級長官的加密電報：「我已收到你所說的有關科瓦爾斯基的電報。你認為情況是否已經糟到我們必須取消他的任務？不過，要這麼做十分困難。更改他的任務，把他派到非洲或中國，會不會好一點？」[54]

蒙樹爾的一名侍從官回道，「派他去剛果，會比派沒用的人去更糟糕，除非他從此一去不回。」[55]蒙樹爾也對於科瓦爾斯基接下來可能的做法提出警告：「如果他認為這一切都是我造成的，他有可能會把事情鬧大，讓這件事成為報紙爭相報導的醜聞。」[56]

為求審慎，剛果官員邀請科瓦爾斯基前來布魯塞爾，然後當面要求他前往奈及利亞執行一項緊急任務。起初，科瓦爾斯基還興致勃勃地想為自己購買遮陽頭盔與獵象槍，但之後卻推辭了這項任務，或許他已然察覺到一旦接受就等同於流放邊疆。由於科瓦爾斯基知道的內情太多，因此利奧波德身邊那些剛果官員雖然憂心忡忡，卻不敢辭退他。他們只能將科瓦爾斯基送回美國，並且給予他更多的遊說指示。儘管如此，還是無法化解他們與日俱增的焦慮：「科瓦爾斯基上校的任務是遊說美國參眾議員，使他們能公正看待剛果事件，從而防止他們通過不利剛果的決議。」然而：「科瓦爾斯基上校必須謹慎，除非絕對必要，否則不要拜訪白宮……如果要發表公眾演說，也必須事先聽取比利時駐美公使的建議。」[57]

科瓦爾斯基此時已被排除到核心圈子之外了，而在利奧波德僱用他的一年後，國王也不打算續約。科瓦爾斯基無計可施，只能不斷寫信給利奧波德（每一封信的開頭都寫著「我親愛的陛下……」），吹噓他的工作對剛果的貢獻，抨擊其他為利奧波德遊說的美國人（他對其中一個人的評價是，「毫無特色、毫無能力、毫無原則的忘恩負義者」，「行事作風就跟無賴一樣」）[58]，並且為自己爭取權利。「這是個艱鉅的任務，我不分日夜持續工作……為此，我旅行了數千英里。」科瓦爾斯基試圖討好國王，希望國王能跟他續約：「我要向陛下坦承，我對陛下懷有一份特殊的情感，因為陛下讓我想起我過世的父親，我十分敬愛他。」除了一年的薪水，利奧波德又另外給了科瓦爾斯基可觀的十二萬五千法郎，條件是科瓦爾斯基必須安靜地離開。而為了安撫科瓦爾斯基，國王還暗示，未來仍會有需要科瓦爾斯基貢獻一己之力的時候。[59]

然而，被一腳踢開的科瓦爾斯基最終還是做了蒙樹爾與比利時使館人員最害怕的事。一九〇六年十二月十日，赫斯特（William Randolph Hearst）旗下《紐約美國人》（*New York American*）的讀者拿起報紙時發現，頭版新聞居然揭露了美國剛果遊說團的運作細節，「利奧波德國王試圖影響美國國會的驚人手法大公開……比利時國王利奧波德與派駐華府人員簽訂的合約全文。」雖然科瓦爾斯基憤憤不平地表示有人洗劫了他的辦公室，但種種跡象顯示，是科瓦爾斯基自己把完整的剛果相關通信內容賣給了赫斯特。

一個星期七天，赫斯特物盡其用，每天報導這件事，《紐約美國人》以及他擁有的眾多其他家報紙，在明顯版位共計刊登了數萬字與數十張照片。對利奧波德來說，這是最糟糕的結果，因為《紐約美國人》為了讓這則獨家更具戲劇性，甚至還再次翻印了莫雷爾取得的那些斷手照片，來凸顯利奧波德的無惡不作，同時大肆宣揚剛果改革者針對剛果暴行提出的所有指控：「罪大惡極的殘忍殺戮……虐待婦女與兒童」；[60]「美國對於剛果政府所犯罪行感到震驚」。[61]

除了科瓦爾斯基領取的薪水與封口費，那些文件也揭露了利奧波德曾經承諾，「如果美國政府未提出任何有害剛果的宣言，以及如果美國國會在下一個會期結束前未通過任何對剛果不利的決議」，那麼利奧波德將再給予科瓦爾斯基價值十萬法郎的剛果國債。[62]科瓦爾斯基在一封寫給國王的信上吹噓說，他曾經用一千美元向一名頗具聲望的記者（信上未提及姓名）行賄，他宣稱這名記者是「總統的私人朋友」，有他的協助，我們等於多了「成千上萬的支持者」。科瓦爾斯基也誇耀自己成功阻止《蒙西雜誌》（*Munsey's Magazine*）爆料，他表示，自己直接「找上主編，那是我的好友，他放棄了那篇文章，並且刊登了另一篇有利於陛下的文章」。[63]

報導中最引人注目的是，科瓦爾斯基曾運用利奧波德的資金賄賂參議院外交關係委員會祕書蓋瑞特（Thomas G. Garrett），科瓦爾斯基希望蓋瑞特能阻礙抗議剛果暴行的決議過關。科瓦爾斯基浮誇地對國王說，蓋瑞特「站在委員會會議室門口，擋住那些難纏又不停咆哮的傳教士、牧師、宗教狂熱分子以及那群利物浦商人的手下，不讓他們入內。這段期間，我一直堅守崗位，直到國會休會之後，我才能放下心來」。[64]《紐約美國人》頭版還刊登了一張照片：是一封蓋瑞特的親筆信函；他用美國參議院專用信紙，寫信給科瓦爾斯基，要求他支付承諾的報酬。

蓋瑞特立即被解職。美國剛果改革協會總部設在麻州，消息見報後才過幾個小時，麻州參議員洛奇馬上提出一項決議，要求各國對剛果醜聞進行調查。儘管蒙榭爾使勁遊說，加上奧爾德里奇參議員檯面下的操作，使最後通過的決議內容緩和不少，然而整起事件已經完全改變華府的氣候。美國國務卿魯特一反先前政府的不干涉政策，決定與英國合作向利奧波德施壓，迫使他放棄對剛果的統治。科瓦爾斯基的爆料——莫雷爾迅速且歡欣鼓舞地將這則醜聞傳布到英國，而且印製了法文小冊子在比利時傳播——對利奧波德構成重大打擊。整個風向轉而對國王不利。

***

早在僱用科瓦爾斯基之前，利奧波德已經著手在完全不同的領域進行操作。別忘了利奧波德在一八九〇年代成立的假原住民保護委員會如何有效堵住批評者的嘴巴，此時利奧波德又覺得有必要成立另一個委員會。這個委員會將前往剛果，調查當地的狀況，並且洗刷他的汙名。

利奧波德指定了三名法官組成新的調查委員會（Commission of Inquiry）：一名比利時人、一名瑞士人與一名義大利人。[65]然而，這個委員會並非如表面上看來那樣中立。義大利人尼斯可男爵（Baron Giacomo Nisco）工作的地點不在義大利，而是在剛果擔任首席法官。事實上，在科德隆案（見第十四章）中為犯人降低刑度的法官正是尼斯可男爵，而他當時所持的理由是，一定程度的「武力」與「恐怖」是難以避免的。此外，這三名法官不僅不懂非洲語言，甚至也無法用英語直接與提出批評的英美傳教士溝通。委員會奉命召開聽證會，聽取證人的說法，最後還要提交報告。利奧波德殷切希望，在前往剛果的漫長旅途中，嫻熟非洲事務的尼斯可男爵能夠開導另外兩名法官，使他們認識到原住民有接受嚴格紀律的需要。

委員會花了數個月，取得三百七十份證詞。調查委員會召開的地點不拘場合，有時在橡膠收集站的走廊上，有時在汽船「史蒂芬妮女大公號」（*Archiduchesse Stéphanie*，以利奧波德拒絕交談的次女命名）的甲板上。委員會的召開充滿儀式感：法官穿上緋紅色與黑色的法袍，現場有口譯、書記，衛兵手持步槍，步槍上了刺刀。證人們魚貫而入，提供了令人驚恐的證詞。其中最令人印象深刻的是博里瑪（Bolima）的隆圖魯酋長（Chief Lortulu），他曾被席科特鞭打過，也曾被當人質，還曾戴著枷鎖工作。輪到隆圖魯作證時，他在委員會桌上放了一百一十根樹枝，每根樹枝代表每一個被殺的族人，他們都因為蒐集橡膠而死。他把這些樹枝分成四堆：族裡的貴族、男性、女性、兒童。每拿起一根樹枝，他就喊出某個死者的姓名。

證詞的內容很快就傳回布魯塞爾，但利奧波德卻未察覺這些證詞對調查委員會成員產生的影響。之後，一九〇五年三月，從剛果首都博馬傳回一則值得關注的警告訊息，顯示整個態勢可能對國王不利。剛果代理總督科斯特曼斯（Paul Costermans）雖然身處高位，卻為人正直。當他從簡報中得知調查委員會的發現時，他的侍從官們都感受到他的意志消沉。兩個星期後，科斯特曼斯留下幾封遺書，然後用剃刀割喉自盡。

對於利奧波德來說，另一個不祥徵兆是，調查委員會的一名法官在聽到無數證人描述的暴行後，竟崩潰痛哭。[66]顯然，這個聽證程序產生了反效果：令利奧波德吃驚的是，他原本只是想做個假調查，但事情卻失去控制，反而弄假成真。雖然莫雷爾沒有官方的逐字稿，但他卻取得傳教士朋友與他們的非洲教區居民在委員會上作證的資料，他把這些資料彙集成小冊子，然後分發給每一位比利時國會議員。

調查委員會成員在返回歐洲的路上審慎完成了一份一百五十頁的報告。儘管報告的遣詞用字相當溫和且避重就輕，但利奧波德還是看出這份報告基本上延續了凱斯門特與莫雷爾的批評。利奧波德勃然大怒。到了一九〇五年秋天，全歐洲都在等待報告公布，利奧波德無法再拖延下去。政界與新聞界已經在猜測報告的內容。但利奧波德又使出一招妙計，這或許也是他漫長政治生涯中最令人目眩神迷的一場表演。

利奧波德對於公共關係的現代意義有著深刻的掌握，他很清楚政治事件的實質並非重點，真正影響全局的是民眾如何看待政治事件。如果你能左右民眾的觀感，你就能掌控事件的走向。利奧波德深知記者面臨迫在眉睫的截稿期限，最怕的就是收到冗長的官方報告——如果報告是外語，則更是頭疼。一九〇五年十一月三日，就在調查委員會公布報告的前一天，英國各大報收到了一份文件，附隨的信件解釋這份文件是「調查委員會報告的完整真實概述」。[67]這份及時出現且有用的摘要出自西非傳教士協會（West African Missionary Association）之手，這個協會的名稱聽起來就讓人覺得可靠，畢竟傳教士一向是剛果政府最堅定的批評者。而且更方便的是，這份摘要是用英文寫的。[68]

幾乎所有英國報紙都十分開心地刊登出這篇摘要，他們以為自己搶先一天報導了本週的大新聞。美聯社（the Associated Press）把摘要傳到美國，並且獲得美國各大報的採用。一直要等到幾天後，當記者與主編有時間讀完法文報告的全文，他們才發現這篇所謂的摘要與報告毫無關係。摘要擷取了報告的幾個重點，然後再將這些重點「簡化」成完全不同的內容。舉例來說，報告寫道，「我們提到強徵挑夫造成的災難，也提到幾個重要哨站強制徵用鄰近地區原住民的勞力導致剛果人口大量減少。」但摘要卻寫成，「在等待鐵路完成的同時，為了避免出現〔強徵挑夫之類〕令人遺憾的結果，委員會建議應該多利用水路。」

記者們感到納悶，西非傳教士協會是什麼組織？他們追溯來源找到了一家倫敦法律事務所，但律師拒絕透露客戶的地址。在記者的連續追問下，一兩天之後，律師終於帶著這群詢問者來到事務所對街的一間辦公室，辦公室大門的招牌還是剛粉刷的。辦公室裡只留下一人看守。律師還拿出一份西非傳教士協會的理事清單，但記者能夠從中聯繫上的人卻都沒有露面。進一步調查後發現，「摘要」是由一名比利時教士帶到英國，而利奧波德最近才剛捐贈一大筆錢給這名教士所屬的教會。[69]西非傳教士協會在發布那篇深具影響力的摘要之前，從來沒有人聽過它的名字，發布完摘要之後，同樣再也沒有人聽說這個協會的消息。

第十七章　沒有人是異邦人

調查委員會取得的毫無掩飾、未經修改的證詞，使國王利奧波德二世的統治終於赤裸裸地呈現在世人面前。這一次利奧波德無法以證詞是敵人蒐集的作為藉口，因為這些證詞完全是他自己派遣的委員蒐集的。利奧波德也不能說這些都是有心人士虛構的故事，因為有時候許多目擊證人描述的是同一件暴行。最後，利奧波德也不能指責這些目擊證人都是懶惰的不滿民眾，因為許多人冒著生命危險，目的只是為了向委員吐露實情。卡爾肯（Raoul Van Calcken）是英比印度橡膠公司人員，他發現兩名非洲人里隆戈（Lilongo）與伊福米（Ifomi）要去委員會作證，於是下令將兩人抓住。里隆戈告訴一名英國傳教士，「他命令哨兵將我們兩人分別綁在兩棵樹上，我們的背緊貼著樹幹，我們的雙腳懸空。我們的雙臂被拉到我們的頭上……看看我全身的疤痕。我們就這樣被吊了幾天幾夜……我們一直沒有進食也沒有喝水，忍受著時而日曬、時而雨淋……我們不停哭泣，哭到最後連淚水也流不出來——那是死亡本身所帶來的痛苦。我們吊在樹上的時候，卡爾肯與三名哨兵持續用棍棒打我們的私處、脖子與身體其他部位，直到我們昏倒為止。」[1]伊福米死了，卡爾肯下令將他的屍體丟進河裡。里隆戈存活下來，他向委員會作證，然後由弟弟帶他返鄉。

里隆戈與其他證人向委員會提供的證詞都填寫在固定的表格上，每張表格的表頭寫著委員會全稱（「一九〇四年七月二十三日依國王敕令成立之調查委員會」）還有三名委員的姓名與頭銜，接下來是各個空白欄位，包括祕書姓名、證人姓名（證人宣誓提供的證據完全真實且唯有真實）與口譯姓名。接下來則是證人陳述的證詞。

證人姆邦戈（M'Bongo）的昆達（Ilange Kunda）說：「我知道馬魯．馬魯（Malu Malu，意思是快點、快點，這是非洲人為公安軍馬薩爾中尉〔Lieutenant Charles Massard〕取的綽號）。他非常殘忍，他逼迫我們上繳橡膠。某日，我親眼看到馬魯．馬魯殺死一個叫邦吉揚瓦（Bongiyangwa）的原住民，只因為他上繳的五十籃橡膠有一籃沒有裝滿。馬魯．馬魯命令士兵尊帕（Tshumpa）抓住邦吉揚瓦，把他綁在棕櫚樹上。邦吉揚瓦身上有三處被綑綁起來：一處在膝蓋，一處在腹部，還有一處在手臂。馬魯．馬魯的腰帶上繫著彈藥袋；他拿起步槍，站在大約二十公尺遠的距離，一槍就結束邦吉揚瓦的性命……我看見了傷口。這個不幸的男子只慘叫一聲就一命嗚呼。」[2]

證人姆普提拉（M'Putila）的博科特（Bokote）：「你可以看到，我的右手被砍掉了……我還小的時候，士兵為了橡膠攻擊我的村落……我逃跑的時候，一顆子彈擦過我的脖子，你現在還可以看到我脖子上的傷疤。我倒在地上，假裝自己已經死了。一名士兵用刀子割下我的右手然後帶走。我看到他把其他割下來的手也帶走了……同一天，我的父母被殺，我知道，他們的手也被割下來了。」[3]

證人博伊埃卡（Boiéka）大酋長艾庫庫（Ekuku）：「我與瓊吉（Jungi）熟識。大約兩個月前，他因為接受鞭刑死亡。我看著他被鞭打，我眼睜睜看著他死去。他受刑的地點離白人的陽臺大約有三到四公尺，就在我指給你看的地方，位於兩棵仙人掌之間。他們讓他伸直身子俯臥在地上。白人埃科托隆戈（Ekotolongo，莫勒〔Molle〕）抓住他的頭，至於恩科伊（Nkoi，阿布雷〔Ablay〕）則一邊踩住他的腳，一邊用藤條打他。行刑時一共打斷了三根藤條。最後，恩科伊踢了他好幾下，要他站起來。但瓊吉一動也不動，艾克特（Ekate）對白人說，『這個人死了。你殺了他……』白人回答說，『我才不在乎。法官跟我一樣全是白人。』……隔天，瓊吉下葬……瓊吉是個老人，但他一直都很健康。」[4]

證人曼波科的敏戈（Mingo）：「我在曼波科的製磚廠工作時，哨兵隆伯托（Nkusu Lomboto）與伊托克瓦（Itokwa）為了懲罰我，掀開我的裙子，把黏土塞進我的陰道裡，令我痛苦不堪。白人里克瓦瑪（Likwama，公司人員，名叫斯普里耶〔Henri Spelier〕）看到我的陰道塞了黏土，卻說，『如果妳在為我工作時死了，他們會把妳扔進河裡。』」[5]

就這樣，數百名證人陸續前來陳述他們的證詞，講述一則又一則的故事。在這裡，終於出現了世界其他地區的人罕能聽見的發自剛果的聲音：那是剛果人自己的聲音。除了這段時間，在歐洲瓜分非洲的整個過程中，幾乎沒有人像這樣去蒐集如此令人痛心的大量第一手非洲證詞。凡是讀了這些故事的人，心中感受到的恐怕只有令人喘不過氣的膽寒。

然而，沒有人閱讀這些故事。

儘管報告提出了具批判性的結論，但報告卻未直接引用非洲人的證詞。委員會的報告只做了概括性的陳述。非洲人的故事並未另行出版，也沒有人獲准可以閱讀這些故事。這些故事最終存放在布魯塞爾國家檔案館一處不對外公開的房間裡。直到一九八〇年代，人們才得以自由閱讀與複印這些故事。

＊＊＊

利奧波德巧妙地運用欺詐的手段影響調查委員會報告的公布，當時的他已經七十歲。利奧波德雖然年事已高，但他依然十分活躍。他總是避免待在布魯塞爾，甚至毫不避諱地流露出對比利時事物的厭惡，在他的餐桌上，所有的肉類都必須從巴黎送來。他喜歡待在國外。他為卡洛琳買了一座法國城堡，而且經常與卡洛琳待在那裡。利奧波德喜歡去巴黎，有一次，他還邀請了法國所有內閣成員共進晚餐。每年冬天，利奧波德都會搭乘自己的私人火車前往法國南方的蔚藍海岸，火車廂內綠色的皮革座椅上裝飾著黃金浮雕。當困在大雪中的比利時人苦不堪言，而信差忙碌地往返於布魯塞爾與法國南部之時，利奧波德則是有數個月的時間在遊艇上生活與工作，他搭乘的亞伯達號造型修長、時髦，要使用蒸汽或風帆航行都可以。

在蔚藍海岸度過的那些冬天，利奧波德安排卡洛琳入住岸邊的一棟豪華宅邸：雪松別墅（Villa des Cèdres）。卡洛琳寫道，「每天傍晚，汽船載著國王……來到碼頭，國王從這裡走地下通道進入別墅。談到這點，我不得不說國王對於隱密不為人知的事物特別感興趣。任何人只要把房子建在廢棄的採石場旁或擁有祕密樓梯，就有機會把房子賣給國王。」[6]

有時利奧波德可以勉強自己待在他那小得可憐的國家，但即使如此，他也是不停往返穿梭於拉肯城堡、奧斯坦德海灘的王家小木屋與其他兩座城堡。一群又一群工匠持續翻新這些建築物，增建新的房間、附屬建築物與建築物正面。在拉肯，工人安裝了義大利文藝復興風格的電梯與建造了向民眾開放、價值百萬法郎的「中國樓閣」（奇怪的是，裡面居然開設了一家法國餐廳）。利奧波德想興建一系列的建築物來代表世界不同的地區，中國樓閣是第一棟。利奧波德不斷大興土木，他興建的對象不僅包括自己居住的地方，也延伸到自己可以看到的地方。舉例來說，他希望「奧斯坦德的核心地區都要有賞心悅目且樣貌一致的建築正面」。[7]利奧波德給鄰居二萬五千法郎，希望鄰居的房屋外觀能改成由他喜愛的建築師法國人吉羅（Charles Girault）設計的正面。那位地主拒絕後，屋子便遭到強制徵用。

國王時常去巴黎見吉羅，他會一屁股坐在這位建築師工作室的桌子上，仔細觀看一整疊的藍圖。他喜歡參觀建築工地。一九〇八年某日，利奧波德指示私人祕書，「要求公共工程部長在星期三早上九點到布魯塞爾王宮。我想跟他一起去聖吉爾斯公園（St. Gilles Park），預定九點三十分抵達。然後於十一點前往五十週年紀念拱門（Cinquantenaire arch）。然後十二點半左右於王宮午餐，兩點前往拉肯。在綠色大道（Green Avenue）對面的運河橋上稍做停留。下午三點，前往范普拉特大道（Van Praet Avenue）與日本塔。四點，前往梅斯路（Meysse road）與海瑟爾路（Heysel road）。」[8]當利奧波德下令在布魯塞爾王宮附近興建一棟建築物時，他也要求搭建一座由木造鷹架構成的特殊塔樓，他可以在塔樓上觀看建築物建造的進度。

在接見訪客時，國王總是巧妙地討價還價來擴大自己的權力。法國外交部長德爾卡塞（Théophile Delcassé）評論說，利奧波德「唯一的缺點在於他不懂得隱藏自己的才智：人們會對他起疑心，擔心上當受騙」。[9]南非鑽石大王羅茲是另一個跟利奧波德一樣在非洲賺取了鉅額財富的白人，他曾開玩笑說，自己婉拒到王宮與國王用餐，因為「你接受的每一場晚宴，都將讓你付出一個省的代價」。[10]

在拉肯，僕役經常可以看見身材高大、蓄鬍、禿頂、有著嚴厲的褐色眼睛與大鼻子的國王穿著陸軍中將制服，連續散步數個小時。他會拄著橡木拐杖，在溫室裡穿梭於棕櫚樹與其他熱帶植物之間，或者巡迴於城堡廣大公園的步道上。他的行事作風愈來愈古怪。有時候他會騎著大型三輪車去見卡洛琳，並且把三輪車稱為「我的坐騎」。利奧波德依然害怕細菌，他深信每天喝大量的熱水對自己的身體有好處；僕役手裡隨時準備著一個玻璃水瓶。宮廷的禮儀仍跟以往一樣正式，而利奧波德下令時的口吻——他說話總是緩慢而威嚴——如同康拉德與福特在那本幾乎不加掩飾就是以他為描繪對象的小說《繼承者》裡所說，「彷彿永遠在回覆那些舉杯祝賀他身體健康的人」。[11] 利奧波德也開始用第三人稱來指稱自己。「給他拿一些熱水來！」「幫他叫醫生過來！」「幫他把手杖拿過來！」[12]

說到命令，利奧波德真正想下的命令是：「不要拿走他的剛果！」由於莫雷爾推動的剛果改革運動與利奧波德自己成立的調查委員會提出的報告，各方開始對利奧波德施加壓力，要求他交出被他視為私人財產的剛果。至於剛果擺脫利奧波德的控制後由誰取而代之，被真正考慮過的方案只有一個，那就是讓剛果成為比利時的殖民地。莫雷爾苦於找不到其他可行的政治方案，因此只能不情願地接受所謂的「比利時解決方案」（the Belgian solution）。如果剛果在成為比利時殖民地的同時，比利時政府能同步落實適當的改革（莫雷爾一直堅持要改革），莫雷爾相信剛果人民的權利在公開的監督與法治之下，會比作為王室采邑受其祕密統治更能獲得保障。改革者幾乎未曾考慮「比利時解決方案」以外的辦法，以今日的眼光來看，這令人感到訝異，但是別忘了，在二十世紀第一個十年，在非洲建立獨立國家與自治政府這樣的想法，除了在剛果雨林深處進行困獸之鬥的反抗軍，幾乎沒有人提出過。一八九〇年，威廉斯曾經呼籲應將剛果交由「當地人而非歐洲人來統治；由國際而非由某個國家來管理」。[13] 然而此後三十多年，歐洲、非洲與美洲的知識分子，即使是最狂熱的反殖民主義者，也未能重提與威廉斯相同的觀點。[14]

對利奧波德來說，科瓦爾斯基醜聞在國際上招致強烈抨擊是個轉捩點。[15]他發現自己可能被迫要在死前交出剛果，無法如原先計畫的，於臨終時鄭重其事地將剛果遺贈給比利時。利奧波德十分擅長化險惡危機為轉機，於是他又開始籌謀擘劃。如果改革人士逼迫他交出心愛的殖民地，利奧波德下定決心絕不白白把剛果交出去。他要用賣的，而身為買家的比利時將不得不高價購入。

結果反而是利奧波德把比利時政府逼到牆角。剛果改革運動如火如荼延燒，導致比利時的國際聲望一落千丈。而此時英國民眾的道德憤怒也形成一股獨立於英國政府之外的力量：舉例來說，大約在同一時期，英國人道主義者也因為葡萄牙在非洲強徵勞動力而對葡萄牙產品發動杯葛。此外，如果比利時不快點接收殖民地，別的強權就有可能出面介入：法國與德國老早就垂涎利奧波德手中這塊盛產橡膠的寶地，因此兩國一直密切注意剛果接下來的歸屬。老羅斯福總統暗示，他願意與英國一起召開國際會議，共商剛果未來的命運。英美駐布魯塞爾公使前後三次連袂拜會比利時外交大臣，催促比利時盡早兼併剛果。[16]然而與利奧波德無權干預比利時國政一樣，憂心忡忡的比利時政府在法律上也沒有權力約束利奧波德對剛果的統治。這件事最終的決定者是利奧波德，而他自己也清楚這一點。

那麼，利奧波德要如何讓政府出錢買下他的殖民地？一九〇六年底，雙方開始協商，但不久就陷入停頓，因為剛果的財政不透明，比利時政府完全無法評估剛果實際的財政狀況。畢竟，要購買一家企業，首先要瞭解的是它的資產負債表。利奧波德在陽光普照的費雷角過冬，政府派外交部主任祕書范德埃爾斯特男爵（Baron Léon van der Elst）去見他。國王在遊艇上接見男爵並慷慨地款待他，之後國王又帶著男爵到岸邊占地廣大的花園散步。然而，當男爵問起財政資料時，利奧波德回答說，剛果「只聽命於創建者……沒有人有權利過問帳目」。[17]後來當審計人員終於看到真實數字時，大家才明白利奧波德堅持不讓外界查帳的真正原因。一八九〇年比利時政府借給利奧波德的二千五百萬法郎與幾年後他追加的貸款七百多萬法郎，早已不翼而飛。安特衛普一份報紙認為，這筆錢全給了卡洛琳。國王抵擋不住各方的追問，只好閃躲不做回應。

一九〇七年一整年，協商毫無進展，一直拖延到一九〇八年初。對那些試圖與他溝通的官員，利奧波德不是抱怨，就是發怒。他曾一度將自己的祕書拒於門外，指責他與政府沆瀣一氣，圖謀奪走他的剛果。[18]但利奧波德的怒氣就跟他的魅力一樣，都是裝出來的。就在眾人被利奧波德耍得團團轉時，他卻私底下盡一切可能將自己繁複的剛果財富網隱匿起來，並且對外宣稱他從未擁有這些財富。他對美國通訊記者說道，「我是剛果的統治者，但正如美國的繁榮不會讓老羅斯福總統的財富增添分毫，剛果的繁榮也與我個人的財富毫無關係。我從未投資剛果的產業，我也從未因為擔任剛果的管理者而領取任何薪水。」[19]

最後，國王終於暗示願意讓步，而且開出了價碼，雖然他確實做出讓步，但讓的並不多，一九〇八年三月，雙方達成交易。為了取得剛果，比利時政府首先必須承擔剛果一億一千萬法郎的債務，其中大部分是國債。過去幾年，利奧波德任意將國債賜給身邊的寵臣，包括卡洛琳在內。事實上，比利時政府被利奧波德算計了，因為有些債務的債權人就是比利時政府自己——利奧波德向比利時政府貸款將近三千二百萬法郎，結果一毛都不用還。

在這項協議中，比利時政府也同意支付四五五〇萬法郎來完成國王鍾愛的幾項建築計畫。這筆款項足足有三分之一是要用於正在拉肯城堡進行的大規模翻修工作，拉肯城堡在當時已是歐洲數一數二豪華的王室宮殿。在翻修的高峰期，城堡內一共有七百名石匠、一百五十匹馬與七輛蒸汽起重機忙進忙出，為的是按照利奧波德的宏偉藍圖建造一座世界會議中心。

最後，也是最重要的，比利時政府將以分期付款的方式另外給予利奧波德五千萬法郎，「以感謝他為剛果做出的重大犧牲」。[20]這筆錢不是由比利時納稅人支付，而是由剛果負擔。

***

一九〇八年十一月，剛果首都博馬舉行了隆重儀式，標誌剛果所有權的正式移轉，然而與此同時，一起不尋常的戲劇性事件正在剛果內陸深處展開。事情始於利奧波德統治期間，之後無縫接軌地延續到新比利時殖民時期，它的存在充分顯示政權遞嬗並未帶來改革者希望的改變。這起事件的中心人物是非裔美國傳教士謝波德。

十年前，謝波德曾撰文提到他發現了八十一隻用火煙燻的人手，這篇文章獲得廣泛引用，成為陳述剛果暴行的最重要證詞之一。一位學者寫道，「幾乎所有美國改革派人士，無論黑人還是白人，都會引用謝波德的目擊證詞。」[21]數年來，謝波德一直獲得同事莫里森（William Morrison）的堅定支持。[22]莫里森是一位白人牧師，從一八九七年開始，他加入了美南長老會的傳教團。莫里森毫不畏懼地反對剛果殖民政權，他是莫雷爾的朋友，也是激勵美國、英國與斯堪地那維亞傳教士說出自己所見事實的領袖人物。莫里森以一封封抗議信轟炸博馬的剛果官員，也曾發表一封給利奧波德的公開信，還曾在途經倫敦時做了一場很有影響力的演說。在美國，莫里森率領一群長老教會信眾拜會老羅斯福總統，表達對剛果暴行的關切。因此，剛果殖民政權對莫里森的痛恨，與他們對謝波德的敵視不相上下。

謝波德與莫里森是在剛果的美國傳教士中，最直言不諱的兩個人，他們的抗議行動長久以來一直令利奧波德十分惱火。利奧波德命人把那些可訂閱教會雜誌中他們充滿敵意的文章都找出來，其中有一些仍留存至今，而且上面密密麻麻是王宮侍從官的眉批痕跡。利奧波德真正的目標是莫雷爾，但莫雷爾安全地待在英國，利奧波德無法對他下手，只好持續對莫雷爾的消息來源進行威脅：一九〇六年，利奧波德下令，凡是誹謗剛果官員的人，可以判處罰金或五年徒刑。一名提供資訊給莫雷爾的英國浸信會傳教士隨即遭到審判。他被定罪，處以罰金一千法郎，並且要支付訴訟費，他沒辦法像謝波德或莫里森那樣不顧一切全心投入，最後只能選擇離開剛果。[23]人數不多的美國長老教會傳教士發現回報資訊要冒的風險愈來愈大；政府當局隨時隨地密切監視他們的一舉一動，而且不僅限於非洲，在非洲以外地區也是如此。他們不知道，比利時駐華府公使蒙樹爾在維吉尼亞州參加了一場由謝波德主講的抨擊剛果暴行的演說；謝波德每次演說都能上報紙頭條，他的演說如此精采，以至於每次休假返美發表演說，教堂與演講廳都會擠滿人山人海的聽眾。[24]

在利奧波德的統治即將結束之際，長老教會傳教士負責傳教的地區，那裡的實質管理政府其實是新一代特許公司開賽公司（Compagnie du Kasai），希望趁著榮景還在持續之時，盡可能將當地的橡膠全部榨取出來。開賽河流域的橡膠蒐集比其他地區稍晚，但卻是剛果最大的橡膠產地。此時有個人突然又在此地出現，以開賽公司總督察員的身分來這裡查訪數月，我們上一次提到這個人，他就是在這裡發跡的，猜猜是誰？答案：人頭蒐集者羅姆。羅姆搖身一變成為剛果特許公司的人員，然而對於退役的公安軍官來說，這是相當常見的事。

在開賽河流域，一向愛好和平的庫巴人群起叛變，反抗蒐集橡膠的恐怖暴行；與非洲南部其他地區失敗的叛變一樣，老一輩相信藉由某種儀式可以將白人的子彈變成水，在這種迷信的激勵下，庫巴人於是鋌而走險。起義軍燒掉了貿易站與傳教站，但白人的子彈並未變成水，結果大約有一百八十名庫巴人被殺。[25]《開賽先驅報》（*Kassai Herald*）是美國長老教會專為美國國內信眾出版的年度時事通訊，謝波德在裡面提到庫巴人的傷亡數字。比較特別的是，謝波德首先讚揚庫巴人的歷史，他採取了與白人傳教士迥然不同的描述方式：

這些身強體健的男女，他們從古老的時代以來就過著自由的日子，他們開墾農地，種植玉米、豌豆、菸草、馬鈴薯，他們獵捕大象來取得象牙，獵捕豹子來取得豹皮，他們擁有自己的國王而且建立了不可小覷的政府，在每個城鎮都有維持法律的官員，這個偉大的民族，總數約有四十萬人，他們的部族歷史已進入新的篇章。幾年前，來到這個國家的旅人，發現他們居住在大房子裡，每間房子都有一到四個房間，與自己的妻兒幸福地生活著，他們是非洲最繁榮與最聰明的部族……

然而過去這三年間，一切都變了！他們的農田長滿了雜草，甚至成了叢林，他們的國王實際上已淪為奴隸，他們的房子現在大多是蓋得很簡陋的單間房，而且疏於打理。城鎮的街道髒亂不堪，無人打掃，與過去完全不同。就連他們的孩子也只能哭著要麵包吃。

為什麼會有這麼大的改變？只需要幾句話你就能明白其中的緣故。特許貿易公司的武裝士兵逼迫庫巴族的男女不眠不休前往森林蒐集橡膠，而他們獲得的工錢根本不足以讓他們維持生活。大多數村民完全沒有時間聆聽福音書的故事，也無力救贖自己的靈魂。[26]

謝波德的故事刊登於一九〇八年一月，同月，羅姆剛好結束在開賽河流域六個月的商務旅行返回比利時。不久，羅姆在開賽公司的同事開始威脅、恐嚇謝波德，要求他收回這篇文章，但莫里森與謝波德卻予以拒絕。莫里森寄了一封措詞強硬的信給開賽公司，信中對他們提出更明確的指控，開賽公司員工因此更加憤怒。從法律上看，莫里森與謝波德的處境相當危險，因為他們實際上是在剛果境內發表文章。在英國，莫雷爾重新刊登了謝波德的文章與傳教士寄給他的一張照片。在照片中，受迫勞動的工人被同一條繩子套住了脖子，所有的人都被綑綁在一起。

正當開賽公司仍在抱怨謝波德的文章冒犯了他們的時候，英國駐剛果副領事塞西格（Wilfred Thesiger）花了三個月的時間親自造訪開賽河流域，準備撰寫一份有關當地狀況的報告。緊繃的剛果官員密切注意塞西格的一舉一動，他們依然記得四年前凱斯門特報告在國際上掀起的驚濤駭浪。令剛果當局沮喪的是，塞西格不僅與正在傳教的美國長老教會牧師一同出入，還搭乘他們的汽船「拉普斯利號」（*Lapsley*）。謝波德通曉當地語言且熟悉開賽河流域，因此由他擔任嚮導帶領塞西格造訪三十一個庫巴人村落。謝波德與塞西格離開後，起疑的哨站站長立刻拷問曾跟兩人說過話的村民，他語帶不安地向上級回報說，「謝波德指著領事說道，『你們看到這個白人了吧，他回歐洲之後，會把你們告訴他的事如實向國家官員呈報，因為他是非常有權力的人。』在巴庫巴村，〔塞西格〕……接受謝波德的建議，提出了各種問題。」[27]不久，塞西格即向英國國會提出報告，痛陳開賽河流域發生的饑荒與野蠻暴行。其中一個段落描述庫巴人的家園成為廢墟與庫巴人淪為橡膠奴隸的情況，完全呼應了先前謝波德的說法。開賽公司的股價應聲重挫。開賽公司人員與剛果官員在氣憤之下，把一切都歸咎於謝波德。

開賽公司在法律上無法懲罰長老教會協助塞西格，但他們卻能懲罰長老教會出版謝波德在一九〇八年寫的文章。一九〇九年二月，開賽公司提告寫文章的謝波德與出版文章的莫里森誹謗，並且要求八萬法郎的損害賠償。[28]謝波德與莫里森堅信自己是對的，他們表示，如果法官判他們有罪，他們「寧可坐牢也不願繳納罰金」（莫里森在家書裡如此寫道）。[29]在剛果以外地區，支持者紛紛為他們發聲。柯南．道爾爵士寫道（完全忽略還有一名黑人被告謝波德），「被告席上的莫里森，他的神采比巴托爾迪（Bartholdi）設計的紐約港自由女神像更為優雅。」[30]在華府，這件事引起內閣會議的討論。美國駐布魯塞爾公使知會比利時政府，美國「極為關切」這場審判，而且「絕不會袖手旁觀」，公使也建議美國政府根據審判結果來決定是否承認剛果是比利時的殖民地。[31]

審判在利奧波德維爾舉行，利奧波德維爾位於開賽河與剛果河下游，離長老教會的傳教站大約有六百英里。在審判前，莫里森與謝波德拍了一張合照，兩人站在棕櫚樹下，每人身旁各站了十幾名庫巴人，他們來法庭是為了作證，為莫里森與謝波德辯護。庫巴人赤裸著上半身。在白人莫里森那張生滿鬍子的臉上，是一副聽天由命的神情，彷彿已準備好迎接另一場試煉來成就自己聖人般的人生，並且深信自己在此世受的苦難，未來必將在天堂獲得回報。他戴著黑色帽子，穿著黑色西裝，鞋子磨損得很厲害。黑人謝波德則剛好相反，他穿著白色西裝，戴著白色帽子。他的鞋子擦得閃亮；他挺起胸膛，比所有人都高一個頭，看起來樂在其中。謝波德看著庫巴人，眼神中帶有驕傲與關愛，彷彿他們是他的年幼親人。

法院原定在開賽河的乾季開庭，傳教士認為這項安排是刻意的。由於運送兩名被告與庫巴證人的汽船遭遇水位過低問題，船長拒絕繼續前進。法院因此重新訂定開庭日期。

莫雷爾發電報給他的朋友兼盟友：比利時社會主義者領袖凡德維爾德，希望他推薦一位「誠實年輕的比利時律師」給這兩名傳教士。[32] 凡德維爾德是歐洲民主社會主義的領導人物，他同時也是個律師。讓眾人意外的是，凡德維爾德宣布他將無償為兩人辯護。審判因此再度延後，好讓凡德維爾德能前往剛果出庭。當凡德維爾德準備離開比利時之際，有人批評他大老遠前往非洲只是為了替兩個「外國人」辯護。或許，這些人嘴巴上未明說的是，這兩個外國人當中有一個是黑人。

凡德維爾德回答，「在正義的法庭上，沒有人是異邦人。」[33]

一向反對教會干預世俗事務的凡德維爾德，是第二國際（Second International）主席，也是當時所有左翼重要人物的朋友或舊識，他剛抵達剛果，就發現自己要住在傳教站，搭乘傳教士的汽船巡遊史坦利潭，而且汽船上還掛著美國國旗。他興味盎然地看著傳教士施行將人完全浸入水中的受洗儀式，以及他們如何祈禱能夠得到一個有利的判決結果。[34]

終於，審判開始了，地點在利奧波德維爾一間磚木混建的法庭裡，法庭的窗戶開啟，讓微風也能吹進室內。法院技巧性地放棄對莫里森提告，而只對謝波德提出控訴。在這個邊疆哨站，除了四周零星點綴著芒果樹、棕櫚樹與猴麵包樹，有的只剩被強迫勞動的工班、軍營與歐洲人每週日練習射擊的靶場，因此審判的舉行必然成為利奧波德維爾最盛大的一場節目。法庭裡擠進了超過三十名外國新教傳教士聲援被告。他們與其他支持謝波德的人士坐在法庭的一邊；另一邊則坐著天主教傳教士、剛果官員與開賽公司的支持者。無法擠進法庭的旁聽民眾只能站在敞開的大門與窗戶外面觀看。開賽公司人員穿著白色西裝，戴著白色遮陽頭盔；謝波德穿了一件深色外套，胸口的口袋塞了手帕，看起來帥氣瀟灑。

法官搖鈴，宣布審判開始，開賽公司的律師發言，凡德維爾德也起身進行這場對他而言大異尋常的訴訟。凡德維爾德對法官說，謝波德「並非為英國或美國說話，而是為開賽河流域的人發聲……他之所以揭露與他一起生活的原住民的慘狀，完全是基於人道主義」。[35]莫里森在報告裡提到，凡德維爾德「做了非常精采的辯護。他口才辨給，邏輯無懈可擊，在辛辣諷刺對方的同時，又能哀求法官不僅要給予我們傳教士公道，更應該給予原住民正義。法庭裡的人，都深深被他的話打動，足足兩個鐘頭的時間，他們屏氣凝神，靜靜凝聽」。[36]被告謝波德也深受感動，他寫道，「這場審判是整個剛果的心聲」，旁聽者「也禁不住頻頻拿起手帕拭淚」。根據謝波德的說法，就連天主教教士——通常是剛果政府的堅定盟友——也淚流滿面，其中一名教士甚至在凡德維爾德陳詞完畢後前來祝賀。「據說在剛果從未有過如此動人的演說」。[37]

這場審判使謝波德在自己的故鄉聲名大噪。《波士頓先驅報》(*Boston Herald*)以斗大的頭條「剛果的美國黑人英雄」與「率先將剛果虐待暴行公諸於世」進行報導：「謝波德博士不僅昂然挺立於眾國王面前，甚至毫無畏懼地對抗他們。為了在非洲人的土地上拯救自己的種族，這名奴隸之子……勇於反抗利奧波德的一切權力。」[38]

終結辯論之後，法官宣布他將在兩個星期之後裁決。然而，最終決定結果的是政治，而非凡德維爾德的雄辯，也非傳教士們的祈禱。美國總領事與副領事在法庭中出現，目的是提醒比利時，如果謝波德被判有罪，那麼比利時很可能要面臨一連串的難題。同樣的，法官知道如果自己判決謝波德對開賽公司的指控屬實，那麼他在剛果將難以立足。為了兩邊都不得罪，法官巧妙運用了事實，他認定謝波德的文章並未明確點名是開賽公司所為，而是抨擊「幾家剛果特許貿易公司的武裝哨兵」(然而在開賽河流域只有一家特許公司，就是開賽公司)。因此，相當出人意料的，法官宣判「被告謝波德並未意圖誹謗開賽公司……文章並未指涉也不可能指涉開賽公司」。[39] 最後，謝波德獲判無罪，但法院也認為開賽公司並無任何犯罪事實。儘管如此，開賽公司仍需支付訴訟費。

在開賽河上游，莫里森與謝波德的妻子知道自己的丈夫誓言一旦敗訴，他們將不會繳納賠償金，而是寧可坐牢。如果莫里森與謝波德未搭乘長老教會的汽船從利奧波德維爾返回，就表示他們輸了這場官司。當人們在傳教站憂心等待時，這些非裔美國人與白種美國人之間似乎產生了在美國國內無法想像的溫情與同志情誼。謝波德太太寫道，「莫里森太太與我焦急地等待丈夫歸來。當拉普斯利號駛近時，數百名基督徒開始唱起讚美詩並揮手開心呼喊。那是輝煌的時刻，也是感恩的時刻。」[40]

* * *

回到歐洲，對利奧波德來說，並沒有值得感恩的事。一九〇九年十二月，離謝波德案審判結束還不到兩個月，七十四歲的國王染上重病，醫師診斷是得了「腸阻塞」，但很可能是癌症的委婉說法。由於拉肯城堡持續進行整修，加上原有房間裡堆滿建築圖紙，國王在城堡內無法好好休養，只好搬到另一棟附屬建築物居住。這棟建築物是棕櫚樹館，剛好位於幾座巨大的溫室之間。卡洛琳與她和利奧波德生下的兩個兒子趕到利奧波德的身邊，由利奧波德的私人神父倉促為他們舉行婚禮。利奧波德現在既然已經藉由婚禮與教會達成和解，接下來也就可以安心接受自己的臨終儀式。儘管如此，一直陪在利奧波德身旁的卡洛琳，每當有訪客前來探望國王，仍不得不暫時迴避。

過去被利奧波德拒於門外的女兒露易絲與史蒂芬妮，此時回到了布魯塞爾，她們希望與父親和解，好讓自己在父親的遺囑中得到較好的安排。但臨終的利奧波德依然頑固，拒絕接見自己的女兒。蒂里亞爾博士（Dr. Jules Thiriar）除了擔任御醫，過去也曾充當利奧波德的人頭戶在幾家剛果公司擔任假股東，他要求利奧波德必須動手術，然而手術並不成功。國會此時剛通過一項利奧波德支持的義務兵役法案，當國王結束手術從麻醉中恢復之後，便立即用顫抖的手在法案上簽字。次日，國王的精神似乎變得很好，他要求拿來當天的報紙，而且下令打包行李，準備動身前往蔚藍海岸。幾個小時後，國王去世。正當眾多官員徬徨猶疑之際，一名官員引領著哭泣的卡洛琳從國王的病榻旁離開。

如果卡洛琳的說法是真的，那麼利奧波德在舉行祕密婚禮之後，就立刻找來了戈菲內男爵（Baron Auguste Goffinet），戈菲內男爵曾擔任利奧波德的侍從官三十餘年，是他最親信的屬下，戈菲內男爵還有個雙胞胎兄弟，兩人同樣身材肥胖、蓄鬍而且有輕微的鬥雞眼。利奧波德告訴戈菲內男爵，「我把我的遺孀交給你。我死之後，她會在比利時停留幾天，這段期間，請你好好保護她。」[41]國王的確可能交代類似的遺言，因為他知道自己的三個女兒與比利時民眾痛恨卡洛琳——如果他們發現卡洛琳除了自己給她的六百萬法郎，又在自己臨終前獲贈大筆的剛果證券，那麼他們絕對不會放過她。

露易絲公主的律師團緊追這筆證券，而當卡洛琳前往她位於布魯塞爾的別墅時，發現別墅的大門已經深鎖而且有人把守，窗戶也被木板封上。利奧波德贈與她的法國城堡也發生同樣的事。不過，卡洛琳獲得忠於利奧波德的人士協助，他們在千鈞一髮之際取走了利奧波德辦公桌裡的文件，使卡洛琳得以從巴黎脫身並且拿到一大筆錢。

這件事過後不到一年，卡洛琳再婚了——她的丈夫不是別人，正是前法國軍官杜里厄，她原本的男朋友兼皮條客。至於卡洛琳只需分一點財富給杜里厄，杜里厄就能成為歷史上事業最成功的皮條客。至於卡洛琳與利奧波德生下的兩個兒子，其中一個在利奧波德死後沒幾年也跟著過世。另一個兒子則靠著從剛果橡膠奴隸身上榨取來的資本度過了漫長而平靜的一生，最後於一九八四年去世。利奧波德的後代中最有趣的或許是他的外孫女伊莉莎白，她是史蒂芬妮與奧匈帝國皇儲魯道夫唯一的孩子。伊莉莎白嫁給一名社會主義政治人物，因此被稱為「紅色女大公」。

利奧波德去世，幾乎沒有任何民眾表示哀悼。比利時人民更喜歡利奧波德的姪子與繼承者阿爾貝一世，他謙恭有禮、討人喜歡，而且毫不避諱地與妻子秀恩愛，這在歐洲王室是非常罕見的。至於比利時以外的世界，由於莫雷爾與盟友的努力，現在世人在提到利奧波德時，不會有人想到令他引以為傲的紀念碑與建築物，而是被砍斷的手。美國詩人林賽（Vachel Lindsay）激動地寫道：

聆聽利奧波德鬼魂的哀號，
他因為斷手的主人而在地獄中被焚燒。
聆聽惡魔咯咯的笑聲與叫喊，
在地獄的深處砍下他的手。[42]

然而，關於利奧波德與他的功過是非，各式各樣的爭論才正要開始。

* * *

這場爭論一開始的主要人物是凱斯門特，他的人生此時正面臨新的轉折。當凱斯門特發表報告時，他接受報紙的訪談，成為倫敦文學界爭相款待的對象，英國國王頒授勳章給他，比利時國王百般攻擊他，莫雷爾與改革運動挺身捍衛他，最終利奧波德的調查委員會證明他的報告完全真實無誤。

但凱斯門特仍需賺錢維持生活。一九〇六年，凱斯門特再次前往一處偏遠哨站擔任英國領事，這次是在巴西的桑托斯（Santos），該地的英國領事館位於咖啡倉庫裡，而且只是一間粉刷成全白、裡面空無一物的房間。凱斯門特在舉辦典禮的場合穿著軍禮服（白色手套，領口與袖口鑲著金色穗帶，腰間佩著劍，戴著鑲有花結的軍帽），但平日的例行工作卻無聊沉悶。凱斯門特日後不滿地總結他的領事生涯，「桑托斯的前任領事立了一張高達天花板的鐵絲網，防止……沮喪的英國人朝他丟東西……在德拉戈灣（Delagoa Bay，位於莫三比克）時，我沒有錢聘請祕書或職員，因此足足有兩年的時間，我必須整天坐鎮辦公室，敞開大門，讓每個人隨意進出。辦公室裡所有的雜務，完全由我一手打理……有一些名女人會來我的辦公室，要求我幫她們付計程車錢。曾有民眾請我幫忙辦理離婚手續，也曾有民眾因為我拒絕辦理而大聲責罵。有一次，在德拉戈灣，一名女性來到我的辦公室，結果她在辦公室沙發上昏倒了，這名女性就這樣在領事館裡賴了一個星期。」[43]

凱斯門特除了忙著為喝酒鬧事的船員交保或履行領事的職務，空閒時他也為自己的家鄉愛爾蘭貢獻心力。放假返鄉期間，凱斯門特與一些運動人士見面，這些人致力於復興蓋爾語（Gaelic）這種「可愛而輝煌的語言」與探尋愛爾蘭文化的根源。[44]凱斯門特曾拜訪運動組織設立於克洛格尼利（Cloghaneely）的語言學校，並且在那裡拍攝了照片。照片中的他，雙臂緊抱著腹部，彷彿在抑制焦慮，他與一群身著長版維多利亞式晨禮服與背心、神情肅穆的蓋爾語同盟（Gaelic League）成員並肩而坐，高大的身軀顯得格格不入。

凱斯門特在給朋友的信上寫道，「在人跡罕至的剛果森林裡，我不僅認識了利奧波德，也認識了自己，一個徹頭徹尾的愛爾蘭人。」[45]他在給另一個朋友的信上寫道，「我想，大概因為我是愛爾蘭人，所以我才能『充分』瞭解在剛果運作的一整套暴行。」[46]凱斯門特發覺愛爾蘭就像剛果一樣是個殖民地，而且兩者本質上都存在著不正義，那就是殖民征服者對殖民地的巧取豪奪。「我領悟到，自己的種族也曾遭到獵捕，因此我對〔剛果的〕悲劇感同身受。」[47]

話雖如此，但「種族也曾遭到獵捕」的難道只有愛爾蘭人？身為一名同性戀者，身處於一個對同性戀毫不寬容的時代，凱斯門特成年之後肯定感覺到自己每天都遭到獵捕。公開支持同性戀實在過於危險，凱斯門特不敢以身犯險，但支持愛爾蘭民族主義卻是可能的，而凱斯門特也熱情地投入其中。雖然凱斯門特始終未能精通蓋爾語，但他有時會用蓋爾語將自己的姓名拚寫成「Ruari MacASmund」，寫信時偶爾也會嘗試使用蓋爾語。凱斯門特前往巴西赴任途中，他的行李箱裝滿了愛爾蘭的書籍，他在給朋友的信上寫著，「記住，我的地址是大不列顛與『愛爾蘭』駐桑托斯領事館——不是英國領事館!!」[48]凱斯門特也將這個地址印製在領事館的信紙上來凸顯愛爾蘭的地位。他從巴西寫信回國時提到，「告訴我剛果與愛爾蘭的消息，其他就不用提了。」[49]

有一回，在返國途中，凱斯門特的船停靠在里約熱內盧。英國副領事日後回憶說，「凱斯門特上岸，我們聊了一會兒，然後準備回船吃午餐。當我們搭乘小船返回客輪途中，心懷不軌的巴西船夫突然放下了槳，這是他們慣用的伎倆，想要脅我們支付比原先約定更高的價格。然而當時凱斯門特正長篇大論地大談愛爾蘭自治（Irish Home Rule）的話題，沒有任何事能阻止他滔滔不絕地說下去。船夫對著凱斯門特吼叫，想讓他閉嘴，但徒勞無功。最後，船夫一臉嫌惡地放棄，我們也得以繼續前進，此時的凱斯門特仍渾然不知地高談闊論。」[50]

凱斯門特為人慷慨（他多年接濟一個遊手好閒的哥哥），經常入不敷出，儘管如此，他還是想方設法從薪水裡擠出了超過八十五英鎊的金額給「一九〇七年愛爾蘭捐款運動」。凱斯門特愈來愈傾向從殖民者與被殖民者的角度來看待這個世界。凱斯門特在信中經常流露出不安，因為他為英國這個世界上最大的殖民者工作，他還委婉指責自己的朋友莫雷爾，認為他不該相信英國在道德上比其他殖民國家來得優越：「我不認為英國政府有你說的那麼好……我親愛的鬥牛犬，你是極少數不瞭解民族特質的人——正因為這一點，我才喜歡你這個人。每當我想到約翰牛（John Bull，按：英國的綽號）對愛爾蘭所做的一切，我的眼淚幾乎要奪眶而出，因為迄今我仍必須服務而非反抗這個政府……你認為英國與美國是兩個偉大的人道主義國家，我不同意你的說法……英國與美國一開始是物質主義國家，它們成為人道主義國家是一個世紀以後才有的事。」[51]

莫雷爾勸告凱斯門特不要太早放棄領事這份工作，以免失去領取退休金的權利。莫雷爾知道凱斯門特感到挫折，但他很明智地看出，凱斯門特的挫折感有部分源自他自身的性格，而非工作本身。莫雷爾曾寫信告訴凱斯門特，「你的事，旁人很難幫得上忙。首先，你非常自傲，這一點我是佩服的。但另外，恕我直言，有時候別人不太容易搞清楚到底要怎麼做才能真正如你所願。」[52]

莫雷爾擔心凱斯門特的退休金，同樣的，凱斯門特也擔心莫雷爾的生計。凱斯門特知道莫雷爾把所有的心力都投入於剛果，並未留下餘錢來保障自己的老年生活。在休假返回倫敦期間，凱斯門特開始為莫雷爾募款，他自己就出了五十英鎊。凱斯門特在給貴格會巧克力製造商吉百利的信上寫道，「我希望我們可以募到一萬到一萬五千英鎊，然後以莫雷爾妻兒的名義進行投資，如此才能永遠挪走壓在他心頭上的憂心與恐懼，而他也才能毫無後顧之憂地為非洲或其他需要他這種無懼之人幫助的地方謀取更大的福利與做出更大的貢獻。」[53]為此，凱斯門特寫了大量的信件給其他的剛果改革支持者，並且不辭勞苦地親自拜訪這些人。雖然最後他未能達成自己的募款目標，但他仍成功募得幾千英鎊。募款是從事政治運動的核心事務，而凱斯門特相當擅長這件事，莫雷爾更是如此。

突然間，某個事件的發生，使凱斯門特有機會重演他著名的剛果調查之旅，不同的是，這起事件發生的地點是在另一個大陸上。英國政府收到的報告提到，在遙遠的亞馬遜河支流普圖馬約河（Putumayo）流域，祕魯亞馬遜橡膠公司（Peruvian Amazon Rubber Company）人員對印第安人犯下了野蠻暴行。英國人道主義者、工會與教會團體要求英國政府採取行動。祕魯亞馬遜橡膠公司成立的地點是在倫敦，而公司一些遭受虐待的工人是英國臣民，他們是來自巴貝多的契約工人。英國外交部於是派凱斯門特到當地調查。

對凱斯門特來說，普圖馬約河猶如剛果河的翻版：同樣必須搭乘擁擠的汽船，經過漫長而沉悶的旅程，前往蚊蠅叢生的雨林，而歐洲對於天然橡膠難以饜足的追求，也在當地建立起相同的奴工體系，同樣造成了槍決、枷鎖、砍頭、肢解與綁架等暴行。凱斯門特實際秤了印第安人搬運的橡膠重量，而且親自參與搬運。凱斯門特也丈量了執行鞭刑時用來固定受刑者的刑枷，當地的鞭子是用貘的皮製成，與剛果的席科特十分類似。

為了向外交部呈報，凱斯門特知道所有的描述必須精確而且要有充分的證據支持。但同時間，凱斯門特在撰寫其他文章時，卻顯示出他對受壓迫者的浪漫想像。他覺得愛爾蘭人是「白種印第安人」；赤貧的高威（Galway）是「愛爾蘭的普圖馬約河流域」。[54]在一篇投稿到雜誌的文章裡，凱斯門特認為，普圖馬約河的印第安人比他們的白種主人更有道德情操；印第安人的「性情、習性，可能還有遺留在他們身上對印加與前印加時代戒律的悠久記憶，使他們成為社會主義者」。[55]（那些被印加軍隊消滅的弱小民族，恐怕不會認為印加人如此善良。）

儘管凱斯門特內心縈繞著自己想像的高貴野蠻人神話，但他還是按部就班做好自己的工作。跟在剛果時一樣，凱斯門特不滿足於只完成外交部指派的工作；他寫了大量的信件給具有影響力的人士、募款以及向同情奴工的國會議員提出厚厚的一疊問題。凱斯門特在普圖馬約河工作期間，接到了一則令他吃驚的消息：在外交大臣推薦下，他將受封為爵士。他掙扎了好幾天，考慮是否該拒絕這項榮譽，他向朋友解釋說，他覺得「除非愛爾蘭已經過著安全而幸福的日子，否則任何愛爾蘭人都沒有權利接受榮譽」。[56]最終，凱斯門特還是接受了，但是當封爵的日子即將來臨時——他必須跪在英國國王面前——他卻以生病為由缺席典禮。

在普圖馬約河流域時，就跟在剛果一樣，凱斯門特的生活完全被工作塞滿，他沒有時間想別的事。然而，在往返南美洲的漫長旅途中，凱斯門特的日記又再度充滿幽會的紀錄。在船側：「船長的服務員，十九歲的印度少年，有一張寬臉。」[57]在巴西的帕拉（Pará）：「我該去見約翰嗎？親愛的老靈魂！我要早點起床……到墓園裡，看！約翰來了，開心得整張臉都脹紅了。」[58]凱斯門特似乎愈來愈無所忌憚。再度經過帕拉：「晚上八點晚餐，然後到墓園去見朋友……警察從墓園柵欄後方經過——但他只是大笑……十元。」[59]雖然還沒被發現，但定時炸彈的引信已開始燃燒。

＊＊＊

利奧波德國王去世一年後，一九一〇年某日晚間，倫敦的戲迷前去觀看一齣新戲，這是根據福爾摩斯《花斑帶探案》（*The Speckled Band*）改編的一齣劇作。人們進到劇院之後，紛紛留意到觀眾席裡坐著三名結伴而來的男子：著名記者莫雷爾，他的臉上留著他的招牌八字鬍；一臉黑鬍子的凱斯門特爵士，從普圖馬約河流域回來的他，皮膚變得十分黝黑；福爾摩斯的創造者，柯南．道爾爵士，是他邀請莫雷爾與凱斯門特前來觀看這齣戲。

柯南．道爾是莫雷爾剛果改革運動最重要的生力軍。從比利時接管剛果與利奧波德去世以來，在這一年間，莫雷爾推動剛果改革的行動變得更加困難，此時柯南．道爾的加入自然獲得莫雷爾的熱情歡迎。利奧波德的死，使得莫雷爾的改革運動失去共同敵人，也使改革運動遭逢最大的瓶頸。人們總是傾向於相信，壞的制度是由某個壞人造成。莫雷爾從不相信這種說法，但他擔心自己的支持者接受這套說詞。對於剛果改革者來說，將利奧波德妖魔化是個兩面刃。隨著國王去世，改革運動很容易陷入停頓，因此柯南．道爾這個具影響力人物的加入，可說來的十分及時。

一九〇九年，柯南．道爾與莫雷爾一同向群眾發表演說：在愛丁堡有二千八百名聽眾，在普利茅斯（Plymouth）有三千名聽眾，在利物浦有五千名聽眾。柯南．道爾不僅為莫雷爾的新書寫序，自己也根據莫雷爾的大量資料撰寫了新書《剛果的罪行》（*The Crime of the Congo*）。《剛果的罪行》出版後第一個星期就賣出二萬五千本，而且馬上被翻譯成七種語言。柯南．道爾雖然才剛加入剛果改革運動，但他的熱情投入，使他成為歐洲少有的攻擊火力甚至勝過莫雷爾的改革人士。他認為剛果的剝削是「人類歷史上最嚴重的罪行」。[60]

莫雷爾認為比利時接管剛果只是「部分勝利」。[61]他知道利奧波德建立的體制不會那麼快崩解，因為這個體制可以取得的獲利實在太豐厚。在利奧波德時代擔任地區專員與哨站站長的人，現在依然在原來的單位任職，差別只在於發薪水的人換成了比利時政府。公安軍甚至連名字都保留下來。新任比利時殖民地大臣之前曾在剛果的一家特許公司工作，而這家公司曾在剛果東部強制徵用數千名工人鋪設鐵路。比利時參議院委員會主席批准了新殖民地預算──莫雷爾指出，該預算「提高」了非洲人的「實物稅」──而這名主席正是惡名昭彰的英比印度橡膠公司的股東。只要橡膠有利可圖，白人就會繼續利用槍炮與「席科特」迫使黑人採集橡膠。在莫雷爾指導下，柯南．道爾寫了許多信給英國各家報社主編，「只要在剛果改革報告中依然出現像『成年原住民被迫工作』這樣的句子，就表示剛果並不存在真正的改革。」[62]

莫雷爾此時把重點放在說服英國外交部，希望能要求比利時政府廢除利奧波德留下的種種令人痛恨的「制度」，包括強制勞動與沒收農產品。剛果改革協會播放幻燈片時的最後一張照片是一艘英國軍艦──莫雷爾希望藉此敦促英國政府派軍艦前往博馬，對剛果河進行封鎖。外交大臣格雷爵士拒絕莫雷爾的提議，僅願意透過保留英國政府對比屬剛果的承認來對比利時政府施壓。莫雷爾投入前所未有的精力進行組織，他不僅寫了另一本書，還源源不斷地發表小冊子與文章，並且在剛果改革協會的刊物上針對這個問題持續發表意見。他在皇家阿爾伯特音樂廳（Royal Albert Hall）舉辦了一場抗議剛果暴行集會，人潮擠爆到最高層的包廂，到場聲援者包括二十名主教與一百四十名國會議員。

剛果似乎即將出現變化。比利時新王阿爾貝一世在登基前曾親自造訪剛果，他看到了斷手的民眾，阿爾貝對外表示，他認為強制勞動是一樁醜聞並主張應做出重大改革。（遺憾的是，阿爾貝晚年逐漸喪失了年輕時期的理想。）莫雷爾感到高興，但這樣的消息也讓他的支持者更難燃起熱情。到了一九一〇年，美國剛果改革協會已經無以為繼。莫雷爾與數百名人士通信，他曾對其中一名通信者說道，「美國人……恆心不足。」[63]

莫雷爾堅定地要求支持者必須關注土地所有權的問題，他認為這個問題遠比利奧波德的惡行來得重要，卻不像後者那麼具有戲劇性。莫雷爾長久以來一直相信，「除非剛果原住民再度成為土地的主人，擁有土地生產的農產品……否則邪惡永遠不可能根除。」[64]

雖然莫雷爾沒這個意思，但他持續為非洲土地所有權發言，卻讓許多人覺得，特別是外交部人員，這項主張不僅對比利時人構成威脅，也對英國在非洲的統治帶來困擾。外交大臣向莫雷爾的支持者克羅默勳爵（Lord Cromer）表示，「原住民問題不像莫雷爾想的那麼簡單。我們不認為，在我們的殖民地裡，所有的土地與土地生產的農產品屬於原住民所有。」[65]然而莫雷爾相信剛果的土地「確實」屬於非洲人所有，這使得他的想法遠比所有與他共事的人來得激進。再一次，為正義發聲的莫雷爾與忠於英國的莫雷爾，兩者之間出現了無聲的拉扯。而莫雷爾最近結盟的名人柯南・道爾也曾經擔任過男孩帝國同盟（Boys’ Empire League）的主席。從莫雷爾在這個時期的著作可以看出，他對剛果的投入，改變且深化了他對非洲的看法。一九〇九年，莫雷爾寫下中肯的警告——他的看法不僅領先自己同代人數十年，也迥異於當時他周遭瀰漫的過度樂觀氛圍——他認為英國新成立的獨立國家南非聯邦（Union of South Africa），其立法機構完全由白人組成，此舉「不僅將對南非，也將對整個黑人非洲的總體命運產生深遠的影響」。[66]

儘管如此，莫雷爾並不認為前途渺茫。一九〇九年秋，比利時殖民地大臣宣布推動重大改革，決定以三年的時間分階段完成。莫雷爾強烈抗議，他認為過渡時期太長。但這段期間，與莫雷爾通信的傳教士卻在書信中抱持希望。英國領事的調查之旅，也同樣帶來令人鼓舞的消息。橡膠工人遭受虐待的通報數量已逐漸減少為零星事件。一九一二年，哈里斯夫婦——他們現在主持一個由反奴隸制協會與原住民保護協會合併的新團體——在結束剛果之旅後表示，剛果的狀況已「大為改善」。[67]

莫雷爾必須與時間進行雙重賽跑：一個是對抗英國不可避免將承認剛果是比利時的殖民地，而這件事最終於一九一三年實現；另一個是對抗支持者的熱情消褪。就連凱斯門特也覺得「海盜的據點即將瓦解」，並且催促莫雷爾宣布戰爭結束。[68]儘管在私人信件中仍透露些許懷疑，但莫雷爾還是決定對外宣布這場運動獲得勝利。「我不想過於樂觀地看待當前的狀況。剛果的傷口需要好幾代的時間才能癒合。但……暴行已經消失……歲入不再由強制勞動或奴工提供。橡膠稅已經廢除。原住民可以自由收穫土地上的農產品……負責任的政府已經取代不負責任的專制君主。」[69]但莫雷爾承認，有一項主要目標並未實現，那就是非洲人的土地所有權。

一九一三年六月十六日，剛果改革協會在倫敦西敏寺飯店舉行最後一次會議。英國許多重要的運動支持者最後一次齊聚一堂：哈里斯夫婦、坎特伯里大主教、探險家、傳教士、主編、國會議員、凱斯門特爵士、吉百利、霍爾特、凡德維爾德、米勒與作家高爾斯華綏（John Galsworthy）發電報表示支持，他們的信件也在會議中宣讀。莫雷爾一手建立的組織，在這將近十年的時間裡，持續攪動著幾個國家的政治水域，而當這個組織正式畫下句點之時，莫雷爾也才三十九歲。

接連幾名優秀的講者讚揚莫雷爾的成就。莫雷爾不太願意分享榮耀，但在這個場合，他卻把最大的榮譽給了另一個人：「聽到大家的說法，我眼前浮現一個景象。就在十年前的六月，一艘小汽船在汪洋中駛向剛果，甲板上有一個人，這個人在座各位都認識；這個人有著高尚而慈悲的胸懷……他就是凱斯門特。」[70]這場會議標誌著二十世紀第一個重要國際人權運動的結束。莫雷爾向與會者表示：「我們為人類正義付出了努力，而正義不能也永遠不會消逝。」[71]莫雷爾的話是否真切，還需要一個世代的時間來證明。

第十八章 勝利了？

無論在非洲還是歐洲，利奧波德的死都標誌著一個時代的落幕。許多比利時人鬆了一口氣；他們終於可以從各種羞赧的事件中解脫，包括利奧波德的年輕情婦、他與自己女兒們不得體的爭吵，以及他赤裸裸的貪婪。然而人們很快就發現，利奧波德的鬼魂沒有那麼容易就煙消雲散。國王在臨終時手中仍握有歐洲最龐大的一筆財富，而他希望連同這筆財富一起帶走。就某種意義來說，利奧波德成功了。

人們後來得知，利奧波德在去世前不久曾祕密下令在德國成立基金會，他把價值二千五百萬法郎的繪畫、銀器、水晶、珠寶、家具等貴重物品移轉到基金會名下，後來還加上二千萬法郎的證券。根據章程，基金會一部分收入用於再投資，其餘部分則投入——「根據基金會創立者留下的指示」——利奧波德喜愛的宏偉與浮誇的計畫：宮殿、紀念碑與公共建築物。利奧波德擔心見識淺薄的比利時政府未來不會繼續挹注資金給這類計畫，而且利奧波德也一如既往，處心積慮不讓自己的財富落入三個女兒手中。利奧波德晚年時，據說一名前內閣大臣提到，「國王有兩個夢想，一個是希望自己死時能擁有億萬財富，另一個是不想讓女兒繼承自己的財產。」[1]

德國基金會不是利奧波德用來隱匿財產的唯一地方。國王忠實的侍從官戈菲內男爵為國王在比利時購置了五十八處不動產，但名義上是屬於另一間神祕公司。第三間影子公司是蔚藍海岸住宅與花園不動產公司（Residential and Garden Real Estate Corporation of the Côte d'Azur），該公司擁有利奧波德在蔚藍海岸所有的昂貴房地產。這些別墅中，有些被指明為未來比利時國王的永久性度假別墅；有些則屬於一座大型療養度假中心，[2]內有公園、花園、運動設施與獨棟寓所，專供在剛果任職的返鄉白人官員免費度假休養之用。此外，這幾個用來隱匿財產的法人團體還持有價值超過二千五百萬法郎的剛果自由邦債券。[3]

比利時政府花了數年的時間努力清除已逝國王的財政泥淖。利奧波德為了隱匿他從剛果取得的財富而在比利時、法國與德國設立各種法人組織，這些法人組織在利奧波德死後原本要進行整頓，卻因為第一次世界大戰爆發而中斷。療養度假中心最終未能興建完成。利奧波德熱心策劃的規模宏大的世界殖民主義學校（World School of Colonialism）也半途而廢，在布魯塞爾郊外仍看得到這個計畫留下的宏偉地基。國王在蔚藍海岸有許多別墅，其中有一棟被毛姆（Somerset Maugham）買下。還有一棟別墅的周邊土地被闢建成動物園，今日這座動物園以黑猩猩的表演節目著稱。

直到一九二三年，也就是利奧波德死後過了十四年，人們才終於撥開他在財務上的最後一個灌木叢。調查人員試圖搞清楚利奧波德已被揭露的財務內容，結果發現他掌握的財富中有一部分其實是他發瘋的妹妹卡洛塔所有，而卡洛塔此時依然健在。利奧波德作為卡洛塔的法定監護人，不告自取了她財產中他覬覦的部分，以非法手段用一些自己持有的剛果債券狸貓換太子。[4]

這位曾經的墨西哥皇后在兄長死後繼續活了很長一段時間。她總是在一個排列著二十多張椅子的房間裡接見訪客。卡洛塔進到房間裡時，會先跟坐在每張椅子上的想像賓客致意，然後再跟訪客談話。幾年過去了，卡洛塔總是把時間花在不斷地更衣與打理頭髮上。然後有一天，據說她看見鏡中的自己，發覺自己已年華老去不再美貌，於是下令把城堡裡的鏡子全都打碎。在她丈夫被處死的四十五年後，一場宴會上，卡洛塔困惑地大喊，「馬克西米連也不在這裡！」比利時極少有人不知道在第一次世界大戰期間，比利時曾被德國占領了四年，而卡洛塔或許就是那極少數人之一。卡洛塔於一九二七年去世，享壽八十六歲，直到最後，精神錯亂的她仍念叨著想像的王國與王朝。[5]

即使到了今日，研究人員仍無法完全確定，利奧波德到底是使用哪裡的隱藏資金來支付他的那些奢侈廢物。研究人員也無法充分回答另一個更大的問題：國王一生中總共從剛果取得多少獲利？[6]為了回答這個問題，研究比屬剛果的著名比利時學者馬夏爾（Jules Marchal）做出了「保守」估計，不包含一些數目較小的或難以追溯來源的資金，利奧波德的獲利總計達到當時的二億二千萬法郎，相當於今日的十一億美元。[7]

利奧波德在財務上的盤根錯節，引發了不少法律糾紛，其中一場訴訟就是他女兒史蒂芬妮與露易絲公主提出的。她們主張，既然祕密基金會與公司的財產是她們父親的財產，那麼現在也應該有一部分屬於她們所有。然而，這些資金最後大部分由比利時政府取得。沒有一個律師主張，這筆錢應該歸還給剛果人。

* * *

從十九世紀初期與中期的廢奴運動，到一九七〇與一九八〇年代全世界針對南非種族隔離政策進行杯葛與禁運，剛果改革協會是這段期間最重要且持續時間最長的人權運動。一九一三年剛果改革協會的最後一次會議，標誌著這場人權運動的結束。然而，剛果改革運動雖然充滿英勇事蹟，卻留下幾個棘手的問題。其中最重要的問題是，這場運動是否真的帶來什麼長久的好處？

許多年來，傳統的回答都是肯定的。凱斯門特與調查委員會的報告公諸於世之後，在某些地區引發新一波的抗爭，使橡膠蒐集活動明顯和緩，儘管是暫時的。之後，莫雷爾與盟友指出，剛果在移轉給比利時之後，暴行的數量確實顯著減少。有一段間接證詞證明了讓剛果擺脫利奧波德的統治有多重要，而這段證詞居然是出自德爾科穆尼（Alexandre Delcommune）之口，德爾科穆尼曾在剛果長期經商與擔任當地的行政官員，他是個無情的橡膠大亨。（康拉德受僱指揮的汽船就是德爾科穆尼公司的汽船。）德爾科穆尼曾經表示，如果利奧波德再多統治十年，「剛果將再也找不到一株橡膠藤，或是再也見不到任何一個原住民。」[8]那麼，這是否表示剛果改革者拯救了數百萬條人命？

若真是如此，這將會是本書理所當然的高潮所在，因為偉大的運動應該得到偉大的結果。莫雷爾的組織動員，威廉斯、謝波德與凱斯門特的親眼見證，沙努與起義軍領袖恩贊蘇、尼亞瑪、坎多洛的犧牲，他們的付出不應該白費。然而，現實總是比較悲傷。

一九〇八年，比利時接管剛果之後，天然橡膠蒐集者遭受虐待的情況確實明顯減少。往後幾年，村落遭到焚毀或婦孺被擄為人質的情況也比較少見。官方也不再准許砍手行為。但促成這些改變的背後原因，並非改革者帶來了比較仁慈與溫和的統治政權，而是出現了別的發展。其中一項是從採集天然橡膠逐漸轉變成栽培人工橡膠。另一項則是引進新方法來強迫民眾工作，這種方法比較不容易引起傳教士與人道主義分子的抗議，那就是徵稅。

比利時行政長官接管剛果之後，認為剛果需要人工栽培的橡膠種植園，因為所有的橡膠如果都要從野生橡膠藤蒐集，那麼非洲人為了達成規定的蒐集額度，一定會將橡膠藤砍伐一空；而當時剛果已有部分地區的橡膠藤變得非常稀少。請回頭看看前面德爾科穆尼說的那句話。現在看來他不僅擔心剛果人會死光，他也同樣擔心天然橡膠會日漸消失。課徵高昂的人頭稅，可以迫使民眾到種植園工作，或者迫使他們採收棉花、棕櫚油與其他農產品——徵稅也是逼迫民眾繼續蒐集天然橡膠的有效手段。此後直到一九二〇年代，白人商人持續向村民購買天然橡膠，而村民賣了橡膠拿到錢之後，才有能力繳納人頭稅。

莫雷爾口中的「體制」，也就是強制勞動，其核心部分依然留存下來，而且擴大適用於所有種類的工作。第一次世界大戰期間，強制勞動變得更加嚴酷。一九一六年，公安軍在擴充兵員之後入侵德屬東非，也就是今日的坦尚尼亞。與其他協約國一樣，比利時也想在戰後分得一部分德國的非洲屬地。大量剛果人被徵召入伍或成為挑夫。一九一六年，根據殖民地官員的統計，剛果東部某個地區有成年男性八萬三五一八人，這些人被徵召擔任挑夫，他們在一九一六年的搬運量達到三百萬個工作日，其中有一三五九人工作到死或病死。[9]饑荒肆虐。一名天主教傳教士在報告中提到，「一個家庭裡，父親到前線打仗，母親為士兵磨麵粉，孩子搬運糧食！」[10]

戰後，剛果的銅、黃金與錫的產量大幅成長。跟過去一樣，所有的獲利都送到剛果以外的地區。礦場管理可以合法使用「席科特」，在韋萊河（Uele River）上游的莫托金礦，紀錄顯示光是一九二〇年上半年執行的鞭刑就打了二萬六五七九下，等於每個全職的非洲工人要被抽八下鞭子。[11]這個時期礦場強制勞動的方式與利奧波德時期沒什麼不同。歷史學家諾斯洛普

（David Northrup）提到，「礦場負責招募的人員會帶著士兵或礦場警衛到每個村子拜訪酋長，先送上禮物，然後要他招募一定名額的男性（通常會要求所需數量的兩倍，因為一般會有一半的人想盡辦法要逃離工作崗位）。酋長會挑選自己最討厭或最害怕的人，或者是最無力反抗的人，然後用繩子套住每個人的脖子，把所有人全綁在一起送往行政哨站。然後這些人會被用鎖鍊拴起來，從行政哨站送往地區總部……酋長每強徵一人就能拿到十法郎。」[12]如果工人逃跑，那麼他的家庭就會有一名成員遭到囚禁——與過去的人質制度如出一轍。

與非洲其他地區一樣，剛果礦場的安全狀況極差：在卡坦加省的銅礦場與冶煉廠，從一九一一到一九一八年總共死了五千名工人。一九二一到一九三一年，曾被大肆宣揚的馬塔迪到利奧波德維爾鐵路重新鋪設，除了轉換成寬軌，部分路線也做了改動，然而為了進行這個計畫而強徵的工人，其死亡人數竟超過一八九〇年代首次鋪設鐵路時的死亡人數。[13]對於剛果各地被強徵到各個企業工作的非洲人來說，經濟大恐慌反而弔詭地讓他們獲得活命的機會。

第二次世界大戰爆發，剛果強制勞動的法定上限增加到每人每年強制勞動一百二十日。廣島與長崎原子彈使用的鈾有超過八成來自守衛森嚴的剛果辛科洛布維礦場。[14]同盟國也想得到更多的橡膠來製造輪胎供數十萬輛軍用卡車、吉普車與戰機使用。有些橡膠出自剛果的新人工栽培橡膠樹種植園。但在村落裡，非洲人被迫再度進入雨林尋找野生橡膠藤，有時一待就是好幾個星期。[15]

＊＊＊

雖然剛果改革者未能終結強制勞動，但有將近十年的時間，剛果改革者成功讓剛果成為世人矚目的焦點。人們如此長期地將憤怒傾洩在如此遙遠的目標，這是相當罕見的事。這也引發另一個與剛果改革運動有關的重要問題，那就是為什麼選擇剛果？

古英格蘭法律規定，目擊謀殺或發現屍體卻不「大聲叫喊」是一種犯罪。然而我們身處於一個到處都是屍體的世界，其中卻只有一部分屍體引起人們的大聲叫喊。不可否認，當剛果的人口損失估計達到一千萬人時，我們確實可以合理認定剛果的遭遇是歐洲瓜分非洲最慘烈的一幕。但我們之所以這樣想，完全是殖民國家在撒哈拉以南非洲獨斷劃定殖民地疆界而產生的印象。如果你重新劃定疆界，舉例來說，把非洲赤道雨林所有盛產天然橡膠的地區全劃進同一個區域裡，那麼遺憾的是，我們會發現，與剛果相鄰的殖民地，其悲慘的狀況完全不下於剛果：利奧波德之所以受到矚目，只是因為他擁有比其他人更廣大的橡膠產區。從利奧波德開始統治剛果的十年間，用來蒐集橡膠的類似強制勞動體制陸續在剛果河以西與以北的法國屬地、葡萄牙屬地安哥拉與鄰近的德國屬地喀麥隆廣泛施行。一位歷史學家提到，喀麥隆的特許公司「宣稱他們深受國王利奧波德二世在剛果自由邦採取的商業『模式』影響，透過這種模式取得的利潤分紅，令證券交易圈豔羨」。[16]

在法國的赤道非洲殖民地，歷史記載最為詳盡，這裡的橡膠產區不像利奧波德治下剛果那麼廣大，但掠奪的方式卻同樣野蠻。[17]幾乎所有可榨取的土地都被特許公司瓜分一空。強制勞動、扣押人質、用鎖鍊拴奴隸、饑餓的挑夫、焚毀的村落、堪比軍事組織的公司「哨兵」制度，還有「席科特」，這些都成為當地的日常。數千名橫渡剛果河逃離利奧波德政權的難民，最後為了逃離法國人的統治又返回剛果。法國盛產橡膠的赤道雨林地區，其人口損失估計與利奧波德治下剛果相仿，大約也是五〇%。[18]與利奧波德的殖民地一樣，法國屬地與德屬喀麥隆也因為橡膠蒐集體制引發長期而嚴重的叛亂，破壞甚鉅。[19]法國學者凱瑟琳・科奎里—維德洛維奇（Catherine Coquéry-Vidrovitch）公布了一張令人不寒而慄的圖表，顯示從一九〇四到一九〇七年，在法屬剛果哨站薩朗加（Salanga），橡膠產量每月的升降幾乎與公司「哨兵」使用的子彈數量多寡完全正相關——在忙碌的月分，每月消耗的子彈將近有四百顆。[20]

在這個時期，法國爆發一樁醜聞，兩名白人男子在法屬剛果犯下一連串可怕的殺人案件而受到審判；為了慶祝法國國慶，其中一人將一根炸藥塞進一名黑人囚犯的直腸裡，然後點燃炸藥。法國政府為了平息騷動，決定仿效利奧波德的做法，於一九〇五年派遣調查委員會前往非洲。著名探險家布拉薩已經退休，此時也被請出來主持調查委員會，法國政府希望曾為法國取得這塊屬地的布拉薩——這塊屬地的首都便是以他之名命名，稱為布拉薩市（Brazzaville）——不會說出任何令法國困窘的事實。

然而，計畫還是變了調。法國政府下令，在布拉薩進行調查期間，必須做一些表面的美化工夫，例如將強制勞工身上的鎖鍊解開，但愈是深入內陸，這項命令就愈無法得到貫徹。布拉薩對於自己看到的一切感到震驚，他開始撰寫報告，準備提出嚴厲的批評，但布拉薩卻在返國途中去世，讓法國政府鬆了一口氣。法國政府為布拉薩舉行隆重的國葬，並且將他安葬於巴黎拉雪茲神父公墓（Père Lachaise cemetery），殖民地大臣在他的墓前宣讀悼詞：「布拉薩並未死去……他的熱情永存……正義與人性的永恆傳統是法國的榮耀……他是這項傳統的典範。」[21]但「正義與人性的永恆傳統」卻不允許將布拉薩草擬的報告對外公布。殖民地部長在國會背書下迅速壓下報告，而這份報告此後再也未曾出現。賺取暴利的特許公司體制仍持續運作，幾乎未做出任何改變。一九二〇年代，法國屬地為了鋪設繞過剛果河大急流區的新鐵路，造成約二萬名強制勞工死亡，這個數量已經遠超過利奧波德在鄰近地區鋪設與重鋪鐵路造成的工人死亡數量。[22]

（法屬剛果的這段歷史，有個耐人尋味的細節。某位人士被發現利用假人戶頭與空殼公司名義，成為法屬剛果五家特許公司的大股東，而且在其中三家持有超過半數的股份，猜猜是誰？[23]正是國王利奧波德二世。比利時政府的調查人員在利奧波德死後清查他的財務狀況，發現利奧波德持有這些公司的股份。比利時政府擔心法國人一旦發現自己屬地的利潤居然流向鄰國國王的口袋，可能會引發法國國內不滿。比利時政府設法封鎖這個消息長達數年時間，直到一九二〇年代才將股份出售。此外，利奧波德也持有德屬喀麥隆數家特許公司龐大的股份。）

如果從被殺死的人數占人口的比例來衡量集體屠殺，那麼改革運動只把矛頭對準利奧波德治下剛果更是不合理。根據這個標準，德屬西南非（今日的納米比亞〔Namibia〕）的赫雷羅人（Hereros）遭受屠殺的程度遠比剛果來得嚴重。當地的殺戮是赤裸裸的，人們甚至不需要佯裝慈善作為遮掩的理由。德國人在動手之前就毫不掩飾地表示他們要進行一場簡單而直接的種族屠殺。

一九〇四年，赫雷羅人在大部分土地被德國人奪取的情況下，決定發起叛亂。德國派特羅塔中將（Lieutenant General Lothar von Trotha）率領重武裝部隊前去平亂，而特羅塔發布了「滅絕令」（Vernichtungsbefehl）：[24]

> 「在德國疆土內的每個赫雷羅人，無論他們身上有沒有槍、有沒有牲口，格殺勿論……」
>
> 「簽署人：偉大的德皇麾下大將特羅塔」

為了避免命令還有不明之處，特羅塔又補充了一道明確的指示：「男性犯人不要留活口。」

一九〇三年，德屬西南非估計有八萬名赫雷羅人生活於當地，但到了一九〇六年，赫雷羅人已完全失去土地淪為難民，而且人數只剩不到二萬人。其他人要不是被趕到沙漠活活渴死（德國人在水泉下毒），就是被槍斃，或者是被刺刀捅死、被步槍槍托活活打死——為了節省子彈。

特羅塔的滅絕令在德國引發抗議，但國際間卻一片沉默，即使當時剛果改革運動正如火如荼地進行。莫雷爾與其他剛果改革者對此漠不關心，以至於五年後，莫雷爾的兩大金主之一，商人霍爾特，才會這樣問莫雷爾，「德國人屠殺赫雷羅人，無論男女老幼，這是真的嗎？……我從未聽說過這件事。」[25]

就在德國人屠殺赫雷羅人之際，全世界也完全忽視了美國正在菲律賓進行殘酷的反游擊戰爭，美軍拷問犯人、焚燒村落、殺害約二萬名叛軍，估計有二十多萬名菲律賓人死於缺水或疾病。英國對澳洲原住民的屠殺，其無情程度堪比特羅塔的滅絕令，但也未曾遭受國際批評。當然，無論在歐洲還是美國，也沒有人針對美洲原住民的大量死亡發起大規模抗議。

上述的集體屠殺造成了大量的受害者，卻未受到世人的關注，但剛果的暴行卻引發英美兩國大批群眾的抗議，這是為什麼？這種同情往往充滿了反覆無常的政治考量。英國與美國之所以關注剛果，其中一個原因顯然是剛果是個安全的目標。對剛果暴行提出抗議，既不牽涉英美自身的不當行徑，也不會引發與法德這類強權在外交、貿易與軍事上的嚴重後果。莫雷爾忽視了德屬西南非的暴行，但值得大力讚揚的是，雖然他為了揭露利奧波德醜聞已忙得不可開交，仍不忘持續猛烈抨擊法國在赤道非洲殖民地全面採行利奧波德體制，在橡膠數量與草菅人命的程度上僅次於利奧波德治下剛果。然而莫雷爾的批評卻無法引起英國人的共鳴，因為此時的英國人認為第一次世界大戰已迫在眉睫，他們知道法國將會是他們的重要盟友。

剛果的確發生了一場大規模集體屠殺，但令人悲傷的是，為利奧波德行凶的人，他們的殘忍暴行其實也在非洲其他地區同時上演，許多歐洲人在非洲其他地區執行任務或發動戰爭時，也同樣犯下怙惡不悛的罪行。康拉德的話一針見血：「整個歐洲都參與了庫爾茲的塑造。」[26]

＊＊＊

利奧波德死後數年，剛果這齣大戲的其他演員也陸續退場。一九一〇年，謝波德返回美國，從此再也沒前往剛果。他從開賽公司毀謗案中獲判無罪沒多久就被迫辭去傳教士的工作，因為他被發現與數名非洲女子發生婚外情。教會短暫將他放入觀察名單，不久又允許他在美國擔任牧師，他的婚外情醜聞在美國從未公開過。[27]謝波德在非洲待了二十年，曾經感染熱病數十次，嚴重耗損了他的健康。謝波德晚年在肯塔基州路易維爾（Louisville）的恩惠長老教會（Grace Presbyterian Church）擔任牧師，他的妻子露西則負責教授主日學與帶領唱詩班。

即使回到美南長老會，謝波德仍持續在寫作與演說裡廣泛提到非洲，但這意味他只能對著遭受種族隔離的信眾演說。布魯克．華盛頓與杜波伊斯這兩個水火不容的宿敵先後邀請謝波德為他們站臺演講，謝波德都答應了。[28]但這位在黑人社群裡備受尊崇、是第一個與庫巴國王見面的外國訪客、曾在白宮獲得總統接見的男子，回到美國南方後，他依然是個二等公民。幾年後，在謝波德的故鄉維吉尼亞州韋恩斯伯勒（Waynesboro），一名白人女性說起了謝波德：「他真是個好黑鬼（darky）。他從非洲歸來後，沒有忘記自己的身分，來拜訪我們時總是從後門出入。」[29]一九二七年，謝波德在路易維爾去世，享年六十二歲，超過一千人參加他的葬禮。

在美國的另一邊，律師科瓦爾斯基龐大的身軀走到了盡頭。一九一四年，他被發現倒臥在舊金山皇宮酒店（Palace Hotel）房間地板上，享年五十六歲。在比利時，羅姆蒐集人頭的日子已經成為遙遠的過去，一九二四年，他在開賽公司的辦公室裡倒下。康拉德在《黑暗之心》裡敏銳捕捉到羅姆與其他同樣熱中追求財富者的本質，一九二四年，康拉德於英國去世。剛果爭議的公眾人物中，唯一活到我們這個時代的是傳教士、改革者暨攝影師愛麗絲・哈里斯，她於一九七〇年去世，享壽一百歲。

剛果故事的另一個主要人物，最後卻不得善終。

一九一三年，凱斯門特爵士從英國領事職位退休，此後他可以毫無顧忌地投入另一場讓自己精疲力盡的運動：為祖國愛爾蘭爭取自由。回到愛爾蘭之後，凱斯門特協助建立武裝民兵愛爾蘭義勇軍（Irish Volunteers）而且在愛爾蘭各地大型集會上發表演說。一九一四年，在都柏林（Dublin），一名同志留下一段與他有關的描述：「凱斯門特站在窗簾前望向窗外……臉上帶著他慣有的沮喪，然而他的表情仍帶有一絲自豪，彷彿他承擔著整個世界的悲傷。他的側臉對著我，在格子狀圖案的窗簾與充滿陰霾的天空襯托下，更顯出他外型的俊美與身形的高貴。高大的身材使他看起來威風凜凜，他也留著不尋常的黑色長髮與黑色大鬍子。他的左腿伸向前方，可以看到他左腳穿的靴子破了一個大洞——他總是將自己擁有的一切給予他人，結果卻讓自己陷於匱乏。」[30]

凱斯門特寫道，「每個愛爾蘭人都清楚，約翰牛唯一尊重的規則就是步槍。」[31]凱斯門特動身前往美國，向愛爾蘭裔美國人募款購買黑市槍炮，但他抵達美國沒多久，第一次世界大戰爆發。英國人表示，任何關於愛爾蘭自治的討論，此時都應該暫緩。凱斯門特寫了一封公開信作為回應，信中表示愛爾蘭人絕不會「為一場與他們毫無關係的戰爭奉獻熱血、榮譽與男子氣概……除了愛爾蘭本身，愛爾蘭絕不會為任何不屬於愛爾蘭的土地與事業流血……讓我們的墳墓立在一片埋葬愛國者的草地上，為愛爾蘭民族犧牲的烈士唯有在那裡才能煥發新生」。[32]

凱斯門特剃掉自己的鬍子，然後使用假護照從紐約前往德國。主戰的愛爾蘭民族主義者希望德國人宣布，如果德國贏得戰爭，愛爾蘭可以獲得獨立。反過來，德國人則希望將關押在德國的愛爾蘭戰俘組織成自由戰士愛爾蘭旅，並且給予訓練與武裝。凱斯門特認為，即使愛爾蘭旅無法在愛爾蘭本土作戰，也能前往埃及，與渴望擺脫英國統治的埃及殖民地民眾並肩作戰。凱斯門特在日記裡寫道，他的計畫是「聯合愛爾蘭的綠旗與先知的綠旗……一同將協約國趕進海裡」。[33]

凱斯門特的夢想並未獲得愛爾蘭戰俘的響應。這些愛爾蘭戰俘是職業軍人，許多人的祖先曾在英軍服役。結果二千二百名愛爾蘭天主教戰俘，只有不到六十名願意加入愛爾蘭旅。這些愛爾蘭旅士兵改穿德軍軍服，差別只在於他們的領子上繡著豎琴與酢醬草。凱斯門特偶爾會跟這支接受訓練的部隊一起行軍，但這支人數僅約一個排的部隊，從未真正上過戰場。

德國人對於凱斯門特的反殖民主義感到不安，他們不希望跟這名時刻想有所作為的浪漫主義者扯上關係；凱斯門特自己也渴望早日回到愛爾蘭，加入從事地下運動的同志行列。一九一六年四月二十一日，在愛爾蘭西部海岸外海，一艘德國潛艇放下了一艘小艇，上面載著凱斯門特、兩名同伴與他們需要的補給物資。當艦長問凱斯門特還需要什麼衣物時，凱斯門特回道，「我只需要裹屍布。」[34]

就某種意義來說，凱斯門特這輩子其實一直在等待著這樣的返鄉與殉難時刻。「當我在凌晨（大約三點）登陸愛爾蘭時，船隻在一處未知的沙灘擱淺，我只能游泳上岸……在那短暫的一刻，我感到高興，臉上再度浮現了微笑……到處都是報春花與野生紫羅蘭，天空有雲雀鳴叫，我又回到了愛爾蘭。」[35]

幾個小時後，凱斯門特被捕。他的腦子裡一直想著報春花與雲雀，但他的口袋裡卻放著一張從柏林到威廉港（Wilhelmshaven）的火車票根——威廉港是德國潛艇港口——以及一本日記，裡面有一條，應該是用密碼形式寫的，「四月十二日：搭乘威利的遊艇離開威克洛（Wicklow，按：威克洛指威廉港）。」[36]警察發現，凱斯門特在上岸的沙灘埋了一些東西，包括三把毛瑟（Mauser）手槍、子彈、雙筒望遠鏡、地圖與一本《魯拜集》（*The Rubaiyat of Omar Khayyám*）。

兩天後，凱斯門特以重叛逆罪被起訴，他也是英國數百年來第一個以這種罪名遭到起訴的爵士。凱斯門特被單獨監禁在倫敦塔，英國隨即對他進行審判。他戴著手銬，在警衛帶領下來回於法庭與監獄之間。與剛果改革運動的朋友一樣，柯南．道爾爵士也不贊同凱斯門特的行為，但他還是捐出七百英鎊作為凱斯門特的辯護費用。柯南．道爾與其他許多著名的作家簽署請願書，希望饒過凱斯門特一命。然而，曾於一八九〇年在馬塔迪與凱斯門特當過室友的康拉德卻拒絕在請願書上簽字；正如凱斯門特堅定地反對英國，康拉德也堅定效忠接受他歸化的英國。

來自世界各地的支援資金與訊息陸續抵達。美國的黑人同胞同盟（Negro Fellowship League）向英王喬治五世請願，希望他從寬處理：「我們深深感謝這個人在擔任英國駐非洲領事期間所揭露的一切，他讓剛果原住民的遭遇得以為世人所知。沒有他，世人根本不會曉得有這些野蠻暴行存在。」[37]蕭伯納（George Bernard Shaw）為凱斯門特寫了一篇講稿，讓他在審判時發表，但凱斯門特婉拒了這篇講稿，他打算宣讀自己寫的講稿。

凱斯門特表示，「自治是我們的權利，這是我們與生俱來的。自治就跟我們生存、感受陽光或嗅聞花朵或熱愛人類一樣，這些權利既非別的民族所能賜予，也非別的民族所能阻止……當人們必須戒慎恐懼地乞求，才能在自己的土地上過活、用自己的腦袋思考、唱自己的歌、仰賴自己的勞力收穫果實時……那麼很顯然的，成為一名反叛者……要比把這一切當成是自己與生俱來的命運而恭順地加以接受要來得更勇敢、更明智與更真實。」[38]與其他民族主義者不同，凱斯門特對自由的熱情可以適用於全世界所有的民族，而非只適用於愛爾蘭人。凱斯門特的主張在當時是罕見的，甚至是獨特的，他相信歐洲人爭取自由，如愛爾蘭人，與非洲人爭取自由，如埃及人與剛果人，兩者並無差別。凱斯門特的演說很快成為反殖民主義的重要文章，並且讓一個年輕人留下深刻的印象，這個年輕人日後將領導自己的國家走向獨立，他就是尼赫魯（Jawaharlal Nehru）。尼赫魯說，「這篇演說道盡了臣屬民族的心聲。」[39]

凱斯門特遭判有罪，他被送進倫敦彭頓維爾監獄，這座巨大、令人生畏的監獄建於一八四二年，犯人在此都是單獨監禁，而且有嚴格的禁言規定。蘇格蘭場（Scotland Yard，按：倫敦警察廳總部所在地）在凱斯門特過去於倫敦的住處查獲他的日記。當局立即將日記裡有關同性戀經驗的內容拍照存證，並且對外廣泛流傳：給國王，給倫敦各個俱樂部裡的社會賢達，給國會議員。記者受邀檢視日記的內容，另外也寄了一份副本給華府。英國政府想藉此破壞凱斯門特的名譽，阻止那些有頭有臉的人物繼續為他求情。這些日記決定了凱斯門特的厄運。

一名被關在牢裡的和平主義者瞥見凱斯門特從彭頓維爾監獄牢房的窗戶望向日落的天空。他看起來「無比冷靜……他似乎已經身處彼世，從他臉上看不見一絲的焦慮或恐懼。」[40]一九一六年八月三日早上，警衛將他的手綁到身後。陪凱斯門特一起走到行刑場的神父說道，「他大步走向絞刑臺，身上仍保持著貴族的尊貴，鶴立雞群的他，依然不失威嚴。」[41]行刑者稱他是「最勇敢的人，我的運氣不好，剛好輪到我負責執行」。[42]在行刑前不到一個星期，凱斯門特寫下最後一批書信，他在其中一封信中回顧自己的人生：「我犯了一些大錯，做錯了許多事，也有不少失敗的地方——但是……我做過最好的事就是剛果了。」[43]

＊＊＊

跟朋友凱斯門特一樣，與剛果暴行的長期鬥爭改變了莫雷爾。在人生的最後十年，莫雷爾進行了他這輩子最勇敢也最孤獨的一場戰爭。這一次，沒有達官貴人也沒有主教出面聲援他。

剛果改革運動的最後幾年，莫雷爾發現《英法協約》（*Entente Cordiale*）對他的運動造成嚴重的阻礙，巴黎與倫敦當局在協約中訂定了祕密條款，為了即將來臨的歐戰，兩國正做出一切可能的準備。一九一四年八月初，莫雷爾相當難得地帶女兒到法國第厄普（Dieppe）海濱度假。

衝突的逼近使父女倆不得不提早結束假期，當兩人搭上擁擠的船隻準備渡過英吉利海峽返回英國時，他們看到街上滿是剛被動員起來的後備軍人。在倫敦，莫雷爾與時任國會議員的朋友特里維廉（Charles Trevelyan）穿過空蕩蕩的下議院大廳，此時下議院外群眾正聚集在街上高喊支持戰爭，兩人內心都充滿不祥的預感。

在歐洲，無論哪個陣營，都有一小撮人出來公開主張戰爭是瘋狂的，莫雷爾是其中之一。莫雷爾認為，英國政府瞞著民眾與國會，簽訂一連串祕約，只會讓自己捲入不必要的災難。莫雷爾不是和平主義者；他說如果英國遭受攻擊，他會加入戰鬥，但英國並未遭受攻擊。莫雷爾原本代表自由黨參加國會議員選舉，卻被要求退選。在一小群擁有同樣想法卻遭到排擠的人士支持下，莫雷爾成立了民主控制同盟（Union of Democratic Control），這個團體很快成為英國反戰異議分子的重要發聲管道。民主控制同盟的活動分子發現自己的郵件被蘇格蘭場擅自開啟，電話也被竊聽。暴民闖入他們的集會、撕毀標語、丟擲臭彈、毆打講者與聽眾。不久，倫敦再沒有任何人願意租借場地給民主控制同盟。莫雷爾過去的支持者全背棄了他。一名記者老友入伍服役，他在街上向莫雷爾打招呼，莫雷爾感動落淚，他說，「想不到現在還有人願意跟我說話」。[44]

與剛果改革運動一樣，在民主控制同盟，莫雷爾也居於主導地位。一名同事寫道，「我覺得這個人的體內彷彿有一座火山，在他的內心總是有火焰燃燒著。」[45]跟過去一樣，妻子瑪麗全心支持他，也加入了民主控制同盟的委員會。莫雷爾在英國各地成立民主控制同盟的分支單位，發行月報，持續發表文章與小冊子，他甚至寫了兩本書。但莫雷爾現在要推動工作變得更加困難，因為整個英國已陷入戰爭狂熱，戰時的審查制度禁止他的一些作品出版，而他的郵箱也塞滿仇恨信件。警察突襲民主控制同盟辦公室與莫雷爾的家，從他的書房拿走文件與往來書信。[46]遭受這樣的對待，莫雷爾仍設法出版出品，其中一部《十年祕密外交》（*Ten Years of Secret Diplomacy*），歷史學家泰勒寫道，「日後所有關於『第一次世界大戰起源』的研究都來自這本書的啟發……戰間期的歷史學家……都深受他的影響……莫雷爾不僅帶來方法的改變，也帶來觀點的改變。」[47]

今日，我們可以很清楚地看到，造成超過八百五十萬人死亡與二千一百萬人受傷的第一次世界大戰，是一場毫無必要且可以避免的悲劇，然而我們卻忘記當時有這麼一小群人，他們有勇氣面對眾人的反對提出這樣的呼籲。隨著戰爭持續，莫雷爾也遭受愈來愈猛烈的攻擊。《每日見聞報》（*Daily Sketch*）提到要狠狠打擊英國反戰運動，「如果你與和平主義者辯論而且質疑他們的論點，你總會聽到對方提起某個權威——莫雷爾……為了摧毀和平主義者的陰謀，我們必須抓住背後最大的主謀。」[48]莫雷爾的辦公室一直遭受警方的監視。《每日快報》（*Daily Express*）的頭條寫道，「誰是莫雷爾先生？誰付錢給他的親德同盟？」[49]《旗幟晚報》（*Evening Standard*）說莫雷爾是「德國派到我國的間諜」。[50]

正當莫雷爾遭受各方攻擊之時，他也聽到凱斯門特被捕的消息。民主控制同盟的成員警告莫雷爾，他們的麻煩已經夠多了，此時千萬不能聲援凱斯門特，與民主控制同盟不同，凱斯門特是真的與德國人共謀。因此儘管莫雷爾對於凱斯門特被捕感到心痛，在凱斯門特人生中最後幾個月，莫雷爾並沒有到獄中探望他。凱斯門特一點也不在意，他甚至捎信給莫雷爾表示他完全能夠理解。一名探望過凱斯門特的朋友寫信給莫雷爾：「他告訴我，他認為你接受同事的決定是『非常正確』的，這點毫無疑問。」[51]

在整個戰爭期間，莫雷爾一直堅持自己的信念，他的熱情與不屈不撓就跟他在推動剛果改革時一樣，不同的是，此時的他遭到各方圍剿，但在剛果改革運動時期，英國政府與許多機構團體卻是站在他這一邊。莫雷爾呼籲協商和平與終結祕密條約。莫雷爾也準確預見到，未來協約國一定會將苛刻的條件強加在德國身上，他對此表示反對。莫雷爾提到，有人說這場戰爭是民主與專制的戰爭，他認為這種說法十分荒謬，別忘了沙俄也是協約國的成員。莫雷爾主張裁軍，呼籲簽訂協議規定土地不得在未經住民公投同意前逕行轉移，並且要求成立一個所有國家都參加的國際委員會（International Council）。

羅素是（Bertrand Russell）是另一個大膽挑戰沙文主義熱潮的人物，他寫道，「一九一四到一九一八年的大戰改變了我的一切……我失去了老朋友，結交了新朋友。我認識了極少數值得我深深讚揚的人物，其中我放在第一位的是莫雷爾……莫雷爾以無窮的精力與高超的本領面對宣傳與審查帶來的各種障礙，他盡一切努力告訴英國人，政府將年輕人驅趕到屠宰場的真正目的。在所有反戰分子中，莫雷爾遭受政治人物與新聞界最猛烈的攻擊……儘管如此，他的勇氣從未消褪。」[52]最後，羅素這麼描述莫雷爾，「在我認識的人當中，沒有人像莫雷爾那樣，如此死心塌地追求與揭露政治真實」。[53]

英國政府紀錄顯示，許多部會的高級官員不斷討論有什麼方法可以不經由審判「順利將莫雷爾送進監獄」（這是一名外交部官員的原話），[54]因為如果讓莫雷爾有機會在公開場合說話，那麼以他的口才與掌握資料的能力，一定會動搖民眾的看法。一九一七年，他們終於找到一個合適的細則，英國政府以莫雷爾把反戰文件寄到中立國違反了某個含混不清的法條為由將其逮捕。他的保釋要求被駁回，而且很快被判處六個月的苦役。

莫雷爾提到自己在一九一七年審判現場頗有蹊蹺的一幕：「原本是一場卑劣的法律訴訟，卻因為某人的出現而變得有趣起來。當我的律師為我辯護時，有人從我的身後走到法庭前面，他把一張紙條遞給檢察官，檢察官打開紙條，讀完之後點點頭，然後那個人又回到他的位子上，但我已認出這個人從前是……國王利奧波德二世任命的代表，他曾在我訪問美國期間公開反對我。」[55]利奧波德已經去世八年，而莫雷爾的美國之行還比利奧波德去世早五年。當時利奧波德聘請了六名遊說者杯葛莫雷爾，但莫雷爾並未告訴我們在法庭中露面的神祕人物是六名遊說者中的哪一位，對莫雷爾來說，那個人彷彿是接到利奧波德從墓裡下的命令，要他出庭對付自己似的。

警衛押送莫雷爾走進彭頓維爾監獄大門，一年前，凱斯門特就是在這個監獄裡被處決。莫雷爾隔壁牢房的犯人偷了三瓶威士忌；另一邊的犯人則是強姦了一個孩子。莫雷爾每個月只能寫一封信給妻子，在其中一封信裡，莫雷爾提到，「這是二十年來第一次，當我不在家時我無法每天寫信給妳」。[56]

在服刑期間，莫雷爾每天都待在一個滿是灰塵的房間裡縫帆布郵袋，還有將繩子編成海軍需要的吊床與墊子，而且必須保持沉默：工作時，犯人之間不許交談。每天晚上，從下午四點到隔天早上八點，他被鎖在自己的牢房裡。晚餐在牢房裡單獨進食，有「一塊麵包，半品脫的冷粥，盛粥的錫碗先前可能裝著紅鯡魚，底下還留著一點殘渣，此外還有一品脫油膩的熱可可，犯人很快就瞭解這堪稱是眾神的瓊漿玉液，特別是在寒冷的天氣裡」。[57] 夜裡會聽到一兩次喀嚓聲，那是獄卒打開每間牢房的窺視孔檢視犯人的聲音。夜間，有一種「寒冷牢房裡的寒冷——那是在牢房外從未感受過的冷冽。似乎沒有任何東西可以抵禦這種寒冷」。[58]

在監獄的禮拜堂裡，犯人們坐下，同樣還是要保持沉默，獄卒站在高起的平臺上監視犯人，官員則宣布莫雷爾反對的這場戰爭傳來的勝利消息。工作時，有時莫雷爾被要求搬運巨大的黃麻板，他估計每塊板子重達一百磅，他必須把這些板子搬到監獄的工場。這讓莫雷爾想起六年前為他搬運行李走過奈及利亞鄉間的非洲挑夫，他感到十分諷刺。「往事仍歷歷在目，經驗是偉大的老師，在監獄裡也有許多要學的，畢竟，人活著就是兩種角色都得扮演。」[59]一個因竊盜入獄的男子覺得莫雷爾是個重要人物，因此總是稱呼他「先生」。

莫雷爾出獄的兩個月後，一九一八年初，羅素——他自己不久也將入獄——憂心忡忡地寫信給莫瑞（Gilbert Murray）：「自從莫雷爾出獄之後，我昨天第一次見到他，我發現六個月的牢獄生活對他造成嚴重的影響。他的頭髮全白（以前幾乎看不到白髮）——當他出獄時，他的身心完全崩潰，主要是營養不足所致。」[60]

莫雷爾重新開始演說與寫作，但原本健壯的身體現在卻變得十分瘦弱。他出獄不久便首次心臟病發作，此後又陸續發作了數次。但接下來幾年，他也很欣慰真相大白，他的指控一切屬實。協約國簽訂祕約，最終證實確有其事。美國總統威爾遜（President Woodrow Wilson）為和平方案提出的〈十四點和平原則〉（Fourteen Points），其中有許多似乎引用了莫雷爾小冊子的說法。民主控制同盟在戰時獲得的支持，有部分來自於工會分子——這令莫雷爾這位前船運公司職員感到驚訝，因為他從未認為自己是社會主義者——而他也發現自己被工黨視為英雄。一九二二年，莫雷爾代表工黨競選下議院席次，他很高興自己能擊敗戰時將他送進監獄的前內閣大臣——這位國會議員名叫邱吉爾（Winston Churchill）。

莫雷爾深獲蘇格蘭丹地（Dundee）選民的支持。一九二三年，莫雷爾獲得連任，隔年，又繼續連任，當他搭乘火車前往倫敦就職時，有兩萬人在火車站為他送行。[61]在國會，莫雷爾很快成為工黨在外交政策上最重要與最受尊敬的聲音。一九二四年初，工黨領袖麥克唐納（Ramsay MacDonald）成為英國第一任工黨首相，許多人預期他會任命莫雷爾擔任外交大臣。但麥克唐納並沒有這麼做。身為搖搖欲墜的聯合政府領袖，麥克唐納認為莫雷爾過於道德主義與一往無前，很容易獨斷行事——或許他還考量到莫雷爾可能成為與他爭奪領導權的潛在對手。麥克唐納決定自己兼任外交大臣。為了安撫莫雷爾，他提名莫雷爾角逐諾貝爾和平獎。

雖然莫雷爾才五十一歲，但牢獄之災、戰時的迫害、與內閣職位擦身而過感到的失意，以及數十年來馬不停蹄地工作，這些都開始影響他的健康。莫雷爾每隔一段時間就必須躺下休息，在下議院的露臺上做做伸展，也經常與妻子開車返回妻子在德文郡的老家休養。一九二四年十一月十二日，莫雷爾與小姨子到樹林裡散步，莫雷爾說他覺得累，於是坐下來靠著樹休息。他再也未能起身。

在丹地、倫敦與紐約，民眾為莫雷爾舉行了大型緬懷儀式。法國作家羅曼・羅蘭（Romain Rolland）寫道，「時間將證明，莫雷爾是時代的領航者。」[62]

第十九章　重大的遺忘

在前蘇聯時期前往莫斯科觀光的人，如果到位於高爾基街（Gorky Street）的革命博物館（Museum of Revolution）參觀，當他們走過館內寬敞的展覽空間時，會有一種說不出的奇怪感受。參觀者可以看到數百張照片與畫作，上面描繪戴著皮草帽的革命分子躲藏在覆蓋白雪的壁壘後方，無數的步槍、機關槍與旗幟，大量的遺物與文件，但就是看不到任何文物顯示有大約二千萬名蘇聯人民死於執行處決的地窖、人為的饑荒與古拉格勞改營裡。

今日，莫斯科的革命博物館已經做出改變，並且以創立者無法想像的面貌展現在世人面前。但在歐洲的另一邊，有一座博物館卻紋風不動，沒有任何的變化。想到這座博物館參觀，你可以搭乘四十四號路面電車，經過布魯塞爾郊區樹影搖曳、風景怡人的斯瓦涅森林（Forêt de Soignes），前往古代公爵的領地泰爾菲倫。八世紀時，獵人的守護聖人聖于貝爾（Saint Hubert）住在這裡，在樹林中追逐獵物。今日，皇家中非博物館（Royal Museum for Central Africa）位於國王利奧波德二世興建的一座路易十五風格的宏偉宮殿中，可以俯瞰整個公園。平日，會有數百名民眾前來參觀，從忙著填寫作業簿的小學生，到搭乘空調巴士前來的銀髮遊客。

皇家中非博物館收藏著全世界數量首屈一指的非洲文物。要看完所有的陳列物品需要一整天的時間，從史坦利帽到利奧波德的拐杖，從奴隸的手銬腳鐐到足以容納一百人的巨大獨木舟。有一間展示武器與軍服的陳列室，用來讚揚一八九〇年代的「反奴戰爭」——當然，他們對抗的是「阿拉伯」奴隸販子。有個牌匾列出數十名「在非洲大地長眠」的公安軍官姓名。在這間「紀念廳」裡還有其他牌匾列出數百名死於剛果的白人先驅姓名。另一間陳列室展示野生動物標本：大象、黑猩猩、大猩猩。電視螢幕持續播放古老的黑白影片，從中可見彭德人戴著面具跳舞、身居宮廷的庫巴國王、恩托姆巴人（Ntomba）的葬禮儀式——一幅完全由異國服飾與敲擊鼓聲構成的非洲景象。每個玻璃櫃都展示著剛果各地文化物品：矛、箭、菸斗、面具、碗、籃子、槳、權杖、魚梁、樂器。

有個臨時的展間陳列了來自剛果河下游地區的一種獨特雕刻類型：一群三英尺高的木雕人像，每座人像的胸部與脖子都釘滿數百根釘子、尖刺物與類似刮鬍刀的小刀片。這些人像看起來如同怒髮衝冠、備受折磨的侏儒。一塊牌子解釋道，每個人像就是一個恩康迪（nkondi），一個對抗巫師與其他惡人的偶像。每根釘子與每片刀刃則象徵著一道誓言或是一則請求，目標是報復不公不義。然而，這間博物館裡卻沒有任何牌子介紹在剛果發生的那些更浩大的不公不義事件，因為無論在哪個陳列室，我們都看不到任何蛛絲馬跡在提示觀眾曾有數百萬剛果人遭遇非正常死亡。[1]

在布魯塞爾的其他地方，我們也看不見有任何提示這些死亡的線索。布雷德羅街原本是剛果政府機關與最重要的剛果公司總部的所在地，這條街如今仍通過王宮的後方。唯一的差別是，這條從前康拉德為了求職而來此面試的街道，如今已成為政府稅捐單位的所在地。在王宮的另一邊，矗立著一尊比真人大的利奧波德騎馬像，雕像的目光冷冷注視著底下的高速公路。然而在剛果流的鮮血，被偷走的土地，被切下來的手，被拆散的家庭與淪為孤兒的孩子，似乎都不在雕像的視線範圍之內。裝飾華麗、眾多雄偉圓柱環繞的王宮，其實是仰賴剛果的獲利才得以翻修成今日的光采，更加宏偉且擁有一座圓頂的拉肯城堡也是如此，拉肯城堡是比利時王室居住的地方，那裡有一座座美不勝收的大型溫室，使用的玻璃板面積足足超過了六英畝。每年春天，拉肯城堡的溫室會短暫對外開放，數千名民眾走過利奧波德的半身像，上面裝飾著山茶花與杜鵑花。拉肯城堡也矗立著一座五層樓的日本塔（Japanese Tower），最初利奧波德是在巴黎萬國博覽會看到這種特殊的建築，心生嚮往，之後便用剛果的財富興建了這座高塔。巨大的五十週年紀念拱門支配了城市天際線，這是用剛果的財富興建的建築物中最宏偉奢華的一座，上面裝飾了許多英雄銅像；五十週年紀念拱門看起來像是凱旋門與布蘭登堡門結合起來的浮誇腫脹版本，兩側還增建了弧形翼樓。拱門巨大的石塊與混凝土主體，讓人想起康拉德在《黑暗之心》描述的一座沒有具體指名道姓的某個歐洲國家首都，他稱之為「墓穴之城」（sepulchral city）。[1]但對於數百萬非洲人來說，他們的勞力全用來支付興建這座拱門，辛苦的勞動最終將他們送進無名之地的墓穴裡，而這裡沒有任何告示說明他們的遭遇。

布魯塞爾並非個案。在柏林，沒有博物館或紀念碑紀念被屠殺的赫雷羅人，在巴黎與里斯本，沒有明顯的紀念物提醒人們橡膠恐怖殺害了法屬與葡屬非洲部分地區半數的人口。在美國南方，有數百座南北戰爭紀念碑與保存完好的種植園主人宅邸，卻沒有太多奴隸制度的存在痕跡。然而我們生活的世界——持續不斷的分化與衝突，日漸擴大的貧富差距，無來由的暴力——與其說是由我們讚揚與加以神話的事物塑造的，不如說是我們試圖遺忘的痛苦事件造成的。被歷史消音的事物很多，利奧波德的剛果自由邦就是其中之一。

剛果是遺忘政治（politics of forgetting）的明顯例證。利奧波德與聽命於他的比利時殖民官員，花了很大的力氣試圖將可能的犯罪證據從歷史紀錄中抹除。一九〇八年八月的某一天，就在殖民地即將正式移交給比利時政府前夕，國王的年輕軍事侍從官斯汀漢伯（Gustave Stinglhamber）從王宮走到隔壁的剛果自由邦辦公室去見一位朋友。這一年的仲夏似乎特別熱，兩人於是到打開的窗戶旁交談。斯汀漢伯剛坐在暖氣散熱器上，隨即跳起來：散熱器非常燙。他們找來管理員，想問清楚發生了什麼事，管理員回答說，「對不起，他們正在燒毀剛果自由

❶ 這是本書在一九九八年出版時的狀況。之後的改變，請見後記。

邦的檔案。」暖氣爐燒了八天，大多數的剛果自由邦紀錄都化為灰燼，濃煙籠罩整個布魯塞爾的天空。利奧波德對斯汀漢伯說，「我會把我的剛果交給他們，但他們沒有權利知道我在那裡幹了什麼。」[2]

正當暖氣爐在布魯塞爾伸出火舌之時，王宮也向剛果下了命令，要求銷毀當地所有的紀錄。施特勞赫上校長期擔任國王的剛果事務顧問，他日後說道，「在高層的命令下，檔案遭到毀壞，各種聲音想必都能有系統地壓制下來。」[3]即使是極權主義國家，也很少會對自身運作的紀錄做出如此徹底的破壞。希特勒與史達林即使想隱瞞一切，在他們死後仍留下了大量的文件紀錄。

這種有意的遺忘也發生在剛果政府人員身上。忘記自己曾經參與屠殺，並不是一種消極心態，而是一種積極行為。檢視早期白人非洲征服者寫下的回憶錄，我們有時會捕抓到寫作者每當遇到關鍵時刻就施展遺忘大法的現象。而且他們做的事情不是抹除，而是顛倒黑白，從心態上將自己從加害者翻轉成受害者。普雷莫瑞爾從一八九六到一九〇一年在剛果開賽地區負責橡膠蒐集的工作，他的回憶錄裡有一段反映了這種現象。以下就是他處理譁變元凶的描述：

> 我讓兩名哨兵把他拽到倉庫前面，他的手腕已經綁在一起。接著再將他扶起來靠在一根

柱子上，將他的手臂高舉過頭，然後把他牢牢綁在橫梁上。我讓哨兵拉緊繩索，這樣他整個人就會抬高，直到他的腳趾頭剛好觸地為止……然後我把這個可憐的傢伙放在那裡不管。一整晚他就吊在那裡，有時討饒，有時昏了過去。一整晚，他那忠實的妻子盡其所能地減輕他的痛苦。她為他帶了吃的與喝的，她為他按摩疼痛的雙腿……最後，到了早上，我的手下砍斷繩子，那人掉到地上，像堆爛泥般昏迷不醒。我下令，「把他帶走」……至於他是死是活，我不知道……現在，有時我在睡覺時，我以為自己是那個可憐的惡魔，在我四周有五十個黑色魔鬼在跳舞。我從夢中驚醒，發現自己全身冷汗。有時我覺得，從那晚開始，往後的幾年，受苦最深的竟是我自己。[4]

「有時我覺得……受苦最深的竟是我自己。」縱觀歷史，雙手沾滿鮮血的人總是用這套理由。然而，當比利時本身從征服者淪為受害者時，對利奧波德治下剛果屠殺行為的遺忘，意外地更加得到強化。一九一四年八月，德國入侵比利時，殺死五千名以上的比利時平民，而且故意縱火燒毀數千棟建築物，包括著名的魯汶（Louvain）大學圖書館。

往後四年，先是英國，然後是美國，開始利用「勇敢的小比利時」的受難，來鼓動尚未遭到攻擊的國家產生戰爭狂熱。新聞報導、漫畫、海報與愛國演說不僅抨擊已經發生的殘忍暴行，甚至進一步虛構不實的內容，例如德國人像釘十字架一樣把比利時的嬰兒釘在房子的門上。協約國紛紛報導德國士兵會把比利時孩子的手腳砍下來，這顯然在無意間仿效了剛果改革運動常使用的意象。一名流亡的比利時作家甚至針對這個主題寫了一首詩。❷

這些令人震驚的斷手斷腳的報導傳布得非常廣，一名美國富人還想收養殘廢的比利時兒童；然而，即使提出懸賞，卻找不到任何殘廢的孩子。把嬰兒釘在門上與砍下孩子手腳的指控，最終證明是空穴來風。[5]但無論在戰時還是戰後，協約國裡沒有人願意被提醒，就在十年或二十年前，比利時國王的手下在非洲砍下大量的人手。於是，利奧波德在剛果的統治與反對利奧波德統治的運動，相關完整歷史就這樣脫離了歐洲的記憶，或許甚至比在非洲殖民時期發生的其他屠殺事件消失得更快與更徹底。

***

霍珀廷根（Hoepertingen）是一個寧靜的村落，位於布魯塞爾東方，搭火車一個小時可以抵達，馬夏爾與妻子住在這個村子裡，有一棟外觀略顯凌亂的小房子與一座小櫻桃果園。[6]每年一次，他們要花幾個星期的時間，架起梯子，拿著籃子採摘櫻桃，然後拿到當地農民合作社販售。馬夏爾在這裡出生，七十三歲的他，看起來就跟鎮上其他老頭沒什麼兩樣：鑲了一顆金牙、褲子上繫著吊帶、紅潤而慈祥的臉孔、滿頭白髮。他的白色八字鬍讓他看起來與史坦利在探險最後幾年拍的照片有點類似。但兩人的相似之處僅此而已。

馬夏爾是一名退休外交官。一九七〇年代初，他是比利時派駐在西非三國的大使，這三國分別是迦納（Ghana）、賴比瑞亞與獅子山。某天，馬夏爾看到賴比瑞亞一份報紙刊登了一則故事，裡面順帶提到利奧波德治下剛果死了一千萬人。

「我吃了一驚，」馬夏爾說道。「我告訴布魯塞爾的外交大臣。我說，『我必須寫信給主編要求更正這則故事，這是對我國極大的詆毀。但我不瞭解那段時期的歷史，能不能請你派人寄些資料給我？』」

「我一直等著，但我沒有得到任何回應。而這也讓我對這件事開始感到好奇。」

---

❷ 這首詩的最後幾句寫著（Émile Verhaeren, "La Belgique sanglante," 轉引自 Read, p. 35.）：

當他們〔比利時人〕發現幾名匈人
被精準的子彈打中，倒在路邊，
他們往往會發現，在匈人的口袋裡，
放著金戒指與皺巴巴的緞子，
還有被殘忍砍下的，兩個孩子的腳。

馬夏爾是個小心謹慎、做事井井有條的人，他喜歡不透過翻譯直接閱讀原文書，他會追溯資訊，瞭解它的源頭所在，他不會光憑某人的摘要，而是親自閱讀原始檔案，來查明歷史的來龍去脈。他的興趣被點燃了，現在他讀了足夠的剛果早期歷史，知道在利奧波德為期一個星期的焚燒之後，要找到官方文件不是那麼容易。然而，有些文件逃過了一九〇八年的祝融之災，其中包括從未對外發表的一九〇四到一九〇五年調查委員會非洲證人給的證詞謄本。幸運的是，馬夏爾發現，這份重要紀錄最終收藏在比利時外交部檔案室裡，他想親自檢視這份文件。

馬夏爾接下來又到非洲另一個國家擔任大使，「但我心裡一直惦記著剛果。我覺得這當中有什麼事不對勁。我發現從一九〇〇到一九一〇年，剛果曾在國際新聞上引起軒然大波；數百萬人死亡，但我們比利時人完全不知道這件事。所以，一九七五年，當我返回布魯塞爾外交部任職後，我第一件事就是跑到外交部檔案室，要求閱覽調查委員會的證詞。」

不可能，他得到這樣的回答。證詞文件上蓋著章，寫著「不開放研究人員使用」。馬夏爾抗議說，調查委員會提出報告已經過了七十年，而且他還是大使層級的官員。然而檔案室還是不為所動，馬夏爾不能閱覽檔案。

「外交部檔案室有個規定。他們不允許研究人員借閱有損比利時聲譽的資料。但這個時期『所有的資料』都有損比利時的聲譽，所以他們所有的資料都不許借閱。」關心這個主題的馬夏爾，還有十五年才能退休。他仍待在外交部，之後又到非洲擔任大使，然後又回到布魯塞爾擔任幾個辦公室職位。他把自己的空閒時間全投入於研究與撰寫利奧波德治下剛果。一九八九年，馬夏爾退休，他終於可以把所有時間投注在自己的計畫。四十年的公職生涯，使馬夏爾擅長從政府紀錄找出有用的資訊，他前往歐洲與美國每一個擁有這個時期資料的檔案館借閱檔案。他在比利時發現了私人文件收藏，這些文件完全沒受到利奧波德大火的影響。馬夏爾發現，最有用的資料往往來自基層具有理想性的年輕殖民地軍官的書信與報告。[7]他們初到剛果，驚訝地發現非洲的現實與他們在歐洲聽到的高尚說詞南轅北轍。馬夏爾研究了傳道會與曾在非洲經營的公司檔案。他到愛爾蘭閱覽凱斯門特的相關文件，也曾實地走訪凱斯門特在進行最後一次致命任務時登陸的沙灘。

馬夏爾仍擔任比利時外交官的時候，他都是以假名德拉圖伊（Delathuy）撰文，這是他曾祖母的娘家姓。「一個了不起的女性。但她的名字卻從家族的歷史中剔除，因為她生下了私生子。她的名字再也沒有人提起。那是禁忌。就像數百萬人被殺的歷史。」馬夏爾用母語荷蘭文寫下利奧波德治下剛果的歷史，然後進行修改，之後他又親自翻譯成四冊的法文版。雖然馬夏爾的作品在比利時完全遭到忽視，但他的研究絕對深具學術價值。馬夏爾旁徵博引、言必有據，其權威性遠超過其他語言寫下的相關著作。如果當初馬夏爾從未看過賴比瑞亞報紙的文章，他很可能永遠不會動筆寫作。

當馬夏爾描述自己的工作時，整個人彷彿著了魔似的。不僅說話的音量變大，連手勢也變多。他把書籍與文件從書架上拿下來，在抽屜裡摸索一番，找出了幾張照片。照片裡的英國房子全是莫雷爾住過的地方。「比利時把莫雷爾當成叛徒與壞蛋。我想回復他應有的名譽。」

馬夏爾對於自己長年代表國家行使職務，卻對國家這段歷史一無所知感到憤怒，然而更令他不快的是，他想查閱自己部裡的檔案，卻遭到拒絕。曾有一名高級官員告訴他，「你可以查閱檔案，但你必須承諾不會根據檔案寫下任何東西。」馬夏爾拒絕這項提議。他足足糾纏了外交部官員八年，才獲准查閱調查委員會的證詞。馬夏爾最後將所有證詞做了注解，然後出版。

還有另一個原因讓馬夏爾在知道這一切之後感到難受。早在他四十出頭進入比利時外交機構任職之前，他在剛果工作了將近二十年。當時剛果還是比利時的殖民地，馬夏爾起初是殖民政權下一名年輕的地區助理行政官，他剛好經歷了剛果從殖民地轉變成獨立國家的時期。多年之後，當馬夏爾首次得知剛果在十九、二十世紀之交遭遇的事情時，他與妻子寶拉（Paula）努力從回憶中尋找線索，想從當時人們說的每一句話找到蛛絲馬跡。他想起了這麼一件事：

「當我在一九四八年抵達剛果時，我的第一項工作就是前往各地，把勳章頒給在第二次世界大戰期間為政府蒐集橡膠的各個村落酋長。要知道是他們讓每個人都回到森林蒐集天然橡膠。我必須頒授勳章給大約一百名酋長。一名下士與六、七名士兵跟隨我到每個村落。下士對我說，『蒐集橡膠，這一次，沒什麼。但第一次，很恐怖。』直到三十年後，我才聽懂他在說什麼。」

＊＊＊

在全非洲，所有的學校課本都由殖民者撰寫，殖民者也廣泛禁止書籍出版與實施出版審查，從書寫紀錄下手，完成了遺忘的工程。在剛果，在利奧波德死後又歷經五十年的比利時政府統治，期間剛果課本上充斥著對利奧波德及其貢獻的溢美之詞，其誇張的程度足以媲美蘇聯教科書對列寧的崇拜。舉例來說，一九五九年，想成為公安軍士官的年輕剛果士兵必須研讀的教科書上寫著，歷史「揭示比利時人如何以種種英勇行動，為剛果開闢出如此廣大的疆土」。他們對抗「阿拉伯」奴隸販子，「持續三年的犧牲，堅忍不拔、不屈不撓，最終贏得了十九世紀最具人道精神的戰爭，解放了非洲這個地區遭受摧殘與剝削的各民族。」[8]提到批評者，教科書上並未提及這些人的姓名：「嫉妒的外國人做出的各種誹謗，他們的批評……最終證明是沒有用的。」[9]

這種官方命令下的遺忘顯然無法一路落實到村落層級，因此在村落間仍流傳著各種關於橡膠恐怖的傳說。然而時至今日，集體記憶流失的程度已經比人們所想的來得嚴重。心急如焚的人類學家努力尋找與保存這些記憶[10]——通常只剩下片段的地方傳說，裡面提到記憶中的「白人戰爭」（la guerre du Blanc）時代或芒戈語（Mongo language）所說的「大迫害時代」（lokeli），[11]曾出現過非常殘忍的人物。如果結合目擊者如凱斯門特或傳教士蒐集到的資訊，有時可以辨識出這些傳說中的惡棍其實就是某個地區專員或橡膠公司人員或與征服者合作的酋長。有時候，那個恐怖時代也被嵌入到語言之中。芒戈語的「把人送去蒐集橡膠」，意思就是「橫徵暴斂」。[12]

在非洲的鄉村地區，橡膠時代的集體記憶留存的相對較少，因為口述傳統通常是用來記憶國王、朝代與戰爭的勝利。而能夠傳承下來的王朝幾乎都曾與殖民統治者密切合作。萬思那在庫巴人歷史中提到：「在王朝口述傳統中，完全沒有關於那些事件〔利奧波德時代橡膠奴隸制度〕的描述。從橡膠體制獲利的統治者不會讓這件事成為官方記憶。」[13]現在，許多剛果人居住在城市裡，快速都市化的結果，使剛果產生天翻地覆的變化。舉例來說，金夏沙在一百年前還只是個小村落，現在卻成了不斷往外延伸、混亂嘈雜的大都會，居民多達七百萬人，其中有許多人是最近才從鄉村地區來城市找工作。巨大的變遷猛烈拉扯著代代相傳的口述傳統，傳統文化因此迅速式微。隨著老一輩逐漸凋零，對於過去粉碎他們的那股力量的記憶，也跟著煙消雲散。

* * *

利奧波德死後過了數十年，剛果開始流傳一則奇怪的傳說。人們相信國王並沒有死，而是來到他以前的殖民地生活。[14]他改名換姓，搖身成為天主教主教恩普汀（Jean-Félix de Hemptinne），這名專橫的貴族長久以來一直左右剛果的政局。（這個傳言的起源顯然是因為恩普汀本人也留著白色大鬍子，而且身形與利奧波德一樣魁梧。）據說恩普汀宛如利奧波德的化身，也有人認為他可能是國王的私生子，因此，有人相信他可能是幾個關鍵時刻幕後的操縱者，例如是他殘酷地下令警察對罷工的礦工開槍，或是命令法官重判被起訴的犯人。

然而，利奧波德毋須化身也能留下自己的印記。歷史對非洲的影響是深遠的：數十年的殖民主義，數百年的大西洋與阿拉伯世界奴隸貿易，以及最容易被忽略的，在此之前已在非洲持續上千年的奴隸制度。從殖民時代開始，歐洲留給非洲的重要遺產不是今日英國、法國與比利時實施的民主制度，而是專制統治與掠奪。放眼整個非洲大陸，恐怕沒有哪個國家比剛果更難擺脫過去的陰影。

當剛果終於獲得獨立時，卻也是整個國家步入不幸的起點。與大多數在非洲殖民的國家一樣，一九五〇年代席捲整個非洲的自治風潮，令比利時措手不及。一九五九年，這股風潮在利奧波德維爾引發群眾抗議，隨後公安軍展開了血腥鎮壓。在此之前，利奧波德的繼承者已然認定剛果可能獨立，但他們以為那會是幾十年後的事。有些非洲人正在接受訓練，以迎接那個遙遠的未來；然而當壓力增加，使得剛果在一九六〇年獨立，當時整個國家的大學畢業生竟不到三十人。剛果人沒有自己的軍官、工程師、農學家或醫師。殖民地政府幾乎沒有做出任何安排，剛果人根本還沒準備好要自行治理國家：公務體系大約五千個管理職，其中只有三名公務員是非洲人。[15]

比利時國王博杜安（Baudouin）抵達利奧波德維爾，以一種高傲的態度正式賜予剛果自由。他說道，「各位先生，接下來輪到你們證明自己值得信任。」[16]盧蒙巴即席發表了一篇充滿怒氣的演說作為回應，這篇演說引起全世界的關注。將近一個月前，一場選舉讓盧蒙巴當上了聯合政府總理。這是剛果第一次舉行的全國民主大選，但選舉產生的贏家卻讓比利時人希望落空。盧蒙巴相信，光是政治獨立仍不足以讓非洲擺脫殖民的過去；非洲必須停止充當歐洲的經濟殖民地。盧蒙巴的演說立刻引起西方各國的警覺。比利時、英國與美國公司已經在剛果做了大量投資，想要開採剛果盛產的銅、鈷、鑽石、黃金、錫、錳與鋅礦。盧蒙巴是個精明又充滿魅力的人物，他在激憤下發表的演說，很快就傳布到剛果國境之外。他的訊息足以鼓動人心，令西方政府感到恐懼。此外，盧蒙巴無法收買。由於在西方找不到支持者，盧蒙巴轉而尋求蘇聯的協助。然而與歐美國家為敵的結果，使盧蒙巴掌權的日子屈指可數。盧蒙巴成為剛果首任民選總理不到兩個月，美國國家安全會議（National Security Council）便成立祕密行動小組委員會，成員包括中情局長杜勒斯（Allen Dulles），授權刺殺盧蒙巴。[17]當時擔任中情局行動處長的比塞爾（Richard Bissell）日後說道，「總統〔艾森豪〕……對盧蒙巴的看法跟我還有其他人一樣：他是條瘋狗……總統希望把這個問題處理掉。」[18]另一名曾經參與關鍵會議的官員回憶說，艾森豪清楚告訴中情局長杜勒斯，「必須除掉盧蒙巴。」[19]

要解決「這個問題」有幾個選項，例如下毒（毒藥寄給駐利奧波德維爾的中情局站長）、一把高威力步槍與職業殺手。然而，要接近盧蒙巴的可能性微乎其微，因此上述方案都不可行。由於此時仍有中情局與比利時人在剛果的軍警單位工作，他們於是採取支持剛果政府內部反盧蒙巴派系的策略，深信可以藉由這些人來除掉盧蒙巴。這位剛果總理被捕之後持續遭到毒打，最後在一九六一年一月於伊莉莎白維爾（Elizabethville）被祕密槍決。比利時政府暗中下令，由一名比利時飛行員駕駛飛機把盧蒙巴送往伊莉莎白維爾，由另一名比利時軍官指揮行刑隊。槍決之後，這兩名比利時人肢解盧蒙巴的屍體，然後用強酸毀屍滅跡，不讓剛果人有建立殉難者墓地的機會。[20]我們不知道如果盧蒙巴還活著，他會不會堅持實現他在許多非洲人心中代表的希望。但美國與比利時絕對不讓他有實現的可能。

策劃這起事件的剛果軍方關鍵人物，是一個名叫蒙博托（Joseph Désiré Mobutu）的年輕人，他當時擔任陸軍參謀長，是前殖民地公安軍的士官。西方國家從一開始就相中蒙博托，認為他能維護西方國家的利益。在計劃謀殺盧蒙巴時，蒙博托從剛果當地的中情局人員與西方軍事隨員手中獲得大筆現金。[21]一九六三年，蒙博托戴著墨鏡，身穿飾有金穗的將軍軍服，腰間佩著一把劍，到白宮拜會美國總統甘迺迪。甘迺迪給他一架飛機供他個人使用，還派了機組人員為他駕駛飛機。在美國鼓勵下，蒙博托於一九六五年發動政變成為剛果的獨裁者，掌權超過三十年。

美國持續的軍事援助使蒙博托屢次擊敗試圖推翻他的勢力。[22]有些政敵遭到他的刑求與殺害；有些則被他收編成為統治圈子的成員；還有一些被迫流亡。蒙博托在位三十年間，美國給他的民事與軍事援助總計達十億美元以上；歐洲國家，特別是法國，給予的援助更多。在美國與盟邦的大量投資下，剛果成為可靠的反共國家以及美國中情局與法國軍方發起軍事行動的跳板，但在蒙博托統治下，剛果的發展陷入停滯，唯一的改變只有在一九七一年將國名改為薩伊（Zaire）。

剛果國有媒體開始稱呼蒙博托是指導者、國父、舵手與彌賽亞。在美國與歐洲的默許下，剛果的財富絕大部分流進了蒙博托與外國採礦公司的口袋。蒙博托對西方國家的忠誠，使他成為華府的常客。而蒙博托在訪美時，也巧妙地將軍服換成了民間服飾，手裡拿著一根雕刻精美的黑檀木手杖，他頭上戴的深具非洲風格的豹皮帽也成了他的註冊商標，但這頂帽子實際上是一間高雅的巴黎女帽製造商製作的。雷根在白宮接見蒙博托數次，他稱讚蒙博托是「良知與善意的聲音」。[23]老布希表示蒙博托是「我們最重要的一個朋友」。老布希又說，「我很榮幸能邀請蒙博托總統來訪，在我總統任內，他是第一位正式訪問美國的非洲元首。」[24]

蒙博托與他的隨員恣意揮霍國家收入，結果導致剛果政府無法運作。一九九三年，蒙博托沒有錢支付軍隊與公務員薪水，於是便發行新貨幣。但是店家不接受新貨幣，士兵們因而群起暴動，掠奪商店、官署與民宅，造成數百人死亡。長達數年的時間，垃圾堆積如山，無人清理。少數幾家航空公司仍維持剛果航線，但它們會避免讓飛機在剛果過夜，因為一旦出事，保險公司不負理賠責任。政府給與學校和醫院的經費也幾乎告罄。美國大使館勸告派駐首都的職員，遭遇警察攔檢，不要解鎖車門與搖下車窗；應要求警方隔著車窗展示證件，以避免皮包被搶。

蒙博托在一九九七年被推翻之前，長達三十二年的掌權使他成為世上數一數二的富豪；據估計，他的個人財富在顛峰時曾達到四十億美元。[25]他大部分時間都待在金夏沙（前利奧波德維爾）河面的遊艇上。他曾將一座大湖改名為蒙博托湖（Lake Mobutu Sese Seko）。他在法國、比利時、葡萄牙、西班牙、瑞士等地購置豪宅。剛果的國庫等同於他個人的財庫；他曾在一年之內，命令國有航空公司派飛機前往委內瑞拉高達三十二次，好將五千隻當地的長毛綿羊運回到他位於戈巴多萊（Gbadolite）的牧場；[26]一九八七年，當他的遊艇進廠翻修時，他直接從河道系統上極少數還在營運航行的客船中挑了一艘最舒適的占為己有。此外，幾乎每一家在剛果經營的大公司，蒙博托都要求分一杯羹，而他也如願以償。

把今日非洲的動盪完全歸咎於歐洲帝國主義顯然過於簡化，真實的歷史往往極其複雜。此外，當我們回頭來看蒙博托時，除了膚色之外，我們幾乎看不出他有哪一點與一百年前統治剛果的利奧波德不同。他的個人統治。他從剛果取得的龐大財富。他以自己的名字為湖泊命名。他的遊艇。他把國家的財產當成自己的財產。他讓私人企業在他的領土上經營並持有這些企業的大量股份。正如利奧波德利用他個人控制的剛果自由邦，獨享大多數的橡膠獲利，蒙博托也獨占了金礦與橡膠種植園。蒙博托在需要的時候總是不吝印製更多的紙鈔，這種習慣簡直與利奧波德印行剛果債券的做法一模一樣。

十四世紀，哲學家赫勒敦（Ibn Khaldun）寫道，「被征服者總想仿效征服者的主要特質——他的服飾、舉止動作、性格與習慣。」[27]蒙博托的海濱別墅（Villa del Mare），一棟位於法國蔚藍海岸羅克布呂訥—馬丹角（Roquebrune-Cap-Martin）的粉紅與白色相間的大理石柱廊城堡，擁有室內與室外游泳池、鑲著黃金的浴室與直升機停機坪，沿著海岸距離利奧波德過去位於費雷角的別墅只有六英里。兩棟別墅甚至可以彼此相望。

* * *

面對一百年前那場為剛果爭取公義的運動，我們能為它寫下什麼樣的墓誌銘？

剛果改革運動有兩項影響後世的成就。首先，透過莫雷爾、凱斯門特，以及同樣英勇但名氣不如前者的人物如威廉斯、謝波德與沙努的努力，大量的資訊得以載於史冊。儘管從過去到現在，利奧波德與他的崇拜者想盡辦法要燒毀、忽視或以製造神話的方式來扭曲事實，但這些歷史紀錄依然順利留存下來。這些事實記載至關重要，少了這些事實，非洲大陸的歷史將永遠陷入沉默。

這場運動的另一項重大成就，在於運動的支持者延續了一項傳統、一種看待世界的方式，一種人類能對他人受苦感到憤怒的能力，無論痛苦加諸的對象是什麼膚色、來自哪一個國家或世界哪一個角落。

當剛果改革者在英美的數百場大型集會上發言時，他們會播放幻燈片：成人與孩子的手被砍斷、強制民眾擔任挑夫與遭到破壞的村落照片。「剛果暴行的幻燈片演講」，一則宣傳廣告這麼寫著。「幻燈片包括了哈里斯夫人最近在剛果自由邦巴林加拍攝的六十張照片。演說內容則經過哈里斯牧師與莫雷爾先生的修訂。」這些幻燈片是黑白的，大約三英寸見方，用「神奇幻燈片」投影機放映。今日，人們不難找到這些幻燈片。它們靜靜躺在倫敦南部一棟廉租小公寓一樓儲藏架的兩個塵封木箱子裡。反奴隸制國際組織（Anti-Slavery International）就藏身於這棟建築物中，在此之前是反奴隸制協會，再之前是反奴隸制與原住民保護協會，更再之前是英國與外國反奴隸制協會。哈里斯夫婦曾與莫雷爾共事，之後主持協會數年的時間。自一八三九年以來，英國與外國反奴隸制協會一直持續運作，它是全世界歷史最悠久的人權組織。今日，在這間放著保存幻燈片的木箱的房間裡，二十幾歲的年輕男女頻繁進出，他們手裡拿著海報、錄影帶與一疊疊小冊子，內容涉及孟加拉、尼泊爾與馬來西亞的童工，中東的家庭婦女奴隸，巴西的債務奴隸，泰國的雛妓，非洲的女性割禮，以及英國的外傭剝削。

活躍於這間倫敦辦公室的傳統，在過去兩百年間持續成長茁壯。今日，我們比較少提到人道主義，因為這個詞給人一種家長主義的施捨印象，我們更常使用的是人權一詞。生活的基本自由不再被視為善心人士給予的禮物，而是如凱斯門特在審判中所言，是人與生俱來的權利。這種精神構成了國際特赦組織與無國界醫生（Médecins Sans Frontières）這類組織的基礎，國際特赦組織主張，只因一個人的意見就將其關押拘禁是一種犯罪，無論這件事是發生在中國、土耳其或阿根廷，無國界醫生相信，生病的孩子有權得到醫療照顧，無論他是在盧安達、宏都拉斯（Honduras）還是南布朗克斯（South Bronx）。

全盛時期的剛果改革運動不僅協助形塑與強化這套信念，甚至進一步超越這套信念。今日，人權團體通常處理結果——身陷囹圄的男人，被奴役的女人，無法得到醫治的孩子。莫雷爾不僅處理結果，也探討原因：畢竟，沒有非洲土地的竊取與非洲勞力的強徵，就沒有利奧波德的整個剝削體制。正是這種激進主義（radicalism）——就這個詞彙最良善與最深刻的意義而言——激起了剛果改革運動領導者的熱情，也引領莫雷爾與凱斯門特在為剛果伸張正義之後走進了彭頓維爾監獄。

剛果改革運動所屬的大傳統可以上溯到法國大革命或甚至更早的時代；在這個傳統下，許多男女為了爭取自由而挺身對抗強權，從美洲奴隸起義到南非延續半個世紀的抗爭，而這場抗爭也讓曼德拉（Nelson Mandela）當上南非總統。剛果改革運動持續了十年，不僅登上世界舞臺，也成為上述傳統的重要成分，而這項傳統更贏得世人的尊崇。一百年前，當剛果爭議發生時，完整的人權理念，包括政治、社會與經濟人權，對當時全世界大多數國家的既有秩序帶來全面性的挑戰。它的影響，一直持續至今。

一篇個人後記

戈馬（Goma），位於剛果東部，在這座遭受戰火破壞的城市裡，車輛在泥土街道上留下深深的胎痕，街上充斥炸大蕉、摩托車廢氣與過熟水果的氣味。女人背著孩子，頭上頂著籃子或待洗的衣物，男人用摩托車載運柴薪、一箱箱蘇打水、塑膠瓶裝的汽油，他們把東西堆得高高的，看起來搖搖晃晃，十分危險。開放式貨車載運大型貨物，貨物頂端還坐著一排搭便車的人。聯合國維和部隊的休旅車與裝甲車漆成白色；坐在車裡的士兵戴著藍色頭盔、藍色貝雷帽、藍色棒球帽，印度的錫克人部隊則纏著藍色頭巾。市場攤販高聲叫賣大批進口二手衣物，剛果人為了貼補家用，紛紛在路旁賣起木炭或香蕉，他們身上穿著各種宣傳T恤，有些是迪士尼，有些則是舊金山四十九人隊（San Francisco 49ers）或皇家夏威夷度假酒店（Royal Hawaiian Resort）。

我在戈馬這裡，針對剛果斷斷續續的內戰撰寫雜誌文章，[1]但我不經意地發現，在這座城市裡，幾乎每個地方都可以看到早在一百多年前剛果就開始承受的那些不幸延續至今的痕跡。這片土地的豐富自然資源持續流向海外，但當地人卻幾乎沒得到任何好處。這種現象四處可見。老舊的蘇聯時代安托諾夫（Antonov）渦輪螺旋槳運輸機從我的頭上呼嘯而過，飛機上裝滿了從內陸開採出來的錫礦。堆滿原木的拖車搖搖晃晃駛過顛簸的紅土路，一路上塵土飛揚，朝邊境而去。有些豐富資源則是以你無法察覺的方式外流：金砂或碎鑽包在塑膠袋裡，縫進襯衫的接縫處或塞到鞋墊下面。據估計，剛果有九七%的黃金在未課稅的狀況下運出國外。

利奧波德運用剛果的財富來整修比利時的宮殿與購買法國蔚藍海岸的豪宅，蒙博托也一樣，他把剛果的獲利全用來購置宅邸。其中一座就在戈馬：一棟占地遼闊的紅磚豪宅，綠色草地一路向下綿延至基伏湖畔（Lake Kivu），其間點綴著棕櫚樹與其他種類樹木。地板以白色大理石鋪就，一道弧形的大理石階梯通往蒙博托來訪時使用的辦公間；房間呈圓形，正中間懸掛著一座巨大而俗不可耐的枝形吊燈，上面裝了數百顆小燈泡。在木質辦公桌上鑲嵌著兩個交纏的金色花體字，首字母M與B，分別代表蒙博托與他的第二任妻子芭比．拉達瓦（Bobi Ladawa）——蒙博托的第一任妻子名叫瑪麗．安東尼（Marie-Antoinette，按：跟著名的法國瑪麗皇后同名），這個名字取得相當貼切。另有兩個步入式衣帽間，每個衣帽間長十英尺，曾經掛滿芭比的衣物。有好幾間夫妻共同使用的浴室；芭比的浴室鋪設的是粉紅色大理石，有兩個貝殼狀的水槽，還有一個大型按摩浴缸。

強制勞動的現象至今依然存在。剛果內戰混亂且複雜，參與的各個武裝團體例行性地徵召平民搬運武器軍火、蒐集飲水與柴薪，偶爾還要挖掘黃金。二〇〇七年，針對戈馬地區超過二千六百名民眾的調查顯示，超過五成民眾表示，自己在過去十五年間曾被強制搬運輜重或勞動。[2]在距離戈馬一小時車程的地方，有一座逃避戰火的難民營，數千人在此生活，他們住在屋頂用茅草鋪成的臨時避難所裡，運氣好的人有聯合國發放的藍色防水布可以鋪在屋頂，我在這裡遇到一名有被強制勞動經驗的人。這名男子二十九歲，穿著T恤與涼鞋，他不希望自己的名字曝光。兩天前，他才從自己的村子逃到這個營地。他的左眼包著繃帶。上星期，剛果軍隊與叛軍交戰，他們逼迫他擔任挑夫。後來，軍隊遭到攻擊，「我趁這個機會逃跑。我在灌木叢裡躲了一晚，當我回到村子裡時，發現軍隊已經把村子毀了，所有人都逃跑了。其他士兵再次要求我搬運補給物資。我拒絕後，他們就用刺刀刺我的眼睛。」男子的眼睛還能看見一點東西，但看不清楚。醫生無法確定他的視力能不能完全恢復。他的妻子與兩個孩子，一個兩歲一個八歲，也逃離村子，男子相信他們仍躲在灌木叢裡。

蒙布瓦魯（Mongbwalu）位於戈馬北方數百英里，在利奧波德統治時期末尾，曾有大批被套上鎖鍊的工人在此挖礦。我到這裡參觀的時候，發現當地礦區正在擴大開採，負責開挖的公司是總部設在南非的盎格魯黃金阿尚蒂公司（AngloGold Ashanti）。鄰近山丘的民眾，他們住在破爛的小屋裡，房子的地板是泥土地，照明僅靠蠟燭或煤油燈。對比之下，礦場公司的辦公地點設在山丘頂部，形成一個小型的西方島嶼，島嶼上興建了現代辦公設施，有沖水馬桶與電力供應。一名穿著卡其短褲的澳洲地質學家在電腦螢幕上向我展示3D影像，他可以藉由旋轉影像，讓人可以從任何一邊以及從上方或下方觀看蒙布瓦魯的地下狀況。亮紅色與黃色部分代表黃金礦藏，在礦藏當中有細細的綠線隔開，這些綠線代表岩石。影像也顯示公司使用鑽石鑽頭進行鑽探，一共挖了五百個以上的取樣孔，有些取樣孔深達二千英尺。

鑽探的結果，確認這裡有貴重的無主珍寶。在這片不到半平方英里的土地下方，蘊藏著超過二百五十萬盎司的黃金。在我造訪期間，盎格魯黃金阿尚蒂公司僱用了大約二百五十名員工。這些員工大多數都在大門深鎖的場區內工作，由私人保全人員嚴密保護，而這些私人保全人員包括了尼泊爾的廓爾喀人，他們全是英國陸軍的退伍軍人。場區的泛光燈與高聳的鐵絲網柵欄，被當地剛果人權分子戲稱為「關達那摩」（Guantanamo）。礦區採礦的收益，只有很小比例留在剛果，而且這之中的大部分最後是進到政府高官的私人銀行帳戶裡。盎格魯黃金阿尚蒂公司在鄰近的坦尚尼亞挖出了價值超過十五億美元的黃金，但這筆財富只有九%以稅收或採礦許可費的形式留在坦尚尼亞。

盎格魯黃金阿尚蒂公司花費了數百萬美元進行探勘，卻只願意支付少量金額資助鄰近的醫院、學校與足球賽事，儘管地方團體聯盟與教會持續為赤貧的社區進行遊說，但公司只是冷眼旁觀。[3]馬格布希尼（Richard Magabusini）是民選首長，同時也是聯盟成員，他告訴我，「我們把需求與不滿全列了出來，但他們完全不理會。他們只是重複那一句，『我們現在只是在探勘。這些事以後再說。』」盎格魯黃金阿尚蒂公司只願意與自己召集來的社區代表協商，因為這些人比較容易屈服，至於公司的工會代表，他們避之唯恐不及。

我在蒙布瓦魯的天主教傳道站過夜，睡覺時，我掛起了蚊帳，早上，我在讚美詩的歌聲中醒來。傳道站的隔壁就是寬敞的大教堂，這座教堂是比利時人興建的，有著拱形的窗戶與因為年代久遠而轉為深色的木造天花板，從大教堂前方的階梯望出去，可以看見廣大赤道雨林的西緣，這片美麗的風景，同時也是橡膠恐怖發生的場地。大教堂的祭壇上掛了一幅類似壁畫的巨大畫作，從這幅畫當地人可以一窺殖民地過去的主人如何看待自己。聖母與聖子飄浮在金雲之上；地面上，九到十名非洲成人與兒童虔誠獻出鮮花，幾個人舉著一面旗子，旗子上寫著殖民時期在剛果營運的比利時礦業公司的名字：基洛－莫托金礦（Mines d'or de Kilo-Moto）。在底部的角落，頭上戴著羽飾、脖子上掛著貝殼項鍊的巫醫，被公司與聖母馬利亞結合起來的力量所壓制，只能驚恐地逃離現場。

＊＊＊

當我撰寫這篇後記時，距離本書首次出版已大約過了二十年。開始策劃撰寫這本書時，要找到對這一題材有興趣的人出乎意料地困難。有十家紐約出版社看了詳細的出版提案，其中九家拒絕。慶幸的是，第十家霍頓．米夫林出版社（Houghton Mifflin），跟英國的麥克米倫出版社（Macmillan）一樣，對本書有不同的看法。英文版與其他十四種語言的版本，至今總共出版了七十五萬冊。本書產生了斯科特（Pippa Scott）的紀錄片《利奧波德國王的鬼魂》、一些饒舌歌曲、外百老匯與瑞典的前衛劇作與加州藝術家加里格斯（Ron Garrigues）的出色雕塑作品：他把象牙、橡膠、槍的零件、已經擊發的子彈、骨頭、巴剛果人（Bakongo）的雕刻作品與利奧波德大量頒授的勳章結合起來，形成一個令人寒毛直豎的集合藝術。二〇一六年的電影《泰山傳奇》（*The Legend of Tarzan*），企圖在二十一世紀重新詮釋那個過時的故事，而這部電影的背景就設定在一八九〇年利奧波德治下剛果。在電影中，由誰來當泰山的死對頭呢？答案是羅姆。而誰是泰山英勇而莽撞的夥伴？威廉斯。當然，電影中經常出現泰山抓著藤蔓盪來盪去的勇敢畫面；同樣的，好萊塢最終安排了白人英雄拯救了非洲，不過這一次倒是有獅子朋友從旁協助。儘管如此，我還是很高興能看到大銀幕上出現一些細節，例如火車車廂裡裝滿掠奪來的象牙、利奧波德的公安軍士兵，以及鎖鍊加身的受迫勞工——當然，最終泰山解救了他們。現實生活有這麼簡單就好了。

從某些方面來看，那段歷史實際上仍持續進行著。在比利時的奧斯坦德，從利奧波德喜愛的度假別墅俯瞰整片沙灘，這裡長久矗立著巨大的國王騎馬銅像，在他身旁還圍繞著尺寸較小的對他表達感謝之意的非洲人與當地漁民的人像。二〇〇四年某天夜裡，幾名無政府主義者鋸掉了其中一個非洲人銅像的手，他們在一張匿名的傳真中表示，這麼做可以讓銅像更能代表利奧波德對非洲的影響。四年後，一名比利時藝術家把紅漆（代表鮮血）潑在布魯塞爾某個廣場的國王騎馬銅像的頭部與肩膀。兩名剛果歌手也在同一個地點錄製了音樂影片。對於一個曾以為永遠不可能看到自己作品出版的作者來說，這是個有趣的變化。

我有時會想，為什麼那些出版社拒絕出版。大多數北美與歐洲民眾在成長過程中接受的教育，使他們認為這個時代值得瞭解與大書特書的暴政只有共產主義與法西斯主義。我們下意識對於史達林與希特勒的受害者特別感到同情，因為他們幾乎全是白人。我們有意識地認為共產主義與法西斯主義是比較晚近的歷史產物，因為它們造成了前所未見的數千萬人死亡，同樣前所未見的還有它們用以箝制所有異議的極權主義意識形態。然而我們卻忘記了殖民統治已先造成數千萬非洲人死亡。此外，殖民主義也可能是極權的——畢竟，有什麼比強制勞動體制產生的壓迫更大呢？不僅如此，在殖民統治下，審查制度也十分嚴格：生活在比屬剛果的人，不會比生活在史達林蘇聯的異議分子更有機會在當地報紙發表倡議自由的言論。殖民主義也有一套精巧的意識形態從旁支持與合理化，這一點具體表現在某些人的發言上，從吉卜林的詩與史坦利的演說，到針對非洲人頭骨的形狀、原住民的懶惰與歐洲文明的優越等等進行品評的布道談話與書籍。把強迫原住民勞動說成——利奧波德官員的說法——幫助原住民成為「自由之人」，其扭曲語言的程度直可媲美奧許維茲大門上寫的「勞動帶來自由」（Arbeit Macht Frei）。共產主義、法西斯主義與殖民主義都主張有權完全控制人民的生命。日後，即使這三種意識形態在官方層次都已經正式終結，其造成的影響仍繼續存在很長一段時間。

***

我知道利奧波德殖民主義影響的不只是直接受利奧波德殖民統治的民眾，但我沒有想到這本書使我有機會與這些民眾的後代子孫建立連繫。自從這本書出版以來，我見到了盧蒙巴的孫子，也與莫雷爾的孫女通過信。我發現在美國也有隱藏的剛果人海外社群；我在各地演講的時候，總會遇到一些人在演講結束後留下來與我交談。透過他們，我得以將本書的法文版寄給剛果的學校與圖書館。我在加州的一家書店，遇見一個多元種族團體，裡面不論男女似乎都對謝波德瞭若指掌；一問之下，才知道他們是附近的長老教會信眾，而這個教會剛好是謝波德昔日傳道站的姊妹教會。舍布盧姆是最早且最有勇氣批評利奧波德的傳教士，當瑞典浸信會在斯德哥爾摩舉行舍布魯姆紀念會時，我也前往參與。我在紐約市演講時，一名年邁的白人婦女彎著腰，走到簽書會的桌子前面，用濃厚的口音用力地說，「我曾住在剛果很多年，你說的全都是真的！」我本想向她請教，可惜她一轉眼就不見了。某天，我回家聽見電話答錄機裡有一段非洲口音的留言：「我需要跟你談談。我的祖父被比利時人強徵擔任挑夫，最後工作到死。」

一九九八年，《利奧波德國王的鬼魂》在美國出版，法文版與荷蘭文版也同時問世，法文與荷蘭文是比利時的兩個主要語言。我當時前往安特衛普，與歷史學家馬夏爾（見第十九章）一起找到了一百年前莫雷爾駐足的碼頭，莫雷爾在這裡清點抵達的剛果象牙與橡膠，震驚地意識到自己眼前的產品出自奴工之手。遺憾的是，馬夏爾不久便罹患癌症過世，但他在過世前終於獲得遲到太久的應得肯定。

在安特衛普與布魯塞爾，我發現這裡的聽眾十分友善，他們關心人權，而且對於學校從未教導比利時在非洲犯下的血腥歷史表達歉意。報紙的評論也很正面。然後，負面的回應出現了。這些回應來自在一九六〇年比屬剛果獨立時被迫倉皇離開非洲的數萬名比利時人，他們的世界在一夕間崩解，瞬間失去家園。大約有六個由比利時「老殖民者」組成的組織，這些組織的名稱大同小異，例如盧盧阿布爾格歐洲人軍事訓練中心前軍校生兄弟會（Fraternal Society of Former Cadets of the Center for Military Training of Europeans at Luluabourg）。這些團體組成同盟、建立網站，在網路上大肆攻擊我的作品：「誇大其詞……拼湊事實……隨意揣測與虛構當地情況。」還有人抨擊本書「謊話連篇」，而且用一種彷彿是在對利奧波德說著悲傷悄悄話的形式來表現：「你在度過圓滿的人生之後，以為自己終於能夠永遠安息，但你錯了。」[4] 一份守舊保守的老牌殖民地通訊報寫道，「地獄之犬再度被放出來對抗偉大的國王。」[5]

本書資訊幾乎完全出自其他作者已經出版的作品，其中也包括比利時人，例如馬夏爾。

但由於我們身處的世界依然是帝國主義當道，因此很不公平的是，身為美國人的我寫的東西，往往可以獲得較多的重視。《衛報》刊登了一篇長文，描述「一本新書如何在一個勇於面對殖民遺產的國家引發一場論戰」。該文引用保守的非洲學者斯坦格斯教授（Professor Jean Stengers）的話來抨擊本書：「不出兩三年，這本書就會遭到遺忘。」比利時首相顯然希望這場爭論早日結束。他向《衛報》表示，「殖民地的過去已經徹頭徹尾過去了，現在的比利時與舊時殖民地真的毫無情感連結……那是歷史。」[6]

但歷史難以抹滅。二〇〇一年，比利時外交大臣米榭爾（Louis Michel）寄了一份機密備忘錄給比利時各個駐外機構，指示外交人員如何應答《利奧波德國王的鬼魂》與《黑暗之心》的讀者提出的那些令人困窘的問題。（他的指示：改變話題，談談比利時當前在非洲從事的和平工作。）米榭爾日後依然不鬆口，他稱利奧波德二世「在當時是真正具有遠見卓識的人，是個英雄」。[7]

另有其他事件推了一把，促使比利時將這段殖民歷史納入政治議程。本書出版的隔年，比利時作家威特（Ludo De Witte）出版了《盧蒙巴遇刺》（*The Assassination of Lumumba*），書中揭露大量新出土的犯罪資訊，顯示比利時與剛果第一任民選總理的死亡陰謀有關。又過了一年，海地導演佩克（Raoul Peck）拍攝的劇情片《盧蒙巴》將盧蒙巴短暫的人生與最後的殉難呈現在廣大觀眾面前。二〇〇一年，比利時國會調查證實威特的許多發現確實無誤，比利時政府因此發表正式的道歉聲明。然而，大力主導總理刺殺行動的美國政府卻從未做出任何表示。

上述發展使我在最後一章提到的皇家中非博物館面臨各種令其不適的質問。一九九九年，一名博物館人員坦承，館方正在研究館內展品可能出現的變化，「但絕對與最近某個美國人撰寫的那本充滿爭議的作品無關」。[8]博物館一名持不同意見的館員開始寫電子郵件給我，提到博物館內部的騷動，最後，政府任命了新館長。二〇〇五年的短期展覽終於以真實呈現殖民主義作為展覽主題，但實際上卻巧妙地避重就輕。[9]五年後，博物館又舉辦展覽，這一次做得比較好，但依然是短期展覽。在我撰寫這篇後記之時，博物館已因為整修而關閉數年，我們只能期望當博物館再度開館，能以完全不同的面貌出現在世人面前。然而無論是什麼地方的博物館，都很難完善處理歷史中令人困窘的部分。在美國，你在哪裡可以找到一間博物館盛大展出有關殖民菲律賓期間的殘酷戰爭，或美國軍事干預中美洲與加勒比地區的一長串歷史?在華府設立一座講述非裔美國人歷史的國立博物館，前後竟花了四百年的時間。

***

經過這些年，再度回顧本書，可以提醒我哪邊可以再做補充。我最大的挫折在於，要還原個別非洲人在這段歷史中扮演了哪些重要角色是十分困難的事。歷史學家經常面對這樣的困難，因為殖民者、富人與當權者的文字紀錄總是比被殖民者、窮人與無權者來得豐富。我在寫作時屢次深感挫折，我們可以清楚知道利奧波德的性格與日常生活，卻對同時期剛果當地的統治者所知甚少，更不用說那些為了蒐集橡膠而累死的村民。又例如，有那麼多關於史坦利的記載，但做的事與他極為相似的非洲人，卻很少有人記載：當史坦利首次為利奧波德測繪土地時，濱海的非洲商人早在他之前就已經引領挑夫隊伍帶著貿易物品進入內陸。說到反抗橡膠體制的勇者時，我們瞭解莫雷爾、凱斯門特與謝波德這些歐美人士的完整生平，卻對失去生命的叛軍領袖坎多洛或尼亞瑪一無所知。剛果人因此被邊緣化，歷史也遭到扭曲。

我在撰寫本書時不斷想解決這個問題，但至今仍找不到比較好的辦法。人類學家對於剛果各個族群已經做出相當精細的研究，但殖民時代個別非洲人的生平依然付之闕如。透過人物講述的歷史，必然大部分只能呈現利奧波德、他的支持者或他在歐美的反對者的歷史。當我開始撰寫本書時，一位非洲小說家朋友告訴我，「要講述完整的故事，必須仰賴想像才行。」如某方面來說，他是對的：但條件是作家必須深刻投入到當時個別剛果人的個人生活之中，如小說家阿切貝對殖民時代非洲其他地區的描述，或者是童妮．莫里森（Toni Morrison）傳達的美國奴隸生活經驗。

不過，如今我們已經能夠取得一些非洲人對利奧波德時代的回憶與描述，只可惜在我撰寫本書之時，這樣的紀錄還不可得。我在第十章引用一名非洲人茨旺比的說法，這段口述歷史出自一九五〇年代對數十名非洲人做的訪談，他們曾經歷五十年前的橡膠恐怖時代。比利時傳教士博拉特（Edmond Boelaert）進行了這些訪談，然後和另一名傳教士赫爾斯塔特（Gustaaf Hulstaert）與一名剛果人同事隆卡瑪（Charles Lonkama）一起將這些訪談翻譯成法文。博拉特與赫爾斯塔特可以說是反殖民主義者，經常與天主教當局意見相左。「赤道中心」（Centre Aequatoria）組織所在的傳道站離剛果河港姆班達卡（Mbandaka）不遠，該組織與他們在比利時的支持者如今已將訪談全文放在網上，篇幅達兩百多頁。可惜的是，這樣的篇幅仍不足以讓我們完整瞭解一個人的生平，但這些訪談仍提供了罕見的非洲人第一手證詞。有一名非洲人經歷了利奧波德與之後的時代，他見過史坦利，之後又為英國傳教士工作，他曾留下較為長篇的口述歷史，收錄於一本小書中，我在撰寫本書時並不知道這本小書的存在：即馬庫洛（Makulo Akambu）所撰《馬庫洛的一生：蒂普的前奴隸與格倫菲爾的傳道師》（*La Vie de Disasi Makulo: Ancien esclave de Tippo Tip et catéchiste de Grenfell*），一九八三年於金夏沙出版。[10]

完成《利奧波德國王的鬼魂》之後，為了撰寫下一本書，我有數年的時間全心探索新教的福音派人士，這些人在一七八七到一八三三年的英國反奴隸制運動中扮演舉足輕重的角色。這個經驗讓我覺得，我在撰寫本書時低估了福音派傳統號召英國民眾支持剛果改革運動的重要性。格蘭特（Kevin Grant）最近的研究《文明化的野蠻：英國與非洲新奴隸制度，一八八四到一九二六年》（*A Civilised Savagery: Britain and the New Slaveries in Africa, 1884-1926*）進一步強化了這個想法。格蘭特提到，每個提到莫雷爾的人，包括我在內，都忽略了早在莫雷爾創立剛果改革協會之前，浸信會傳教士已經開始在蘇格蘭吸引大批群眾，放映與剛果暴行有關的「神奇幻燈片」。（另一名學者的新研究指出，這些照片有許多是由一名法羅群島〔Faroe〕的居民拍攝與展示的，這個居民名叫丹尼爾森〔Daniel J. Danielsen〕，他是一名船長，提供好幾艘汽船供傳教士使用，其中也包括凱斯門特。）[11]格蘭特也揭露了一些令人不安的資料，例如莫雷爾只專注於剛果改革運動，卻絕口不提葡屬非洲受迫勞工的苦況，莫雷爾的朋友與資助者，巧克力製造商吉百利，他使用的原料正是葡屬非洲生產的可可豆。但另一方面，格蘭特也提到莫雷爾後來在第一次世界大戰期間的行為，使人們更加推崇莫雷爾的勇氣。在莫雷爾的前傳教士盟友無恥地投身愛國沙文主義熱潮之時，莫雷爾不僅因為堅持反戰而身陷囹圄，接受苦役的懲罰，他在戰時與戰後仍隻身一人支持非洲人有權取得自己的土地。

在本書完成的十年後，吉爾（Tim Jeal）出版了《史坦利：非洲最偉大的探險家充滿波瀾的一生》（*Stanley: The Impossible Life of Africa's Greatest Explorer*），書中使用了新取得的珍貴資料。我根據吉爾的發現做了少許修改，但也許沒有吉爾或其他史坦利的推崇者希望的那麼多。這名飽受折磨的複雜男人，他的經驗在他死後竟衍生出如此兩極的看法，至於何者較為真切，就留待讀者自己判斷。

感謝眼尖的讀者來信，在再版的《利奧波德國王的鬼魂》中，我更正了幾個小錯誤。但有個地方一直是不需要做出修改的，那就是第十五章的死亡人數。對於利奧波德的辯護者來說，這個巨大數字一直是他們最難面對的事。由於沒有精確的人口調查資料，因此死亡人數只能是個估計值。然而無論是當時還是今日，最嚴謹的估計數字一直都很高。除了第十五章提到的數字，我還可以舉出更多其他的例子。[12]在二〇〇九年出版的一部內容詳盡的歷史著作中，剛果歷史學家恩奇姆（Isidore Ndaywel è Nziem）與我先前引用的學者一樣，也認為整個剛果在利奧波德與緊接其後的時代總共死亡將近一千萬人。[13]提出辯解的比利時人有時會指出在其他非洲殖民地也出現了災難性的死亡率，至於美國印第安人，死亡人數占總人口數的比例甚至更高。他們的說法是對的。但他們無法否認剛果人口在利奧波德時代出現巨大損失，也找不出辯解的藉口。

＊＊＊

本書首次出版時，蒙博托才剛倒臺與去世不久。在他漫長的獨裁統治期間，政府機能幾乎陷入停頓，而且政府本身也跟利奧波德時代一樣，完全成了為領袖及其手下營利的工具。從衛生、預期壽命、教育與所得來看，蒙博托統治末期的剛果人民，要比一九六〇年，也就是持續八十年的殖民統治結束時過得還差。蒙博托的士兵靠收取過路費來維持生活，將領則靠賣戰鬥機賺錢，在東京房地產繁榮時期，剛果駐日大使甚至賣掉大使館，將賣得的價金中飽私囊。[14]

當蒙博托於一九九七年倒臺時，許多人希望長期受苦的剛果人民能就此享有剛果豐富天然資源帶來的種種利益。然而事與願違。蒙博托的繼任者繼續進行掠奪，導致剛果有四分之三的人口每日僅有不到二美元的收入可供生活。異議人士被捕入獄，貪汙受賄明目張膽地進行：一名內閣部長的幕僚長在部會信紙的信頭標明與他開會的價碼：六千美元，在工作場合以外的地方見面則要再加三千美元。[15]這個名不符實的剛果民主共和國也陸陸續續傳出各種糟糕的消息：學校與醫院被洗劫一空，十歲大的士兵揮舞著AK-47，估計有二百萬名婦女遭到強姦，有時這些強姦婦女的士兵還患有愛滋病。蒙博托倒臺後的數年間，剛果東部地區時而發生內戰，造成嚴重的破壞。這個地區除了有鄰近七個非洲國家派兵前來，還有當地軍閥的無情民兵，連其他國家的叛軍也利用這塊廣大而毫無法紀的地區作為避難所，例如胡圖族民兵（Hutu militia），他們是造成一九九四年盧安達種族滅絕的元凶。盧安達軍隊追擊胡圖族民兵到剛果境內，實施他們所謂的反種族滅絕行動，然後在兩年間掠奪了價值超過二億五千萬美元的剛果天然資源。各方的武裝力量，加上剛果名義上的政府與幾個反對勢力，彼此合縱連橫的結果，使得剛果完全陷入分崩離析的狀態。

跨國公司也跟著徇私舞弊。保護他們利益的已不再是公安軍，而是與不同的軍隊與派系進行檯面下的交易。正如過去象牙與橡膠驅使著商人尋找利潤，今日這些公司則是渴望開採剛果的鑽石、黃金、原木、銅、鈷與鈳鉭鐵礦，後者可以用來製造電腦晶片與手機。鈳鉭鐵礦每盎司的價格有時能媲美黃金，而剛果東部正是全世界最大的鈳鉭鐵礦產區。最激烈的戰鬥地點有時會隨著商品價格的相對漲跌而改變，因為這裡的戰鬥是為了爭奪礦藏，與意識形態無關。我不時會聽到剛果的朋友說，「如果我們沒那麼富有，我們就不會有那麼多麻煩。」

這些礦藏引發的爭奪，導致巨大的人命損失。精確的統計數字無法得知，而估計數字也充滿爭議，但直接與間接的估計死亡人數介於二百萬到五百萬之間。死者幾乎都不是士兵。大部分是平民百姓，包括孩子在內，他們可能是在兩軍交戰時被殺，也可能是運氣不好踩到地雷，他們或者被迫逃離家園到森林躲藏，或者前往擁擠的難民營，而無論是森林還是難民營，一遇到雨季就變得泥濘不堪。與利奧波德時代一樣，內戰造成的人命損失大多數來自疾病，飽受創傷、饑腸轆轆的平民完全禁不起疾病的打擊，就連逃亡者也難逃疾病的魔掌。儘管每隔一段時間就會停戰與簽訂權力分享的協議，但死亡人數仍持續增加。

叛軍、剛果的鄰邦以及這些國家的公司盟友，他們無意結束剛果的巴爾幹化。他們喜歡現金交易，他們不喜歡徵稅與管制，而後者才能讓民眾真正分享到天然資源帶來的好處。對剛果來說，一方面擁有豐富的礦藏，另一方面又擁有失能的政府，兩者結合起來便成為一場災難。一旦國庫沒錢，軍隊就變身為由礦工與走私者組成的網絡，自行籌措財源。當學校教育停擺或工作稀缺時，軍隊可以輕易召募到孩子。當數百萬件在非洲流通的輕兵器可以在街邊的攤販買到，或者從領不到薪水的軍警那裡購得時，一般民眾取得槍枝已成為稀鬆平常的事。

沒有強有力的外來支持者，如莫雷爾的剛果改革協會，來進行遊說，推動有效措施。當然，也沒有人知道怎麼做才能提供最有效的支援，但無論如何，採取行動已是刻不容緩。首先必須阻止武器毫無管制地流入非洲。光是一九九〇年代，美國就提供了價值超過兩億美元的軍火與人員訓練給非洲軍隊，早期介入剛果內戰的國家中，七個就有六個接受過美國的軍事援助。其中造成最大災難的就是美國對盧安達的長期援助，迄今為止，盧安達已經長達二十年持續資助剛果的反政府民兵。

其次，規模更大且獲得更多授權的聯合國維和部隊也會有幫助，即使國際干預對剛果來說只不過是在盜賊肆虐之下要求保安巡邏銀行而已。然而不這麼做，結果只會更糟。最後，對全非洲來說，結束貿易補貼與貿易壁壘可以讓南方世界（world's South）的農民更容易將農產品販售到歐洲或北美，如此也可以改善長久以來一直不利於窮人的國際經濟運作模式。

***

我寫這本書，有部分原因是為了呈現歐洲殖民主義如何深刻形塑我們生活的世界。回想美國與歐洲為了保護自己的投資而支持像蒙博托那樣貪婪的非洲獨裁者，我們必須說，目前的新殖民主義也好不到哪裡去。最後，我必須給予一些提醒。儘管利奧波德與他的繼承者做出強取豪奪的事，但把今日非洲的問題完全歸咎於殖民主義也是不公允的。人類的歷史總是充斥著民族間的相互征服。但是，從愛爾蘭到南韓，許多被無情殖民的國家最終還是建立起繁榮而民主的國家。一個社會被征服前的體質，往往決定了這個社會日後能夠恢復的程度。在殖民者離開後表現得更好的國家，往往是原本就有較佳的經濟發展、強烈的民族認同、文字語言或遠距貿易關係的國家。

世界還有不少地區狀況不佳，其中包括大部分的非洲。這當中牽涉的因素無法只憑殖民遺產來加以解釋。例如婦女地位的低下，以及伴隨而來對女性的暴力、壓迫與偏見。又如對於像蒙博托這種強人的高度容忍或甚至英雄崇拜。最後，非洲大多數地區長久以來一直維持著奴役本地人的制度，這種現象至今仍危害整個社會體制。

別的地區也有相同的障礙。有數十個國家因為歧視女性而無法實現正義與進步。美國與歐洲的民主制度也遭受渴望權力的煽動家威脅，而他們訴求的往往就是種族沙文主義。非洲不是唯一深受奴隸制度荼毒的地區：契訶夫（Chekhov）瞭解俄羅斯農奴歷史造成的影響，他因此提到俄羅斯人必須一點一滴地把奴性從自己身上榨出來。俄羅斯持續不休的麻煩顯示這項任務有多麼漫長而艱鉅。

即使沒有被殖民的問題，要建立可長可久的真正民主社會也往往是個緩慢、困難且恆常處於未完成階段的工作。對西歐來說，從神聖羅馬帝國與星羅棋布的公國、侯國、小王國，發展成今日的列國體系，其中經歷了數世紀的流血，包括慘烈的三十年戰爭。而昔日那些國與國之間任意攻伐與恣意搶掠的無政府狀態，令人想起今日的剛果。但歐洲最終從那場混亂走了出來，我希望非洲有一天也能如此。

亞當．霍克希爾德，二〇一八年十月

誌謝

感謝倫敦皇家地理學會、倫敦反奴隸制國際組織、比利時泰爾菲倫皇家中非博物館、布魯塞爾皇家武裝部隊與軍事史博物館（Musée Royal de l'Armée et d'Histoire Militaire）、斯德哥爾摩瑞典行道會（Svenska Missionsförbundet）、紐約州羅徹斯特美國浸信會歷史協會（American Baptist Historical Society）、佛羅里達州桑福德市桑福德博物館、北卡羅來納州蒙特里特（Montreat）美國長老教會歷史部（Department of History of the Presbyterian Church）的工作人員願意回應我的要求，提供了資訊、照片或其他資料。感謝紐約市美國自然史博物館的希爾德克勞特（Enid Schildkrout），以及維吉尼亞州漢普頓市漢普頓大學的檔案人員願意讓我閱覽謝波德的文件，感謝塞格伯格（Ebba Segerberg）幫我翻譯瑞典文，謝謝雷蒙德（David Raymond）與史登（Fritz Stern）給予我一些有用的參考書目建議。

寫作本書的過程使我瞭解到圖書館在保存歷史紀錄上扮演的重要角色，尤其是那當權者希望被遺忘的，或是有些人選擇去忽視的。我為我自己能借到某些書籍而由衷感激，儘管我發現其中有一本的上一次借閱日期是在一九三七年。我也對於自己能借到數十年前的書籍，而且發現書頁完全未遭到撕毀感到慶幸——有兩本書是如此。感謝我在各地圖書館做研究時，工作人員給我的協助：西北大學、耶魯大學與貝茲學院（Bates College）的圖書館員；紐約市公立圖書館；紐約協和神學院（Union Theological Seminary）圖書館；史丹佛大學胡佛與格林圖書館（Hoover and Green libraries），以及最重要的，加州大學柏克萊分校的多伊、莫菲特與班克羅夫特圖書館（Doe, Moffitt, and Bancroft libraries），我在這裡完成了大部分的研究。柏克萊從一個世紀之前開始收藏的大量資料，充分證明政治人物的目光短淺與一些汲汲營營於減稅的狂熱分子的荒謬，這些人一心想著削減美國公立與國立大學圖書館的預算。

雖然我的妻子亞莉（Arlie）正忙著完成一部傑出的作品，但她依然撥出時間與我一起討論、經歷與體會我的寫作計畫的每個步驟。當我完成稿子，準備讓她閱讀與提供意見時，她早已對剛果這段歷史的主要人物瞭若指掌，彷彿他們是我們的多年好友。我很幸運能有一群朋友閱讀我的稿子，以他們身為作家、記者或歷史學家的經驗給予我有用的評論：阿爾瑪（Ayi Kwei Armah）、巴洛（Harriet Barlow）、費爾斯提娜（Mary Felstiner）、弗林（Laurie Flynn）、大衛・霍克希爾德（David Hochschild）、拉巴爾姆（Patricia Labalme）、索爾曼（Paul Solman）、威利斯（Allen Wheelis）、威爾森（Francis Wilson）與渥斯一家（Blaikie, Monty, and Robert F. Worth）。至於批評性的閱讀與其他協助，我要感謝我的經紀人丹妮絲・夏農（Denise Shannon）與伯徹德（Georges Borchardt），以及霍頓・米夫林出版社前主編賽佛里安（Dawn Seferian）。

湯姆・恩格爾哈特（Tom Engelhardt）對本書每個地方都給予了重要的編輯建議，他的貢獻不可計量。那些重視寫作技藝的美國作家，總是想獨占湯姆，不想讓別人知道湯姆的名字。如今，具有批判性的閱讀能力，能拆解打磨每一句、每個段落乃至整本書，擁有這種極致高超寫作技藝的人幾乎已不可得。如果編輯界有奧斯卡獎，湯姆早就得獎了。

身為這段悲劇歷史之路的研究後進，我在探索過程中受到一些人的協助，他們在這方面瞭解的比我更多。范格羅恩維格閱讀了書稿，並且將他的文件分享給我。我特別要感謝兩位研究這個時代最偉大的學者，人類學家萬思那與歷史學家馬夏爾。兩人都慷慨回應我的電話與信件，給予我許多資訊。兩人都認真閱讀我的稿子，馬夏爾甚至前後閱讀了兩次，幫我修正了許多錯誤。我重新修改後的作品，若仍有任何錯誤，由我負起全責，而我在書中對幾個觀點的詮釋，可能與他們兩人有些許相左之處，也應由我承受全部批評。我由衷深深感謝他們的指導。

7. *Associated Press*, 30 June 2010.
8. *Guardian*, 13 May 1999
9. Adam Hochschild, "In the Heart of Darkness," *New York Review of Books*, 6 October 2005.
10. Éditions Saint Paul Afrique, 1983. 與許多口述歷史一樣，這本書裡的人名與事實不完全可靠。這本書必須與另一本書合參，François Bontinck, "Une lecture critique de 'La vie de Disasi Makulo,'" in *Zaïre-Afrique* 179 (November 1983)。
11. Óli Jacobsen, *Daniel J. Danielsen and the Congo: Missionary Campaigns and Atrocity Photographs* (Troon, UK: Brethren Archivists and Historians Network, 2014).
12. 例如R. P. Van Wing, *Études Bakongo: Histoire et Sociologie* (Brussels: Goemaere, 1920), p. 115; and Léon de St. Moulin, "What Is Known of the Demographic History of Zaire Since 1885?" in Bruce Fetter, ed., *Demography from Scanty Evidence: Central Africa in the Colonial Era* (Boulder, CO: Lynne Rienner, 1990), p. 303.
13. *Nouvelle Histoire du Congo: Des origines à la Republique Démocratique* (Tervuren, Belgium: Royal Museum for Central Africa, 2009), p. 319.
14. 見Michela Wrong's excellent *In the Footsteps of Mr. Kurtz: Living on the Brink of Disaster in Mobutu's Congo* (New York: HarperCollins, 2001), for this and much more.
15. Stuart A. Reid, "Congo's Slide Into Chaos," *Foreign Affairs*, January/February 2018, p. 100.

14. 14 Fabian, pp. 27–28, 55, 60, 261.
15. Stengers 7, p. 271.
16. Bremen 2, p. 145.
17. Kelly, pp. 57–60. Kelly的嚴謹記述主要根據訪談與文件，特別是一九七五年十一月二十日美國參議員Frank Church主導的調查報告：*Alleged Assassination Plots Involving Foreign Leaders: An Interim Report of the Select Committee to Study Governmental Operations With Respect to Intelligence Activities*。
18. John Ranelagh, *The Agency: The Rise and Decline of the CIA* (New York: Simon & Schuster, 1986), p. 342, 引自Kelly, p. 59.
19. Robert H. Johnson，引自the *Washington Post*, 8 August 2000.
20. 見Ludo De Witte, *The Assassination of Lumumba* (New York: Verso, 2001).
21. Young, p. 325; Kelly, pp. 52, 170.
22. Kelly, p. 178.
23. Winternitz, p. 270.
24. George Bush, on 29 June 1989, 引自Kelly, p. 1.
25. *The Guardian*, 13 May 1997.
26. Blaine Harden, *Africa: Dispatches from a Fragile Continent* (New York: Norton, 1990), p. 38.
27. Pascal Bruckner, *The Tears of the White Man: Compassion as Contempt* (New York: The Free Press, 1986), p. 84.

一篇個人後記

1. 有兩篇文章收錄在我的*Lessons from a Dark Time and Other Essays* (Berkeley, CA: University of California Press, 2018).
2. Patrick Vinck, Phuong Pham, Suliman Baldo, and Rachel Shigekane, *Living with Fear: A Population-based Survey on Attitudes about Peace, Justice, and Social Reconstruction in Eastern Democratic Republic of Congo* (Human Rights Center, University of California, Berkeley, 2008), p. 32.
3. Union Royal Belge pour les Pays d'Outre-Mer.
4. Congorudi, October 2001.
5. *Bulletin du Cercle Royal Naumurois des Anciens d'Afrique*, No. 4, 1998.
6. *Guardian*, 13 May 1999.

1962), p. 402, 引自 Swartz, p. 50.

54. Minute by M. N. Kearney, 10 Oct. 1916, FO 371/2828/ 202398, PRO, 引自 Cline, p. 111.
55. *The Persecution of E. D. Morel: The Story of his Trial and Imprisonment*. With an introduction by Sir D. M. Stevenson and a prefatory note by Thomas Johnston (Glasgow: Reformers' Bookstall, 1918), p. 11.
56. Adams, p. 180.
57. Morel 4, p. 60.
58. Morel 4, p. 62.
59. Morel 4, p. 66.
60. Russell to Murray, 27 Mar. 1918, in *The Autobiography of Bertrand Russell*, vol. 2 (Boston: Little, Brown, 1968), p. 108.
61. "E. D. Morel" by F Seymour Cocks, in *Foreign Affairs: A Journal of International Understanding*, vol. VI no. 6, Dec. 1924, p. 118.
62. Morel Papers F 1, 7, 引自 Marchal 3, p. 10.

第十九章　重大的遺忘

1. Conrad, p. 27.
2. Stinglhamber and Dresse, pp. 52–53.
3. Strauch to Wauters, 1911, 引自 Stanley 6, p. xi.
4. De Premorel, p. 97.
5. Read, pp. 78–96.
6. 馬夏爾：一九九五年九月的訪談。
7. 例如勒弗蘭克（第八章）或格里班德聖日耳曼（第十五章）。
8. État Major de la Force Publique, *L'Afrique et le Congo jusqu'à la création de l'État Indépendant du Congo* (Leopoldville: 1 June 1959), pp. 10–11，引自 Stengers 5, p. 165.
9. État Major de la Force Publique, *L'Etat Indépendant du Congo (1885–1908)* (Leopoldville: 1 Oct. 1959), p. 145, 引自 Stengers 5, p. 165.
10. 值得一提的是兩名比利時神父博拉特（Edmond Boelaert）與赫爾斯塔特（Gustaaf Hulstaert）的開創性作品；另可見 Vangroenweghe and Anstey 3。
11. Nelson, p. 104.
12. Vangroenweghe, p. 234.
13. Vansina 2, p. 230.

24. Swan, p. 51; Pakenham, p. 611.
25. Holt to Morel, 5 Oct. 1909, 引自 Louis 5, p. 34.
26. Conrad, p. 50.
27. Benedetto, pp. 30, 423–425.
28. Roth, p. 283.
29. Phipps, preface.
30. Darrell Figgis, *Recollections of the Irish War* (New York: Doubleday, Doran & Co., 1927) p. 11, 引自 Reid, p. 190.
31. Casement to Morten, 1 May 1914, 引自 Sawyer, p. 114.
32. Roger Casement in the *Irish Independent*, 5 Oct. 1914, 引自 Singleton-Gates and Girodias, pp. 357–358.
33. Casement on 28 Sept. 1915, 引自 Reid, p. 309.
34. Basil Thompson [Casement's Scotland Yard interrogator], *Queer People* (London: Hodder and Stoughton, 1922), p. 87.
35. Casement to his sister Nina, 15 July 1916, 引自 Reid, p. 351.
36. Inglis, p. 313.
37. Inglis, p. 364.
38. 重印於 Singleton-Gates and Girodias, p. 498.
39. Inglis, p. 346.
40. A. Fenner Brockway, quoted in Inglis, p. 368.
41. Father Thomas Carey, writing on 5 Aug. 1916, 引自 Reid, p. 448.
42. Ellis [the executioner] in *The Catholic Bulletin*, Aug. 1928, 引自 Reid, p. 448.
43. Casement to Morten, 28 July 1916, 引自 Reid, p. 436.
44. Adams, p. 212.
45. Swanwick, p. 187.
46. Swartz, p. 105; Swanwick p. 98.
47. Taylor, p. 120.
48. *Daily Sketch*, 1 Dec. 1915, 引自 Cline, p. 103, and Swartz, p. 111.
49. *Daily Express*, 4 Apr. 1915, 引自 Cline, p. 110.
50. *Evening Standard*, 7 July 1917, 引自 Adams, p. 210.
51. Alice Green to Morel, 引自 McColl, pp. 273–274.
52. *The Autobiography of Bertrand Russell*, vol. 2 (Boston: Little, Brown, 1968), pp. 36–37.
53. Bertrand Russell, *Freedom versus Organization, 1814–1914* (New York,

6. Stengers 1對利奧波德的財務做了最詳盡的研究，但有些問題依然無法解答。
7. 馬夏爾所做估算的簡要版本（一九九七年七月三十日，馬夏爾在給我的信上回答了這個問題）如下：
   - 給予剛果自由邦政府的貸款並未投資於剛果，反而被利奧波德用於歐洲的各項計畫：共一億一千萬法郎（Jean Stengers "La dette publique de l'État Indépendant du Congo (1879–1908)," in *La dette publique aux XVIIIe et XIXe siècles: son développement sur le plan local, régional et national* (Brussels: Crédit Communal de Belgique, 1980), p. 309）。
   - 在橡膠最景氣的時期，一八九八到一九〇八年，估計未列入帳上的橡膠獲利，主要來自從國有土地蒐集的橡膠，還有國家在主要特許公司（英比印度橡膠公司、開賽公司與剛果安特衛普商會）擁有股份而分得的獲利：共一億一千萬法郎。

   這還不包括更早期的橡膠獲利或國家在幾家小公司擁有股份而分得的獲利。
8. Alexandre Delcommune, *L'Avenir du Congo Belge Menacé* (1919), 引自Michel Massoz, *Le Congo de Leopold II* (1878–1908), (Liège: Soledi, 1989), p. 576.
9. Northrup, p. 109.
10. 引自Northrup, p. 107.
11. Northrup, p. 161.
12. Northrup, p. 99.
13. Jules Marchal，撰寫中。
14. Cornevin 2, pp. 286–288.
15. Anstey 2, pp. 144–152.
16. Suret-Canale, p. 21.
17. Suret-Canale, pp. 20–28; West, pp. 165–181; Coquéry-Vidrovitch 1, pp. 171–197.
18. Vansina 3, p. 239.
19. Vansina 3, p. 242.
20. Coquéry-Vidrovitch 1, p. 181.
21. Étienne Clémentel, 引自Pakenham, p. 639.
22. Coquéry-Vidrovitch 1, p. 195.
23. Stengers 1, pp. 278–279, Marchal 3, p. 45.

Roberts, 6 June 1913, 引自 Reid, p. 172.

55. Casement, "The Putumayo Indians" in the *Contemporary Review*, September 1912, quoted in Inglis, p. 206.
56. Casement to Alice Green, 21 June 1911, 引自 Reid, p. 137.
57. Casement 4, p. 289 (20 Nov. 1910).
58. Casement 4, p. 221 (9 Aug. 1910).
59. Casement's diary for 16 Aug. 1911, 引自 Inglis, p. 194.
60. Conan Doyle to the *Times*, 18 Aug. 1909, 重印於Conan Doyle 2, p. 138.
61. Morel to Weeks, 9 Nov. 1908, quoted in Cline, p. 64.
62. Conan Doyle to the *Daily Express*, 13 Apr. 1910, reprinted in Conan Doyle 2, p. 152.
63. Morel to Claparède, 23 Mar. 1910, 引自 Morel 5, p. 202.
64. Morel in the *Morning Post*, 4 June 1907, 引自 Louis 4, p. 280.
65. Grey to Cromer, 13 Mar. 1908, 引自 Morel 5, p. 199 fn.
66. *African Mail*, 27 Aug. 1909, p. 463.
67. *Official Organ*, no. 10, August 1912, p. 799.
68. Casement to Morel, 13 June 1912, 引自 Louis 1, p. 119.
69. Morel's speech to the executive committee of the C. R. A., 25 Apr. 1913, in *Official Organ*, July 1913, pp. 986–987.
70. Supplement to the *African Mail*, 27 June 1913, p. 12.
71. Supplement to the *African Mail*, 27 June 1913, p. 6.

第十八章　勝利了？

1. Robert E. Park, "A King in Business: Leopold II of Belgium, Autocrat of the Congo and International Broker," reprinted in Stanford M. Lyman, *Militarism, Imperialism, and Racial Accomodation: An Analysis and Interpretation of the Early Writings of Robert E. Park* (Fayetteville: University of Arkansas Press, 1992), p. 214.
2. Stinglhamber and Dresse, p. 131.
3. Marchal 4, p. 432.
4. Stengers 1, pp. 172, 275.
5. Hyde, pp. 321–324; Ridley, p. 290; Gene Smith, p. 290; Foussemagne, p. 378. 然而，關於卡洛塔在世的後面六十個年頭，大多數的紀錄都是第二手或第三手，因為比利時王室不讓她的事對外公開。

25. Marchal 4, p. 225.
26. from "From the Bakuba Country" by W. H. Sheppard, *The Kassai Herald*, 1 Jan. 1908, pp. 12–13. Sheppard Papers.
27. Kocher to the State Prosecutor, 31 July 1908, 引自 Martens, p. 398.
28. 28 American Consul General Handley to the Assistant Secretary of State, 21 Sept. 1909. Sheppard Papers.
29. 29 Morrison to Chester, 9 Aug. 1909, 重印於 Benedetto, p. 383.
30. 30 Conan Doyle, p. iv.
31. State Dept. to H. L. Wilson, 2 July 1909, 引自 Shaloff, p. 119.
32. Morel to Vandervelde, July 1909, 引自 Slade 1, p. 371 fn.
33. Vinson, p. 99.
34. Vandervelde, pp. 90–91.
35. *Official Organ*, No. 5, Jan. 1910, p. 465.
36. Morrison to Conan Doyle, n.d., 重印於 *Official Organ*, no. 5, Jan. 1910.
37. William Sheppard, "The Days Preceding the Trial," in the *Christian Observer*, 10 Nov. 1909.
38. Phipps, p. 106.
39. Shaloff, p. 125.
40. Phipps, p. 106.
41. De Vaughan, p. 201.
42. Vachel Lindsay, "The Congo," in *The Congo and Other Poems* (New York: Macmillan, 1916).
43. Casement in 1913 [?], Singleton-Gates and Girodias, p. 317.
44. Casement to Gertrude Bannister, March 1904, 引自 Inglis, p. 113.
45. Casement to Alice Green, Spring 1907, 引自 Inglis, p. 152.
46. Casement to Cadbury, 7 July 1905, 引自 Porter, p. 267.
47. Casement to Alice Green, 引自 Inglis, p. 125.
48. Casement to Alice Green, 21 Sept. 1906, 引自 Reid, p. 78.
49. Casement to Parry, 9 Oct. 1906, 引自 Reid, pp. 80–81.
50. 與 Sir Gerald Campbell 的訪談，見 Mac Coll, p. 73 fn。
51. 引自 Adams, p. 203.
52. Morel to Casement, 12 June 1913, 引自 Reid, p. 173.
53. Casement to Cadbury, 4 July 1910, 引自 Reid, p. 97.
54. from a comment by Casement written on a letter from Charles

68. *Daily Chronicle*, 7 Nov. 1905.
69. *Daily Chronicle*, 7, 11, 14, and 15 Nov. 1905; *Daily News*, 15 Nov. 1905.

第十七章 沒有人是異邦人

1. Regions Beyond, Jan.—Feb. 1906, p. 46; 也可見*Official Organ*, Jan. 1906, p. 5.
2. Procès-Verbaux, 2 Nov. 1904.
3. Procès-Verbaux, 21 Nov. 1904.
4. Procès-Verbaux, 5 Jan. 1905.
5. Procès-Verbaux, 2 Jan. 1905.
6. De Vaughan, pp. 99–100.
7. Leopold to Goffinet, 23 Jan. 1906, 引自Ranieri, p. 247.
8. Carton de Wiart, p. 177.
9. Ascherson, p. 219.
10. Stinglhamber and Dresse, p. 59.
11. Conrad and Hueffer, p. 120.
12. Bauer, p. 163, de Lichtervelde, p. 323.
13. 1Williams 3, p. 279.
14. 即使到了一九一九年，在杜波依斯的領導之下，非裔美國人、加勒比人與非洲人領袖在巴黎參加第二次泛非洲會議（Pan-African Congress），該會議也並未支持非洲殖民地的完全獨立。*Pan-Africanism*, eds. Robert Chrisman and Nathan Hare (New York: Bobbs-Merrill, 1974), p. 302.
15. Stengers 7, p. 176.
16. Cookey, p. 210.
17. Baron Léon Van der Elst, "Souvenirs sur Léopold II," in *Revue Générale*, 1923, 引自Emerson, p. 259.
18. Carton de Wiart, p. 188.
19. 與Publishers' Press的訪談，見*New York American*, 11 Dec. 1906。
20. Marchal 4, p. 349.
21. Normandy, p. 300.
22. 見Marchal 3, pp. 75–91; Shaloff, pp. 84–94; and Vinson. 數十封莫里森的信件重印於Benedetto.
23. Slade 1, p. 317.
24. Phipps, pp. 95–96.

39. *Official Organ*, April 1906, p. 10.
40. Harris to Morel, 14 Feb. 1906, 引自 Cookey, p. 174.
41. Philip C. Jessup, *Elihu Root*, 1905–1937, vol. 2 (New York: Dodd, Mead, 1938), pp. 61–62, 引自 Shaloff, p. 90.
42. Lodge to Roosevelt, 6 July 1905, 引自 Sternstein, p. 192.
43. *The Autobiography of Lincoln Steffens* (New York: Harcourt Brace Jovanovich, 1931), p. 506, 引自 Sternstein, p. 193.
44. Wack to Leopold, n.d., quoted in the *New York American*, 13 Dec. 1906.
45. Gibbons to Morel, 21 Oct. 1904, 引自 Morel 5, p. 183.
46. *New York American*, 12 Dec. 1906.
47. *San Francisco Call*, 15 Jan. 1911.
48. *San Francisco Examiner*, 29 Nov. 1914.
49. *San Francisco Call*, 15 Jan. 1911.
50. *San Francisco Bulletin*, 18 Nov. 1914.
51. Mayor E. E. Schmits, *Speeches Made*, p. 10.
52. A. Reuf, *Speeches Made*, p. 26.
53. *Speeches Made*, p. 40.
54. de Cuvelier to Moncheur, 4 Feb. 1905, 引自 Marchai 4, p. 270.
55. Nerincx to de Cuvelier, 11 Feb. 1905, 引自 Marchal 4, p. 270.
56. Moncheur to de Cuvelier, 19 Feb. 1905, 引自 Marchal 4, p. 271.
57. *New York American*, 10 Dec. 1906.
58. Kowalsky to Leopold, n.d., reprinted in *New York American*, 11 Dec. 1906.
59. Marchal 4, p. 272.
60. *New York American*, 10 Dec. 1906.
61. *New York American*, 11 Dec. 1906.
62. *New York American*, 10 Dec. 1906.
63. Kowalsky to Leopold, n.d., in *New York American*, 11 Dec. 1906.
64. Kowalsky to Leopold, n.d., in *New York American*, 11 Dec. 1906.
65. 見 Congo Reform Association; Vangroenweghe; Marchal 4, pp. 111–122; Cookey, pp. 132–151.
66. Conan Doyle, p. 75; Morel in *Penny Pictorial*, Oct. 1907, article 4 in series.
67. *Daily Chronicle*, 7 Nov. 1905.

1905, p. 1186.

10. Marchal 3, p. 304.
11. *Times*, 3 Feb. 1905, 引自 Bontinck, p. 456.
12. Marchal 3, p. 316.
13. Morel to Fox, 18 Oct. 1905, 引自 Cookey, p. 143.
14. Stinglhamber and Dresse, pp. 334–335.
15. Willequet, pp. 109–113.
16. 與哈里森的訪談，見 *Journal of Commerce*, 23 June 1904。
17. Marchal 4, pp. 12–21.
18. *Official Organ*, #1, 1909, p. 64.
19. Willequet, letter reproduced following p. 36.
20. *National-Zeitung*, 22 May 1903, 引自 Wllequet, p. 150.
21. *National-Zeitung*, 4 Mar. 1905, 引自 Willequet, pp. 150–151.
22. *National-Zeitung*, 30 May 1905, 引自 Willequet, p. 152.
23. *Münchener Allgemeine Zeitung*, 1 Mar. 1906, 引自 Willequet, pp. 159 160.
24. Von Steub to Davignon, 21 May 1909, 引自 Willequet, p. 114 fn.
25. Von Steub to Davignon, 21 May 1909, 引自 Willequet, p. 128.
26. Von Steub to Davignon, 14 Sept. 1909, 引自 Willequet, p. 130.
27. Von Steub to Denyn, 8 Oct. 1909, 引自 Willequet, p. 130.
28. 見 Hawkins 1.
29. Kowalsky to Leopold, undated, in *New York American*, 11 Dec. 1906.
30. Harlan 1, pp. 270–271; Harlan 2, pp. 75–77.
31. Booker T. Washington in "Tributes to Mark Twain," *North American Review* 191, no. 655 (June 1910), p. 829, 引自 Shelley Fisher Fishkin, *Was Huck Black?: Mark Twain and African-American Voices* (New York: Oxford University Press, 1993), p. 106.
32. Twain to Morel, c. 12 Jan. 1906, 重印於 Wuliger, p. 236.
33. Maxwell Geismar, *Mark Twain: An American Prophet* (Boston: Houghton Mifflin, 1970), p. 222.
34. Twain, p. 1.
35. Twain, p. 66.
36. Twain, p. 36.
37. Morgan to Morel, 6 Oct. 1904, 引自 Baylen, p. 129.
38. *Congo News Letter*, April 1906 and April 1907.

(London: Hurst and Blackett, 1900), 引自 Morel 3, p. 58.
18. Nelson, p. 100.
19. Harms 3, p. 134.
20. McLynn 3, p. 245.
21. McLynn 3, p. 238.
22. 關於現代的例子，見 Jean Stengers in Morel 5, p. 255。
23. Marchal 4, p. 49.
24. Vangroenweghe, p. 233.
25. Casement 3, p. 140.
26. Vangroenweghe, pp. 233, 237.
27. L. Guebels, *Relation complète des travaux de la Commission Permanente pour la Protection des Indigènes* (Elisabethville: 1954), pp. 196–197.
28. 訪談，一九九五年九月。
29. Jan Vansina, introduction to Vangroenweghe, p. 10.
30. *La Question sociale au Congo: Rapport au comité du congrès colonial national* (Brussels: Goemaere, 1924), p. 7.
31. *La Question sociale au Congo: Rapport au comité du congrès colonial national* (Brussels: Goemaere, 1924), p. 101.
32. Vangroenweghe, p. 60.
33. Marchal 4, p. 26.
34. Vangroenweghe, p. 115.
35. Michael Herr, *Dispatches* (New York: Alfred A. Knopf, 1977), p. 29.

第十六章　「記者不會開收據給你」

1. McLynn 2, p. 405.
2. Stanley 5, p. 515.
3. Daniel Bersot in the foreword to *Sous la Chicotte* (Geneva:A.Jullien, 1909).
4. Liane Ranieri, *Les Relations entre l'État Indépendant du Congo et l'Italie* (Brussels: Académie Royale des Sciences d'Outre-Mer, 1959), p. 195.
5. Marchal 4, p. 12.
6. in *La Vérité sur le Congo,* Jan. 1905, p. 8.
7. Mountmorres, pp. 99–100, 159.
8. Mountmorres, pp. 105–106.
9. John Weeks to Morel, 7 Nov. 1904, in the *West African Mail*, 10 Mar.

自 Marchal 3, p. 297.
28. Morel to Shanu, 4 Sept. 1903, 引自 Morel 5, p. 157.
29. Marchal 3, p. 231.
30. Morel 1, p. 135.
31. Morel 1, pp. 135–153.
32. Morel 5, p. 156.
33. De Vaughan, p. 48.
34. De Vaughan, p. 51.
35. De Vaughan, p. 123.
36. De Vaughan, p. 67.
37. Leopold to Liebrechts, 31 Jan. 1899, 引自 Marchal 2, p. 96.
38. Stinglhamber and Dresse, p. 136.
39. Ascherson, p. 142.

第十五章　死亡人數估算

1. Marchal 1, p. 339.
2. Marchal 1, p. 339.
3. Lagergren, p. 297.
4. 這項陳述引自凱斯門特的報告，莫雷爾自己又再陳述了一次，引自 Lagergren, p. 288, and Marchal 3, pp. 197–198。
5. *West African Mail*, 17 Feb. 1905, p. 111.
6. Speech by Sjöblom in London, 12 May 1897, 引自 Morel 3, p. 43.
7. Lagergren, p. 121.
8. Vangroenweghe, p. 59.
9. Lemaire 2, pp. 18, 20, 23, 30, 36, 48.
10. Leclercq, pp. 244–445.
11. *West African Mail*, 16 Mar. 1906, p. 1219.
12. Conrad, p. 51.
13. P. Möller, *Tre Ar i Kongo* (Stockholm: P A. Norstedt, 1887), pp. 234–235, 引自 Kivilu, p. 338.
14. Morel 3, p. 63.
15. Canisius, p. 170.
16. William Morrison, letter from Luebo, 15 Oct. 1899, in *The Missionary*, Feb. 1900, p. 67.
17. *From Cape to Cairo: the First Traverse of Africa from South to North*

3. Holt to Morel, 引自 Adams, p. 179.
4. *West African Mail*, 23 Sept. 1904, p. 601.
5. Morel to Mark Twain, 引自 Hawkins 1, p. 167.
6. Vansina 2, pp. 144, 343; Vellut, p. 701.
7. Morel to Holt, 1910, 引自 Morel 5, p. 217.
8. Furley, pp. 141–142.
9. James Morris, *Heaven's Command: An Imperial Progress* (New York: Harcourt Brace Jovanovich, 1973), p. 39.
10. Taylor, p. 133.
11. Morel 1, p. 261.
12. Morel 1, p. x.
13. Morel 1, p. xvii.
14. Cookey, p. 149.
15. William Watson, "Leopold of Belgium," 見剛果改革協會幻燈片。這首詩也刊登於 *West African Mail*, 21 Sept. 1906, p. 608；這首詩另一個稍不同的版本經鑑定出自 Watson 的 *New Poems* (Lane)，見 *African Mail*, 26 Nov. 1909, p. 80。
16. 一九〇七年六月十四日，莫雷爾自己的筆記，引自 Cline, p. 58.
17. 各種小計的總和可參見 *Inventaire des microfilms des Papiers Morel, series A, B, E, F G, H, I, se rapportant à l'histoire du Congo et conservés à la British Library of Political and Economic Science, London School of Economics* (Brussels: Fonds National de la Recherche Scientifique, 1961).
18. by Herbert Strang (London: Hodder and Stoughton, 1906), p. vi.
19. Morel to Cadbury, Oct. 1906, 引自 Cline, p. 54.
20. *West African Mail*, 24 Aug. 1906, p. 520.
21. 約翰・哈里斯，未出版的自傳手稿，引自 Louis 6, p. 833。
22. Wahis to Charles Smets, 26 Jan. 1906, De Ryck Collection.
23. Weber to Naur, 16 Aug. 1906, De Ryck Collection.
24. 除非另外注明，本書所有關於沙努的資訊都來自 Marchal 3, pp. 142, 167–168, 191, 231, 296–302, 330–332，一些細節來自 Lemaire 1, pp. 42–44 以及 *Biographie Coloniale Belge*, vol. 4, cols. 838–839。
25. *Le Mouvement Géographique*, 30 Sept. 1894, p. 85.
26. *La Chronique Coloniale et Financière*, 11 Dec. 1904, p. 1.
27. Memorandum by Albrecht Gohr, director of justice, 27 July 1900, 引

19. Inglis, pp. 382–383.
20. Casement 2, pp. 121, 123, 125 (17, 19 and 30 Apr. 1903).
21. Casement 2, pp. 111, 115, 119, 129 (13, 20 Mar.; 6 Apr.; 12 May 1903).
22. Marchal 3, pp. 189–190.
23. Marchal 3, p. 192; Inglis, p. 69.
24. Casement to Poultney Bigelow, 13 Dec. 1903, 引自 Reid, p. 53.
25. Casement 2, p. 145 (2 July 1903).
26. Casement 2, pp. 147, 149 (8, 9, 10, 13 July 1903).
27. Casement 2, p. 137 (11 June 1903).
28. Casement to Fuchs, 15 Sept. 1903, 引自 Casement 5, p. v.
29. Casement to Lansdowne, no. 34 Africa, 15–16 Sept. 1903, FO 10/805, 引自 Louis 1, p. 107.
30. Lagergren, pp. 323–329.
31. Casement 2, pp. 135, 153, 155, 157, 159, 163, 165。
32. Casement 3, p. 114.
33. Phipps to Lansdowne, 27 Feb. 1904, 引自 Louis 1, pp. 112–113.
34. Phipps to Barrington, 5 Feb. 1904, 引自 Louis 1, p. 111 fn.
35. Casement 3, p. 112.
36. 一九〇四年六月，《西非郵報》剛果特刊。
37. Casement 2, p. 183 (1 Dec. 1903).
38. Casement 2, p. 185 (16 Dec. 1903).
39. Casement to Nightingale, 8 Sept. 1904, 引自 Reid, p. 65.
40. Casement 2, p. 183 (10 Dec. 1903).
41. Morel 5, pp. 160–162.
42. Casement 2, p. 189 (5 Jan. 1904).
43. Morel 5, pp. 163–164.
44. Morel 5, pp. 164–165.
45. Morel 5, p. 165.
46. Inglis, p. 92.
47. Morel to Holt, 12 July 1910, 引自 Porter, p. 267.
48. Casement to Morel, 4 July 1906, 引自 Louis 1, p. 119.

第十四章　將他的惡行公諸於世

1. Morel to Guthrie, 25 Feb. 1910, 引自 Morel 5, p. 195 fn.
2. Morel to Brabner, 14 Sept. 1908, 引自 Morel 5, p. 211.

2. 在凱斯門特眾多的傳記作家中，Reid與Inglis是最好的兩位。Inglis更詳細地提到他的非洲經驗，但並未注明資料來源。
3. Stephen Gwynn, *Experiences of a Literary Man* (London: T. Butterworth, 1926), p. 258, 引自Reid, p. 63.
4. W. Holman Bentley, quoted in Vangroenweghe, p. 276.
5. Stanley's journal, 15 Apr. 1887, 引自McLynn 2, p. 171.
6. McLynn 2, pp. 174–175.
7. Camille Janssen, in *Bulletin de la Société Belge d'Études Coloniales* (1912), p. 717.
8. Casement to Foreign Office, 14 Jan. 1904, PRO FO 10/807, quoted in Casement 5, p. i.
9. Joseph Conrad, *Congo Diary and Other Uncollected Pieces*, ed. Zdzislaw Najder (New York: Doubleday, 1978), reprinted in Conrad, p. 159.
10. Ernest Hambloch, *British Consul: Memories of Thirty Years' Service in Europe and Brazil* (London: G. G. Harrap, 1938), p. 71, 引自Reid, p. 5 fn.
11. 一九〇三年十二月二十六日，康拉德在寫給Cunninghame Graham的信中有明白的暗示（「我看見他動身走進無法形容的蠻荒之地……幾個月後，非常偶然的，我看到他從蠻荒中走了出來」），引自Reid, p. 14。
12. 康拉德寫給John Quinn的信，一九一六年五月二十四日，引自Frederick Karl, *Joseph Conrad: The Three Lives* (New York: Farrar, Straus & Giroux, 1979), p. 286。康拉德有時日期記得不太清楚，把自己與凱斯門特見面的時間記成了一八九六年，他的某一兩位傳記作者更是粗心，跟著以訛傳訛。但一八九六年絕對是不可能的，因為那一年凱斯門特已經在非洲。Jane Ford在"An African Encounter, A British Traitor and *Heart of Darkness*," *Conradiana*, vol. 27, no. 2, 1995, p. 125這篇文章中，認為兩人見面的時間可能是在一八九八年——也就是康拉德開始寫作《黑暗之心》前夕。
13. Conrad to Cunninghame Graham, 26 Dec. 1903, 引自Reid, p. 14.
14. Casement to Fox-Bourne, 2 July 1894, 引自Reid, p. 20.
15. Singleton-Gates, p. 91.
16. Louis 1, p. 103.
17. Inglis, p. 41.
18. Marchal 3, p. 187.

第十二章 大衛與歌利亞

1. Morel 5, pp. 47–48.
2. Morel 5, p. 48.
3. Morel 5, p. 5.
4. Morel 5, p. 49.
5. Morel 5, p. 30.
6. Morel 3, p. 8 fn.
7. *West African Mail,* 13 Jan. 1905, p. 996.
8. *Special Congo Supplement to the West African Mail*, Jan. 1905.
9. A. and J. Stengers, "Rapport sur une mission dans les archives anglaises," in *Bulletin de la Commission Royale d'Histoire*, vol. CXXIV (1959), pp. ciii—civ.
10. Morel 1, p. 31.
11. *Official Organ*, Sept.—Nov. 1908.
12. Morel 3, p. 24.
13. Morel 3, p. 25.
14. 14 Morel 3, p. 56.
15. 15 Morel 3, p. 47.
16. Morel 3, p. 57.
17. *Official Organ*, Jan. 1906, p. 15.
18. Morel 5, p. 115.
19. Morel 5, p. 128.
20. Morel 5, p. 129.
21. Canisius, pp. 75–80.
22. Canisius, p. 99.
23. Canisius, pp. 92–93.
24. Canisius, p. 113.
25. Canisius, p. 142.
26. Ibid.
27. Resolution of 20 May 1903, quoted in Cline, p. 37.
28. Georges Lorand, in La Réforme, 14 Sept. 1896, 引自 Lagergren, p. 199 fn.

第十三章 直搗賊窟

1. PRO HO 161, 引自 Reid, p. 42. 也可見 PRO FO 629/10, 11, 12.

13. Axelson, p. 204.
14. Marchal 3, p. 143, p. 153.
15. Cornet, p. 209.
16. Gann and Duignan 2, p. 123.
17. Regions Beyond, April 1897, 引自 Slade 1, p. 251.
18. Axelson, pp. 259–260.
19. J. De Witte, Monseigneur Augouard (Paris: Émile-Paul Frères, 1924), p. 71, 引自 Slade 1, p. 255.
20. Morel 3, pp. 43–44.
21. Fox Bourne to Morel, 21 Nov. 1903, 引自 Louis 1, p. 99 fn。
22. Lionel Decle in the Pall Mall Gazette, 11 June 1896, 引自 Louis 3, p. 575.
23. 一八九六年九月二十一日，引自 Lagergren, p. 197 fn.
24. Louis Graide, "Les Belges au Congo," in F. Alexis-M. S*oldats et Missionnaires au Congo de 1891 à 1894* (Lille: Desclée, de Brouwer & Cie., 1896).
25. 見 Marchal 2, pp. 78–80, Gerard, p. 181, Debrunner, pp. 340–342, *Le Mouvement Géographique*, 27 June 1897 and 18 July 1897, and *La Belgique Coloniale*, 4 July 1897 and 5 Sept. 1897.
26. *La Belgique Coloniale*, 4 July 1897, p. 314.
27. *La Belgique Coloniale*, 4 July 1897.
28. *Bruxelles-Exposition*, n.d., 引自 *La Belgique Coloniale*, 5 Sept. 1897, p. 423.
29. 隨頁注2：布勒（M. E. Buhler）寫的這首詩刊登在一九〇六年九月十九日的《紐約時報》上。當天《紐約時報》與其他報刊的剪報可參見 *Ota Benga: The Pygmy in the Zoo, by Phillips Verner Bradford and Harvey Blume* (New York: St. Martin's Press, 1992)。
30. "The Belgians in Africa," 22 Feb. 1894.（莫雷爾檔案微捲並未記載期刊名稱。）
31. Morel 5, p. 27.
32. Morel 5, pp. 28–29.
33. Morel 5, p. 36.
34. Morel 5, pp. 39–40.
35. Morel 5, p. 36.
36. Gann and Duignan, p. 149.
37. Morel 5, pp. 41–42.

46. Sheppard diary, 14 Sept. 1899, Sheppard Papers.
47. Sheppard in *The Missionary*, Feb. 1900, p. 61.
48. Charles Lemaire, *Belgique et Congo* (Gand: A. Van- deweghe, 1908), p. 64, 引自 Vangroenweghe, p. 46.
49. Ellsworth E. Faris, journal, 23 Aug. 1899, 引自 Morel 5, p. 248.
50. Vangroenweghe, p. 234.
51. Parliamentary debate of 28 Feb. 1905, 引自 Vangroenweghe, p. 288.
52. Boelaert, pp. 58–59.
53. Bricusse, p. 56. (11 June 1894).
54. Guy Burrows, *The Curse of Central Africa* (London: R. A. Everett & Co., 1903), pp. xviii–xix.
55. de Premorel, p. 64.
56. Marchal 4, p. 85.
57. Marchal 1, p. 391.
58. Bremen 1, pp. 119–120.

第十一章　祕密的殺人團體

1. Bauer, p. 169.
2. 一八九二年八月三十日的對話，出自 Auguste Roeykens, *Le baron Léon de Béthune au service de Léopold II* (Brussels: Académie Royale des Sciences d'Outre-Mer, 1964), p. 56, 引自 Stengers 2, p. 286。
3. Emerson, pp. 193–194.
4. Marchal 1, p. 353.
5. Vangroenweghe, p. 87.
6. 關於目擊者的描述，見 Stinglhamber and Dresse, 特別是 pp. 38–50 以及 Carton de Wiart，特別是 pp. 44 and 123–130。
7. Stinglhamber and Dresse, p. 88.
8. Emerson, p. 221.
9. C. Vauthier, "Le chemin de fer du Congo de Matadi à Léopoldville. Les environs de Matadi et le massif de Palabala," in *Bulletin de la Société Géographique d'Anvers* 13 [1887?], pp. 377–378, 引自 Kivilu, p. 324.
10. Cornet, p. 376.
11. Leopold to Thys, 31 May 1888, 引自 Cornet, p. 236.
12. Cornet, p. 236.

21. Phipps, p. 118; Benedetto, pp. 30, 423–425.
22. Sheppard in the *Southern Workman*, Dec. 1893, pp. 184–187, 引自 Walter Williams, p. 143.
23. Sheppard, "African Handicrafts and Superstitions," Southern Workman, Sept. 1921, pp. 403–404.
24. Vansina 2, p. 3.
25. 這是謝波德說起這個故事的慣用方式，例如一八九三年十一月十四日謝波德在漢普頓學院的演說（重印於 *Southern Workman*, April 1895, "Into the Heart of Africa," p. 65)）：「你是在我父王之前統治這個國家的國王，你已經去世了。」儘管謝波德在一些其他場合（*Southern Workman*, April 1905, p. 218, and Sept. 1921, p. 403），他說他是被當成現任國王已經去世的兒子。
26. Vansina 2 是研究庫巴人的重要學術作品。為了避免混淆，我在引用謝波德與其他人的作品時，會完全以謝波德對非洲名稱的拼法為準。
27. Sheppard, p. 137.
28. 之後的版本稱為《剛果的先驅》。
29. Sheppard, p. 119.
30. Liebrechts, pp. 37–38.
31. Harms 3, p. 132.
32. Harms 3, pp. 130–131.
33. Nelson, p. 82.
34. *Official Organ*, Sept. 1907, p. 10.
35. Louis Chaltin, journal, 16 July 1892, 引自 Northrup, p. 51.
36. Pulteney to FO, 15 Sept. 1899, FO 10/731, no. 5, 引自 Cookey, pp. 50–51 fn.
37. Bricusse, p. 81.
38. Donny, vol. 1, pp. 139–140.
39. Harms 3, p. 132.
40. Daniel Vangroenweghe "Le *Red Rubber* de l'Anversoise, 1899–1900, Documents inédits" in *Annales Aequatoria* 6 (1985), p. 57.
41. Harms 1, p. 81.
42. Harms 1, p. 79.
43. Harms 3, p. 134.
44. Canisius, p. 267.
45. Marchal 4, pp. 106–107.

39. Rom, *Le Nègre du Congo*, pp. 5–6.
40. Rom, *Le Nègre du Congo*, p. 84.
41. Conrad, p. 56.
42. Leclercq, p. 264.
43. Wahis to Van Eetvelde, 2 Nov. 1896, 引自 Marchal 1, p. 298.

第十章　哭泣的樹

1. Tennant to Stanley, 6 May 1890 and 9 May 1890, 引自 McLynn 2, pp. 328–329.
2. Stanley's journal, 9 Sept. 1890, 引自 McLynn 2, p. 334.
3. McLynn 2, p. 334.
4. McLynn 2, p. 376.
5. Stanley to Mackinnon, 25 Dec. 1890, 引自 McLynn 2, p. 337.
6. Phipps的著作是研究謝波德最透徹的作品。另可見Schall, Shaloff, Roth, Walter Williams, Sheppard，以及*Southern Workman*中謝波德自己寫的和別人寫他的許多文章。
7. Shaloff, p. 15.
8. *The Missionary*, vol. xxvi, no. 6, pp. 219–220.
9. Lapsley, p. 44.
10. Lapsley to his Aunt Elsie, in Lapsley, p. 83. Lapsley著作中出現印刷錯誤，搞錯了這封一八九一年信件的日期。
11. Lapsley to Aunt Elsie, Lapsley, p. 83.
12. Lapsley to his mother, 22 Dec. 1890, Lapsley, p. 94.
13. Lapsley, p. 108.
14. William Sheppard in the *Southern Workman* 44 (1915), pp. 166, 169, 引自 Schall, pp. 114–115.
15. Sheppard to Dr. S. H. Henkel, 5 Jan. 1892, 引自 Shaloff, p. 29.
16. Sheppard, "Yesterday, To-day and To-morrow in Africa," in *Southern Workman*, Aug. 1910, p. 445.
17. Walter Williams, p. 138.
18. letter from Sheppard to The Missionary, Sept. 1890, 引自 Walter Williams, p. 138.
19. S. C. Gordon to Sheppard, 引自 Shaloff, p. 30.
20. Ernest Stache to the Board of World Missions of the Presbyterian Church, 7 Aug. 1892, 引自 Shaloff, p. 32.

19. E. J. Glave, "Cruelty in the Congo Free State," in the *Century Magazine*, Sept. 1897, p. 706.
20. Lindqvist (p. 29) 似乎最早注意到這一點。
21. 關於羅姆生平，見第八章注58的傳記參考書目。
22. 八月初，康拉德經過利奧波德維爾，在康拉德的船從鄰近的金夏沙出發前的一兩天，此時康拉德與羅姆其實是有可能見到面的。九月底到十月底，康拉德再次來到利奧波德維爾／金夏沙，當時他很有可能聽聞羅姆的事蹟。等到康拉德前往上游地區時，羅姆早已離開前往下一個哨站。康拉德可能也有耳聞，除了羅姆之外，還有一些白人自稱蒐集了許多剛果人的頭顱，見第六章和第十三章。其中一名蒐集者，康拉德可能見過。當康拉德的比利時國王號往返於剛果河的上下游時，可能會在巴索科這座哨站過夜，巴索科是個極具戰略地位且防禦森嚴的哨站。康拉德旅行時，菲維斯才剛成為這個哨站的站長，康拉德很可能見過他，而菲維斯也是個人頭蒐集者，見第十章最後。後續還有其他人頭蒐集者，見第十五章。
23. Conrad, p. 68.
24. Conrad, p. 10.
25. Conrad, p. 13.
26. Conrad, p. 8.
27. Frances B. Singh, "The Colonialistic Bias of *Heart of Darkness*," in *Conradiana* 10 (1978), 重印於 Conrad, p. 278.
28. Mark Twain, *More Tramps Abroad* (London: Chatto & Windus, 1897) pp. 137–138, 引自 C. P. Sarvan, "Racism and the Heart of Darkness," *International Fiction Review* 7 (1980), 重印於 Conrad, p. 284.
29. Conrad, p. 65.
30. Conrad, p. 38.
31. Conrad, p. 66.
32. Chinua Achebe, "An Image of Africa: Racism in Conrad's *Heart of Darkness*," 重印於 Conrad, p. 261.
33. Conrad, p. 16.
34. Conrad, p. 12.
35. Conrad, p. 28.
36. Conrad, p. 27.
37. Conrad, pp. 50–51.
38. the Musée Royal de l'Afrique Centrale at Tervuren.

63. 剛果國家代理人的死亡率高達三分之一，見Marchal 1, p. 210。一九〇六年之前，軍事人員的死亡率也幾乎達到同等比例，見Gann and Duignan 2, p. 68。
64. Picard, pp. 145–146.
65. L. Dieu, *Dans la brousse congolaise* (Liège: Maréchal, 1946), pp. 59–60, 引自Slade 2, p. 72.

第九章 與庫爾茲先生見面

1. Joseph Conrad, *A Personal Record* (London: J. M. Dent & Sons, 1912), p. 13, 摘自Conrad, p. 148.
2. 除非另外提及，這裡描述的康拉德在剛果的生平完全參考Nadier，康拉德這個時期的生平，Nadier的敘述最為詳細。
3. Joseph Conrad, "Geography and Some Explorers," in *Last Essays*, ed. Richard Curle (London: J. M. Dent & Sons, 1926), p. 17, 摘自Conrad, pp. 186–187.
4. Lapsley, p. 83. 好幾本康拉德的傳記都沒有提到這一點。
5. 見加內特為*Letters from Conrad 1895–1924*, p. xii. (London: Nonesuch Press, 1928)寫的導論，摘自Conrad, p. 195.
6. Joseph Conrad, *Congo Diary and Other Uncollected Pieces*, ed. Zdzislaw Najder (New York: Doubleday, 1978), 重印於Conrad, p. 182.
7. Conrad, p. 35.
8. Conrad, p. 12.
9. Conrad, p. 57.
10. Joseph Conrad, "Author's Note" to *Youth: A Narrative; and Two Other Stories* (London: William Heinemann, 1921), 重印於Conrad, p. 4.
11. Conrad, p. 19.
12. Conrad, p. 23.
13. 1Joseph Conrad, Congo Diary and Other Uncollected Pieces, ed. Zdzislaw Najder (New York: Doubleday, 1978), 重印於Conrad, pp. 160, 161, 165.
14. Conrad, p. 23.
15. Conrad, p. 21.
16. Conrad, pp. 26–27.
17. Marchal 1, p. 284.
18. *Times* of London, 8 Dec. 1892, 引自Sherry, pp. 110–111.

37. De Boeck整本書就是建立在這樣的前提上。
38. Vangroenweghe, p. 43.
39. Marchal 1, p. 216.
40. Marchal 1, p. 224.
41. Marchal 1, p. 227.
42. Marchal 1, p. 231.
43. 見Marchal 1, chapter 14.
44. Canisius, pp. 250–256.
45. 關於天主教傳教士的角色，最佳的討論見Marchal 2, part V。
46. Leopold to Van Eetvelde, 27 Apr. 1890, 引自Marchal 2, p. 209.
47. Governor general's circular, 4 June 1890, 引自Marchai 2, p. 177.
48. *Het H. Misoffer. Tijdschrift van de Norbertijner Missiën* 1899, p. 226, 引自Marchal 2, p. 298.
49. Marchal 2, pp. 181–182.
50. Marchal 2, p. 179.
51. Marchal 2, p. 221.
52. Bauer, p. 216.
53. Daye, p. 399.
54. O'Connor, p. 346.
55. Gann and Duignan 2, pp. 62–63.
56. Lagergren, p. 195.
57. Slade 2, p. 116.
58. 關於羅姆的事業，主要資料來源（有點像是聖徒傳記）是*Biographie coloniale belge,* vol. 2, cols. 822–826; Janssens and Cateaux, vol. 1, pp. 125–132 and vol. 2, pp. 197–200; Lejeune-Choquet, pp. 114–126; *Bulletin de l'Association des Vétérans coloniaux*, June 1946, pp. 3–5; Sidney Langford Hinde, *The Fall of the Congo Arabs* (New York: Negro Universities Press, 1969; reprint of 1897 edition), pp. 232, 235, 244–245與羅姆自己撰寫但未出版的*Notes. Mes Services au Congo de 1886 à 1908*。前三部作品以及Arnold的著作也詳細描述了同時期為剛果政府工作的許多歐洲人生平，然而多半帶有美化的性質。
59. Janssens and Cateaux, vol. 2, pp. 199–200.
60. Lejeune-Choquet, pp. 123–124.
61. Albert Chapaux, *Le Congo* (Brussels: Charles Rozez, 1894), p. 470.
62. from "Mandalay" in *Barrack Room Ballads* (London: Methuen, 1892).

1902), p. 72 fn., 引自Samarin, p. 118.
10. Courouble, pp. 77, 83.
11. Samarin, p. 120.
12. Picard, pp. 96–97.
13. Marchal 1, p. 202.
14. Marchal 4, p. 317.
15. Marchal 4, pp. 325–326. 勒弗蘭克的描述，刊登於一九〇八年六月一日的比利時報紙*L'Express de Liège*，之後由剛果改革協會重印成小冊子。
16. Marchal 4, p. 318.
17. 引自Katz的題辭。
18. Sereny, p. 200.
19. *KL Auschwitz Seen by the SS:Hoess, Broad, Kremer*, ed. Jadwiga Bezwinska and Danuta Czech (Oswiecimiu, Poland: Panstwowe Museum, 1978), 引自Katz, pp. 54–55.
20. De Premorel, p. 63.
21. Bricusse, p. 85.
22. Gann and Duignan 2, p. 79.
23. Marchal 1, p. 354.
24. Isaacman and Vansina是最佳的簡要介紹。
25. Marchal 4, pp. 27–28; Flamant, pp. 182–183.
26. Marchal 1, p. 323.
27. Karl Teodor Andersson, 28 Dec. 1893, *Missionsförbundet* 1894, p. 83.
28. C. N. Börrisson, 2 Feb. 1894, *Missionsförbundet* 1894, pp. 132–134.
29. Axelson, pp. 259–260; Marchal 1, pp. 320–321.
30. Casement 3, p. 166.
31. Marchal 1, p. 373.
32. Van Zandijcke, p. 182.
33. 研究者如果稍有不慎，很可能搞混一件事，那就是這個時期剛果有三個坎多洛，其中一位於一八九七年在剛果東北部發起另一場譁變。
34. De Boeck, pp. 104, 125. 其他針對這場叛亂的廣泛討論，見Flament and Van Zandijcke，簡要介紹見Marchal 1, pp. 372–376。
35. Flament, p. 417. 關於這場暴亂，最佳的討論見De Boeck。
36. De Boeck, pp. 224-228。早期只能看到一部分神父陳述的版本，不過在De Boeck努力下，成功取得了珍貴的證詞。

9. *Boston Herald*, 17 Nov. 1889, 引自 Franklin, pp. 181–182.
10. Williams 3, p. 265.
11. J. Rose Troup, *With Stanley's Rear Column* (London: Chapman & Hall, 1890), p. 124, 引自 Sherry, p. 59. De Premorel pp. 42–44描述了另一段汽船旅程。
12. Williams to Huntington, 14 Apr. 1890, 引自 Franklin, p. 191.
13. Williams 1, pp. 243–254.
14. Williams 3, pp. 277–279.
15. Williams to Blaine, 15 Sept. 1890, 引自 Bontinck, p. 449.
16. *New York Herald*, 14 Apr. 1891.
17. Huntington to Mackinnon, 20 Sept. 1890, 引自 Franklin, p. 208.
18. Vivian to Salisbury, 4 Apr. 1891, 引自 Franklin, p. 210.
19. Émile Banning, *Mémoires politiques et diplomatiques: comment fut fondé le Congo belge* (Paris: La Renaissance du Livre, 1927), p. 295, 引自 Bontinck, p. 448.
20. *Journal de Bruxelles* 12, 13, 14 June 1891, 引自 Franklin, pp. 211–212.
21. *La Réforme*, 15 June 1891, 引自 Marchal 1, p 195.
22. Franklin, p. 213.
23. Gosselin to Salisbury, 19 July 1891, 引自 Franklin, p. 215.
24. Cookey, p. 36.
25. Grenfell to Baynes, 23 June 1890, 引自 Franklin, p. 194.

第八章　在那裡，沒有十誡

1. 關於一八九〇年代的博馬，*La Belgique Coloniale*有大量文章可參考，尤其是18 Dec. 1897, p. 607和28 Aug. 1898, p. 411。
2. Aronson pp. 141–142.
3. Gann and Duignan 2, p. 106.
4. Leclercq, pp. 284–285.
5. Obdeijn, p. 202.
6. Leopold to Beernaert, 19 June 1891, 重印於 Van der Smissen, vol. 2, p. 212.
7. Interview by Publishers' Press, in the *New York American*, 11 Dec. 1906.
8. Marchal 1, p. 212.
9. Constant De Deken, *Deux Ans au Congo* (Antwerp: Clément Thibaut,

18. Hall, p. 274.
19. Stanley to Mackinnon, 23 Sept. 1886, 引自 Bierman, p. 256.
20. Stengers 2, p. 287.
21. the *Times*, 14 Jan. 1887, 引自 Emerson, p. 157.
22. *Globe*, 19 Jan. 1887, 引自 McLynn 2, p. 146.
23. *The Diary of A. J. Mounteney Jephson*, ed. Dorothy Middleton (Cambridge: Cambridge University Press, 1969), p. 228 (26 Feb. 1888), 引自 Bierman, p. 289.
24. James S. Jameson, *The Story of the Rear Column of the Emin Pasha Relief Expedition*, ed. Mrs. J. A. Jameson (London: R. H. Porter, 1890), p. 92 (21 July 1887), 引自 Bierman, p. 297.
25. *The Diary of A. J. Mounteney Jephson*, ed. Dorothy Middleton (Cambridge: Cambridge University Press, 1969), p. 203 (10 Dec. 1887), 引自 Bierman, p. 286.
26. Stairs's journal, 28 Sept. 1887, 引自 Bierman, p. 281.
27. Bierman, p. 298.
28. Stanley 4, vol. 1, p. 396.
29. *Die Tagebüchen von Dr Emin Pascha*, ed. Franz Stuhlmann (Hamburg: G. Westerman, 1916–1927), vol. 4, p. 202, 14 Jan. 1889, 引自 McLynn 2, pp. 262–263.
30. Stanley 4, vol. 2, p. 458.
31. *Funny Folks*, 引自 Bierman, p. 340.

第七章 第一個異端

1. 除非另外提及，否則本書提到的威廉斯生平完全引用自 Franklin 的著作。
2. Marchal 1, p. 176.
3. Franklin, pp. 10–11.
4. *New York Times*, 22 Jan. 1883, 引自 Franklin, p. 116.
5. W.E.B. Du Bois, "The Negro in Literature and Art," *Annals of the American Academy of Political and Social Science* 49 (Sept. 1913), p. 235, 引自 Franklin, p. 133.
6. Bontinck, pp. 221, 442.
7. Marchal 1, p. 178.
8. *L'Indépendance Belge*, 1 Nov. 1889, 引自 Marchal 1, p. 180.

32. J. S. Mill, *"On Liberty" In Focus*, eds. John Gray and G. W Smith (London: Routledge, 1991), p. 31.
33. Anstey 1, p. 68; Pakenham, p. 247.
34. Stanley's journal, 24 Nov. 1884, 引自 McLynn 2, pp. 86–87.
35. John A. Kasson, an American delegate, in U.S. Senate, *Report of the Secretary of State Relative to Affairs of the Independent State of the Congo*, p. 42., 引自 Clarence Clendenen, Robert Collins, and Peter Duignan, *Americans in Africa 1865–1900* (Stanford: The Hoover Institution on War, Revolution, and Peace, 1966), p. 57.
36. H. L. Wesseling, *Divide and Rule: The Partition of Africa, 1880–1914* (Westport, CT: Praeger, 1996).
37. Stengers 2, p. 262. 另可見 Jean Stengers in *La Nouvelle Clio* IX (1950), p. 515.

第六章　在遊艇俱樂部的旗幟下

1. *Pall Mall Gazette*, 10 Apr. 1885, p. 9; and 11 Apr. 1885, p. 3.
2. *New York Times*, 5 June 1917 and 15 June 1917.
3. Louise, p. 32.
4. Hilaire Belloc, *The Modern Traveller* (1898).
5. 進行人口調查的時間為一八八九年十二月三十一日，報導見 *Le Mouvement Géographique*, 23 Mar. 1890。
6. Henry Sanford to Gertrude Sanford, 30 Aug. 1884, 引自 Fry 1 p. 150.
7. Fry, pp. 157–163; White.
8. Van der Smissen, vol. 1, p. 127.
9. Stinglhamber and Dresse, p. 142.
10. Lagergren, p. 198 fn.
11. Kirk to Wylde, 24 Apr. 1890, 引自 Miers, p. 102.
12. Liebrechts, pp. 29–30.
13. Meyer, p. 37; Fry 1, p. 168.
14. Emerson, p. 149.
15. Mutamba-Makombo, p. 32.
16. August Beernaert in Jean Stengers, *Belgique et Congo: L'élaboration de la charte coloniale* (Brussels: La Renaissance du Livre, 1963), p. 98, 引自 Emerson, p. 64.
17. Stanley to Mackinnon, 23 Sept. 1886, 引自 Bierman, p. 256.

2. 亞瑟總統的佛州之旅，見*New York Times*, 5–15 Apr. 1883；亞瑟的整體介紹，見Reeves。
3. Fry 1, pp. 100–106.
4. Bontinck, pp. 139–140.
5. Leopold to Arthur, 3(?) Nov. 1883, 引自Bontinck, pp. 135–136.
6. Stengers 3, p. 128 fn. and p. 130 fn.
7. Sanford to Frelinghuysen, 30 Dec. 1882, 引自Carroll, p. 115.
8. President Arthur's message to Congress, 4 Dec. 1883, 引自Bontinck, p. 144.
9. Strauch to Sanford, 6 Dec. 1883, 引自Bontinck, p. 146.
10. Anonymous letter-writer in the *Times* of Philadelphia, 31 Jan. 1885, 引自Bontinck, p. 160.
11. Latrobe to Sanford, 18 Mar. 1884, 引自Bontinck, p. 189.
12. Fry 2, pp. 56–57.
13. Fry 2, p. 56.
14. Fry 2, p. 185.
15. Congressional Record, 7 Jan. 1890, 引自Carroll, pp. 332–333.
16. Sanford to Evarts, 21 Jan. 1878, 引自Bontinck, p. 29.
17. "American Interests in Africa," *The Forum* 9 (1890), p. 428, 引自Roark 1, p. 169.
18. *ibid.*, p. 428, 引自Meyer, p. 28 fn.
19. Bontinck, p. 171.
20. U.S. Senate, *Occupation of Congo in Africa*, S. Rept. 393, 48th Congress, 1st sess., 1884, p. 9, 引自Normandy, p. 171.
21. Gertrude Sanford to Henry Sanford, April 1884, 引自Fry 1, p. 148.
22. Bontinck, p. 201.
23. Stanley 3, vol. 2, p. 420.
24. Stanley 3, vol. 2, p. 383.
25. 豐厚的月薪為一千法郎。Stengers 7, p. 48.
26. Leopold to Strauch, 26 Sept. 1883, 引自Pakenham, p. 245.
27. Emerson, p. 108.
28. Emerson, p. 108.
29. Emerson, p. 109.
30. Stern, p. 403–409.
31. Hall, p. 265.

9. William T. Hornaday, *Free Rum on the Congo* (Chicago: Women's Temperance Publication Association, 1887), pp. 44–45, 引自Stengers 4, p. 260.
10. Col. Maximilien Strauch, 引自Bierman, p. 225.
11. Eugène Beyens to Léon Lambert, 3 Nov. 1882, 引自Stengers 3, p. 142.
12. Strauch to Stanley, undated, Stanley 6, pp. 22–23.
13. Stanley to Strauch, 12 June 1881, Stanley 6, p. 49.
14. Stanley 6, p. 44.
15. Stanley 3, vol. 2, pp. 93–94.
16. Stanley 3, vol. 1, pp. 147–148, p. 237. 也可見Marchal 1, p. 52提出的糾正觀點。
17. Stanley 3, vol. 2, pp. 376–377.
18. Stanley 3, vol. 2, p. 100.
19. Stanley 3, vol. 1, pp. 130–131.
20. Pakenham, p. 150.
21. Stanley 3, vol. 1, p. 459.
22. Frank Hird, *H. M. Stanley: The Authorized Life* (London: S. Paul & Co., 1935), p. 186, 引自Bierman, p. 235.
23. Leopold to Stanley, 31 Dec. 1881, 引自Emerson, p. 96.
24. FO 84/1802, 15 Nov. 1882, 引自Stengers 3, p. 133.
25. Leopold to Stanley, 31 Dec. 1881, 引自Emerson, p. 96.
26. Stanley 3, vol. 1, p. 466.
27. Leopold to Strauch, 16 Oct. 1882, 重印於Stanley 6, p. 161.
28. Stanley 3, vol. 1, p. 185.
29. Stanley 3, vol. 2, pp. 196–197. 史坦利的傳記作者Tim Jeal明確表示，史坦利與當地酋長締結的條約並不如外界所想的具有強烈的權利義務意涵，並且指出利奧波德竄改了這些外交條約與修改了史坦利的作品（Stanley 3）。事情的原委已無從得知，因為史坦利簽訂的條約幾乎都亡佚了，很可能是利奧波德下令銷毀的。
30. Vellut, p. 701; Vansina 2, p. 144, p. 343.
31. Vansina 1, p. 100.
32. Stanley to Sanford, 4 Mar. 1885, 重印於Bontinck, p. 300.

第五章　從佛羅里達州到柏林

1. *New York Times*, 6 Apr. 1883, 13 Apr. 1883.

8. *New York Herald*, 17 Sept. 1877, 引自 McLynn, vol. 2, p. 11.
9. McLynn 1, p. 257.
10. Stanley 7, p. 87.
11. Stanley 7, p. 195.
12. Stanley to Alice Pike, 25 Dec. 1874, 引自 Bierman, p. 163.
13. Alice Pike to Stanley, 13 Oct. 1874, 引自 McLynn 1, p. 248.
14. Stanley 2, vol. 2, pp. 148–152.
15. Stanley 2, vol. 1, p. 190.
16. Stanley 2, vol. 1, p. 91.
17. Stanley 7, p. 130.
18. Ward, p. 110.
19. Hulstaert, p. 52.
20. *Daily Telegraph*, 12 Nov. 1877, 引自 Stanley 3, vol. 1, p. vi.
21. Stanley 2, vol. 2, p. 261–262.
22. Stanley to Alice Pike, 14 Aug. 1876, 引自 Bierman, p. 189.
23. Stanley 2, vol. 2, p. 59.
24. Stanley 2, vol. 2, p. 99.
25. Stanley 7, p. 40.
26. Leopold to Greindl, 30 May 1877, 引自 Roeykens, p. 235.
27. Leopold to Solvyns, 17 Nov. 1877, 引自 Pakenham, p. 38的一部分與 Ascherson, p. 104的一部分。
28. Fry 1, esp. pp. 78–89.
29. Greindl to Sanford, 28 Nov. 1877, 引自 Fry 1, p. 133.
30. Hall, p. 245.

第四章 「條約必須確保我們取得一切」

1. Marchal 1, p. 49.
2. Stanley 5, p. 351.
3. Marchal 1, p. 49.
4. "The Whitehall Review and the King of the Belgians," in *The Whitehall Review*, 2 Aug. 1879, p. 269. 引自 Stengers 3, p. 122.
5. Leopold to Strauch, 8 Jan. 1884, 引自 Stanley 6, pp. 20–21.
6. Anstey 1, p. 75.
7. speech of 6 Mar. 1879, 重印於 Bontinck, p. 74.
8. Stengers 3, p. 144.

Académie Royale des Sciences Coloniales, 1955), p. 20, 引自 Stengers 7, p. 19. 關於曼尼，另可見Money, Stengers 1, p. 145 fn., and Marchal 1, pp. 40–41.

11. Leopold to Lambermont, 11 June 1861, 引自 Roeykens, pp. 413–414 fn.
12. Leopold to Brialmont, 16 May 1861, 引自 Stengers 7, p. 21.
13. L. le Febve de Vivy, *Documents d'histoire précoloniale belge* (Brussels: Académie Royale des Sciences Coloniales, 1955), p. 23, 引自 Ascherson, p. 58.
14. Daye, pp. 438–439.
15. Marshal Canrobert, 引自 Daye, p. 92.
16. Aronson, pp. 34–35.
17. Louise, p. 34.
18. Louise, p. 29.
19. Goedleven, pp. 69–75.
20. Stinglhamber and Dresse, p. 256.
21. Hyde, p. 291.
22. Hyde, p. 226. 也可見O'Connor, pp. 271–273.
23. Leopold to Lambermont, 22 Aug. 1875, 引自 Roeykens, pp. 95–96.
24. Roeykens, p. 73.
25. Vandewoude, p. 434.
26. Rawlinson to Lady Rawlinson, 11 Sept. 1876, 引自 Pakenham, p. 21.
27. 重印於P. A. Roeykens, *Léopold II et la Conférence géographique de Bruxelles (1876)* (Brussels: Académie Royale des Sciences Coloniales, 1956), pp. 197–199. 另見Bederman對這場會議的簡短介紹。
28. Pakenham, p. 22.

第三章　巨大蛋糕

1. 除了揮舞鞭子與槍枝，還有更糟的：Marchal 1, pp. 28–32。
2. Stanley 2, vol. 2, pp. 346–347.
3. Stanley 5, p. 329.
4. Stanley 7, p. 199.
5. Stanley 7, p. 125.
6. Bierman, p. 182.
7. McLynn 2, p. 11.

13. Stanley 5, pp. 107–111.
14. Bierman, p. 48.
15. Newspaper dispatch of 25 May 1867, 引自 Bierman, p. 47.
16. reportedly said by Dr. Hastings Banda of Malawi, 引自 McLynn 3, p. ix.
17. West, pp. 22–23.
18. Honour, p. 264.
19. Stanley 1, pp. xvi–xvii.
20. George Martelli, *Leopold to Lumumba: A History of the Belgian Congo 1877–1960* (London: Chapman & Hall, 1962), p. 10.
21. *Stanley's Despatches to the New York Herald 1871–72, 1874–77,* ed. Norman R. Bennett (Boston: Boston University Press, 1970), p. 23, 引自 Bierman, p. 101.
22. Stanley 1, p. 6.
23. Slade 2, p. 23.
24. Bierman, p. 97.
25. Stanley 1, p. 318.
26. *Stanley's Despatches to the New York Herald*, p. 76, 引自 Bierman, p. 109.
27. Stanley 1, pp. 112–113.
28. McLynn 1, p. 204.
29. Hall, p. 99.

第二章　狐狸渡過小溪

1. Emerson的著作在所有利奧波德傳記中最具學術權威。Ascherson更能捕捉到利奧波德的精神，但欠缺足夠注釋。
2. Queen Marie-Louise to Leopold, 28 June 1849, 重印於Freddy, p. 27.
3. Emerson, p. 23.
4. Aronson, p. 35.
5. Madame de Metternich, 引自 Ascherson, p. 34.
6. Joanna Richardson, *My Dearest Uncle. Leopold I of the Belgians* (London: Jonathan Cape, 1961), p. 188, 引自 Ascherson, p. 36.
7. Leopold to Albert, 19 Nov. 1857, 引自 Emerson, p. 56.
8. Emerson, p. 19.
9. Leopold to Brialmont, 引自 Ascherson, p. 46.
10. L. Le Febve de Vivy, *Documents d'histoire précoloniale belge* (Brussels:

Literary History of Sub-Saharan Africa (Harlow, Essex: Longman, 1981), p. 287.

16. Affonso to João III, 6 July 1526, Affonso, p. 156.
17. Affonso I to João III, 18 Oct. 1526, Affonso, p. 167.
18. Affonso I to João III, 25 Aug. 1526, Affonso, p. 159.
19. Affonso I to João III, 6 July 1526, Affonso, pp. 155–156.
20. João III to Affonso, 1529 (n. d.), Affonso, p. 175.
21. Affonso to Manuel I, 31 May 1515, Affonso, p. 103.
22. Affonso I to João III, 25 Mar. 1539, Affonso, p. 210.
23. 例見Harms 2, p. 210.
24. Haveaux, p. 47.
25. Miller, pp. 4–5.
26. Weeks, pp. 294–295.
27. Instructions to Mr. Tudor, 7 Feb. 1816, 引自Anstey 1, p. 5.
28. Forbath, p. 177.
29. *Narrative of the Expedition to explore the River Zaire, usually called the Congo...*(London: 1818), p. 342, 引自Anstey 1, p. 9.

第一章 「我不會停止尋找」

1. 我參考的主要是John Bierman與Frank McLynn的傳記作品。本書出版後，Tim Jeal於二〇〇七年完成了*Stanley: The Impossible Life of Africa's Greatest Explore*，該書參考了過去沒有對外開放的檔案資料，作者雖然針對過去揭露的有關史坦利的種種惡行提出辯護，可惜說服力仍嫌不足。
2. Stanley 5, p. 8.
3. Stanley 5, p. 10.
4. Bierman, p. 8.
5. Stanley 5, p. 29.
6. Stanley 5, p. 67.
7. Stanley 5, p. 87.
8. New Orleans *Daily States*, 16 Apr. 1891, 引自Bierman, p. 29.
9. Stanley 5, p. 33.
10. Stanley 5, p. 113.
11. Stanley 5, p. 121.
12. 史坦利未完成的自傳草稿，引自McLynn 1, pp. 37–38。

注釋

注釋只列出直接引文、數字與統計數據以及其他重要資訊的資料來源。至於沒有任何爭議或者是很容易從參考書目列出的書籍中找到出處的事實，其資料來源我就不一一列出。

有些作品只在注釋裡提到一兩次，這些作品我就不列在參考書目裡。

有些作者有好幾本作品，注釋提到這些作品時會用簡略的方式列出，如Morel 5、Stenger 2、Marchal 3，而完整的書名就請參閱參考書目。

前言

1. 關於莫雷爾在安特衛普的經歷，參見Morel 5, chapters 4 and 5。
2. 例如一九〇七年。*Official Organ*...April 1908, p. 24.
3. 一九〇八年十二月二十三日，Morel 5, p. 208.
4. Morel 5, p. xiv.
5. "Geography and Some Explorers," *Last Essays*, ed. Richard Curle (London: J. M. Dent & Sons, 1926), p. 17, excerpted in Conrad, p. 187.

序言：「這些商人正在綁架我們的人民」

1. 關於早期歐洲繪製的非洲地圖與非洲想像，見Klemp。
2. Forbath, p. 41.
3. Forbath, p. 73.
4. Forbath, p. 73.
5. Balandier, p. 30 ff.
6. Vansina 1, pp. 41–45.
7. Balandier; Cuvelier; Hilton, chapters 1–3; and Vansina 1, chapter 2.
8. *Relations sur le Congo du père Laurent de Lucques (1700–1717)*, ed. Jean Cuvelier (Brussels: Institut Royal Colonial Belge, 1953), p. 338, 引自Balandier, p. 81.
9. Vansina 1, p. 149.
10. Miller, p. xiii. 這份是一七三六年的奴隸清單。
11. Miller是最好的資料來源，不過他的重點放在較晚近的時代。
12. 引自Davidson 1, p. 138.
13. Rui de Aguiar to King Manuel I, 25 May 1516, 引自Affonso, p. 117.
14. Vansina 1, pp. 45–58.
15. Albert S. Gérard, *African Language Literature: An Introduction to the*

Procès-Verbaux de la Commission d'Enquête instituée par décret du 23 juillet 1904. Archives Africaines, Ministère des Affaires Etrangères, Brussels. (IRCB 717–718).

Rom, Léon. *Notes. Mes services au Congo de 1886 à 1908*. Musée Royal de l'Afrique Centrale. (Document MRAC-Hist-56.28).

Roth, Donald Franklin. *"Grace Not Race": Southern Negro Church Leaders, Black Identity, and Missions to West Africa, 1865–1919*. Ph.D. thesis. University of Texas at Austin. 1975.

Sheppard, William H. Papers. Hampton University, Hampton, Virginia.

Williams, Walter L. "William Henry Sheppard, Afro-American Missionary in the Congo, 1890–1910." In *Black Americans and the Missionary Movement in Africa*, ed. Sylvia M. Jacobs. Westport, CT: Greenwood Press, 1982.

Winternitz, Helen. *East along the Equator: A Journey up the Congo and into Zaire*. New York: Atlantic Monthly Press, 1987.

Wuliger, Robert. "Mark Twain on King Leopold's Soliloquy." *American Literature* (May 1953): pp. 234–237.

Young, Crawford. "The Northern Republics 1960–1980." In Birmingham and Martin, above.

報紙與期刊

La Belgique Coloniale (Brussels)

Le Congo Illustré (Brussels)

The Congo News Letter (Boston)

Missionförbundet (Stockholm)

Le Mouvement Géographique (Brussels)

Official Organ of the Congo Reform Association (Liverpool, London)

Regions Beyond (London)

Southern Workman (Hampton, VA)

West African Mail, later African Mail (Liverpool)

未出版資料與檔案

Carroll, Murray Lee. *Open Door Imperialism in Africa: The United States and the Congo, 1876 to 1892*. Ph.D. thesis. University of Connecticut. 1971.

De Ryck, Maurice Martin. *Zaire Colonial Documents Collection*. University of Wisconsin.

Martens, Daisy S. *A History of European Penetration and African Reaction in the Kasai Region of Zaire, 1880–1908*. Ph.D. thesis. Simon Fraser University. 1980.

McStallworth, Paul. *The United States and the Congo Question, 1884–1914*. Ph.D. thesis. Ohio State University. 1954.

Normandy, Elizabeth L. *Black Americans and U.S. Policy Toward Africa: Two Case Studies from the pre—World War II Period*. Ph.D. thesis. University of South Carolina. 1987.

inédite de 1884 à 1894. Brussels: Goemaere, 1920.

Vandervelde, Émile. *Souvenirs d'un Miliant Socialiste*. Paris: Les Éditions Denoël, 1939. Vandewoude, Emile. "De Aardrijkskundige Conferentie (1976) vanuit het koninklijk Paleis genzien." In *La Conférence de Géographie de 1876: Recueil d'études*. Brussels: Académie Royale des Sciences d'Outre-Mer, 1976.

Vangroenweghe, Daniel. *Du Sang sur les Lianes*. Brussels: Didier Hatier, 1986.

Vansina, Jan.

1. *Kingdoms of the Savanna*. Madison: University of Wisconsin Press, 1966.
2. *The Children of Woot: A History of the Kuba Peoples*. Madison: University of Wisconsin Press, 1978.
3. *Paths in the Rainforest*. Madison: University of Wisconsin Press, 1990.

Van Zandijcke, A. *Pages d'Histoire du Kasayi. Namur, Belgium: Collection Lavigerie, 1953*. Vellut, Jean-Luc. "La Violence Armée dans l'État Indépendant du Congo. *Cultures et Développement* 16, nos. 3–4 (1984): pp. 671–707.

Vinson, Rev. T. C. *William McCutchan Morrison: Twenty Years in Central Africa*. Richmond, VA: Presbyterian Committee of Publication, 1921.

Ward, Herbert. *A Voice from the Congo: Comprising Stories, Anecdotes, and Descriptive Notes*. London: William Heinemann, 1910.

Weeks, John H. *Among the Primitive Bakongo*. London: Seeley, Service & Co., 1914.

West, Richard. *Congo*. New York: Holt, Rinehart and Winston, 1972.

White, James P. "The Sanford Exploring Expedition." *Journal of African History* VIII, no. 2 (1967): pp. 291–302.

Willequet, Jacques. *Le Congo Belge et la Weltpolitik (1894–1914)*. Brussels: Presses Universitaires de Bruxelles, 1962.

Williams, George Washington.

1. *An Open Letter to His Serene Majesty Leopold II, King of the Belgians and Sovereign of the Independent State of Congo*. Reprinted in Franklin, above.
2. *A Report on the Proposed Congo Railway*. Reprinted in Franklin, above.
3. *A Report on the Congo-State and Country to the President of the Republic of the United States of America*. Reprinted in Franklin, above.

Robinson, above.

7. *Congo Mythes et Réalités: 100 Ans d'Histoire*. Paris: Éditions Duculot, 1989.

Stengers, Jean, and Vansina, Jan. "King Leopold's Congo, 1886–1908." In *The Cambridge History of Africa*, Vol. 6: From 1870 to 1905, ed. Roland Oliver and G. N. Sanderson. Cambridge: Cambridge University Press, 1985.

Stephanie of Belgium, H. R. H. Princess. *I Was to Be Empress*. London: Ivor Nicholson & Watson, 1937.

Stern, Fritz. *Gold and Iron: Bismarck, Bleichröder, and the Building of the German Empire*. New York: Alfred A. Knopf, 1977.

Sternstein, Jerome L. "King Leopold II, Senator Nelson W. Aldrich, and the Strange Beginnings of American Economic Penetration of the Congo." *African Historical Studies* II, no. 2 (1969): pp. 189–204.

Stinglhamber, Gustave, and Paul Dresse. *Léopold II au Travail*. Brussels: Éditions du Sablon, 1945.

Suret-Canale, Jean. *French Colonialism in Tropical Africa 1900–1945*. New York: Pica Press, 1971.

Swan, Jon. "The Final Solution in South West Africa." *MHQ: The Quarterly Journal of Military History* 3, no. 4 (1991): pp. 36–55.

Swanwick, H. M. *Builders of Peace: Being Ten Years' History of the Union of Democratic Control*. London: Swarthmore Press, 1924.

Swartz, Marvin. *The Union of Democratic Control in British Politics During the First World War*. Oxford: Clarendon Press, 1971.

Taylor, A.J.P. *The Trouble Makers: Dissent over Foreign Policy 1792–1939*. London: Hamish Hamilton, 1957.

Thompson, Robert S. "Léopold II et Henry S. Sanford: Papiers inédits concernant le Rôle joué par un Diplomate Americain dans la Création de l'E. I. du Congo." *Congo—Revue Générale de la Colonie Belge* II (1930): pp. 295–329.

Turnbull, Colin M. *The Forest People*. New York: Simon & Schuster, 1962.

Twain, Mark. *King Leopold's Soliloquy: A Defence of His Congo Rule*. Ed. E. D. Morel. London: T. Fisher Unwin, 1907.

Usoigwe, G. N. "European Partition and Conquest of Africa: An Overview." In Boahen, above.

Van der Smissen, *Édouard, ed. Léopold II et Beernaert: d'après leur correspondance*

Stanley, Henry M.

1. *How I Found Livingstone: Travels, Adventures and Discoveries in Central Africa, Including Four Months' Residence with Dr. Livingstone*. London: Sampson Low, Marston, Low, and Searle, 1872.
2. *Through the Dark Continent; or, The Sources of the Nile Around the Great Lakes of Equatorial Africa and Down the Livingstone River to the Atlantic Ocean*. 2 vols. (First published 1878). 1899 edition reprinted by Dover Publications, New York, 1988.
3. *The Congo and the Founding of Its Free State: A Story of Work and Exploration*. 2 vols. New York: Harper & Brothers, 1885.
4. *In Darkest Africa; or, The Quest, Rescue and Retreat of Emin, Governor of Equatoria*. 2 vols. New York: Charles Scribner's Sons, 1890.
5. *The Autobiography of Sir Henry Morton Stanley*. Ed. Dorothy Stanley. Boston: Houghton Mifflin Company, 1909.
6. *Unpublished Letters*. Ed. Albert Maurice. London: W. & R. Chambers, 1955.
7. *The Exploration Diaries of H. M. Stanley*. Eds. Richard Stanley and Alan Neame. New York: Vanguard Press, 1961.

Starr, Frederick. *The Truth About the Congo: The Chicago Tribune Articles*. Chicago: Forbes & Co., 1907.

Stengers, Jean.

1. *Combien le Congo a-t-il coûté à la Belgique?* Brussels: Académie Royale des Sciences Coloniales, 1957.
2. "The Congo Free State and the Belgian Congo before 1914." In Gann and Duignan 1, above, vol. 1.
3. "King Leopold and Anglo-French Rivalry, 1882–1884." In Gifford and Louis 2, above.
4. "King Leopold's Imperialism." In *Studies in the Theory of Imperialism*, eds. Roger Owen and Bob Sutcliffe. London: Longman, 1972.
5. "Belgian Historiography since 1945." In *Reappraisals in Overseas History*, ed. P. C. Emmer and H. L. Wesseling. The Hague: Leiden University Press, 1979.
6. "Leopold II and *the Association du Congo*." In Förster, Mommsen, and

Samarin, William J. *The Black Man's Burden: African Colonial Labor on the Congo and Ubangi Rivers, 1880–1900*. Boulder, CO: Westview Press, 1989.

Sawyer, Roger. *Casement: The Flawed Hero*. London: Routledge & Kegan Paul, 1984.

Schall, Larryetta M. "William H. Sheppard: Fighter for African Rights" In *Stony the Road: Chapters in the History of Hampton Institute*, ed. Keith L. Schall. Charlottesville: University of Virginia Press, 1977.

Sereny, Gitta. *Into That Darkness: From Mercy Killing to Mass Murder*. New York: McGraw Hill, 1974.

Severin, Timothy. *The African Adventure*. London: Hamish Hamilton, 1973.

Shannon, R. T. *Gladstone and the Bulgarian Agitation 1876*. London: Thomas Nelson and Sons, 1963.

Shaloff, Stanley. *Reform in Leopold's Congo*. Richmond, VA: John Knox Press, 1970.

Sheppard, William H. *Presbyterian Pioneers in Congo*. Richmond, VA: Presbyterian Committee of Publication, 1916.

Shepperson, George. "Aspects of American Interest in the Berlin Conference." In Förster, Mommsen, and Robinson, above.

Sherry, Norman. *Conrad's Western World*. London: Cambridge University Press, 1971.

Singleton-Gates, Peter, and Maurice Girodias. *The Black Diaries: An Account of Roger Casement's Life and Times with a Collection of his Diaries and Public Writings*. New York: Grove Press, 1959.

Slade, Ruth.

1. *English-Speaking Missions in the Congo Independent State (1878– 1908)*. Brussels: Académie Royale des Sciences Coloniales, 1959.
2. *King Leopold's Congo: Aspects of the Development of Race Relations in the Congo Independent State*. London: Oxford University Press, 1962.

Smith, Gene. *Maximilian and Carlota: A Tale of Romance and Tragedy*. New York: William Morrow & Company, 1973.

Smith, Iain R. *The Emin Pasha Relief Expedition*. Oxford: Clarendon Press, 1972.

Speeches Made at Banquet Tendered to Col. Henry I. Kowalsky by his Friends. January five, Nineteen-five. San Francisco: 1905.

O'Connor, Richard. *The Cactus Throne: The Tragedy of Maximilian and Carlotta*. New York: G. P. Putnam's Sons, 1971.

Oliver, Roland, and Caroline Oliver, eds. *Africa in the Days of Exploration*. Englewood Cliffs, NJ: Prentice-Hall, 1965.

Pakenham, Thomas. *The Scramble for Africa: The White Man's Conquest of the Dark Continent from 1876 to 1912*. New York: Random House, 1991.

Phipps, William E. *The Sheppards and Lapsley: Pioneer Presbyterians in the Congo*. Louisville, KY: Presbyterian Church (USA), 1991.

Picard, Edmond. *En Congolie*. Brussels: Paul Lacomblez, 1896.

Porter, Bernard. *Critics of Empire: British Radical Attitudes to Colonialism in Africa 1895–1914*. New York: St. Martin's Press, 1968.

Ranieri, Liane. *Léopold II Urbaniste*. Brussels: Hayez, 1973.

Read, James Morgan. *Atrocity Propaganda 1914–1919*. New Haven: Yale University Press, 1941.

Reeves, Thomas C. *Gentleman Boss: The Life of Chester Alan Arthur*. New York: Alfred A. Knopf, 1975.

Reid, B. L. *The Lives of Roger Casement*. New Haven: Yale University Press, 1976.

Renoy, Georges. *Nous, Léopold II*. Zaltbommel, Holland: Bibliothèque Européenne, 1989.

Ridley, Jasper. *Maximilian and Juárez*. New York: Ticknor & Fields, 1992.

Roark, James L.

1. *Masters Without Slaves: Southern Planters in the Civil War and Reconstruction*. New York: W. W. Norton & Co., 1977.
2. "American Expansionism vs. European Imperialism: Henry S. Sanford and the Congo Episode, 1883–1885." *Mid America: An Historical Review* LX (1978): pp. 21– 33.

Roeykens, P. A. *Les Débuts de l'oeuvre africaine de Léopold II (1875–1879)*. Brussels: Académie Royale des Sciences Coloniales, 1955.

Rom, Léon. *Le Nègre du Congo*. Brussels: Imprimerie Louis Vogels, 1899.

Rothstein, Andrew. *British Foreign Policy and Its Critics 1830–1950*. London: Lawrence and Wishart, 1969.

Rubin, William, ed. *"Primitivism" in 20th Century Art: Affinity of the Tribal and the Modern*, vol. 1. New York: Museum of Modern Art, 1984.

above.
Miller, Joseph C. *Way of Death: Merchant Capitalism and the Angolan Slave Trade 1730–1830*. Madison: University of Wisconsin Press, 1988.
Money, J.W.B. *Java; or, How to Manage a Colony. Showing a Practical Solution of the Questions Now Affecting British India*. London: Hurst and Blackett, 1861.

Morel, E. D.

1. *King Leopold's Rule in Africa*. London: William Heinemann, 1904.
2. *Great Britain and the Congo: The Pillage of the Congo Basin*. London: Smith, Elder & Co., 1909.
3. *Red Rubber: The Story of the Rubber Slave Trade Which Flourished on the Congo for Twenty Years, 1890–1910*. New and revised edition. Manchester: National Labour Press, 1919.
4. "At Pentonville: September, 1917—January, 1918." In *Thoughts on the War: The Peace—and Prison*, ed. Robert Smillie. London: 1920.
5. *E. D. Morel's History of the Congo Reform Movement*. Eds. William Roger Louis and Jean Stengers. Oxford: Clarendon Press, 1968.

Mountmorres, Viscount William Geoffrey Bouchard de Montmorency. *The Congo Independent State: A Report on a Voyage of Enquiry*. London: Williams and Norgate, 1906.
Mutamba-Makombo. *L'histoire du Zaire par les Textes: Tome 2-1885-1955*. Kinshasa: EDIDEPS, 1987.
Mwembu, Dibwe Dia. "La Peine du Fouet au Congo Belge (1885–1960)." *Les Cahiers de Tunisie*, nos. 135–136 (1986): pp. 127–153.
Najder, Zdzislaw. *Joseph Conrad: A Chronicle*. New Brunswick, N.J.: Rutgers University Press, 1983.
Nelson, Samuel H. *Colonialism in the Congo Basin 1880–1940*. Athens, Ohio: Ohio University Center for International Studies, 1994.
Northrup, David. *Beyond the Bend in the River: African Labor in Eastern Zaire, 1865–1940*. Athens, Ohio: Ohio University Center for International Studies, 1988.
Obdeijn, Herman. "The New Africa Trading Company and the Struggle for Import Duties in the Congo Free State 1886–1894." *African Economic History* 12 (1983): pp. 193–212.

6. *Great Britain and Germany's Lost Colonies 1914–1919*. Oxford: Clarendon Press, 1967.
7. "Sir John Harris and 'Colonial Trusteeship.'" *Bulletin des Séances de l'Académie Royale des Sciences d'Outre Mer* 3 (1968): pp. 832–856.

Louise of Belgium, *Princess. My Own Affairs*. London: Cassell and Co., 1921.

Luwel, Marcel. "Roger Casement à Henry Morton Stanley: Un rapport sur la situation au Congo en 1890." *Africa-Tervuren* XIV, no. 4 (1968): pp. 85–92.

Lyons, Maryinez. *The Colonial Disease: A Social History of Sleeping Sickness in Northern Zaire, 1900–1940*. Cambridge: Cambridge University Press, 1992.

MacColl, René. *Roger Casement: A New Judgement*. New York: W. W. Norton & Co., 1957.

Marchal, Jules.

1. *L'État Libre du Congo: Paradis Perdu. L'Histoire du Congo 1876–1900*, vol. 1. Borgloon, Belgium: Éditions Paula Bellings, 1996.
2. *L'État Libre du Congo: Paradis Perdu. L'Histoire du Congo 1876–1900*, vol. 2. Borgloon, Belgium: Éditions Paula Bellings, 1996.
3. *E. D. Morel contre Léopold II: L'Histoire du Congo 1900–1910*, vol. 1. Paris: Éditions L'Harmattan, 1996.
4. *E. D. Morel contre Léopold II: L'Histoire du Congo 1900–1910*, vol. 2. Paris: Éditions L'Harmattan, 1996.

Martin, Phyllis M. "The Violence of Empire." In Birmingham and Martin, above.

McLynn, Frank.

1. *Stanley: The Making of an African Explorer*. London: Constable, 1989.
2. *Stanley: Sorcerer's Apprentice*. London: Constable, 1991.
3. *Hearts of Darkness: The European Exploration of Africa*. New York: Carroll & Graf, 1992.

Meyer, Lysle E. "Henry S. Sanford and the Congo: a Reassessment." *African Historical Studies* IV, no. 1 (1971): pp. 19–39.

Miers, Suzanne. "The Brussels Conference of 1889–1890: The Place of the Slave Trade in the Policies of Great Britain and Germany." In Gifford and Louis 1,

Congo Valley, West Africa 1866–1892. Richmond, VA: Whittet & Shepperson, 1893. (Citations are to the full edition of 242 pages, not the abridged edition.)

Lederer, A. "L'Impact de l'arrivée des Européens sur les transports en Afrique Centrale." In *Le Centenaire de l'État Indépendant du Congo: Recueil d'études*. Brussels: Académie Royale des Sciences d'Outre-Mer, 1988.

Leclercq, Louis. "Les carnets de campagne de Louis Leclercq. Étude de mentalité d'un colonial belge." Ed. Pierre Salmon. In *Revue de l'Université de Bruxelles* Nouvelle Série 3 (February-April 1970): pp. 233–302.

Lejeune-Choquet, Adolphe. *Histoire militaire du Congo: explorations, expéditions, opérations de guerre, combats et faits militaires*. Brussels: Maison d'Édition Alfred Castaigne, 1906.

Lemaire, Charles.

1. *Au Congo: Comment les noirs travaillent*. Brussels: Imprimerie Scientifique Ch. Bulens, 1895.
2. "Charles Lemaire à l'Equateur: Son journal inédit. 1891–1895." Ed. Daniel Vangroenweghe. In *Annales Aequatoria* 7 (1986): pp. 7–73.

Liebrechts, Charles. *Congo: Suite à mes souvenirs d'Afrique*. Brussels: Office de Publicité, 1920.

Lindqvist, Sven. *"Exterminate All the Brutes": One Man's Odyssey into the Heart of Darkness and the Origins of European Genocide*. New York: New Press, 1996.

Louis, William Roger.

1. "Roger Casement and the Congo." *Journal of African History* V, no. 1 (1964): pp. 99–120.
2. "The Philosophical Diplomatist: Sir Arthur Hardinge and King Leopold's Congo, 1906–1911." *Bulletin des Séances de l'Académie Royale des Sciences d'Outre-Mer* (1965): pp. 1402–1430.
3. "The Stokes Affair and the Origins of the Anti-Congo Campaign, 1895–1896."
4. *Revue Belge de Philologie et d'Histoire* 43 (1965): pp. 572–584.
5. "The Triumph of the Congo Reform Movement, 1905–1908." In *Boston University Papers on Africa*, vol. II. Ed. Jeffrey Butler. Boston: Boston University Press, 1966.

2. "Joseph Conrad, Roger Casement and the Congo Reform Movement." *Journal of Modern Literature* 9, no. 1 (1981–82): pp. 65–80.

Headrick, Daniel R. *The Tools of Empire: Technology and European Imperialism in the Nineteenth Century*. New York: Oxford University Press, 1981.

Hilton, Anne. *The Kingdom of Kongo*. Oxford: Clarendon Press, 1985.

Honour, Hugh. *The Image of the Black in Western Art*, vol. IV, part 1. Cambridge: Menil Foundation/Harvard University Press, 1989.

Hulstaert, G. "Documents africains sur la pénétration européenne dans l'Equateur." *Enquêtes et Documents d'Histoire africaine* 2 (1977). [Louvain, Belgium.]

Hyde, H. Montgomery. *Mexican Empire: The History of Maximilian and Carlota of Mexico*. London: Macmillan, 1946.

Hyland, Paul. *The Black Heart: A Voyage into Central Africa*. New York: Henry Holt and Company, 1989.

Inglis, Brian. *Roger Casement*. London: Hodder and Stoughton, 1973.

Isaacman, A., and J. Vansina, "African Initiatives and Resistance in Central Africa, 1880–1914." In Baohen, above.

Janssens, Édouard, and Albert Cateaux. *Les Belges au Congo*. 3 vols. Antwerp: J. van Hille-De Backer, 1907–1912.

Katz, Fred E. *Ordinary People and Extraordinary Evil: A Report on the Beguilings of Evil*. Albany: State University of New York Press, 1993.

Kelly, Sean. *America's Tyrant: The CIA and Mobutu of Zaire*. Washington, D.C.: American University Press, 1993.

Kivilu, Sabakinu. "La région de Matadi dans les années 1880." In *Le Centenaire de l'État Indépendant du Congo:Recueil d'études*. Brussels: Académie Royale des Sciences d'OutreMer, 1988.

Kiwanuka, M. Semakula. "Colonial Policies and Administrations in Africa: The Myths of the Contrasts" In *The Colonial Epoch in Africa*. Ed. Gregory Maddox. New York: Garland Publishing, 1993.

Klemp, Egon, ed. *Africa on Maps Dating from the Twelfth to the Eighteenth Century*. New York: McGraw-Hill, 1970.

Lagergren, David. *Mission and State in the Congo: A Study of the Relations Between Protestant Missions and the Congo Independent State Authorities with Special Reference to the Equator District, 1885–1903*. Uppsala, Sweden: Gleerup, 1970.

Lapsley, Samuel. *Life and Letters of Samuel Norvell Lapsley: Missionary to the*

Glave, E. J. "Cruelty in the Congo Free State." *The Century Magazine* (Sept. 1897): pp. 699–715.

Goedleven, Edgard. *The Royal Greenhouses of Laeken*. Brussels: Lannoo/Duculot/Inbel, 1989.

Grand-Carteret, John. *Popold II, Roi des Belges et des Belles: Devant l'Objectif Caricatural*. Paris: Louis-Michaud, 1908.

Gründer, Horst. "Christian Missionary Activities in Africa in the Age of Imperialism and the Berlin Conference of 1884–1885." In Förster, Mommsen, and Robinson, above.

Halen, Pierre, and János Riesz, eds. *Images de l'Afrique et du Congo/Zaïre dans les lettres françaises de Belgique et alentour: Actes du colloque international de Louvain-la-Neuve (4–6 février 1993)*. Brussels: Éditions du Trottoir, 1993.

Hall, Richard. *Stanley: An Adventurer Explored*. London: Collins, 1974.

Harlan, Louis R.

1. *Booker T. Washington: The Wizard of Tuskegee 1901–1915*. New York: Oxford University Press, 1983.
2. *Booker T. Washington in Perspective: Essays of Louis R. Harlan*, ed. Raymond W. Smock. Jackson: University Press of Mississippi, 1988.

Harms, Robert.

1. "The End of Red Rubber: A Reassessment." *Journal of African History* XVI, no. 1 (1975): pp. 73–88.
2. *River of Wealth, River of Sorrow: The Central Zaire Basin in the Era of the Slave and Ivory Trade, 1500–1891*. New Haven, Yale University Press, 1981.
3. "The World ABIR Made: The Maringa-Lopori Basin, 1885–1903." *African Economic History* 22 (1983): pp. 125–39.

Haveaux, G. L. *La Tradition Historique des Bapende Orientaux*. Brussels: Institut Royal Colonial Belge, 1954.

Hawkins, Hunt.

1. "Mark Twain's Involvement with the Congo Reform Movement: 'A Fury of Generous Indignation.'" *The New England Quarterly* (June 1978): pp. 147–175.

Forbath, Peter. *The River Congo: The Discovery, Exploration and Exploitation of the World's Most Dramatic River*. New York: Harper & Row, 1977.

Förster, Stig, Wolfgang J. Mommsen, and Ronald Robinson. *Bismarck, Europe, and Africa: The Berlin Africa Conference 1884–1885 and the Onset of Partition*. London: Oxford University Press, 1988.

Foussemagne, H. de Reinach. *Charlotte de Belgique: Impératrice du Mexique*. Paris: Plon-Nourrit et Cie., 1925.

Franklin, John Hope. *George Washington Williams: A Biography*. Chicago: University of Chicago Press, 1985.

Freddy, G. *Léopold II intime*. Paris: Félix Juven, 1905.

Fry, Joseph A.

1. *Henry S. Sanford: Diplomacy and Business in Nineteenth-Century America*. Reno: University of Nevada Press, 1982.
2. *John Tyler Morgan and the Search for Southern Autonomy*. Knoxville: University of Tennessee Press, 1992.

Furley, Oliver. "The Humanitarian Impact" In *Britain Pre-eminent: Studies of British World Influence in the Nineteenth Century*, ed. C. J. Bartlett. London: Macmillan, 1969.

Gann, L. H., and Peter Duignan.

1. (eds.) *Colonialism in Africa 1870–1960*. 5 vols. Cambridge: Cambridge University Press, 1969.
2. *The Rulers of Belgian Africa 1884–1914*. Princeton: Princeton University Press, 1979.

Gérard, Jo. *Le Pharaon des Belges: Léopold II*. Brussels: Éditions J. M. Collet, 1984.

Gifford, Prosser, and William Roger Louis, eds.

1. *Britain and Germany in Africa: Imperial Rivalry and Colonial Rule*. New Haven: Yale University Press, 1967.
2. *France and Britain in Africa: Imperial Rivalry and Colonial Rule*. New Haven: Yale University Press, 1971.

New York: Collier Books, 1991.

Daye, Pierre. *Léopold II*. Paris: Arthème Fayard et Cie., 1934.

De Boeck, Guy. *Baoni: Les Révoltes de la Force Publique sous Léopold II, Congo 1895–1908*. Brussels: Les Éditions EPO, 1987.

Debrunner, Hans Werner. *Presence and Prestige: Africans in Europe. A History of Africans in Europe before 1918*. Basel: Basler Afrika Bibliographien, 1979.

De Lichtervelde, Comte Louis. *Léopold of the Belgians*. New York: Century Co., 1929.

Depelchin, Jacques. *From the Congo Free State to Zaire: How Belgium Privatized the Economy. A History of Belgian Stock Companies in Congo-Zaire from 1885 to 1974.* Trans. Ayi Kwei Armah. Dakar, Senegal: Codesria, 1992.

De Premorel, Raoul. *Kassai: The Story of Raoul de Premorel, African Trader*. Ed. Reginald Ray Stuart. Stockton, CA: Pacific Center for Western Historical Studies, 1975.

De Vaughan, Baroness, with Paul Faure. *A Commoner Married a King*. New York: Ives Washburn, 1937.

Donny, Albert, et al. *Manuel du voyageur et du résident au Congo*. 5 vols. Brussels: Hayez, 1897–1901.

Duignan, Peter. "The USA, the Berlin Conference, and its Aftermath 1884–1885" In *Förster, Mommsen, and Robinson, below; Dumont, Georges-Henri. Léopold II*. Paris: Fayard, 1990.

Emerson, Barbara. *Leopold II of the Belgians: King of Colonialism*. London: Weidenfeld and Nicolson, 1979.

Fabian, Johannes. *Remembering the Present: Painting and Popular History in Zaire*. Berkeley: University of California Press, 1996.

Fetter, Bruce.

1. *Colonial Rule and Regional Imbalance in Central Africa*. Boulder, CO: Westview Press, 1983.
2. (ed.) *Demography from Scanty Evidence: Central Africa in the Colonial Era*. Boulder, CO: Lynne Rienner Publishers, 1990.

Flament, F., et al. *La Force Publique de sa naissance à 1914: Participation des militaires à l'histoire des premières années du Congo*. Brussels: Institut Royal Colonial Belge, 1952.

Monsembe. Liverpool: 1905.

Conrad, Joseph. *Heart of Darkness: An Authoritative Text; Backgrounds and Sources; Criticism*. Ed. Robert Kimbrough. Norton Critical Edition, 3d ed. New York: W. W. Norton & Co, 1988.

Conrad, Joseph, and Ford M. Hueffer [Ford Madox Ford]. *The Inheritors*. Garden City, NY: Doubleday, Page & Company, 1914.

Cookey, S.J.S. *Britain and the Congo Question: 1885–1913*. London: Longmans, Green & Co., 1968.

Coquéry-Vidrovitch, Catherine.

1. *Le Congo au temps des grandes compagnies concessionnaires 1898- 1930*. Paris: Mouton, 1972.
2. "The Colonial Economy of the Former French, Belgian and Portuguese Zones 1914–35." In Boahen, above.

Cornet, René J. *La Bataille du Rail*. Brussels: Éditions L. Cuypers, 1958.

Cornevin, Robert.

1. "The Germans in Africa before 1918." In Gann and Duignan 1, below, vol. 1.
2. *Histoire du Zaïre: des Origines à nos Jours*. 4th edition. Paris: Académie des Sciences d'Outre-Mer, 1989.

Courouble, Léopold. *En Plein Soleil: Les Maisons du Juge—Le Voyage à Bankana*. Brussels: La Renaissance du Livre, 1930.

Cuvelier, Jean. *L'Ancien royaume de Congo: Fondation, découverte, première évangélisation de l'ancien Royaume de Congo. Règne du Grand Roi Affonso Mvemba Nzinga († 1541)*. Bruges, Belgium: Desclée de Brouwer, 1946.

Davidson, Basil.

1. *The African Awakening*. London: Jonathan Cape, 1955.
2. *The African Slave Trade*. Revised and expanded edition. Boston: Little, Brown and Co., 1980.
3. *African Civilization Revisited : From Antiquity to Modern Times*. Trenton, NJ:Africa World Press, 1991.
4. *Africa in History: Themes and Outlines*. Revised and expanded edition.

2. “The Civilization of Racism: Colonial and Postcolonial Development Policies” In above volume.

Bricusse, Georges. *Les carnets de campagne de Georges Bricusse (6 février 1894–18 juillet 1896)*. Ed. Pierre Salmon. Brussels: Edition CEMUBAC, 1966.

Buell, Raymond Leslie. *The Native Problem in Africa*. New York: Macmillan, 1928.

Canisius, Edgar. *A Campaign Amongst Cannibals*. London: R. A. Everett & Co., 1903. (Published in one volume with Captain Guy Burrows, *The Curse of Central Africa*, under the latter title).

Carton de Wiart, *Baron E. Léopold II: Souvenirs des dernières années 1901–1909*. Brussels: Les Ouvres Goemaere, 1944.

Casement, Roger.

1. *The Crime Against Europe: The Writings and Poetry of Roger Casement*. Ed. Herbert O. Mackey. Dublin: C. J. Fallon, 1958.
2. “The 1903 Diary.” In Singleton-Gates and Girodias, below.
3. “The Congo Report.” In Singleton-Gates and Girodiass, below.
4. “The 1910 Diary.” In Singleton-Gates and Girodias, below.
5. *Le Rapport Casement* (annotated edition). Eds. Daniel Vangroenweghe and Jean-Luc Vellut. Louvain, Belgium: Université Catholique de Louvain, 1985.

Chanaiwa, D. “African Initiatives and Resistance in Southern Africa.” In Boahen, above.

Cline, Catherine Ann. *E. D. Morel 1873–1924: The Strategies of Protest*. Belfast: Blackstaff Press, 1980.

Cocks, F. Seymour. *E. D. Morel: the Man and His Work*. London: George Allen & Unwin, 1920.

Conan Doyle, Sir Arthur.

1. *The Crime of the Congo*. New York: Doubleday, Page & Company, 1909.
2. *Letters to the Press*. Eds. John Michael Gibson and Richard Lancelyn Green. London: Secker & Warburg, 1986.

Le Congo Belge en Images. Brussels: J. Lebègue & Cie., 1914.

Congo Reform Association. *Evidence Laid Before the Congo Commission of Inquiry at Bwembu, Bolobo, Lulanga, Baringa, Bongandanga, Ikau, Bonginda, and*

Balandier, Georges. *Daily Life in the Kingdom of the Kongo from the Sixteenth to the Eighteenth Century*. Trans. Helen Weaver. London: George Allen & Unwin, 1968.

Bauer, Ludwig. *Leopold the Unloved: King of the Belgians and of Wealth*. Boston: Little, Brown, and Company, 1935.

Bawele, Mumbanza Mwa. "Afro-European Relations in the Western Congo Basin c. 1884–1885." In Förster, Mommsen, and Robinson, below.

Baylen, Joseph O. "Senator John Tyler Morgan, E. D. Morel, and the Congo Reform Association." *The Alabama Review* (April 1962): pp. 117–132.

Bederman, Sanford H. "The 1876 Brussels Geographical Conference and the Charade of European Cooperation in African Exploration" *Terrae Incognitae* 21 (1989): pp. 63–73.

Benedetto, Robert, ed. *Presbyterian Reformers in Central Africa: A Documentary Account of the American Presbyterian Congo Mission and the Human Rights Struggle in the Congo, 1890–1918*. Leiden: E. J. Brill, 1996.

Bierman, John. *Dark Safari: The Life behind the Legend of Henry Morton Stanley*. New York: Alfred A. Knopf, 1990.

Biographie Coloniale Belge, vols. I–VI (volume VI: Biographie *Belge d'Outre-Mer*). Brussels: Académie Royale des Sciences Coloniales/Académie Royale des Sciences d'OutreMer, 1948–1968.

Birmingham, David, and Phyllis M. Martin, eds. *History of Central Africa*, vol. 2. New York: Longman, 1983.

Boahen, A. Adu, ed. *General History of Africa*, vol. VII. Paris: UNESCO, 1985.

Bobb, F. Scott. *Historical Dictionary of Zaire*. Metuchen, NJ: Scarecrow Press, 1988.

Boelaert, E. "Ntange" *Aequatoria* XV, no. 2: pp. 58–62; and no. 3. pp. 96 100. Coquil-hatville, Belgian Congo: 1952.

Bontinck, François. *Aux Origines de l'État Indépendant du Congo. Documents tirés d'Archives Américaines*. Publications de l'Université Lovanium de Léopoldville. Louvain, Belgium: Editions Nauwelaerts, 1966.

Breman, Jan.

1. "Primitive Racism in a Colonial Setting" In *Imperial Monkey Business: Racial Supremacy in Social Darwinist Theory and Colonial Practice*. Ed. Jan Breman. Amsterdam: VU University Press, 1990.

奧波德賄賂新聞界的寶貴資料。

最後，最近有幾位比利時人開始反對過去數十年來比利時官方剛果史的粉飾觀點。范格羅恩維格的*Du Sang sur les Lianes*熱情洋溢而且很有幫助。伯克（Guy De Boeck）的公安軍譁變研究，說明這些譁變如何影響五十多年後的反殖民游擊戰。馬夏爾的四冊法文版剛果史，從一八七六到一九一〇年，是到目前為止研究這個關鍵時代最好的學術作品，在規模上也如同一部百科全書。本書有太多地方取自馬夏爾的作品，我相信未來研究這個時代的學者仍將仰賴他的大作。

已出版資料

Adams, W. S. *Edwardian Portraits*. London: Secker & Warburg, 1957.

Affonso I. *Correspondance de Dom Afonso, roi du Congo 1506–1543*. Eds. Louis Jadin and Mireille Decorato. Brussels: Académie Royale des Sciences d'Outre-Mer, 1974.

Annexe aux Annales du Musée du Congo, Ethnographie et Anthropologie, Série IV—Fascicule I. *L'État Indépendant du Congo—Documents sur le pays et ses habitants*. Brussels: 1903.

Anstey, Roger.

1. *Britain and the Congo in the Nineteenth Century*. Oxford: Clarendon Press, 1962.
2. *King Leopold's Legacy: The Congo Under Belgian Rule 1908–1960*. London: Oxford University Press, 1966.
3. "The Congo Rubber Atrocities—A Case Study." *African Historical Studies* IV, no. 1 (1971): pp. 59–76.

Arnold, Nicolas, et al. *A nos héros coloniaux morts pour la civilisation 1876–1908*. Brussels: La Ligue du Souvenir Congolais, 1931.

Aronson, Theo. *Defiant Dynasty: The Coburgs of Belgium*. New York: Bobbs-Merrill, 1968.

Ascherson, Neal. *The King Incorporated: Leopold II in the Age of Trusts*. London: George Allen & Unwin, 1963.

Axelson, Sigbert. *Culture Confrontation in the Lower Congo: From the Old Congo Kingdom to the Congo Independent State with Special Reference to the Swedish Missionaries in the 1880s and 1890s*. Falköping, Sweden: Gummessons, 1970.

參考書目

研究者如果想取得最完整的關於剛果殖民時期的現代學術研究書目，可以使用韋呂特（Jean-Luc Vellut）編輯的*Bibliographie historique du Zaïre à l'époque coloniale (1880–1960): travaux publiés en 1960–1996* (Louvain, Belgium: Enquêtes et Documents d'Histoire Africaine, 1996)。以下列出的是我參考的作品清單。

以字母順序排列，這種齊頭式的平等無法顯示哪些書籍對我撰寫本書時的幫助最大。所以容我特別先向那些使我受益良多的作品致敬。

撰寫本書主要人物使用的第一手資料，包括了這裡列出的由國王阿方索一世、凱斯門特、康拉德、謝波德、史坦利、威廉斯與莫雷爾撰寫的作品。國王利奧波德二世大量且透露諸多訊息的書信與備忘錄並未完整收錄成冊，但有數百封收錄於斯密森（Edouard Van der Smissen）的*Léopold II et Beernaert: d'après leur correspondance inédite de 1884 à 1894*。有些書信重印於邦廷克（François Bontinck）的*Aux Origines de l'État Indépendant du Congo*，裡面收錄了早期的重要書信與文件。貝內德托（Robert Benedetto）的新選集收錄了大量長老教會傳教士的人權作品，讓研究者終於可以輕易取得這些第一手資料。

大多數重要的歐美人物——當中完全沒有非洲裔——都已有人為他們撰寫傳記。我使用的主要是畢爾曼（John Bierman）與麥克林（Frank McLynn）寫的史坦利傳記，英格里斯（Brian Inglis）與里德（B. L. Reid）寫的凱斯門特傳記，凱瑟琳．克林（Catherine Cline）、泰勒、寇克斯（F. Seymour Cocks）與亞當斯（W. S. Adams）寫的莫雷爾研究（不過當中沒有任何人真正寫出莫雷爾完整的生平）。富蘭克林（John Hope Franklin）的威廉斯傳記使威廉斯免於沒沒無聞，我在第八章使用的資料大多數出自富蘭克林的作品。在利奧波德的眾多傳記中，芭芭拉．愛默生（Barbara Emerosn）與阿舍森（Neal Acherson）的作品最為重要；利奧波德的家庭生活資料，則大部分出自他的侍從官斯汀漢伯與維亞爾男爵（Baron Carton de Wiart）的回憶錄。

帕克南（Thomas Pakenham）的*The Scramble for Africa*從外交角度對那個時代做了很全面的概述，他以小說家的眼光編排各項細節，我心懷感激地偷師了他的技巧。我的〈序言〉受到福巴斯所撰*The River Congo*的啟發，他是極少數認識到國王阿方索一世人生的戲劇性與悲劇的作者。最近數十年出現的學術著作也提供了大量資訊。其中我覺得特別有用的是露絲．斯雷德（Ruth Slade）、哈姆斯（Robert Harms）、夏洛夫（Stanley Shaloff）、庫奇（S.J.S. Cookey）、雷格葛倫（David Lagergren），以及斯坦格斯的許多作品。維勒凱（Jacques Willequet）的*Le Congo Belge et la Weltpolitik (1894–1914)*提出了許多利

春山之巔

O28

利奧波德國王的鬼魂：比利時恐怖殖民與剛果血色地獄

King Leopold's Ghost: A Story of Greed, Terror, and Heroism in Colonial Africa

作　　者　亞當・霍克希爾德（Adam Hochschild）
譯　　者　黃煜文
總 編 輯　莊瑞琳
責任編輯　盧意寧
行銷企畫　甘彩蓉
業　　務　尹子麟
美術設計　徐睿紳
內文排版　丸同連合 Un-Toned Studio
法律顧問　鵬耀法律事務所戴智權律師

出　　版　春山出版有限公司
　　　　　地址　11670臺北市文山區羅斯福路六段297號10樓
　　　　　電話　02-29318171
　　　　　傳真　02-86638233

總 經 銷　時報文化出版企業股份有限公司
　　　　　地址　33343桃園市龜山區萬壽路二段351號
　　　　　電話　02-23066842

製　　版　瑞豐電腦製版印刷股份有限公司
印　　刷　搖籃本文化事業有限公司
初版一刷　2024年06月
I S B N　978-626-7478-01-1（紙本）
　　　　　978-626-7478-05-9（PDF）
　　　　　978-626-7478-03-5（EPUB）

定　　價　690元
有著作權　侵害必究（若有缺頁或破損，請寄回更換）

KING LEOPOLD'S GHOST: A Story of Greed, Terror, and Heroism in Colonial Africa
by Adam Hochschild
Text copyright © 1998 by Adam Hochschild
Published by arrangement with Georges Borchardt, Inc.
through Bardon-Chinese Media Agency
Complex Chinese translation copyright © 2024
by SpringHill Publishing
ALL RIGHTS RESERVED

Email　SpringHillPublishing@gmail.com
Facebook　www.facebook.com/springhillpublishing/

填寫本書線上回函

國家圖書館預行編目（CIP）資料

利奧波德國王的鬼魂：比利時恐怖殖民與剛果血色地獄／亞當・霍克希爾德(Adam Hochschild)作.黃煜文譯
一初版.一臺北市：春山出版有限公司，2024.06，560面；21×14.8公分.一(春山之巔；28)
譯自：King Leopold's ghost : a story of greed, terror, and heroism in Colonial Africa.
ISBN 978-626-7478-01-1(平裝)
1.CST：殖民地　2.CST：歷史　3.CST：剛果民主共和國
764.825　　113004791

World as a Perspective

世界作為一種視野